해외 쇼핑몰 창업: 언택트 글로벌 셀링

amazon 제휴 마케팅 & 드랍쉬핑

까치하니(Adrienne Park)/박준현 저

* **알림**: 도서에 소개된 워드프레스의 플러그인, 테마 등의 경우 객관적인 정보와 데이터만을 제공하기 위해 노력하였고, 독자는 충분한 리서치 후 설치 및 사용하는 것을 권유하는 바, 필자는 이에 어떠한 책임도 지지 않습니다.
* **면책 공고**: 도서에 언급된 글은 법률적 자문이나 해석을 위해 제공된 것이 아닙니다. 이 도서에 실려있는 내용과 관련하여 또는 그 내용의 미흡함으로 인하여 발생하는 어떠한 결과에 대해 필자들은 아무런 책임을 지지 아니하고, 구체적인 사안이나 사건과 관련하여 필자들에게 법률적 자문을 구하지 아니하며, 이 글에 실려있는 내용에 근거하여 어떠한 행위(작위 및 부작위)를 하지 말기를 당부합니다.
* 출간되는 시점에서 정보의 업데이트로 인해 도서에서 제공하는 정보와 다를 수 있습니다.

해외 쇼핑몰 창업: 언택트 글로벌 셀링
amazon
제휴 마케팅
& 드랍쉬핑

| 만든 사람들 |
기획 IT·CG기획부 | **진행** 양종엽, 장우성 | **집필** 까치하니(Adrienne Park)/박준현
책임 편집 D.J.I books design studio | **표지 디자인** D.J.I books design studio 김진
편집 디자인 디자인숲 · 이기숙

| 책 내용 문의 |
도서 내용에 대해 궁금한 사항이 있으시면
저자의 홈페이지나 디지털북스 홈페이지의 게시판을 통해서 해결하실 수 있습니다.
디지털북스 홈페이지 digitalbooks.co.kr
디지털북스 페이스북 facebook.com/ithinkbook
디지털북스 인스타그램 instagram.com/dji_books_design_studio
디지털북스 유튜브 유튜브에서 [디지털북스] 검색
디지털북스 이메일 djibooks@naver.com
저자 이메일 까치하니(Adrienne Park) ggachihani@aol.com
박준현 author@w3lab.kr

| 각종 문의 |
영업관련 dji_digitalbooks@naver.com
기획관련 djibooks@naver.com
전화번호 (02) 447-3157~8

프롤로그

필자의 첫 책인 "언택트 온라인 창업"이 출간이 되고 얼마 지나지 않아 두 번째 책을 출간하게 되었다. 많은 노력을 해주신 디지털북스 담당자분들, 특히 양종엽 부장님과 장우성 기획자님 그리고 안 보이는 곳에서 도움을 주신 직원분들께 진심을 담아 감사의 마음을 전한다.

필자는 온라인 창업 및 마케팅에 관심이 많아 2013년 대학원에서 IT를 전공하였다. 그 당시에는 SEO라는 것이 지금처럼 흔하지 않았던 시절이라, 관련 자료도 많이 없어 수만 번의 노가다와 삽질로 검색엔진 최적화를 독학해야 했고, 온라인 창업에 관심이 많다 보니, 자연스럽게 "법"의 필요성을 절실히 깨달아 로스쿨에 진학하여 변호사 자격증을 취득하였다.

코로나로 인해 모든 것이 오프라인에서 온라인으로 넘어가는 이 순간이 위기일 수도 있지만, 누군가에게는 기회가 될 수 있는 시기이기도 하다. 이 책을 집필하기 위해, 필자는 직접 온라인 창업을 위한 웹사이트를 제작하여 3개월간의 기록을 꼼꼼히 남기기 위해 노력했다.

이론이 아닌, 실제 경험과 그 과정에서 주어지는 객관적인 데이터들을 바탕으로 해외 쇼핑몰 사이트 제작하는 방법과, 3개월간의 노출되는 과정을 최대한 자세하게 담기 위해 노력을 하였으며, 이 데이터들을 바탕으로 독자들이 해외 쇼핑몰 창업을 시작할 수 있는 디딤돌이 되고자 했다.

최소한의 비용을 투자하여 해외 온라인 쇼핑몰 창업하는 방법과 과정을 담고, 이 과정에서 자연스럽게 영어에 접근하여, 시간을 내어 영어 공부를 따로 하는 것이 아니라 창업과 영어공부를 동시에 할 수 있도록 하는 것이 필자의 바램이다.

물론, 필자(들)보다 실력있는 전문가들이 많다는 것을 알기에 출간의 결심이 쉽지는 않았다. 하지만, 국내 온라인 스토어 창업의 포화상태와 가격 경쟁력으로 많은 분들이 어려움을 겪고 있는 지금, 거시적인 안목을 가진 온라인 창업자들이 해외 시장에 도전하고 싶지만 어디서 어떻게 시작을 할지 모르는 분들에게는 도움이 될 정보들을 담기 위해 노력을 하였다.

혼자서 웹사이트를 제작하다 보면 책에서도 언급되지 않는 많은 에러들이 발생하여 어려움이 따를 것으로 예상이 된다. 사용하는 호스팅 업체의 사양, 워드프레스의 테마, 플러그인들의 충돌로 인해 예상치 못한 에러들을 맞닥뜨렸을 경우, 당황하지 말고, 구글링을 통해서 천천히 해결하다 보면 문제 해결 능력도 높일 수 있으니, 포기하지 말고 앞으로 나가길 바란다.

2021년 1월 29일

집필을 마치며…

CONTENTS

PART 01

아마존 제휴 마케팅(Affiliate)으로 온라인 부업 시작하기

CHAPTER

01 아마존 제휴 마케팅(어필리에이트)란?

국내에 쿠팡 파트너스(Coupang Partners)가 존재한다면, 해외에는 아마존 어필리에이트(Amazon Affiliate)가 있다. 아마존 어필리에이트는 쿠팡 파트너스와 같은 개념이다. 블로거가 아마존에 등록된 상품을 광고/홍보하여 제품이 팔리면 아마존에서 정해놓은 수수료를 받는다. 제품의 카테고리에 따라 수수료가 다르기 때문에, 제휴 마케팅 활동 전에 어떤 제품이 마진이 높은지 사전에 잘 분석하고 파악하는 것이 좋다.

제휴 마케팅으로 온라인 부업이 가능하며 블로그나 자사몰을 운영 시 웹트래픽(Web traffic: 방문자)을 증가시킬 수 있는 새로운 형태의 간접적인 마케팅이다. 위탁판매를 하다 보면 저렴하고 브랜드가 없는 제품들을 다루는 경우가 많은데, 대기업의 어필리에이트 프로그램들을 잘만 사용한다면 자사몰로 방문자 트래픽도 증가시키고, 용돈도 벌 수 있는 일석이조의 좋은 기회를 붙잡을 수 있다. 아마존 어필리에이트 웹사이트를 제작하고 영어 공부를 하면서 경험을 쌓은 뒤에 해외 구매 대행 웹사이트 제작하여 운영해보는 것도 좋은 방법이다.

예를 들어, 인기 있는 아디다스(Adidas), 나이키(Nike), 캐논(Canon) 등의 유명 브랜드 제품의 경우, 파트너쉽으로 맺어져 있지 않다면 해당 제품을 정식으로 판매를 할 수 없다. 하지만, 제휴 마케팅을 이용한다면, 이런 인기 브랜드 제품들의 키워드를 사용할 수 있기 때문에, 오가닉(organic) 검색을 통해 방문자들을 자사몰로 유입 시킬 수 있다.

이제 아마존 제휴 마케터가 되기 위해 무엇을 해야하는지 알아보도록 하겠다.

CHAPTER

02 아마존 어필리에이트 가입 조건

아마존 제휴 마케팅을 신청한다고 해서 누구나 어필리에이터가 될 수 있는 것은 아니다. 아마존 어필리에이터가 되기 위해서는 직접 운영하는 웹사이트 혹은 블로그, 모바일 앱 또는 소셜 미디어를 운영하고 있어야 한다.[1] 물론, 성인, 도박 및 기타 불법적인 사이트를 운영하는 경우에는 신청 자격이 주어지지 않는다.[2] 또한, 운영하는 플랫폼이 오리지널 콘텐츠로 구성이 되어있지 않다면 지적재산권의 문제가 발생할 가능성이 있으므로, 이러한 사이트로 제휴 마케팅을 신청하는 경우에도 승인이 되지 않는다. 어떤 플랫폼을 사용하던 최소 10개 이상의 오리지널 콘텐츠가 발행이 되어있어야 한다.

- **웹사이트**: 아마존은 웹 트래픽을 발생시키지 못하는 웹사이트 또는 블로그와 제휴를 맺을 이유가 없다. 아마존 제휴 마케팅 가입 신청 전까지 소유하고 있는 웹사이트나 블로그가 잘 관리되어 운영 되고 있다는 것을 증명해야 한다. 자사 웹사이트를 운영하고 있다면, 최근 60일 이내에 발행된 새로운 콘텐츠가 있어야 한다. 발행된 글의 개수가 적어도 불법적인 콘텐츠를 다루지 않는 한 별문제 없이 승인이 되는데, 개인이 블로그/웹사이트를 운영하는 방법에 따라 아마존 어필리에이트의 승인 여부는 달라질 수 있다.
- **모바일 앱**: 모바일 앱을 이용하여 아마존 어필리에이트를 신청하는 경우에는 조건이 좀 더 까다롭다. 예를 들어, 웹뷰(WebView)를 사용하여 아마존 사이트를 임베드(Embed)하는 것은 정책에 위반이 되기 때문에, 이러한 인터그레이션(Intergration)기능을 사용할 시 아마존 어필리에이터 신청이 거절이 될 가능성이 높으므로 사용하지 않도록 한다.[3] 여기서 웹뷰란, 모바일 앱에서 내가 원하는 웹사이트를 불러와 보여주는 프레임을 말한다.
- **소셜 미디어**: 아마존은 페이스북(Facebook), 인스타그램(Instagram), 트위터(Twitter), 유튜브(Youtube), 트위치(Twitch)의 소셜 계정만 허용하고 있다. 페이스북의 경우에는 개인 페이스북은 허용이 되지 않으며, 팬페이지(Fan Page) 또는 그룹 페이지(Group Page)로 신청이 가능하다. 소셜 미디어의 경우, 반드시 공개된 계정이어야만 하며, 팔로우 또는 라이크가 최소 500개 이상은 되어야 한다.

아마존 웹사이트에 명시된 제휴 마케팅 수수료는 0%부터 최대 10%까지 다양하다. 일반적으로, 주방 및 자동차 관련 제품들은 4.50%, 패션 관련한 제품들의 수수료는 4%대이며, 애기 용품은 3%를 수수료로 받는다.

기프트 카드 & 앱스토어 카테고리 제품의 경우 수수료는 0원이다. 그래서 이 카테고리의 제품들을 신경쓸 필요가 없다고 생각하겠지만, 자사몰로 웹 트래픽(방문자 수)을 증가시키기 위해서는 수수료가 없는 제품

1 Amazon Associates, Application Review Process 〈https://affiliate-program.amazon.com/help/node/topic/G8TW5AE9XL2VX9VM〉.
2 Amazon Associates, Associates Program Policies 〈https://affiliate-program.amazon.com/help/operating/policies#Associates%20Program%20Participation%20Requirements 〉.
3 See ibid, 6(N).

일지라도 포스팅을 하는 것을 권유한다. 개인의 역량에 따라서는, 아마존 글로벌 셀러가 되어 이윤을 남기는 것보다 아마존 제휴 마케팅으로 더 많은 수입을 버는 아마존 어필리에이터들도 많다.

아마존 어필리에이트 카테고리에는 총 41개의 제품군이있다.

Associates Program Standard Commission Income Statement

For Qualifying Purchases of Products within product categories specified in Table 1 below, the Standard Commission Income accrued will be the corresponding fixed rate of Qualifying Revenue specified in this table:

Table 1 – Fixed Standard Commission Income Rates for Specific Product Categories

Product Category	Fixed Commission Income Rates
Luxury Beauty, Amazon Coins	10.00%
Digital Music, Physical Music, Handmade, Digital Videos	5.00%
Physical Books, Kitchen, Automotive	4.50%
Amazon Fire Tablet Devices, Amazon Kindle Devices, Amazon Fashion Women's, Men's & Kids Private Label, Apparel, Amazon Cloud Cam Devices, Fire TV Edition Smart TVs, Amazon Fire TV Devices, Amazon Echo Devices, Ring Devices, Watches, Jewelry, Luggage, Shoes, and Handbags & Accessories	4.00%
Toys, Furniture, Home, Home Improvement, Lawn & Garden, Pets Products, Pantry, Headphones, Beauty, Musical Instruments, Business & Industrial Supplies, Outdoors, Tools, Sports, Baby Products	3.00%
PC, PC Components, DVD & Blu-Ray	2.50%
Televisions, Digital Video Games	2.00%
Amazon Fresh, Physical Video Games & Video Game Consoles, Grocery, Health & Personal Care	1.00%
Gift Cards; Wireless Service Plans; Alcoholic Beverages; Digital Kindle Products purchased as a subscription; Food prepared and delivered from a restaurant; Amazon Appstore, Prime Now, Amazon Pay Places, or Prime Wardrobe Purchases; Luxury Stores	0.00%
All Other Categories	4.00%

이미지 출처: @아마존 〈https://affiliate-program.amazon.com/help/node/topic/GRXPHT8U84RAYDXZ〉

▲ 아마존 상품 카테고리 41종

아래는 카테고리의 일부만 발췌하여 정리하였으니 자세한 내용은 아마존 웹사이트에 방문하여 확인하길 바란다.

1. Art, Craft & Sewing(예술, 공예 & 바느질)
2. Automotive(자동차)
3. Baby & Nursery(베이비 & 보육)
4. Beauty & Grooming(미용)
5. Blu-Ray & DVD(블루레이 & DVD)
6. Books & Textbooks(도서 및 교과서)
7. Business & Industrial Supplies(비즈니스 및 산업용품)
8. Camera & Photo(카메라 & 사진)
9. Cell Phones & Accessories(핸드폰 & 액세서리)

10. Classical Music(클래식 음악)
11. Clothing & Accessories(의류 & 액세서리)
12. Collectible Coins(수집 동전)
13. Digital Music(디지털 음악)
14. Entertainment Collectibles(엔터테이먼트 수집품)
15. Jewellery(쥬얼리)
16. Kindle Store(킨들 스토어)
17. Kitchen & Dinning(주방 & 다이닝)
18. Magazines(매거진)
19. Musical Instruments(악기)
20. Office & School Supplies(사무실 & 학교 용품)
21. Other Gift Card Brands(그외 브랜드 기프트 카드)
22. Patio, Lawn & Garden(파티오, 잔디 & 정원)
23. Pet Food & Suppliers(애완 동물 사료 & 공급업체)
24. Shoes, Handbags, Wallets, Sunglasses(신발, 핸드백, 지갑 & 선글라스)
25. Software(소프트웨어)
26. Sports & Fitness(스포츠 & 피트니스)
27. Sports Collectibles(스포츠 수집품)
28. Toys & Games(장난감 & 게임)
29. Video Games(비디오 게임)
30. Video On Demand: Rent or Buy(주문형 비디오: 렌트 또는 구매)
31. Watches(시계)

아마존 제휴 마케팅을 위해서 일반적으로 개인 블로그를 사용하지만 보다 전문적으로 제휴 마케팅을 진행하고 싶다면 자사 어필리에이트 웹사이트를 제작하는 방법도 있다. 이러한 방법은 해외 아마존 제휴 마케팅 전문가들이 많이 사용하고 있는 방법이기도 하다. 다음 챕터에서 워드프레스 플랫폼을 이용하여 웹사이트를 제작하는 방법을 확인할 수 있다. 필자의 도서 "언택트 온라인 창업"을 참고하면 어필리에이트 사이트 제작 후 검색엔진 최적화, 예를 들어, 웹사이트 내부 최적화와 외부 최적화를 진행하는 방법이 잘 정리되어 있으니 참고하길 바란다.

이때 기억할 것은 아마존 어필리에이트 웹사이트를 제작하기 전, 아마존 어필리에이트 프로그램으로부터 승인을 받아야지 운영이 가능하다는 것이다.

CHAPTER

03 아마존 어필리에이트 블로그/웹사이트 제작하기

이전 챕터에서 만능 워드프레스 플랫폼을 사용하여 아마존 어필리에이트 사이트를 제작할 수 있다고 언급을 하였다. 이번 챕터에서는 카페24 호스팅 업체의 서비스를 사용하여 아마존 어필리에이트 웹사이트를 제작해보기로 한다.

컴퓨터와 인터넷에 익숙하지 않은 독자라면 워드프레스 가입형을 이용하여 아마존 어필리에이트 시작해볼 수 있다. 절차가 간단하고 기본 테마가 자동적으로 설치가 되기 때문에 테마 설치를 위해 별도의 기술이 필요하지 않다. 하지만, 워드프레스의 정책에 위반되는 포스팅을 하게되면 사전의 어떠한 경고도 없이 계정이 바로 정지될 수 있으니 이용 전, 워드프레스의 약관이나 정책을 꼼꼼히 읽어보아야 하겠다.

국내에서는, 개인 블로그를 이용한 제휴 마케팅이 위주라면, 해외에서는 보다 전문적으로 아마존 어필리에이트 웹사이트들이 제작되어 운영되고 있다. 다음의 웹사이트들을 예로 들어보겠다.

- Gift Idea Geek[4]
- Pick My Shaver[5]
- Live longer Running[6]
- Top Ten Reviews[7]
- Best Reviews[8]

Best Reviews 어필리에이트 사이트는 다양한 카테고리에서 다양한 제품들을 리뷰하고 아마존으로 웹 트래픽을 유도하고 있는 반면, PickMyShaver 어필리에이트 사이트의 경우는 남성 전기 면도기 관련 제품만을 집중적으로 다루고 있다. 이렇게, 개인의 취향과 선호도에 따라 어필리에이트 제품을 선정하여 제휴 마케팅 웹사이트를 제작하고 온라인 부업을 시작할 수 있다.

개인이 호스팅 업체를 이용하여 아마존 어필리에이트 웹사이트를 제작하는 경우에는 이용약관, 개인정보정책 및 아마존 수수료에 대한 정보를 웹사이트에 반드시 명시하도록 한다. 자세한 내용은 전문가와의 상담을 적극적으로 권유하는 바이다.

4 Gift Idea Geek(Website) 〈https://www.giftideageek.com/〉.
5 Pick My Shaver(Website) 〈http://pickmyshaver.com/〉.
6 Live Longer Running(Website) 〈https://www.livelongerrunning.com/〉.
7 TopTenReviews(Website) 〈https://www.toptenreviews.com/〉.
8 Best Reviews(Website) 〈https://bestreviews.com/〉.

Unit. 01 워드프레스 가입형으로 아마존 어필리에이트 사이트 제작하기

가입형 워드프레스 웹사이트를 제작하기 위해 https://wordpress.com/create-website/ 페이지에 접속한다.

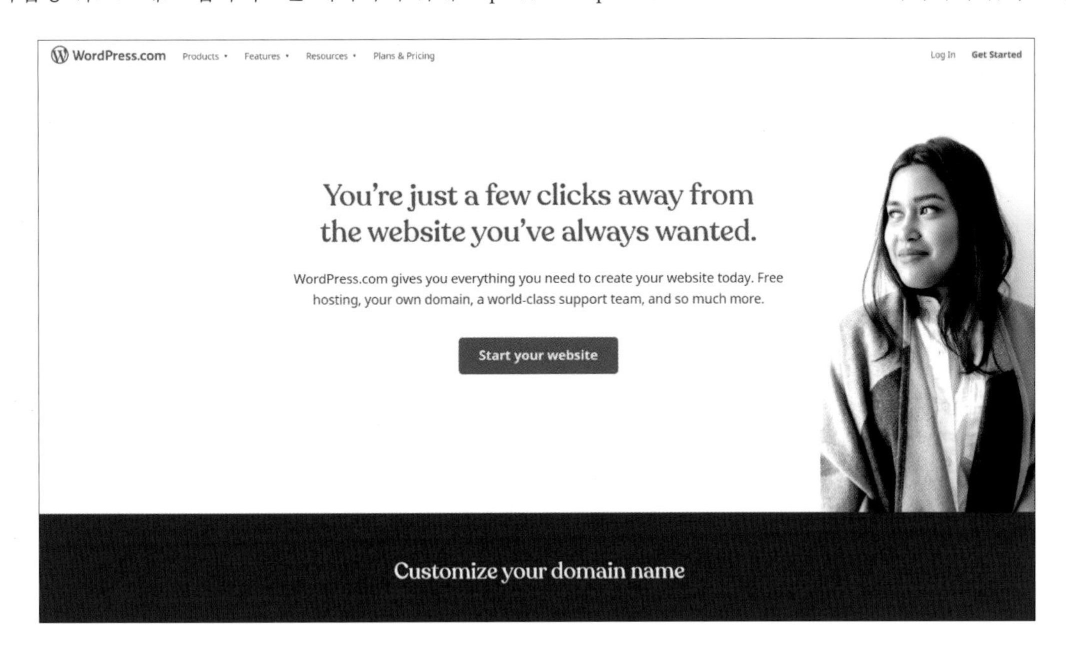

워드프레스는 무료 플랜부터 유료플랜까지 다양한 플랜을 제공하고 있다. 웹사이트의 목적과 콘텐츠 구성에 따라 플랜의 선택이 달라진다. 워드프레스의 정책에 따르면 광고 및 홍보의 목적으로 사이트를 제작 시에는 비지니스 플랜을 사용해야 한다.[9]

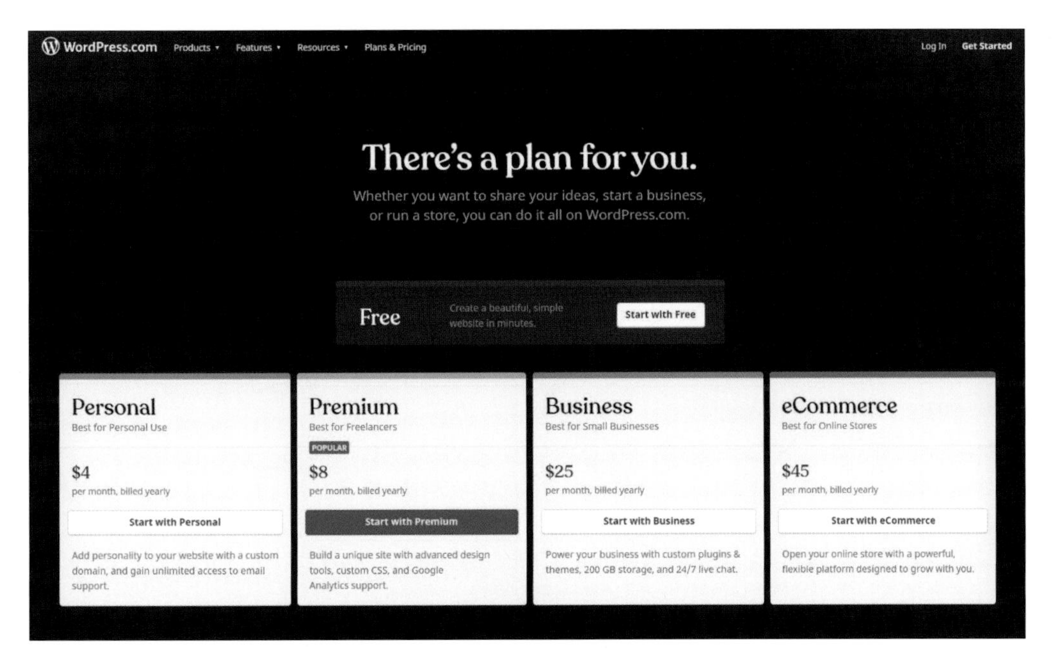

9 WordPress. There's a plan for you(Website) 〈https://wordpress.com/pricing/?tk_amp=1*nivdf4*amp_client_id*YW1wLVpYM1ptVmlhQXFRaGtJN2tpY0tWWlE.〉.

정책에 위반되는 콘텐츠로 웹사이트를 제작하게 되면 가입이 승인되더라도 아래와 같이 웹사이트 계정이 정지가 되니 정책에서 벗어나는 행위는 하지 않도록 한다.

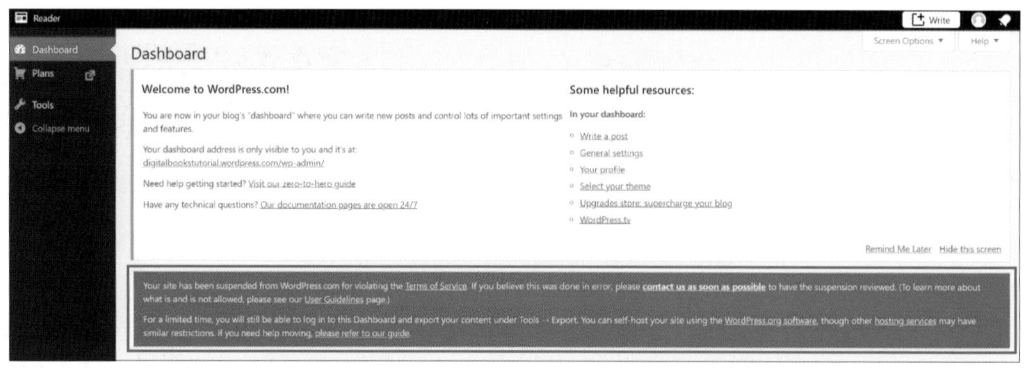

▲ 정책에 위반되는 행위가 적발될 시, 위와 같은 경고문이 출력된다.

해당 경고문의 내용은 아래와 같다.

> Your site has been suspended from Wordpress.com for violating the Terms of Service. If you believe this was done in error, please contact us as soon as possible to have the suspension reviewed (To learn more about what is and is not allowed please see your User Guidelines page).
>
> 귀하의 사이트는 Wordpress.com의 서비스 약관을 위반하여 일시 중지되었습니다. 이 문제를 해결하시려면 가능한 빨리 저희에게 연락하여 검토를 요청 하십시오 (Wordpress.com의 사용 방법은 사용자 가이드라인 페이지를 통해 확인가능합니다).

> For a limited time, you will still be able to log in to this Dashboard and export your content under Tools → Export. You can self-host your site using the WordPress.org software through other hosting services may have similar restrictions. If you need help moving, please refer to our guide.
>
> 사이트가 정지된 기간 동안에도 대시 보드에 접속이 가능합니다. 대시보드에 로그인한 후 도구 → 내보내기 기능을 사용하여 콘텐츠를 내보낼 수 있습니다. 다른 호스팅 서비스를 사용할 경우에도 WordPress.org 소프트웨어를 사용하여 사이트를 자체 호스팅 할 수 있으며 이와 비슷한 제한이있을 수 있습니다. 홈페이지 이전 시 도움이 필요하면 가이드를 참조하십시오.

Tip 아무도 알려주지 않는 핵 꿀팁!

이베이와 마찬가지로 워드프레스에서도 자동 스팸 방지 프로그램(Automated Anti-Spam Controller)를 운영하고 있기 때문에 가입형 워드프레스로 어필리에이트 웹사이트 제작 시 상당히 주의해야 한다. 이때 제작 방법에 따라서 스팸 사이트로 여겨질 수 있으니, 콘텐츠 작성 및 웹사이트 구성 작업에 각별히 신경 써야 한다. 만약, 웹사이트가 자동 스팸 방지 프로그램으로 인해 계정이 정지된다면, 지체하지 말고 즉시 워드프레스 관리팀으로 연락하여 정황을 설명하고 계정 복구를 요청한다. 그 이유가 합당하면 계정은 바로 복구가 된다.

이제 워드프레스 사용을 위해 회원 가입을 해보자. Start with Free 버튼을 클릭 후 회원 가입 페이지로 이동된다. 네이버 이메일을 이용하여 회원가입이 가능하며, 또한 구글과 애플 계정을 통해 간단한 회원가입이 가능하다.

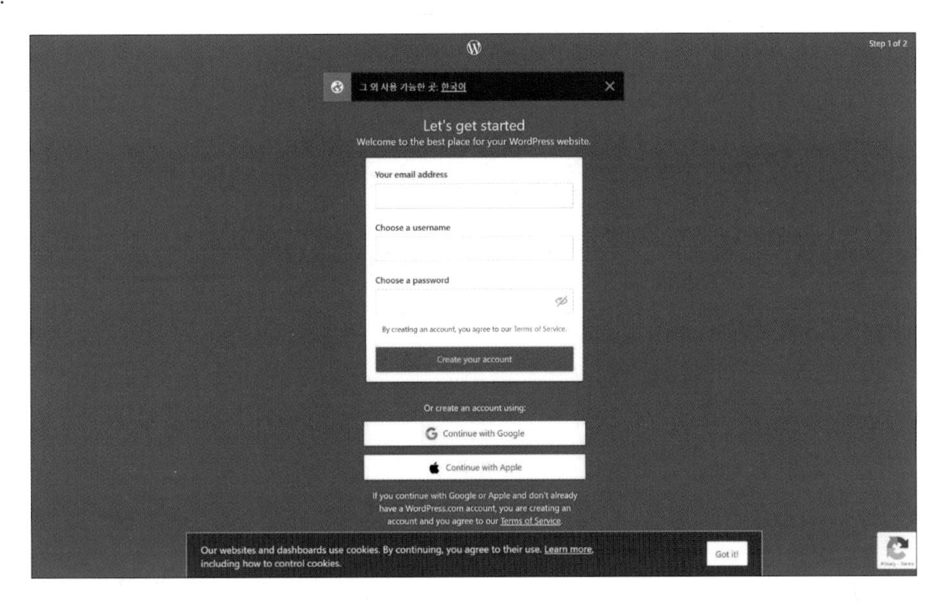

이메일 주소, 유저네임 그리고 비밀번호를 입력하면 회원가입이 완료되고, 아래의 페이지로 이동한다. 이제 도메인 주소를 선택할 차례이다.

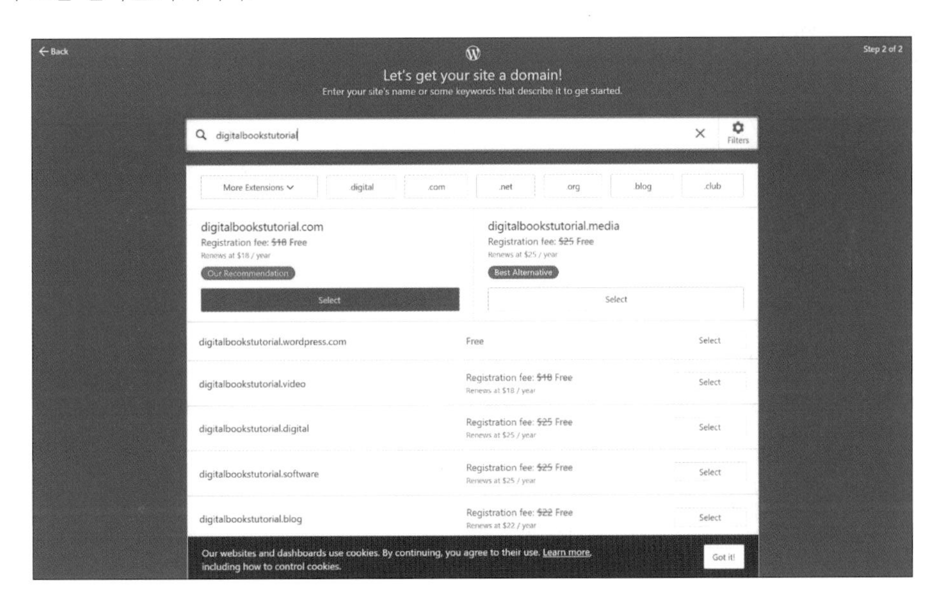

무료 도메인 주소(https://digitalbookstutorial.wordpress.com/)를 신청하였다. 워드프레스에서는 무료 도메인 주소를 제공하기 때문에 별도의 비용을 지급하지 않고도 도메인 주소를 사용할 수 있으나, 도메인 주소에는 wordpress.com가 포함이 되어 있기 때문에 도메인 주소가 길어질 뿐만 아니라, 프로페셔널하게 보이지 않는다. 이러한 이유로 많은 업체와 사람들이 워드프레스에서 제공하는 유료 도메인 서비스를 구매하거나 자신의 도메인을 구매 후 워드프레스에 연동한다.

컴퓨터와 인터넷에 익숙하지 않는 독자라면 워드프레스에서 제공하는 무료 도메인을 구매하는 것을 추천한다. 다른 호스팅 업체에서 도메인을 구매한 후, 연동까지의 절차가 처음에는 쉽지가 않기 때문이다.

도메인 검색창에서 원하는 도메인 주소를 입력하면 추천 도메인과 무료 도메인 리스트를 확인할 수 있다. 무료 도메인(Free)의 Select 버튼을 클릭하면 자동으로 워드프레스 사이트가 설치되고 아래에 보이는 이미지와 같이 관리자 페이지로 이동한다.

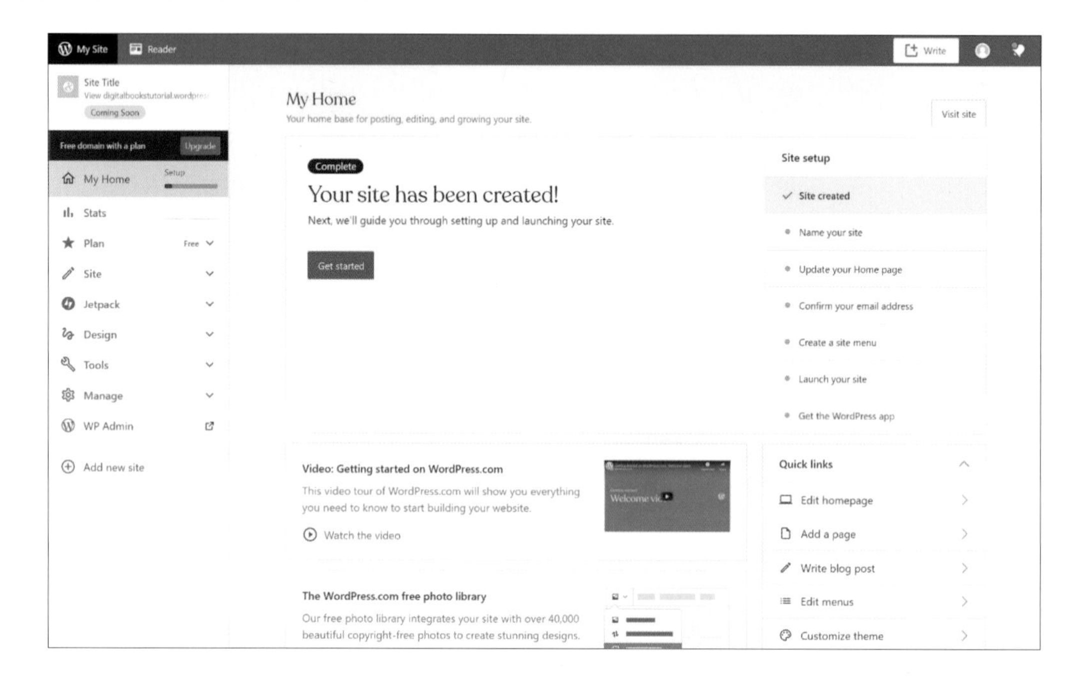

워드프레스에서 제공하는 무료 서비스를 사용하기 위해서는 이메일 인증을 해야 한다. 이메일 인증을 위해 Confirm Now 버튼을 클릭한다.

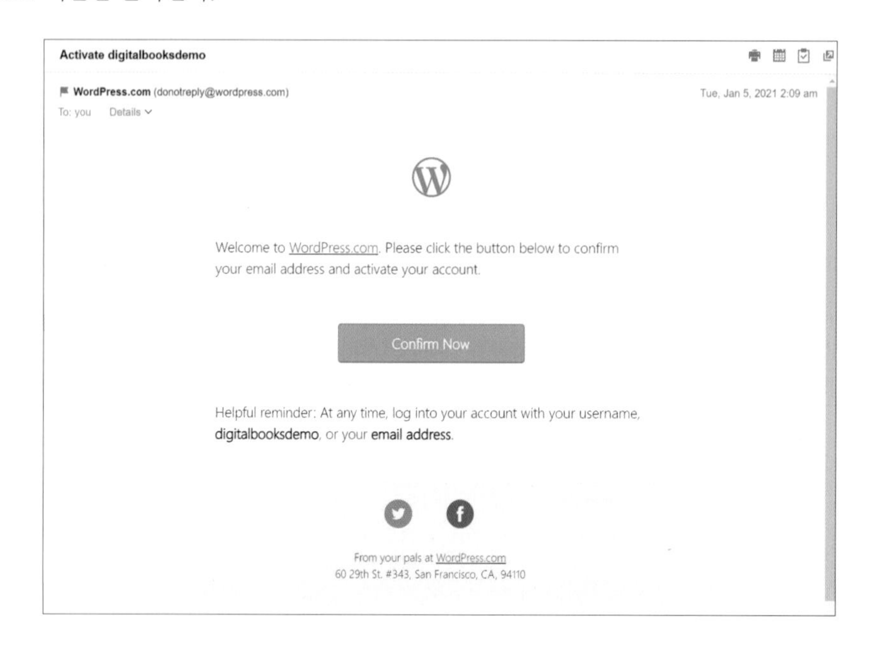

이메일 인증 후에는 관리자 페이지로 다시 이동된다. 그리고 Site setup 메뉴를 따라 단계별로 주어진 과정을 해나가면 된다.

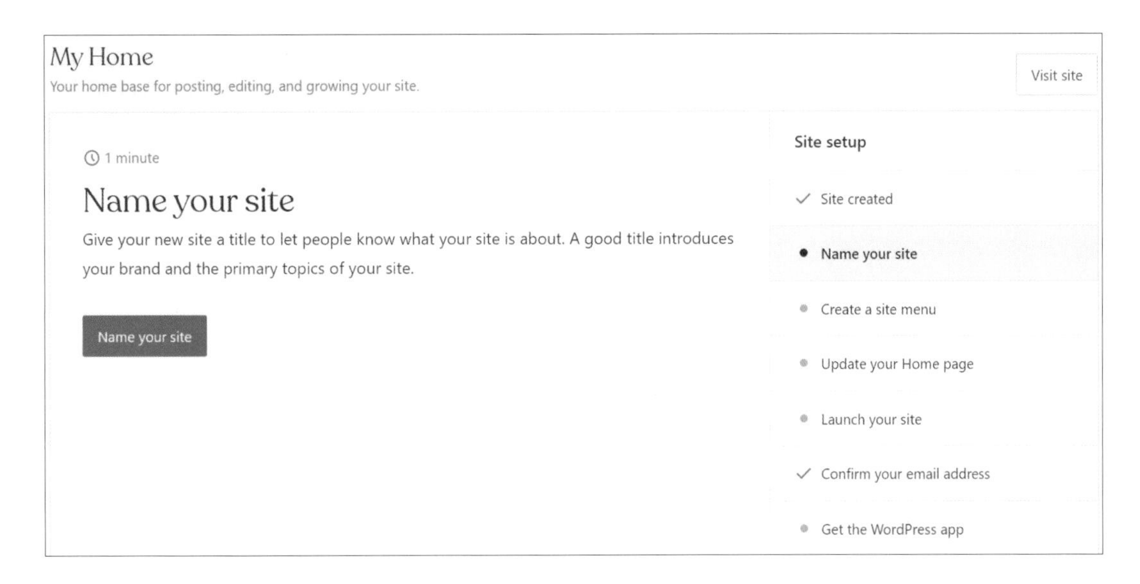

Name your site를 클릭하여 기본적인 세팅을 업데이트한다. 이때, Site icon, Site title, Site tagline은 검색엔진에 노출이 될 때 중요한 역활을 하므로 반드시 업데이트해야 한다.

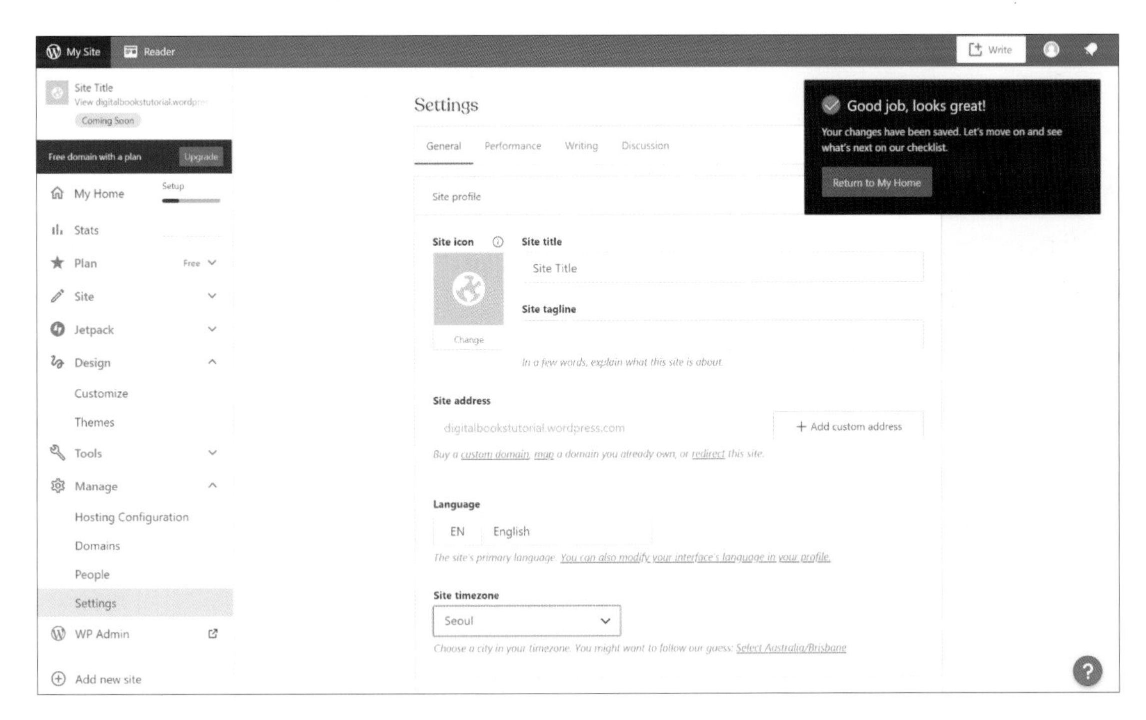

만약, 웹사이트 도메인 주소가 마음에 들지 않아 다른 주소로 변경하고 싶다면, 해당 페이지에서 스크롤을 내려 Change your site address를 클릭한다.

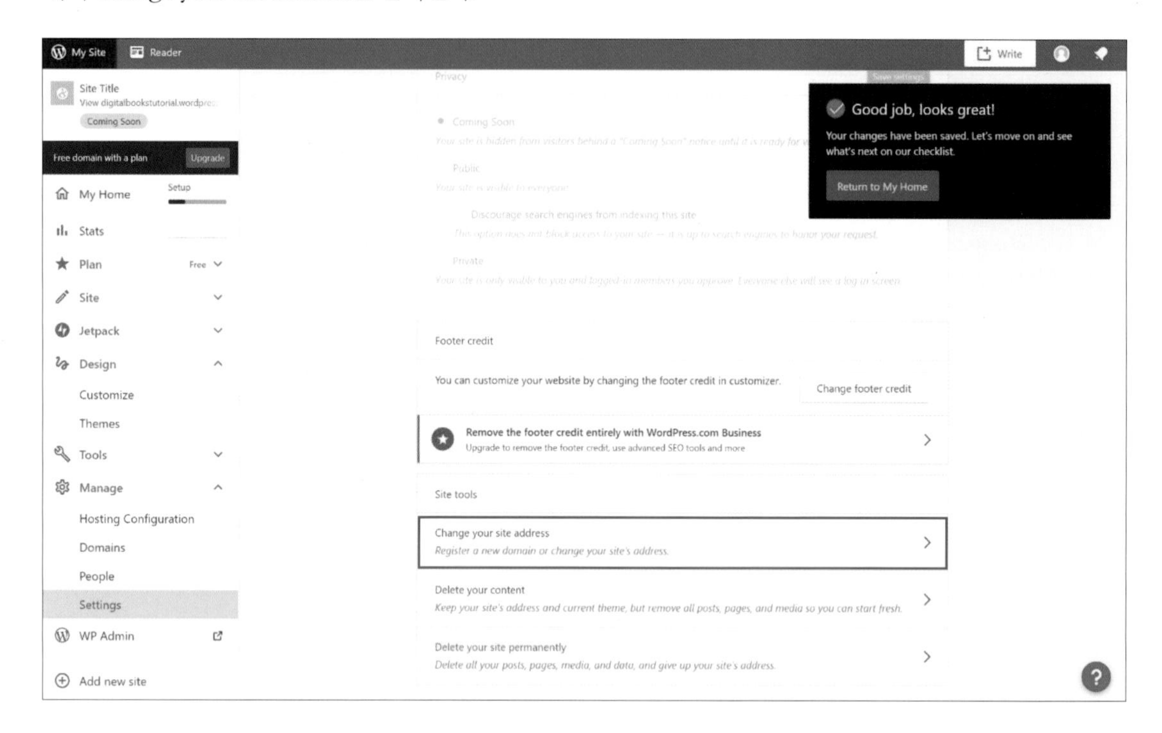

이동된 페이지에서 [•••]아이콘을 클릭하면 뜨는 미니 팝업창에서 Change site address 메뉴를 클릭하여 도메인 주소를 변경한다.

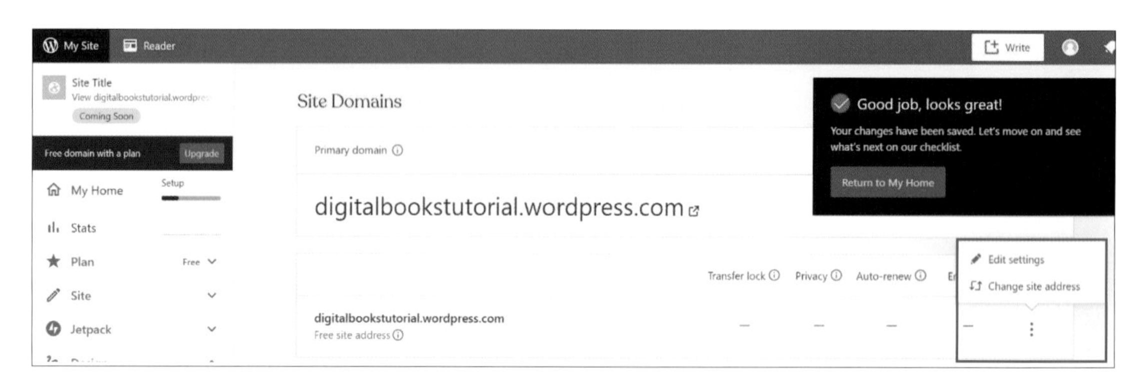

이때, 도메인 주소 중복 확인 기능을 사용하면 등록 가능한 도메인 주소를 바로 확인할 수 있다.

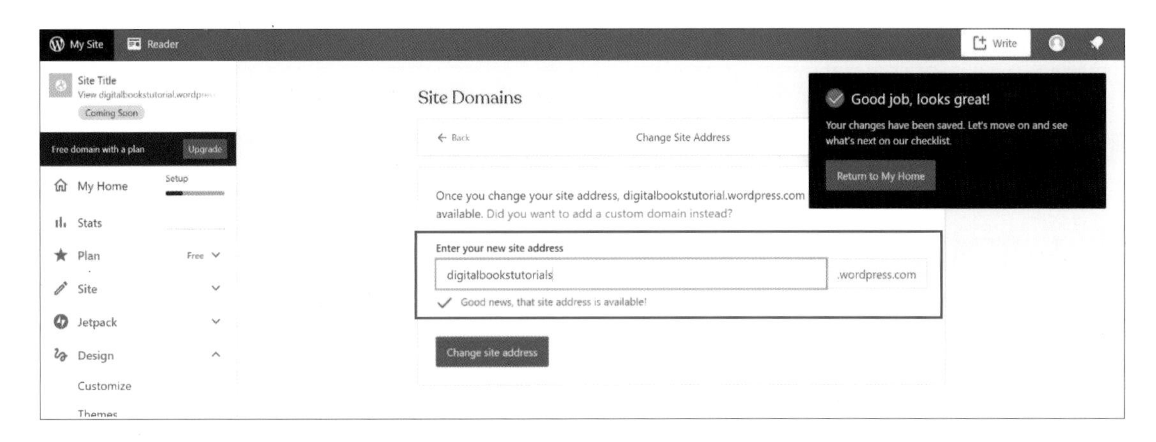

댓글과 관련된 기본적인 세팅을 업데이트하기 위해서는 관리자 메뉴에서 Setting을 클릭한 후 Discussion 메뉴를 클릭한다. 기본적인 모든 기능은 활성화가 되어있기 때문에 원치 않는 기능들은 비활성화를 시킨다.

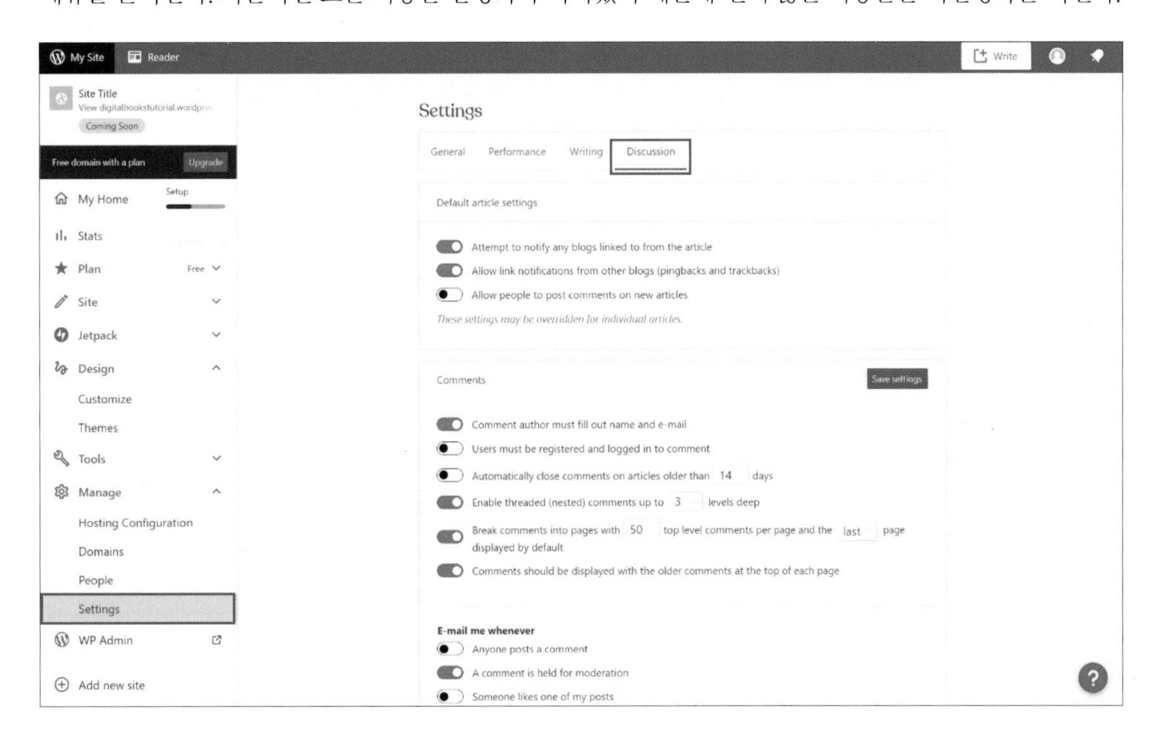

워드프레스의 경우, 백링크(Backlink)를 얻기 위해 많은 마케터가 소프트웨어를 이용하여 링크를 포함한 자동 댓글을 다는 경우가 많다. 이때, 댓글을 제대로 관리를 하지 않으면 몇 백개의 스팸 댓글이 달리는 경우가 발생하는데, 데이터베이스에 접근하지 못하는 경우 일일이 하나씩 모든 스팸 댓글을 삭제해야 하기 때문에 시간이 많이 소요된다. 이러한 이유로, 아무나 댓글을 작성하지 못하도록 로그인한 사용자만 댓글을 작성할 수 있도록 설정한다. 또한, 관리자의 검수 없이는 댓글이 발행되지 않도록 기능을 제한할 수 있다.

또한, 관리자의 허락 없이는 댓글이 발행되지 않도록 Comment must be manually approve 기능을 활성화 시킬 수 있다. 만약, 댓글 기능을 활성화하고자 한다면 관리자의 허락을 받아 승인된 댓글이 있는 사용자에게만 댓글을 달 수 있게 기능을 설정할 수도 있다.

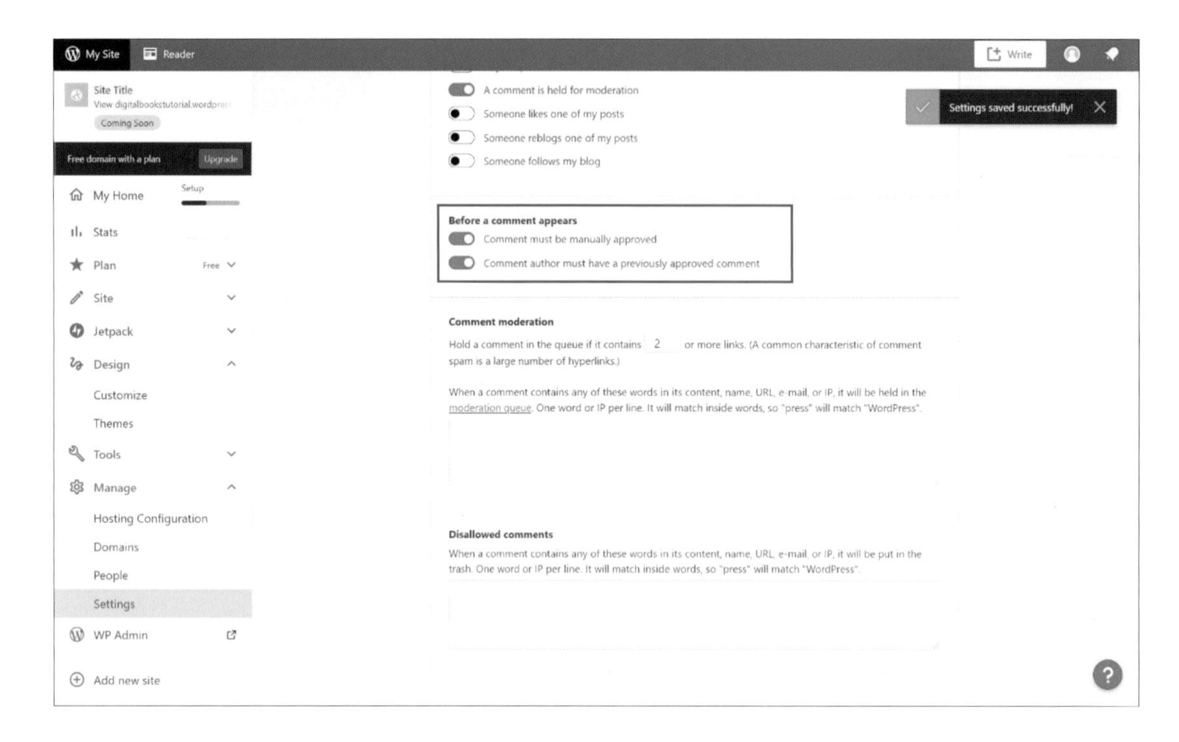

Name your site 페이지를 업데이트하고 난 후에는 메뉴를 설정할 차례이다.

Add a menu를 클릭하면 관리자 페이지로 이동하여 메뉴를 업데이트한다(아래 이미지 참조).

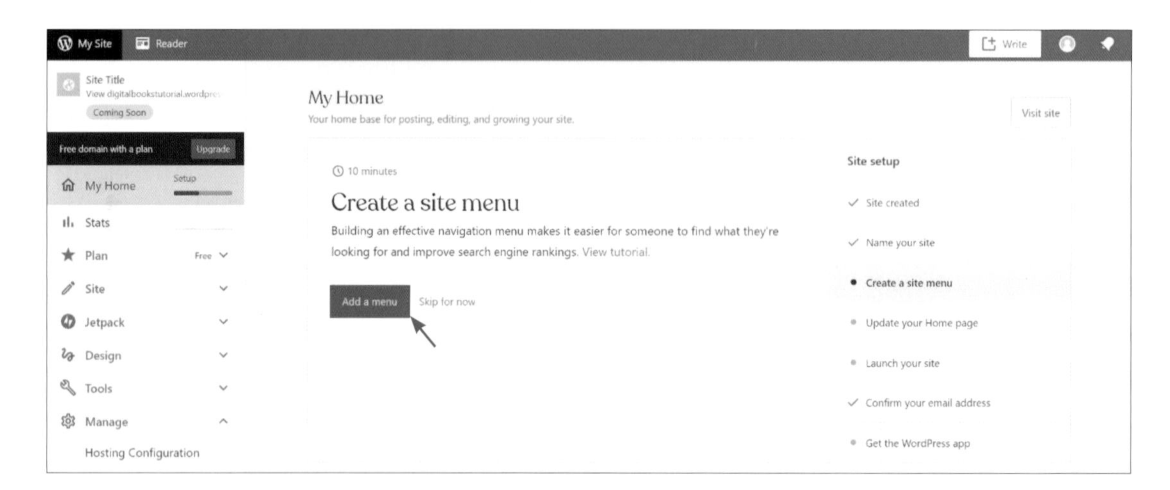

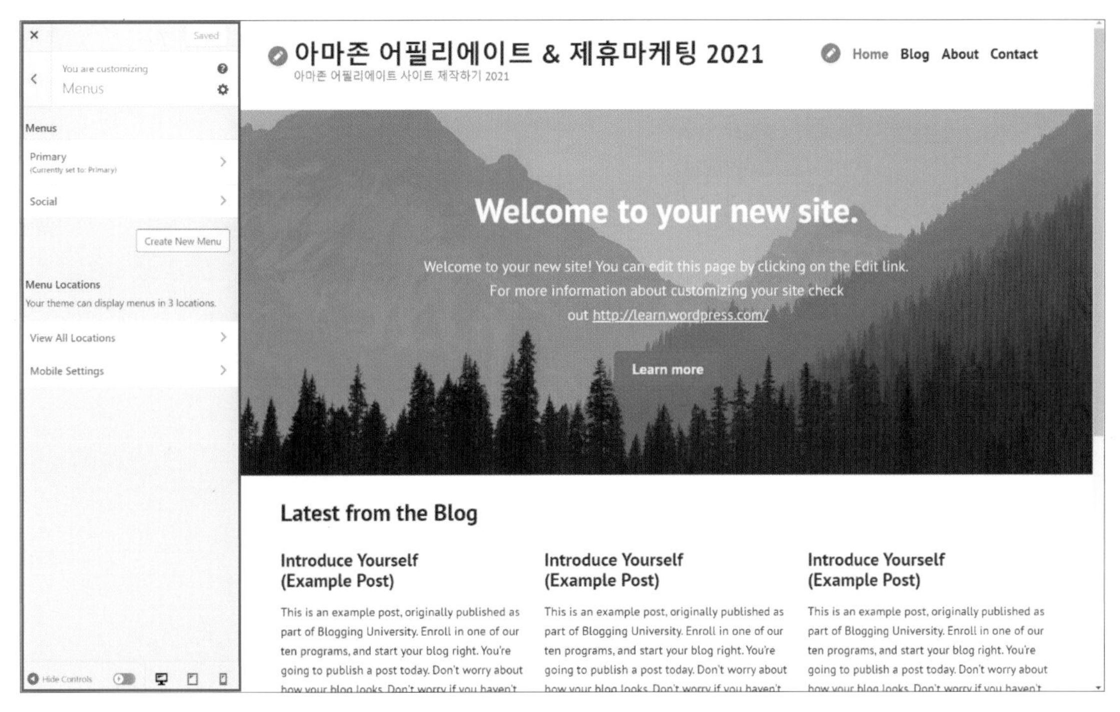

▲ 왼쪽 메뉴에서 Create New Menu를 눌러 메뉴를 추가할 수 있다.

메인 메뉴의 공간(Primary Menu)이 부족하다면 아래와 같이 Site Title의 글자수를 조절하여 공간을 확보할 수 있다.

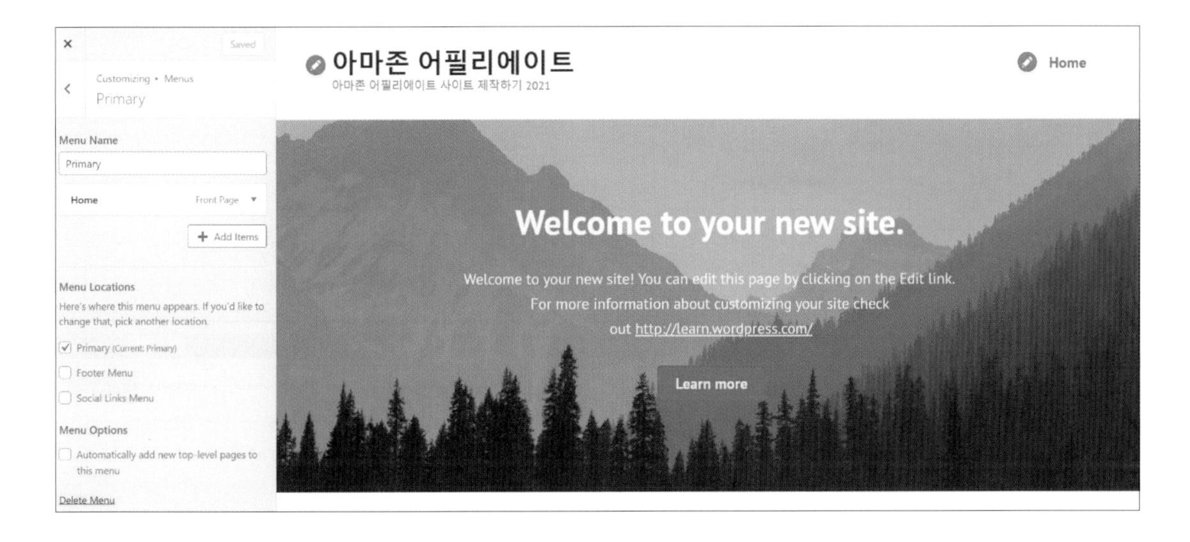

워드프레스를 설치하면 Home, Blog, Contact, About 페이지가 자동 생성이 된다. 왼편에 보이는 메뉴, Add Items를 클릭하면 오른편에 메뉴로 등록 가능한 페이지와 카테고리를 확인할 수 있다. 메뉴로 등록하기 위해서는 간단히 + 아이콘을 클릭하면 된다.

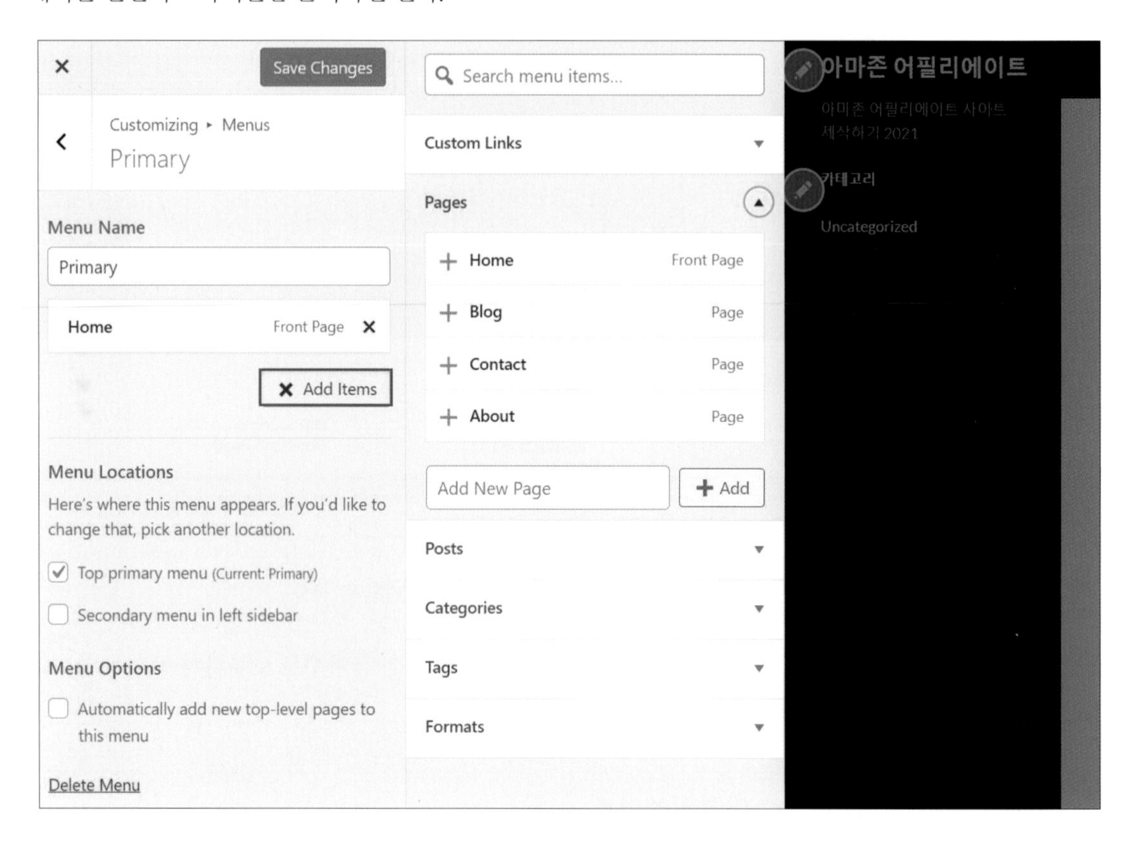

메인 메뉴와 메인 페이지에는 광고하고자 하는 아마존 제품 리스트를 위주로 콘텐츠를 구성한다. 필자의 경우, 홈페이지 메인 페이지를 마지막에 작업한다. 이러한 이유는, 다른 페이지들을 구성하다 보면 테마를 교체하거나, 혹은 콘텐츠와 키워드들이 새로 생성이 되거나 변경이 되는 경우가 많아, 메인 페이지를 최소 두 세 번씩 업데이트하는 경우가 많았기 때문이다.

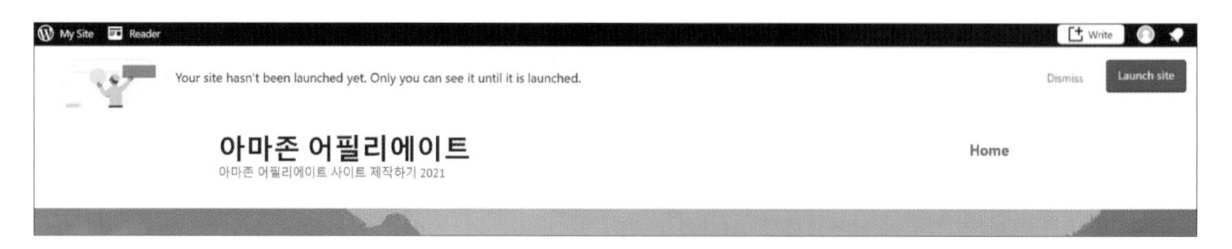

오른쪽 상단에 보이는 분홍색 Launch site 버튼은 웹사이트가 아직 활성화되지 않은 것을 의미한다. 이 상태에서는 웹사이트가 검색엔진에 노출되지 않는다.

만약, 워드프레스에서 제공하는 기본 테마가 마음에 들지 않을 경우에는 워드프레스 관리자 페이지(https://digitalbookstutorial.wordpress.com/wp-admin/)로 이동하여 변경할 수 있다.

왼편에 보이는 관리자 메뉴, Appearance에 마우스를 가져다 대면 서브메뉴 테마(Themes)가 보인다. 이 메뉴를 클릭하면 다양한 무료 테마와 유료 테마를 확인 가능하며 자신이 원하는 테마를 선택하여 Activate 버튼을 클릭하면 단 1초 만에 웹사이트 테마를 변경할 수 있다.

워드프레스 무료 테마를 사용할 경우, 웹사이트 하단에 워드프레스를 사용하여 제작된 웹사이트라는 것을 반드시 표기(Credit)해야 한다. 이것은 무료로 테마를 제작하여 배포하는 개발자에 대한 감사의 징표이기도 하지만 크레딧을 사용하지 않는다는 것은 누군가의 소스를 무단 도용하는 지적재산권을 위배하는 행위이기도 하기 때문에 반드시 표기를 해야 한다.

크레딧 사용의 여부는 상황에 따라서는 전문적으로 보이지 않기 때문에, 크레딧 표기를 원하지 않을 경우에는 유료 워드프레스 테마를 사용해야 한다.

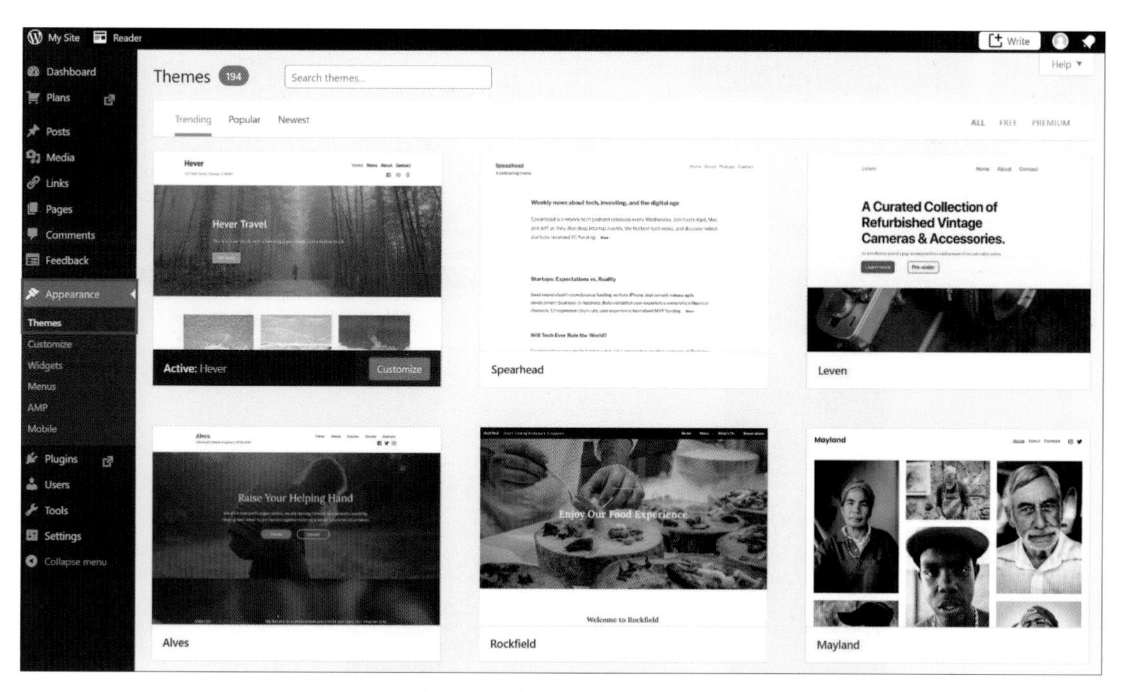

▲ Appearance의 Themes 탭에서 여러가지 테마들을 살펴볼 수 있다.

이 책에서는 무료테마(Twenty Fourteen)를 사용하여 아마존 어필리에이트 사이트를 제작해보도록 하겠다.

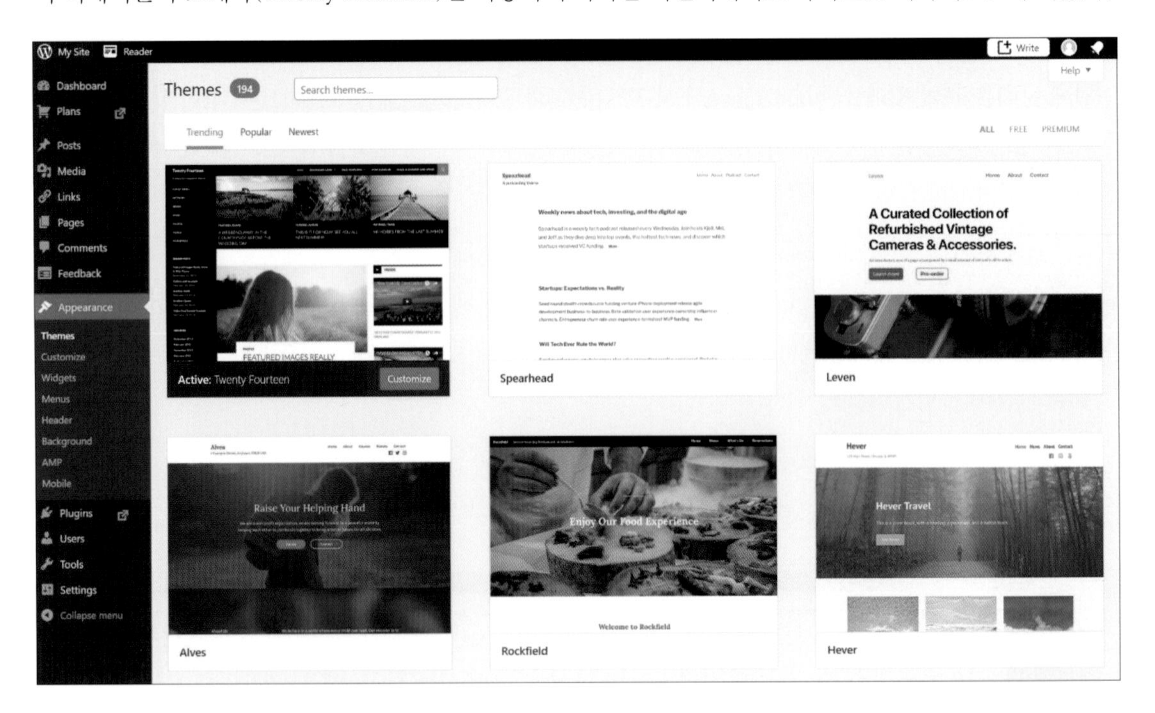

테마 설치를 완료하고 난 뒤 Customize 버튼을 클릭하여 맞춤형 제작이 가능하다.

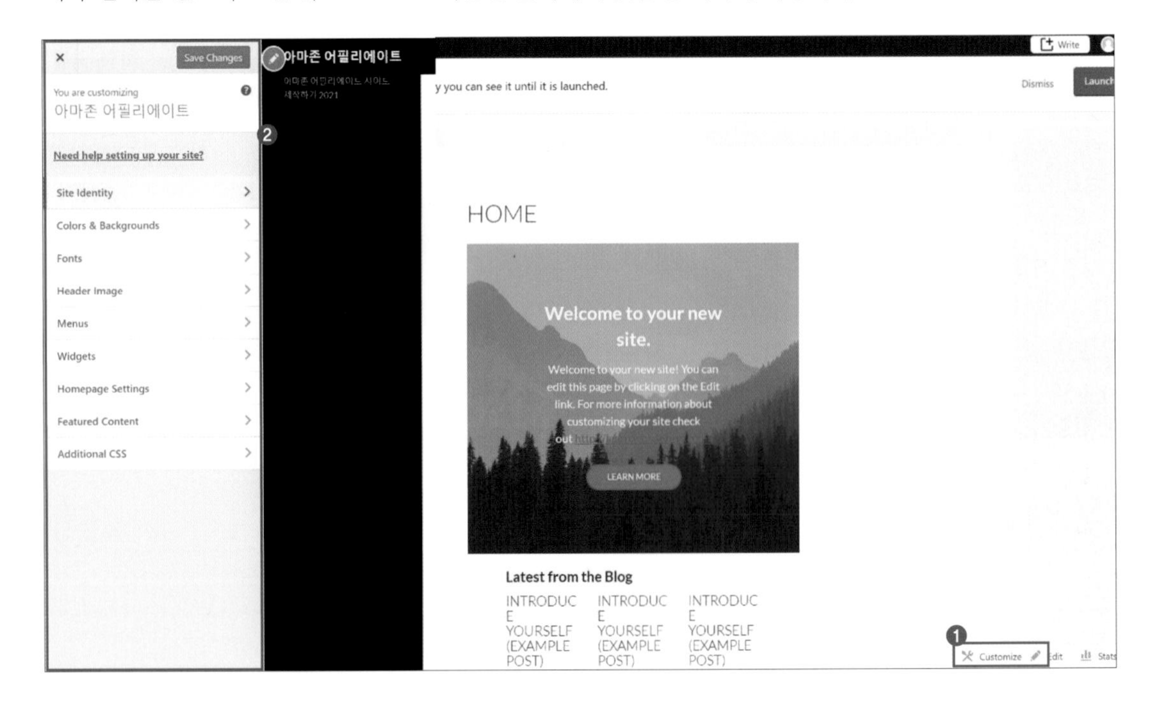

이제, 포스팅 카테고리를 업데이트할 차례이다. 이때, 가능한 아마존의 어필리에이트 제품 카테고리와 매칭하여 카테고리를 생성하는 것이 좋다.

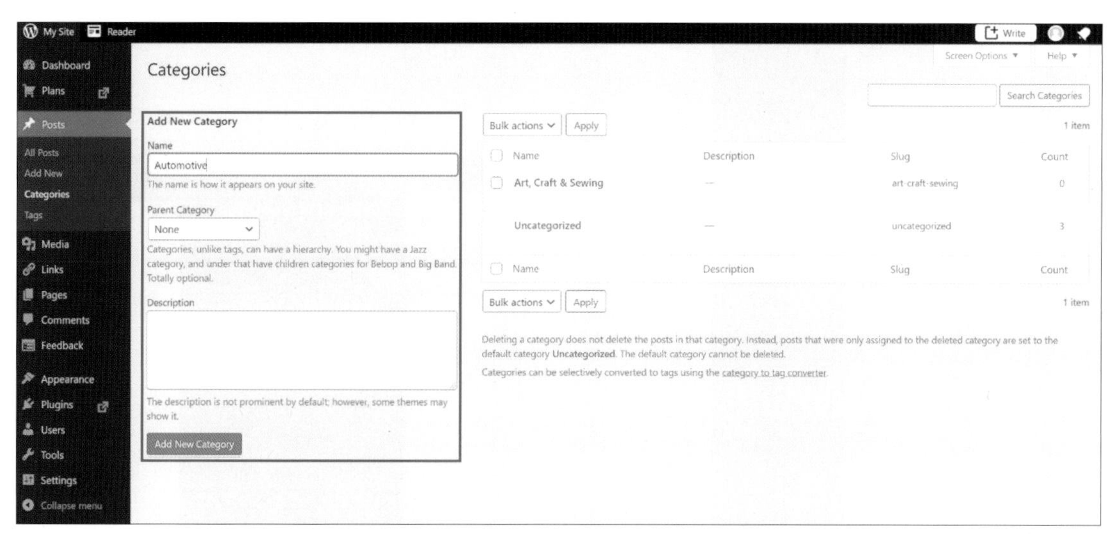

▲ 해당 부분에 정보를 입력한 뒤 Add New Category를 누르면 카테고리가 추가된다.

앞서 언급한 41개의 카테고리를 생성한다(페이지 14쪽 참고). 카테고리를 생성하더라도 해당 카테고리에 발행된 글이 존재하지 않으면 위젯(Widget)에 카테고리가 보이지 않는다. 여기서 위젯이란, 웹사이트 좌측 혹은 우측의 빈 곳에 기능을 설치하여 부가 정보를 보여주는 것을 말한다. 예를 들어, 달력, 방문자 수, 최신 글 & 댓글 등이 있다. 테마에 따라 위젯의 설치가 가능 혹은 불가능하기도 하다.

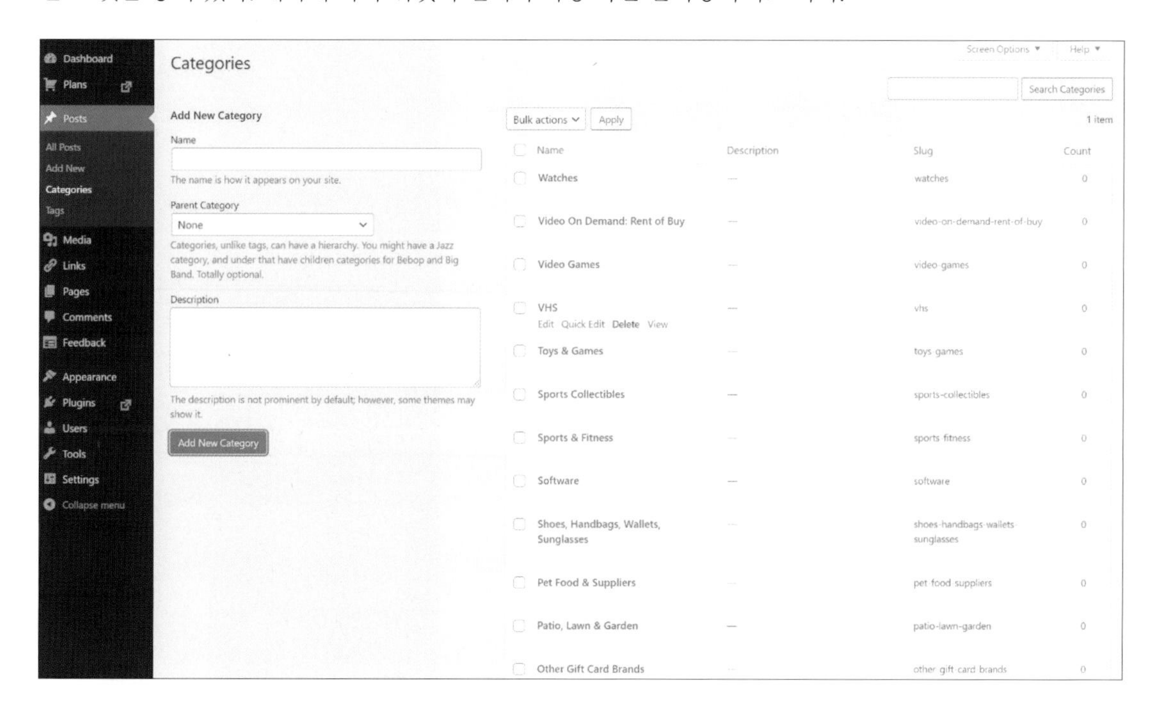

커스텀마이징 페이지로 이동하여 위젯을 클릭하면 Primary Sidebar, Content Sidebar, Fotter Widget Area 이 세 가지 메뉴를 확인할 수 있다.

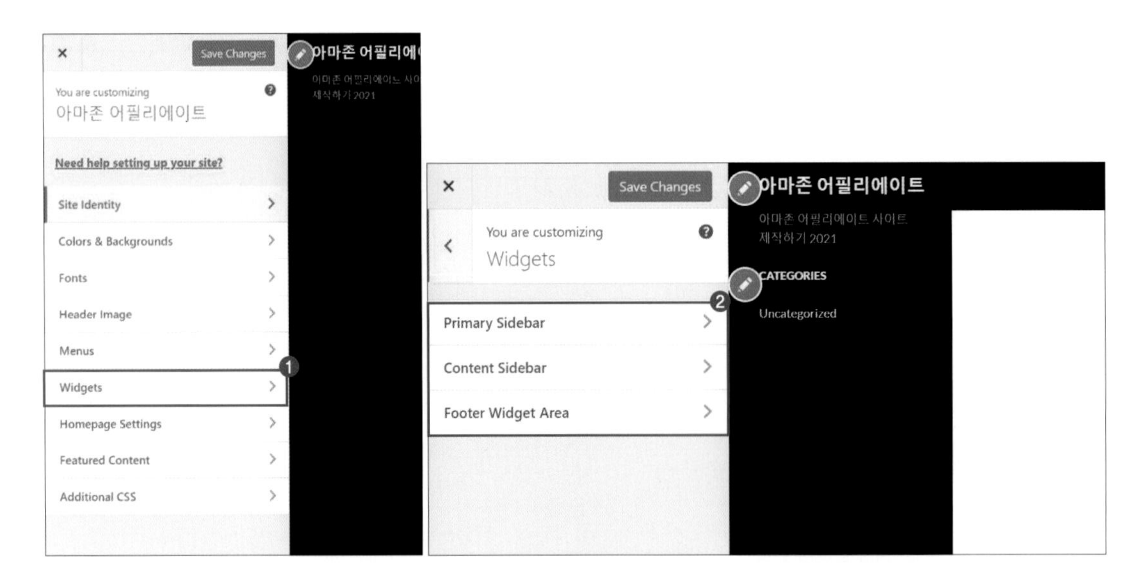

Primary Sidebar와 Content Sidebar를 클릭하면 Add a Widget 버튼이 보인다. Add a Widget을 클릭하면 Categories 위젯을 설치할 수 있다.

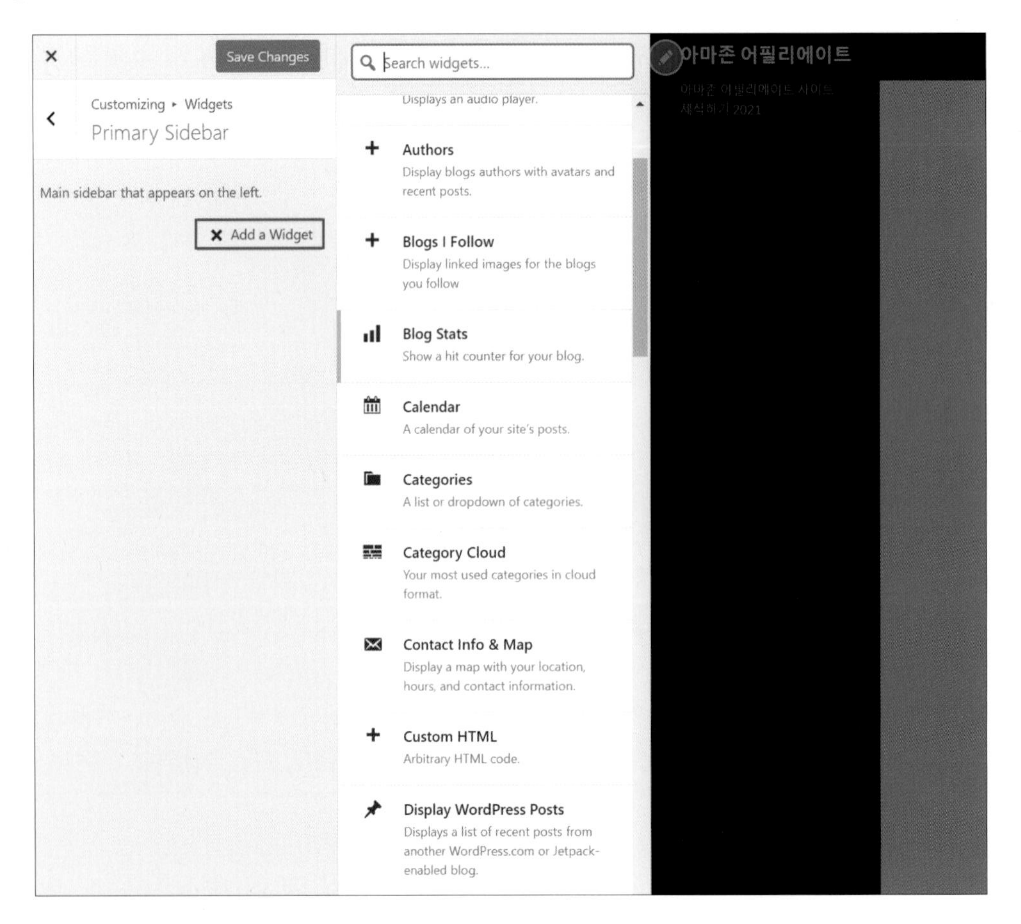

구글 검색엔진의 노출을 생각한다면 위젯 설치가 가능한 테마를 사용하는 것이 좋다. Add a Widget 버튼을 클릭하여 Categories 메뉴를 추가한다.

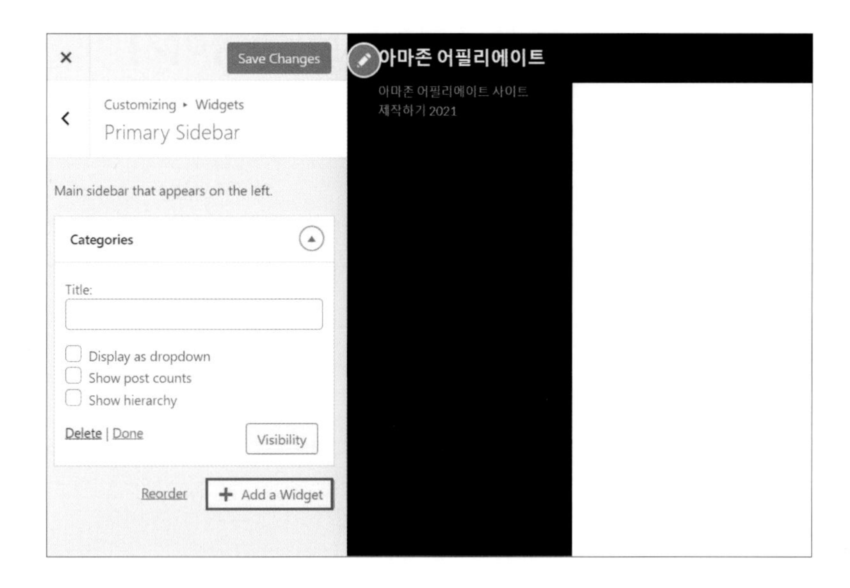

앞서 언급하였지만, 카테고리에 발행된 글이 존재할 때만 왼편에 카테고리 리스트들을 볼 수 있다. 아래의 이미지를 참고하길 바란다. 예를 위해 샘플 콘텐츠로 글을 발행하였다.

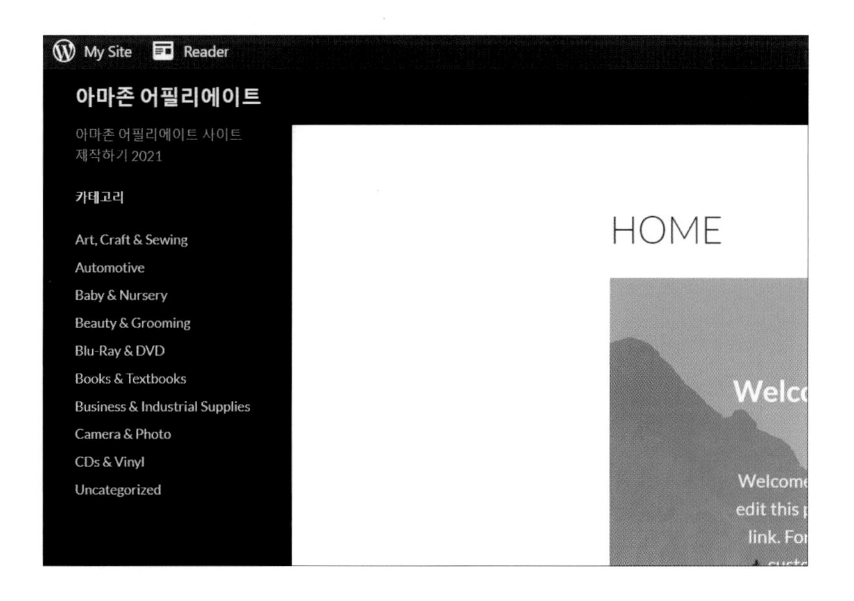

아직 홈페이지의 구성을 마치지 않았지만, 일단 Amazon.com Associate Central (아마존 어필리에이트 센트럴)에 접속하여 제휴 마케팅을 할 제품들의 어필리에이트 링크를 생성한다. 다음 챕터에서 어필리에이트 링크를 생성하는 방법에 대해 자세하게 알아보도록 하겠다.

CHAPTER

04 아마존에서 제휴 상품 링크 생성하기

이제 Amazon.com Associate Central(아마존 어필리에이트 센트럴)에 접속하여 제휴 마케팅을 할 제품들의 어필리에이트 링크를 생성할 차례이다.[10]

일단 아마존 제휴 마케팅 관리자 페이지에 접속한다.

Quick Links: Search for Product

Browse for Product

Search and create links for any product. You can also create short links.

Advanced search

keyword or ASIN/ISBN

Go

Earnings Overview (for Last 30 days)

Commissions Bounties Clicks

$1.25 $1.00 $0.75 $0.50 $0.25 0

Earnings

Clicks

Dec 24 2020 Dec 27 2020 Dec 30 2020 Jan 02 2021 Jan 05 2021 Jan 08 2021 Jan 11 2021 Jan 14 2021 Jan 17 2021 Jan 20 2021

Summary for This Month

Total Items Shipped:	0
Total Earnings:	$0.00
Total Ordered Items:	0
Clicks	0
Conversion:	0.00%

Last updated: Jan 22 2021

Combined report for all tracking IDs.

View Full Report

Did You Know?

See earnings in one place with the Consolidated Earnings Report.

Get Started Now

Total Commissions	Total Bounties	Clicks
$0.00	$0.00	0

이미지 출처: @아마존

10 Amazon Associates, Amazon Associates – Amazon's Affiliate Marketing Program 〈https://affiliate-program.amazon.com/〉.

제품의 링크를 생성하는 방법에는 두 가지가 있다. 첫 번째 방법은, Quick Links Search for Product 기능을 이용하여 검색을 통해 제품을 찾는 방법이다. 관리자 페이지의 상단에 Keyword or ASIN/ISBN이 보이는 검색 박스에 원하는 제품을 검색하면 된다. 두 번째 방법은, Browse for Product를 사용한다. Browse for Product 메뉴를 클릭하면 아래의 이미지에서 보이는 것처럼 왼쪽편에 카테고리들이 검색한다. 홍보하고자 하는 카테고리를 선택한다. 여기에서는 예를 들기 위해, Camera & Photo를 클릭해본다.

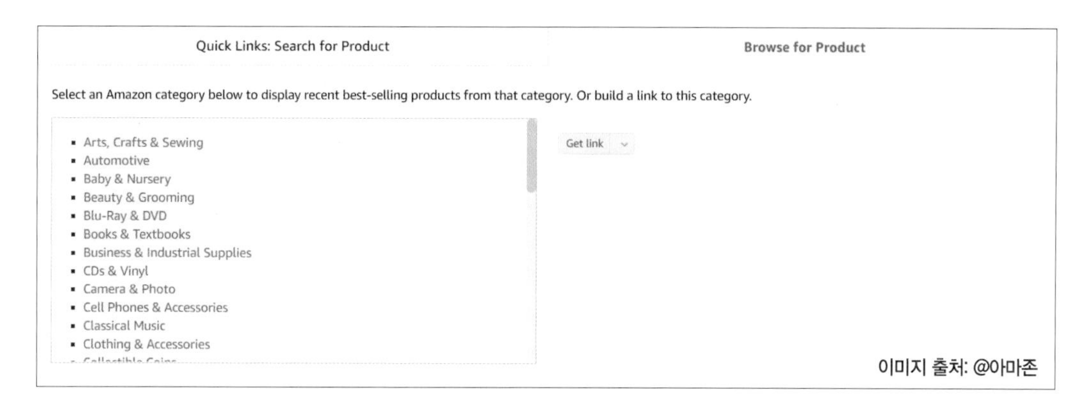

이미지 출처: @아마존

카테고리를 클릭하면 아래 이미지에서 보이는 것처럼 아마존 제휴 마케팅이 가능한 제품들의 리스트들이 나열된다. 다음 제품의 오른쪽에 보이는 Get Link(링크 생성하기) 노란색 버튼을 클릭한다.

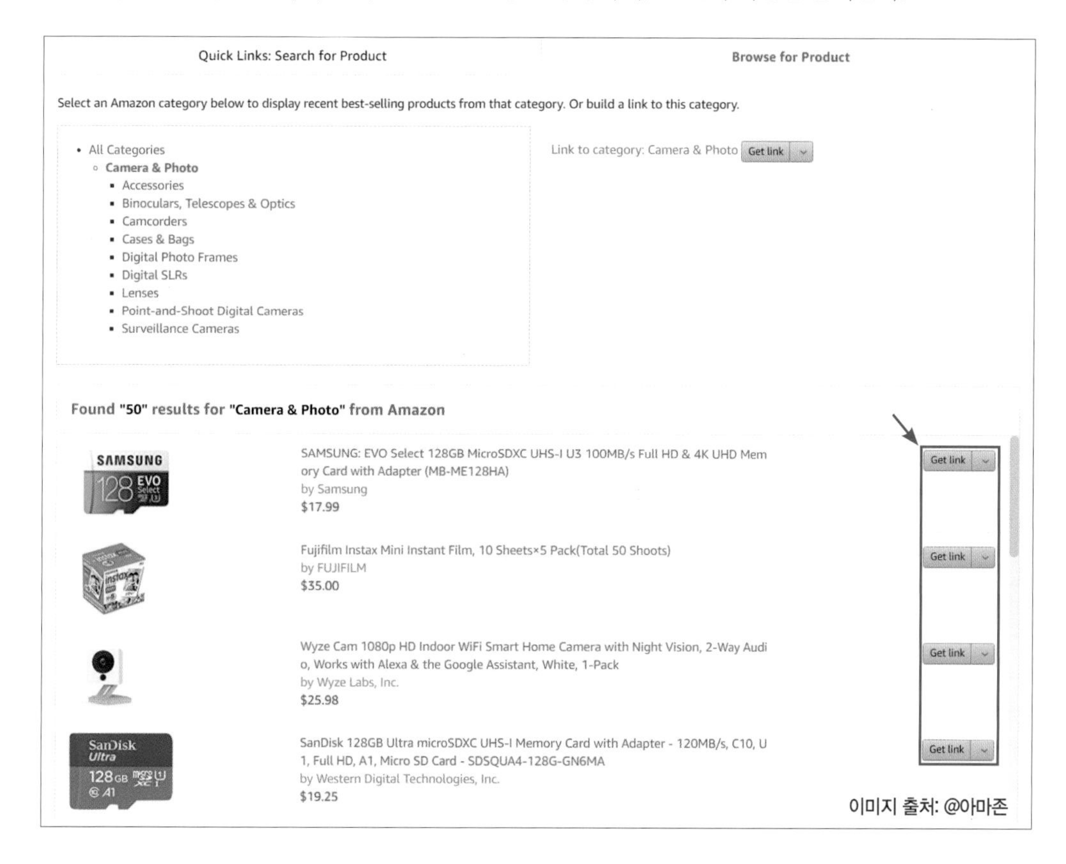

이미지 출처: @아마존

Get link 버튼을 클릭하면 다음 이미지에 보이는 것처럼 창이 뜨는 동시에 링크가 생성된다.

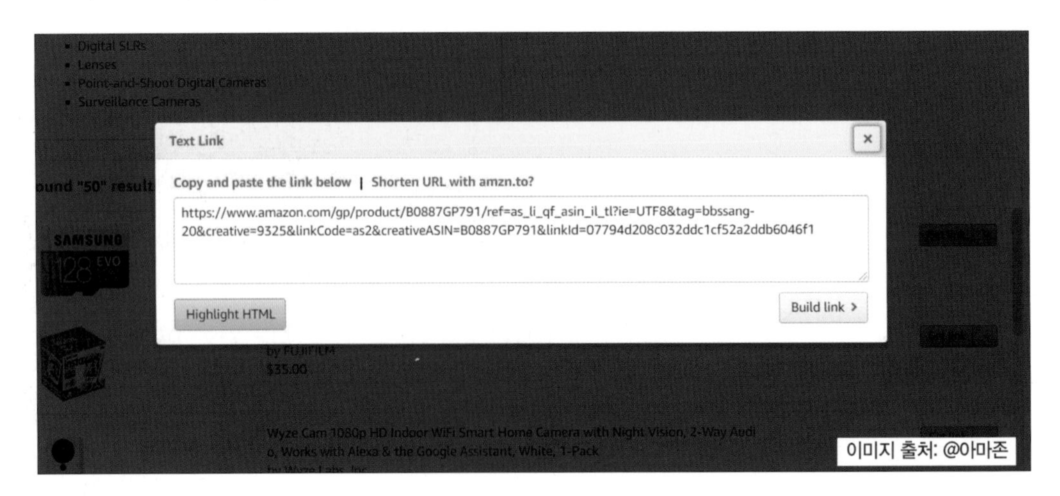

이미지 출처: @아마존

이 링크를 그대로 복사하여 글을 작성하면 다음에 보이는 이미지처럼 글이 발행된다. 배너의 스타일을 바꾸고 싶다면 팝업 창의 오른쪽 하단에 위치한 회색의 Build link 버튼을 클릭한다.

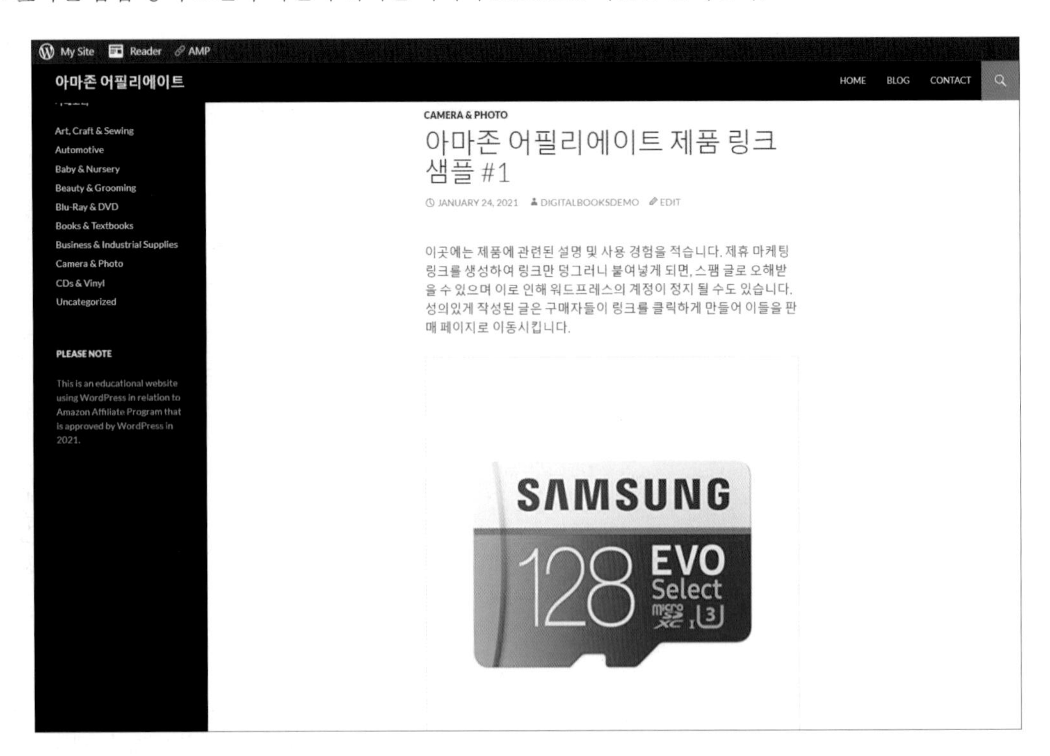

Build link를 클릭하면 배너의 스타일을 원하는 대로 수정 가능하다. 이때, 3가지 스타일에서 선택하면 된다.

1. 스타일 1: Text and Images(글과 이미지가 함께 있는 배너)
2. 스타일 2: Text Only(글만 있는 배너)
3. 스타일 3: Image Only(이미지만 있는 배너)

원하는 스타일의 배너를 클릭하면 하단에 아마존 제휴 마케팅 링크가 자동으로 생성된다. 이 링크를 사용하여 글을 작성하면 된다.

스타일 1

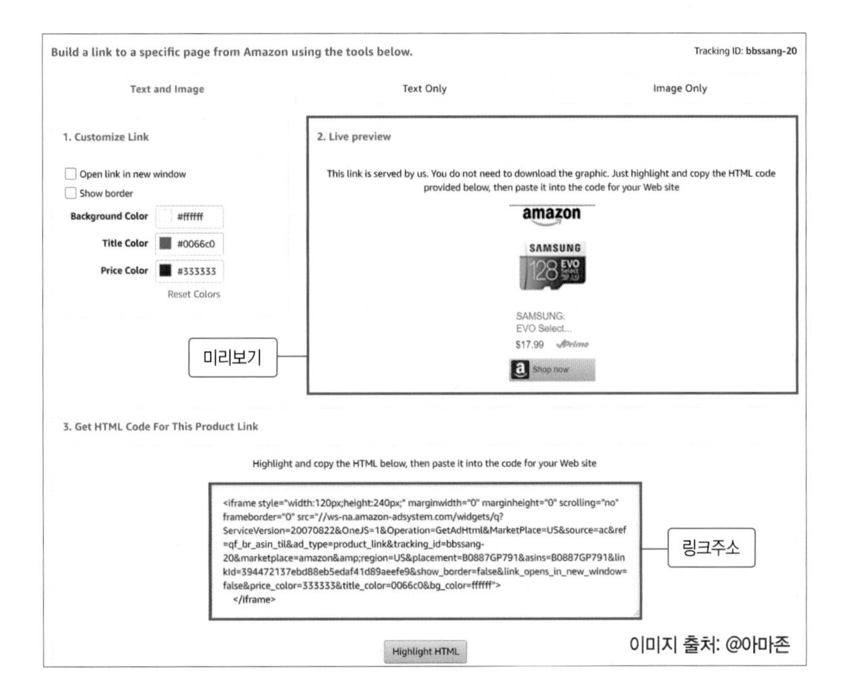

이미지 출처: @아마존

스타일 2

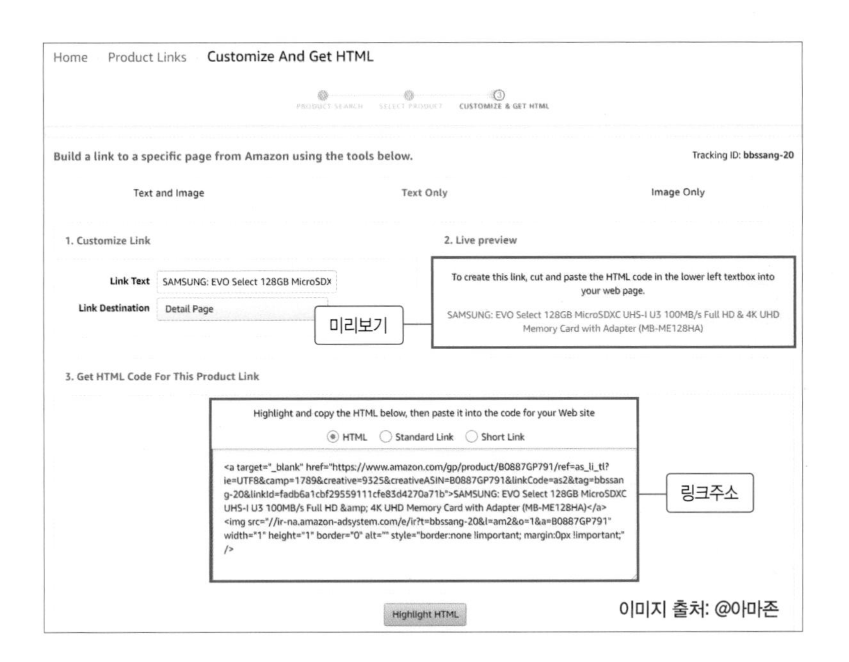

이미지 출처: @아마존

스타일 3

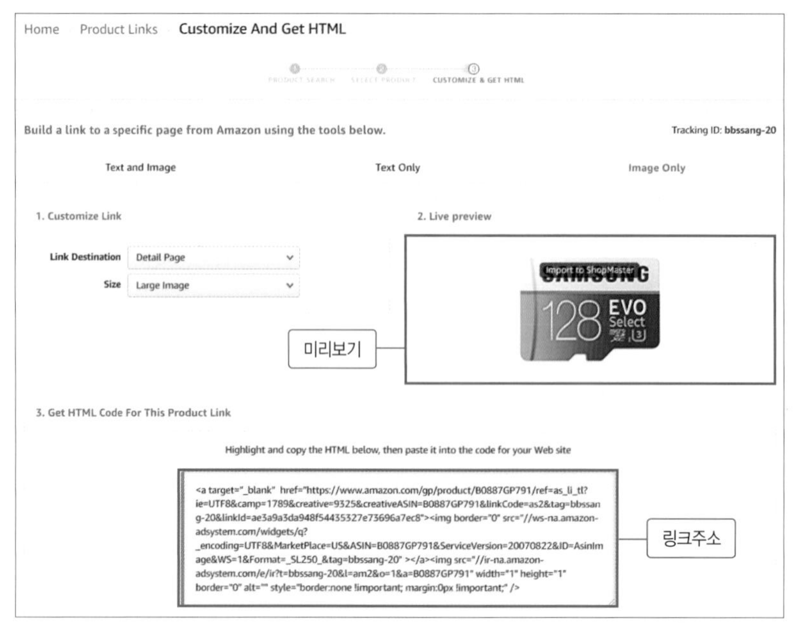

이미지 출처: @아마존

이런 방법을 반복하여 제휴 마케팅 제품들의 링크를 생성하고 제품을 리뷰하면 된다. 한 개의 포스팅에 하나의 제품만 등록할 수도 있지만, 한 개의 포스팅에 여러 개의 아마존 제휴 마케팅 제품들을 리스팅할 수 있다.

아마존 어필리에이트 제휴 마케팅 교육자료 샘플(https://bit.ly/399ul4p)

마지막으로 홈페이지 메인 페이지를 정리할 차례이다. 아래의 이미지에서 보이는 것처럼, 레이아웃이 어딘가 자연스럽지가 못하다. 스크롤을 내리면 페이지의 하단에 EDIT(편집)이라는 단어가 보인다. 이 단어를 클릭하면 홈페이지 메인의 레이아웃을 수정할 수 있다.

워드프레스에 익숙하지 않은 사용자의 경우, 간단한 작업으로도 더욱 깔끔한 메인페이지로 업데이트 가능하다. 이 단계에서는 무리하게 홈페이지를 이쁘게 꾸미려고 할 필요가 없다. 왜냐하면, 방문자들은 홈페이지 메인 페이지를 통해 방문하는 것이 아니라, 검색을 통해 웹사이트로 유입이 될 예정이기 때문에 무리하게 홈페이지 메인을 예쁘게 만들려고 하기보다는 알찬 정보가 담긴 포스팅에 집중하는 것이 바람직하다. 아래의 이미지에서 손을 조금 본(?) 메인 페이지를 확인할 수 있다 (초보자 기준).

▲ 이전보다 훨씬 보기 편하도록 변경되었다.

PART 02

글로벌 셀링 준비와 주의사항

CHAPTER

01 아마존 셀링 v 이베이 셀링의 차이점

전 세계 사람들이 가장 많이 사용하는 해외 온라인 쇼핑 사이트의 양대 산맥으로 아마존(Amazon)과 이베이(eBay)가 있다. Statista의 리서치 결과에 따르면, 아마존 셀러(Seller: 판매자)들은 미국, 영국, 독일, 이탈리아, 프랑스, 인도, 스페인, 일본, 캐나다 등에 거주하면서 아마존을 통해 제품을 판매하고 있다.[11]

이베이 셀러들은 주로 미국, 영국, 독일, 중국, 호주, 이탈리아, 프랑스에 거주하면서 이베이를 판매 플랫폼으로 사용하고 있는 것으로 나타났다.[12]

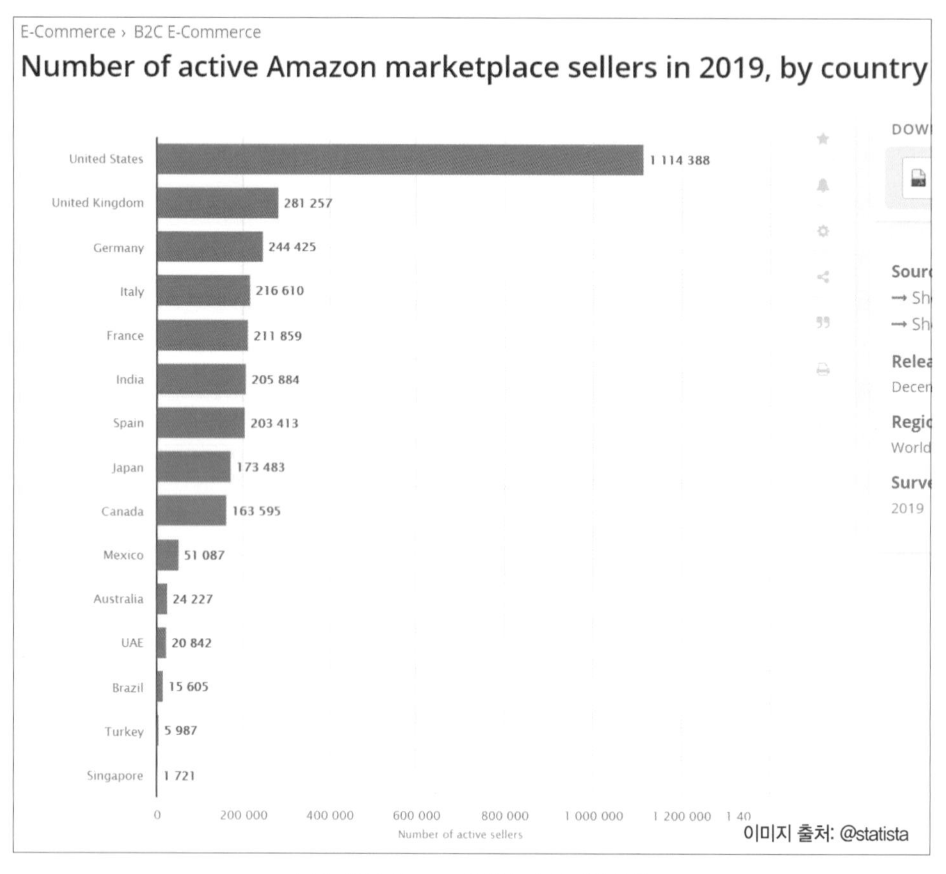

▲ 2019년도 Amazon 판매자 수 국가별 통계

---

11 statista, Number of Active Amazon Market Place Sellers in 2019, by country 〈https://www.statista.com/statistics/1086664/amazon-3p-seller-by-country/〉.

12 statista, Distribution of eBay Sellers Worldwide as of June 2020, by country 〈https://www.statista.com/statistics/1019999/ebay-sellers-location-by-country/〉.

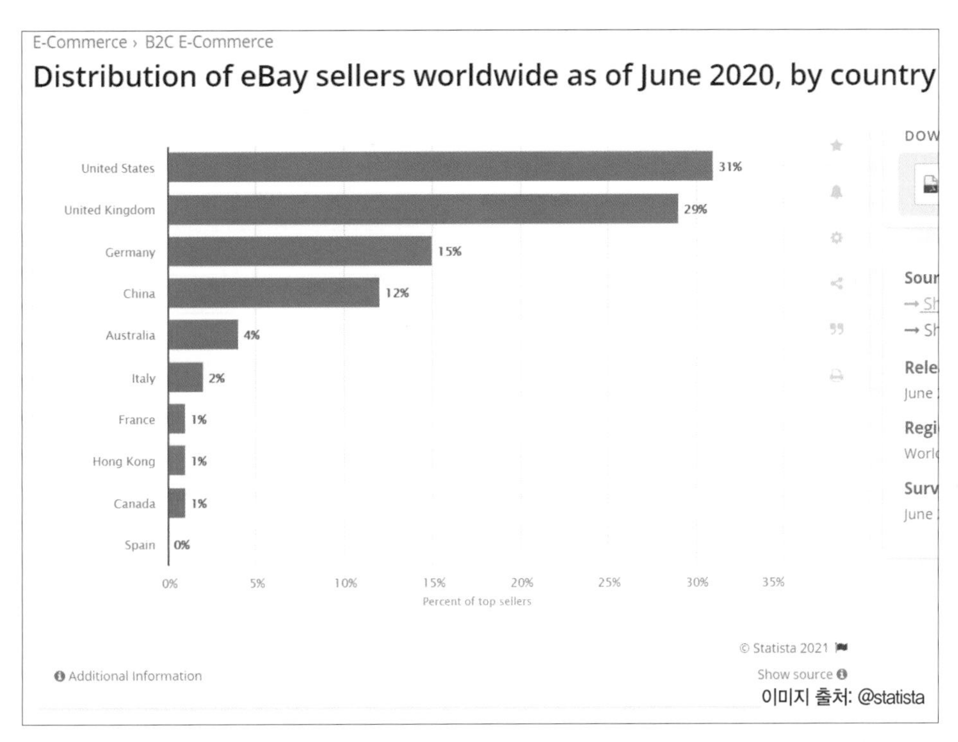

▲ 2020년도 eBay 판매자 수 국가별 통계

평균 가격을 비교해 보았을 때, 아마존에 리스팅(Listing: 등록)된 상품들의 가격이 이베이에 리스팅된 상품들보다 가격이 높지만, 아마존 FBA(Fulfillment by Amazon)로 인해 배송기간이 짧기 때문에 미국인들은 빠른 배송의 장점 때문에 아마존을 선호한다. 아마존 FBA는 아마존을 통해 주문이 접수되었을 때, 아마존이 판매자를 대신하여 제품을 포장 및 배송할 뿐만 아니라, 고객 응대와 반품까지도 책임져주는 시스템을 말한다.

이베이에서 제품을 구매할 경우, 한 달가량의 지루한 배송 기간을 기다리면 제품을 싸게 구매할 수 있다. 만약, 소비자가 거주하는 국가에 재고된 상품이 있으면 소비자는 제품을 조금 더 빨리 받아볼 수 있다.

해외 온라인 창업에 도전하다 보면 자신에게 맞는 플랫폼을 찾게 된다. 어떤 셀러는 아마존의 시스템이 더 쉽게 느껴질 수가 있을 것이고, 어떤 셀러에게는 이베이 시스템이 더 편하게 느껴질 것이다. 혹은 두 개의 플랫폼을 동시에 운영하면서도 별 어려움을 겪지 않는 셀러도 분명 있을 것이다.

하지만, 당신이 영어에 익숙하지 않은 사람이라면 두 개의 플랫폼을 동시에 도전한다는 것이 어려울 수 있다. 조급함을 가지지 말고, 둘 중 하나를 선택하여 해외 창업을 시도해보고 해당 플랫폼에 익숙해지면 다른 플랫폼도 함께 운영하는 것이 시행착오와 시간 및 비용을 줄일 수 있을 것이다.

Q. 과연, 해외 창업을 시작하기에 아마존 v 이베이 중 창업이 쉬운 플랫폼은 무엇일까?

필자의 경험에 따르면 질문에 대한 답변은 "이베이"이다. 아마존보다는 이베이에 상품을 리스팅(Listing: 등록)하는 과정이 간소했다. 간소하다고 하여 제품 리스팅이 쉽다는 뜻는 결코 아니다. 제품을 리스팅하기 전에는 이베이의 셀러(판매자) 이용약관을 반드시 확인하고 판매 가능한 제품과 불가능한 제품의 리스트를 확인한다. 제품 등록 시 절차상에서 문제가 발생하게 되면 이베이 계정이 정지되는 상황이 발생할 수 있으니, 단 한 개의 제품을 등록하더라도 정성을 다해, 한 번에 등록이 완료될 수 있도록 노력해야 한다.

이베이에서는 자동 스팸 방지 프로그램(Automated Anti-Spam Controls)을 운영하고 있기 때문에, 계정의 활동을 분석하여 비정상적인 활동이 감지되면 자동으로 계정이 정지되고 담당자에게 보고 된다. 상품을 리스팅하는 과정에서 계정이 정지되면 어필(Appeal)을 하여 계정을 복구시킬 수 있는데, 때에 따라서 단 2번의 기회만이 주어지니 어필을 통해서 계정이 복구되었다면 똑같은 실수를 절대 반복하지 말아야 한다.

이베이 리스팅이 좀 더 쉽게 느껴지는 또 다른 이유는 아마존의 제품 리스팅이 갈수록 까다로워지고 있기 때문이다. 아마존에 제품을 리스팅하기 위해서는 바코드(Barcode)가 필요한데, 정식 바코드의 정가가 비싸다보니 많은 셀러들이 바코드 리셀러 업체에서 판매하는 바코드를 구매하여 제품을 등록하기도 한다.

이미지 출처:@GS1〈https://www.gs1.org/〉

아마존 셀러들 사이에서는 바코드 리셀러 업체에서 구매한 바코드 사용 가능 여부에 대해 많은 논쟁이 오가고 있다.[13] 인터넷 상에 너무 많은 정보가 난무하고 있다 보니, 어떠한 정보가 정확한 정보인지, 어디서 바코드를 구매하는 것이 맞는지 헷갈린다.[14]

과거에는 바코드 마니아(Barcode Mania)와 같은 저렴한 바코드 리셀러(Reseller) 웹사이트에서 미국달러 $5을 지불하고 바코드를 구매한 후 아마존에 제품을 등록하는 데 있어 별다른 문제가 발생하지 않았다. 지금은,(신규 아마존 셀러의 경우) 이런 업체에서 구매한 바코드로 제품 등록을 시도하게 되면 아래와 같은 에

13 u/cruxias, 'Is barcodesmania a scam?'(Reddit, 27 April 2018) 12:54:57 〈 https://www.reddit.com/r/FulfillmentByAmazon/comments/8f8sch/is_barcodemania_a_scam/〉.

14 Barcodes Mania, Barcodes As Low $0.13 Each! Limited Time SALE! 〈https://barcodesmania.com/〉.

러 메시지가 뜨고 제품 리스팅 자체가 불가능하다.

> You are using UPCs, EANs, ISBNs, ASINs, or JAN codes that do not match the products you are trying to list. If you believe you have reached this message in error, please contact Seller Support.

이러한 에러 메시지가 뜨는 이유는 구입한 바코드가 재활용되어 이미 다른 아마존 셀러가 사용하는 바코드와 중복이 되었거나, 현재 유효하지 않은 바코드를 사용할 때 이런 에러 메시지가 뜬다.

필자는 바코드 리셀러 업체에서 구매한 바코드로 아마존에 제품을 등록할 수 있는지 확인해보았다. 바코드 리셀러 업체를 통해 미국 달러 $5을 지불하여 바코드를 구매한 뒤 제품 등록을 시도했지만 계속해서 에러가 발생하였다. 결국에는 바코드를 사용할 수 없었고, 바코드의 등록에 실패하여 업체측으로 문의를 해보았고, 아래와 같은 답변을 받았다.

> This error code is usually a result of two possible reasons:
>
> 이 오류 코드는 일반적으로 다음의 두 가지 원인으로 인해 발생합니다:

> 1. If you are selling a product which is already listed within Amazon(by another seller), you will get a invalid error. Amazon updated a policy back in Feb 2016 - to try and prevent 'duplicate listings'(ie: same product listed by many sellers).
>
> 1. 아마존에 이미 다른 셀러에 의해 리스팅 된 상품을 판매하는 경우, 유효하지 않은 오류가 발생합니다. 아마존은 2016년 2월에 "중복 리스팅"(예: 여러 셀러가 동일한 제품을 등록)을 방지하기 위해 정책을 업데이트했습니다.

> 2. Also, have you entered a '**brand/manufacturer/**trademark name' into the **title/manufacturer/brand fields** - as sometimes it can enable this particular error message.
>
> 2. 또한, 제목/제조업체/브랜드 필드에 브랜드/제조업체/상표명을 입력하였습니까? 때로는 이것이 특정 오류를 발생시킬 수 있습니다.

> If this is your own private-label product - the cause will highly likely be number 2 above - the name you have entered in the brand and/or manufacturer fields.
>
> 만약, 제품이 귀하의 개인 상표일 경우, 에러가 발생하는 이유는 브랜드/제조업체 필드에 입력한 이름 두 번째일 가능성이 큽니다.

We have had many customers who change the brand name in various ways(**mis-spelling one letter of your company/brand name, entering 'na', 'generic' or 'No-Name', 'N2', change to a different name)**, and then - once they have listed successfully - some customers who wish to do so contact Amazon and have the brand name changed back to their correct name(Amazon may ask pictures of your product with your brand name on it - before they change the brand name for you).

저희는 오타, 'na', 'generic' 또는 'No-Name', 'N2'입력과 다양한 이유로 브랜드/회사명이 변경되는 고객들을 많이 보았습니다. 그들은 리스팅을 성공적으로 마친 후 잘못 표기된 브랜드명을 수정하기 위해 아마존에 연락을 합니다. Amazon은 브랜드명 변경 전, 당신에게 브랜드 이름이 적힌 제품 사진을 요청할 수 있습니다.

결국에는 GS1에서 $30을 지불하고 바코드를 구매하고서야 이 문제를 해결하고 제품 등록을 마칠 수 있었다.

지금은 바코드 리셀러 업체를 통해 구매한 바코드로 상품을 등록하는 데 많은 어려움이 따르기 때문에(신규 아마존 셀러의 경우 등록이 불가능), 비록 비용이 좀 더, 아니 더 많이 들더라도 GS1을 통해서 바코드를 구매해야 한다. 바코드 구매하는 과정은 아래와 같다. GS1 영문 홈페이지에 접속하면 접속 시 아이피 주소에 따라 해당 국가의 GS1 웹사이트로 이동하여 구매가 가능하다. 한국의 GS1의 주소는 http://www.gs1kr.org/Service/Main/appl/Main.asp 이며 회원가입 후, 바코드를 구매 가능하다.

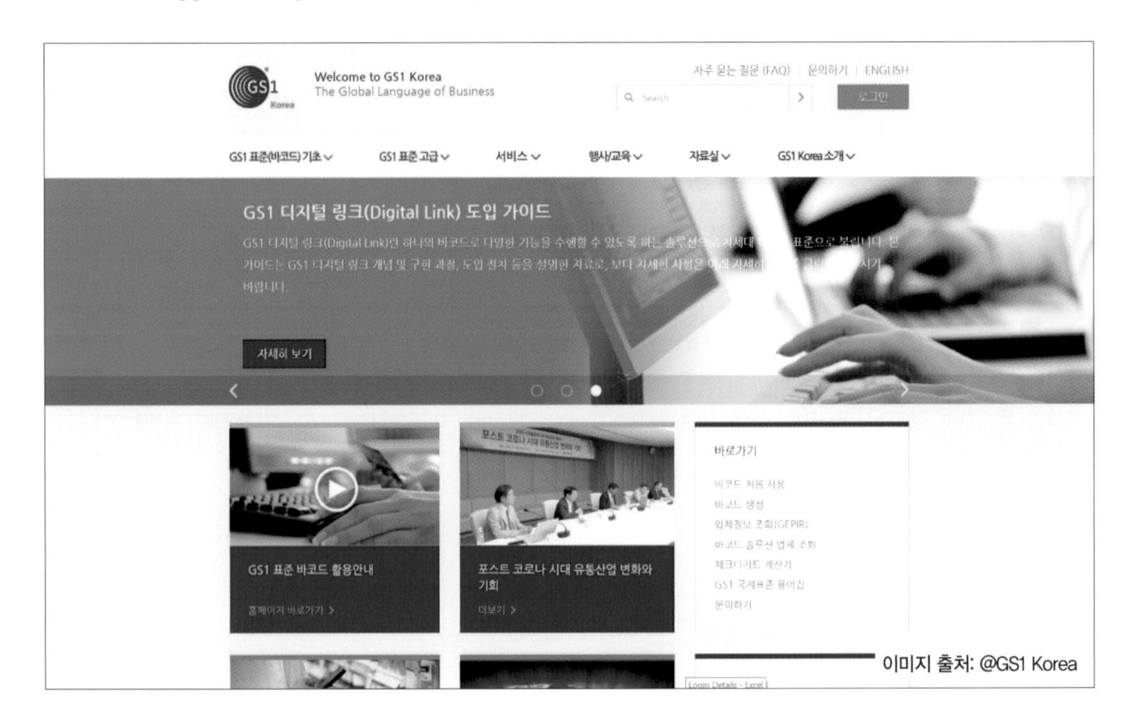

이미지 출처: @GS1 Korea

아무도 알려주지 않는 핵 꿀팁! - 아마존 FBA 창업 순서

1. 아마존 셀러가 되어 보기로 결심하기
2. 구글 검색과 Youtube 동영상으로 독학하기 또는 교육 기관에서 교육받아보기(영어 실력이 부족한 경우 혼자서 진행하기 어려움)
3. Amazon FBA 정책들을 꼼꼼히 필독하기*
4. 개인/법인 사업자등록 및 은행 계좌 생성하기
5. 페이팔/파이오니아 계정 생성하기
6. 아마존 계정 생성하기
7. 아마존 제품 선정을 위한 리서치하기
8. 아마존 제품 선정하기
9. 한국/중국 공급업체 연락 & 주문하기
10. 아마존 배송 준비하기
    - 공급업체가 아마존으로 바로 배송 또는 판매자가 제품 수령 후 아마존으로 직접 배송
    - GS1 바코드 구매 후 공급업체에 바코드 제공
    - 제품 포장(공급업체에 맡기는 경우 추가 비용 발생, 개인이 포장 및 발송하는 경우 이중 배송비용 발생)
11. 제품 리스팅 완료 및 판매 시작하기

*위의 순서는 개인의 상황에 따라 얼마든지 변동될 수 있다.

CHAPTER

02 아마존 인기상품 발굴을 위한 소프트웨어

다음 챕터에서 아마존과 이베이에서 승인, 제한, 금지 품목들의 카테고리들을 살펴보기 전, 아마존에서 판매가 잘 되는 인기 제품들을 찾는 방법들에 대해서 먼저 알아보도록 하겠다.

구글 검색엔진 최적화 작업 시 효율성을 높이기 위해 검색엔진 최적화 소프트웨어(Search Engine Optimization Software)들을 사용하는데, 마찬가지로 아마존 아이템 선정과 관리를 위해 사용되는 소프트웨어들이 개발되어 사용되고 있다. 과연 어떤 아마존 소프트웨어들이 인기가 있을까?

1. 헬리움 10(https://www.helium10.com)
2. 바이럴 런치(https://www.viral-launch.com)

아마존 소프트웨어를 사용하면 단 몇 분 만에도 인기 아마존 셀링 아이템을 찾을 수 있다. 투잡을 뛰어야 하는 시간이 없는 직장인에게는 아주 좋은 옵션이 될 수 있다. 초보자가 전적으로 소프트웨어에만 의지하여 아이템을 찾고 그것에 길들여지다 보면, 소프트웨어가 없이는 어디서 어떻게 아이템 선정을 할지 막막할 것이다. 하지만, 매뉴얼로 일명 "노가다"로 아이템을 리서치하고 선정하면, 보다 시야가 넓어질 것이고, 아마존 플랫폼의 흐름을 파악한 상태에서 소프트웨어를 함께 사용하면 긍정적인 시너지 효과가 발생하여 더 좋은 결과를 기대할 수 있다.

아마존 셀링 전문가마다 소프트웨어에 접근하는 관점은 다 다르다. 어떤 전문가들은 사용을 권유하기도 하지만, 어떤 전문가는 되도록이면 소프트웨어를 사용하지 말고 "노가다"를 통해 아이템을 찾으라고 한다. 정답은 "없다". 확실한 것은 프로그램을 효율적으로 다룰 수 있다면 맨땅에 헤딩하는 노가다보다는 시간을 효율적으로 사용할 수 있다는 것이다.

이제 아마존 소프트웨어에 대해서 간단하게 알아보도록 하자. 이 책에서는 아마존 판매에 도움을 주는 유용한 소프트웨어들을 소개하는 데 중점을 두었기 때문에 사용 방법을 상세하게 기술하진 않겠다. 프로그램 사용 방법을 눈으로 배우는 것보다 전문가들이 제작한 유튜브 동영상을 보면서 직접 따라해보면, 이해하기도 쉽고, 단기간에 사용 방법을 습득할 수 있다. 시간을 줄이기 위해서 구글링 실력을 키울 필요는 있다. 예를 들어, 구글에서 site:youtube.com 헬리움 10 또는 site:youtube.com helium10으로 검색하면 유튜브 내에서 관련 동영상만 뽑아 볼 수 있기 때문에 일일이 검색을 하지 않아도 된다.

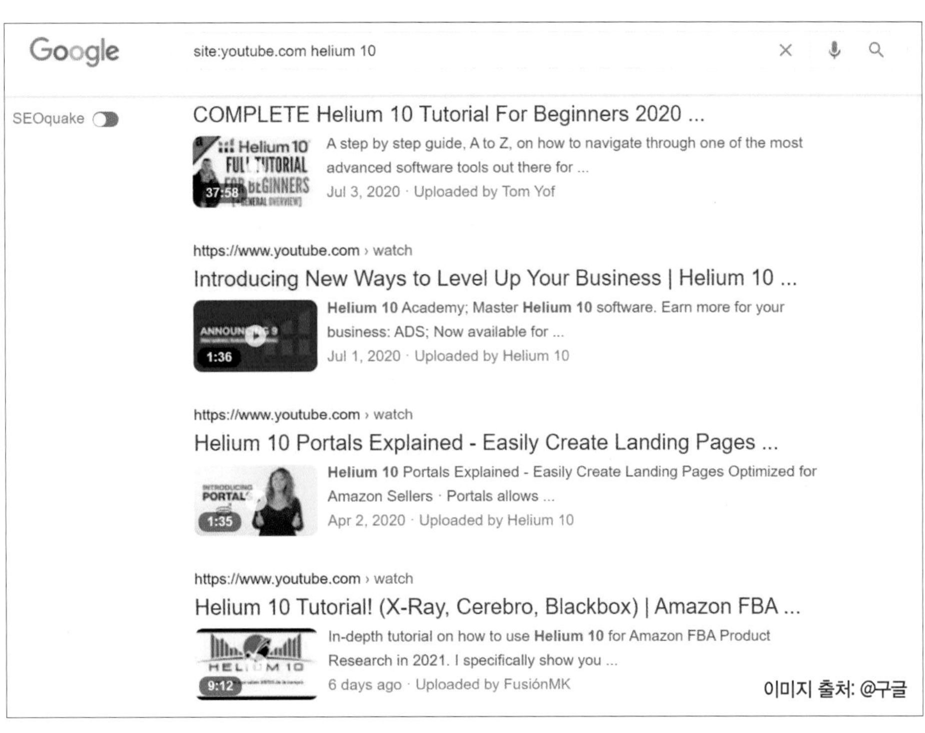

▲ site:youtube.com helium 10으로 구글에 검색하였을 때

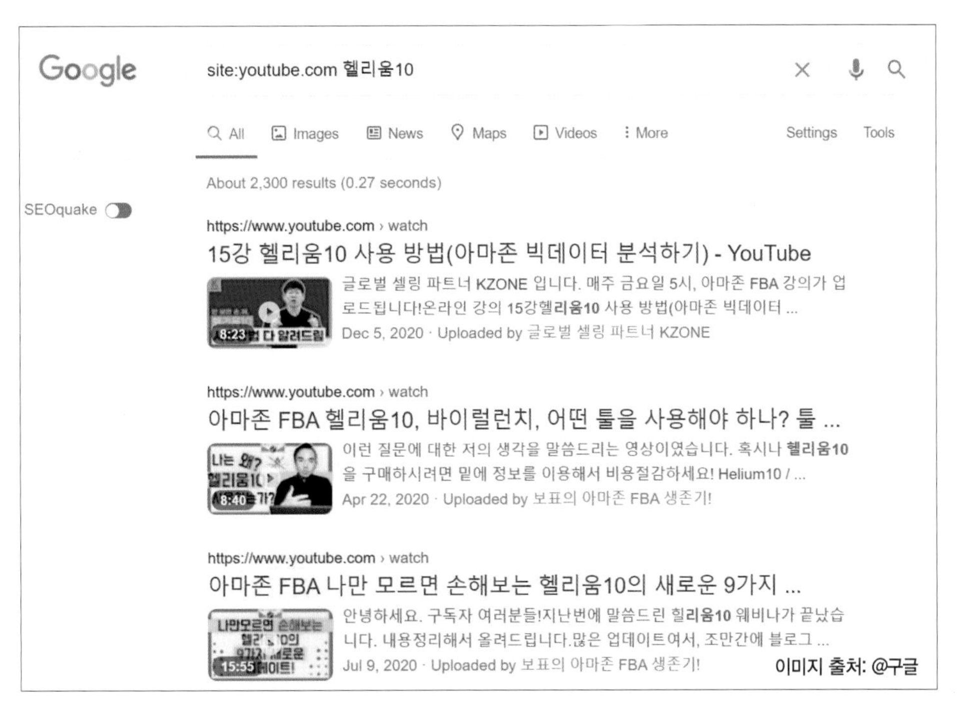

▲ site:youtube.com 헬리움 10으로 구글에 검색하였을 때

헬리움10(Helium10, https://www.helium10.com/)

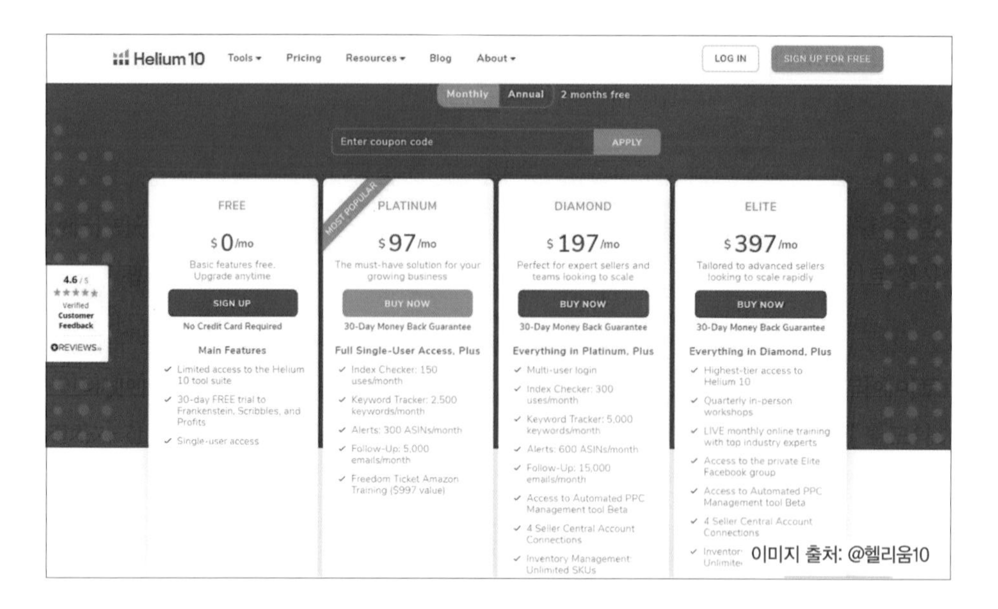

헬리움 10은 4가지 유료 플랜들을 제공하고 있다. 다른 아마존 소프트웨어보다 비용이 많이 들지만 그만한 값어치를 한다는 것이 이용자들의 사용 후기이다. 30일동안 무료 체험이 가능함으로, 한 달 사용 후 유료 서비스의 전환을 고려해 볼 수 있다. 일단, 구글에 접속하여 "helium10 extension"이라고 검색을 한 뒤, 헬리움 10 구글 익스텐션을 다운 받아 설치한다.

2021년1월까지 500,000명 이상의 사용자가 헬리움10 익스텐션을 설치하여 사용하고 있다. 설치가 완료 되면 Remove from Chrome으로 버튼이 변경된다.

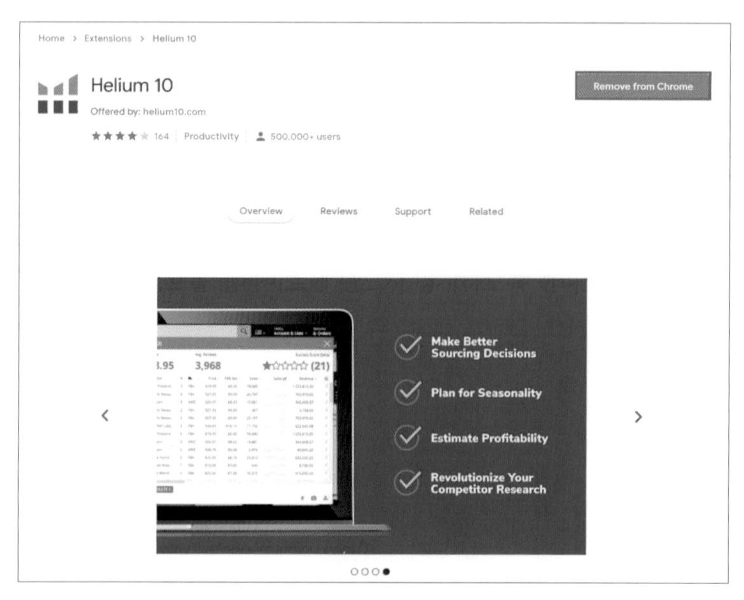

▲ Remove from Chrome 을 확인하자.

헬리움10 익스텐션을 설치 후 아마존 제품 페이지로 이동한다.[15]

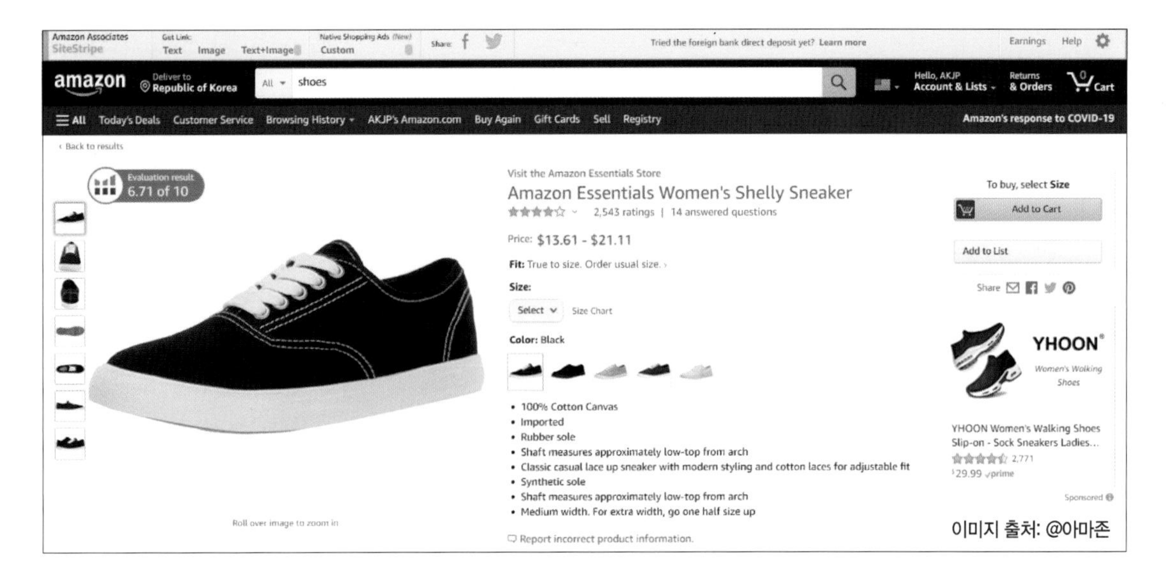

페이지를 스크롤 다운하여 아래로 내리면 아래와 같이 헬리움10 익스텐션이 설치되어있는 것을 확인할 수 있다.

제품의 판매 가격의 변동을 그래프를 통해 한눈에 확인할 수 있다. 메뉴 X-ray를 클릭하면 다음 이미지에서 보이는 것과 같이 유사 제품들의 정보들 역시 확인할 수 있다.

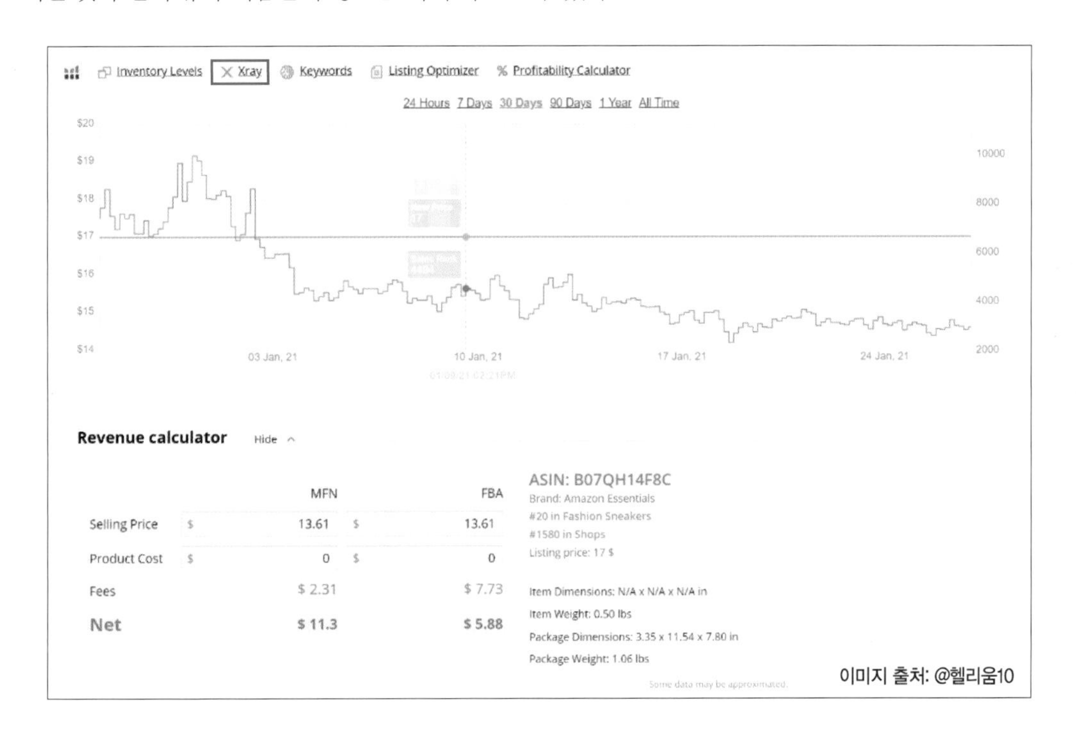

15 Amazon, Amazon Essentials Women's Shelly Sneaker 〈https://www.amazon.com/Amazon-Essentials-Womens-Shelly-Sneaker/dp/B07QH14F8C/ref=sxin_25_pb?cv_ct_cx=shoes&dchild=1&keywords=shoes&pd_rd_i=B07QH14F8C&pd_rd_r=b751bbec-2ff7-4908-b42e-dd2c2e9d009c&pd_rd_w=ERUuV&pd_rd_wg=Yx1zl&pf_rd_p=4456c200-b91e-40b7-b037-1f7838bbedde&pf_rd_r=E8HQKD4D1C8EPG1A0CWN&qid=1611676416&sr=1-1-8065ff8c-2587-4a7f-b8da-1df8b2563c11〉.

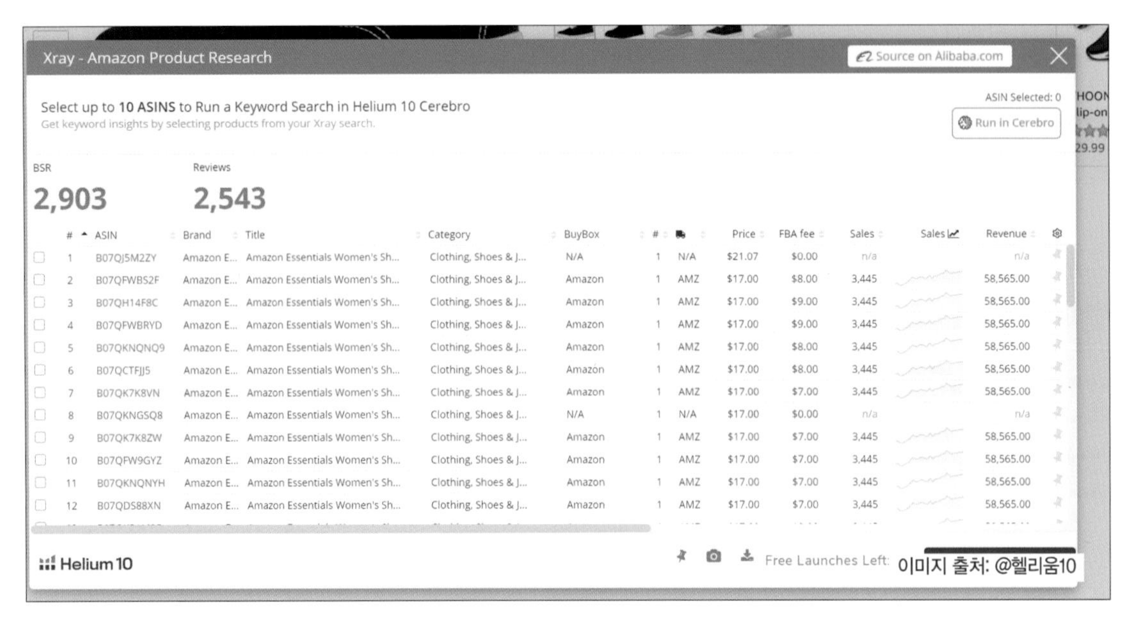

▲ x-ray 메뉴를 선택하면 유사 제품의 목록 또한 한 눈에 볼 수 있다.

메뉴 Keywords를 클릭하면 헬리움10 관리자 페이지로 이동한다. 마우스를 스크롤하여 내리면 유사 검색 키워드와 제품들의 리스트 관련 정보들을 확인할 수 있다(회원가입을 해야 함).

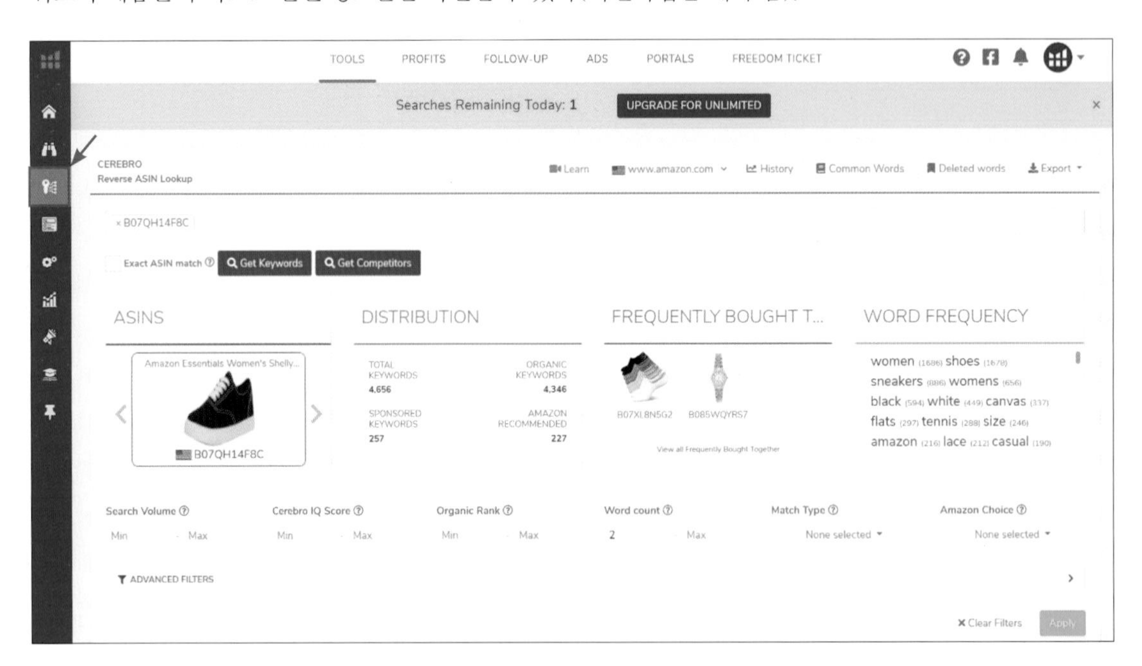

Filtered keywords: 4,667　Rows Selected: 0　+ Add Keywords to My List　Sort by: Default

#			Phrase (Not in any particular order)	Cerebro IQ Score	Search Volume	Sponsored ASINs	Competing Products	CPR 8-Day Giveaways	Match Type	Amazon Recommended Rank	Sponsored Rank	Organic Rank
1	×	☐	low top sneakers for women Amazon's Choice	159	635	558	>4,000	16	O	-	-	1
2	×	☐	amazon zapatos de mujer	6	52	273	>9,000	8	O	-	-	1
3	×	☐	canvas lace up sneakers women	30	26	139	>876	8	O	-	-	1
4	×	☐	lace up flat shoes for women	32	315	122	>10,000	8	O	-	-	1
5	×	☐	womens low top sneakers	10	29	326	>3,000	8	O	-	-	1
6	×	☐	black canvas shoes for women	507	1,521	623	>3,000	32	S O	-	1	1
7	×	☐	size 12 womens sneakers Amazon's Choice	263	526	444	>2,000	8	O	-	-	1
8	×	☐	rocka wear	3,408	593	329	174	16	O	-	-	1
9	×	☐	sapatos bajos de mujer	3,707	456	433	123	8	O	-	-	1
10	×	☐	women sneakers clearance size 10	14	137	391	>10,000	8	O	-	-	1
11	×	☐	women's canvas sneakers wide	4	201	144	>50,000	8	O	-	-	1
12	×	☐	blackshoes women	6,979	335	205	48	8	O	-	-	1
13	×	☐	women low sneakers	36	321	475	>9,000	8	O	-	-	1
14	×	☐	amazon black shoes	8	407	583	>50,000	16	O			

이미지 출처: @헬리움10

또 다른 유용한 기능으로, 헬리움10 익스텐션은 수익률 계산 기능을 제공하고 있다. 메뉴 Profitablity Calculator(수익률 계산기)를 클릭하면 제품의 페이지에서 계산기처럼 보이는 창이 뜬다.

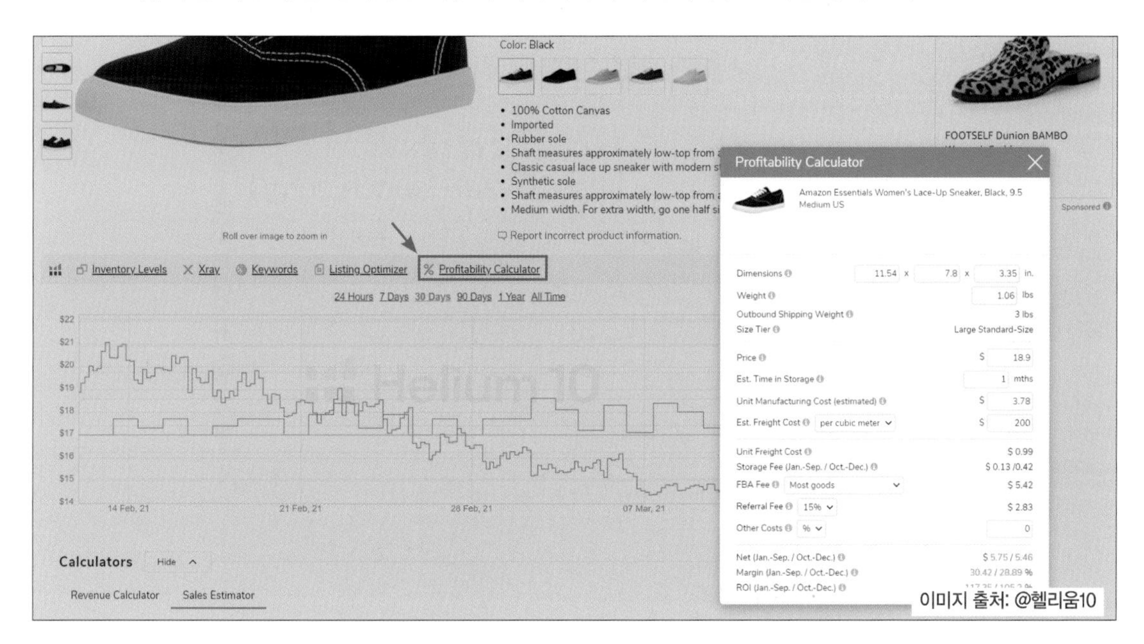

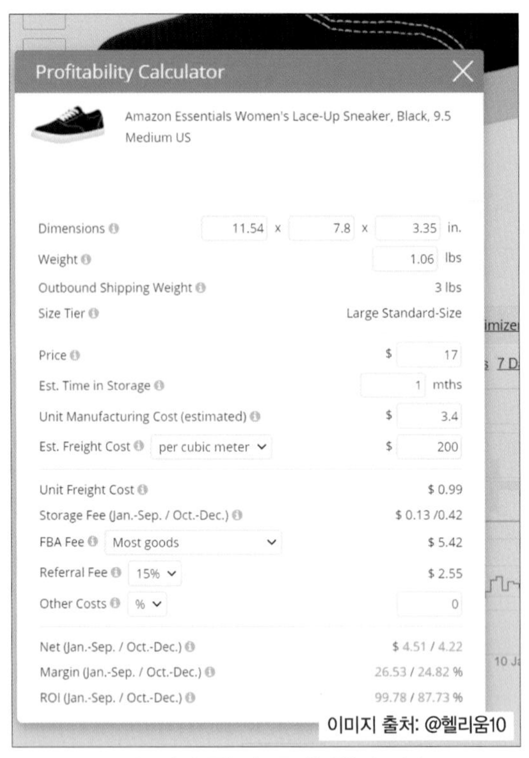

▲ 제품의 다양한 정보를 확인할 수 있다.

Unit. 02 바이럴런치(Viral Lunch, https://viral-launch.com/)

바이럴 런치도 역시 유료로 서비스를 제공하고 있다. 제일 저렴한 플랜의 월 사용료가 $25이다. 2주간의 무료 체험이 가능하므로 회원가입 후 사용해보면서 그 편리함을 직접 느껴보는 것도 괜찮다.

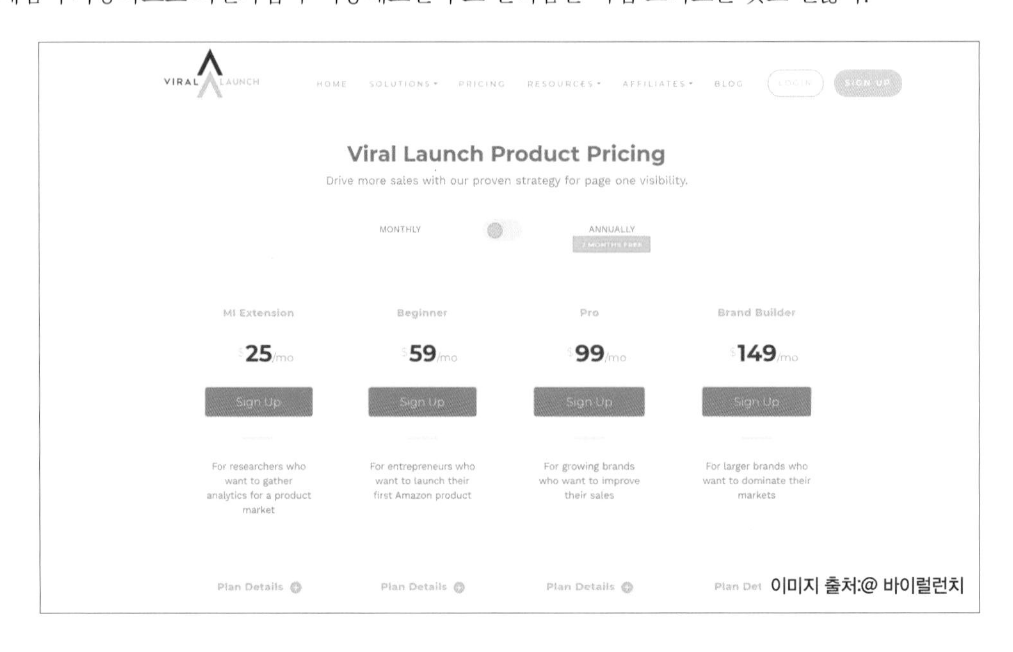

간단한 회원 가입이 완료된 후 다음 이미지에서 보이는 것과 같이 관리자 페이지로 이동한다. 필자가 직접 바이럴 런치를 사용해본 결과에 비추어 예상하건데, 아마존 FBA를 시도하는 초창기에는 가장 저렴한 플랜을 사용해도 큰 불편함이 없을 것으로 예상된다.

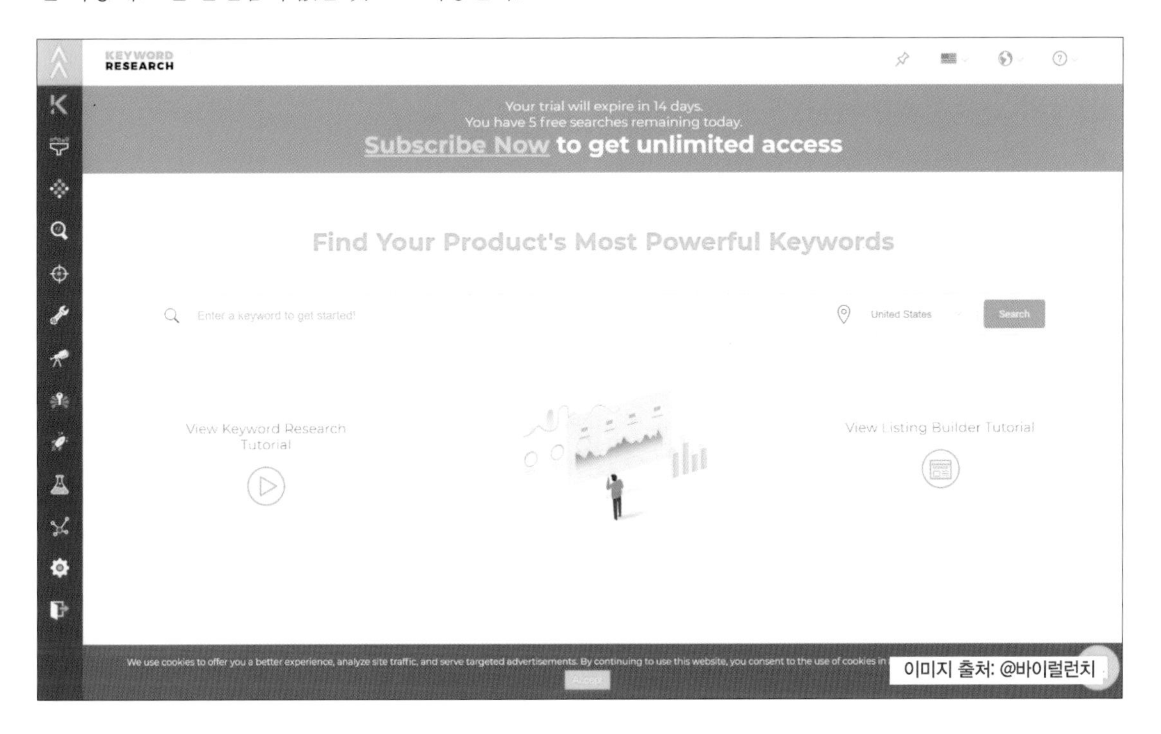

왼편에는 아이콘 메뉴만 뜨는데, 마우스를 가져다 대면 메뉴가 확장되어 메뉴 이름을 확인할 수 있다. 제공하는 메뉴들은 아래와 같으며 멤버쉽에 따라 사용할 수 있는 기능이 다르다.

1. Product Discovery(제품 검색)
2. Market Intelligence(마켓 분석)
3. Keyword Research(키워드 검색)
4. Competitor Intelligence(경쟁업체 분석)
5. Listing Builder(리스팅 빌더)
6. Listing Analyzer(리스팅 분석)
7. Keyword Manager(키워드 매니저)
8. KINETIC

Product Discovery 〉Search 순서로 클릭하면 제품검색 페이지로 이동한다. 원하는 카테고리의 제품을 선택을 한다.

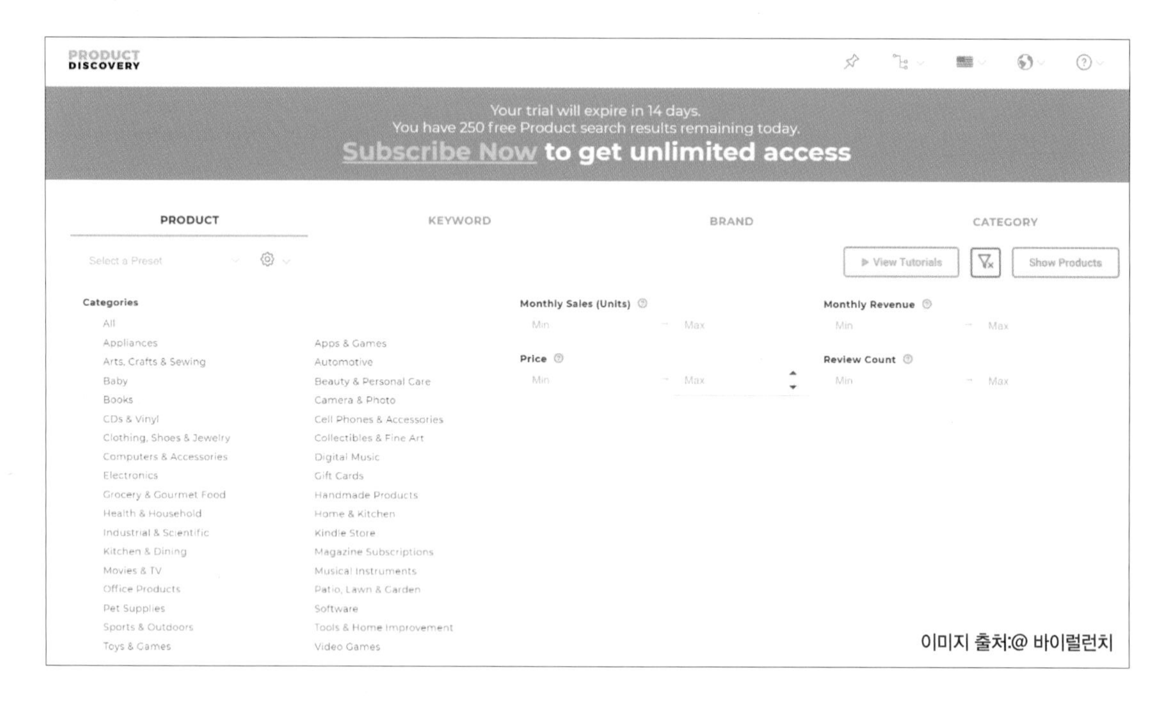

이미지 출처:@ 바이럴런치

그리고, 오른편 상단에 아래와 같이 정보를 입력한다. 제품의 가격은 $25-$70 사이, 리뷰의 수는 100 - 1000개로 설정을 한 뒤, Show Products 버튼을 클릭한다.

Tip 아무도 알려주지 않는 핵 꿀팁!

아마존 판매를 위한 제품 선정시 제품의 가격이 너무 낮으면 마진률이 낮아서 제품 구매 비용, 배송 비용, 아마존 수수료, FBA 비용 등을 고려해봤을 때, 오히려 손해를 보게 된다. 제품의 최소 판매 가격이 정해져 있진않지만 보통, 초보 셀러의 경우 제품의 판매 가격을 $25 – $30에서 설정하고 시작한다.

또한, 아마존의 리뷰가 너무 많은 카테고리의 제품군들은 진입 장벽이 높아서 리뷰의 개수가 적은 100 - 1000개 사이의 제품들을 선정하여 판매를 시도해보는 것도 좋은 전략이다.

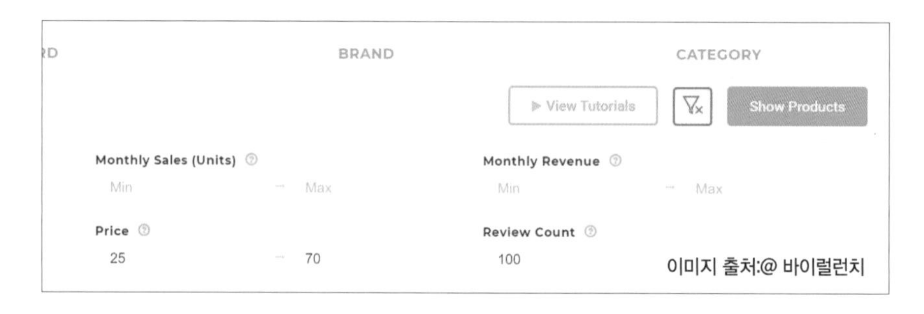

이미지 출처:@ 바이럴런치

아래와 같이 설정한 조건에 맞는 제품들이 검색이 되었다.

한 달 판매량을 기준으로 제품을 검색하기 위해서는 Monthly Sales(Units)에 정보를 입력하고, 한 달 매출액을 기준으로 제품을 찾고 싶다면 Monthly Revenue에 금액을 입력한다.

또한, 사용 방법을 알아 놓으면 유용한 기능이 있는데, 바로 Market Intelligence(마켓 분석)이다. 아웃소싱을 할 제품을 찾았다면, 제품을 판매하는 경쟁업체와 판매 가격, 월 판매량, 마진률 등을 한눈에 확인할 수 있어, 효율적인 시간 관리가 가능하게 해준다. 아래는 winter hat(겨울 모자)를 예를 들어 검색해보았다. Track을 클릭하면 해당 제품에 대한 자세한 정보를 확인할 수 있는 페이지로 이동한다.

MARKET INTELLIGENCE winter hat

Keyword: winter hat

Est. Search Volume: 21,083
Product Idea Score:

Selected Products' Averages
Review Count: 5,245.52 Monthly Sales: 4,621.48
Review Rating: 4.67 Product Price: $16.36

TOP SELLERS | MARKET TRENDS | VL ANALYSIS | COST CALCULATOR

STANDARD VIEW DETAILED STATISTICS Columns Export

✓	#	TRACK	BRAND	TITLE	CATEGORY	BSR	BSR 30	MONTHLY REVENUE	PRICE	UNIT MARGIN	MONTHLY SALES	REVIEW QUANTITY	REVIEW RATE
	1	Track	Carhartt	Carhartt Men's Acrylic Kni	Clothing, Shoes & J	300		$145,757.21	$16.99	$11.22	8,579	7,053	69%
	2	Track	OZERO	OZERO Winter Beanie Dai	Clothing, Shoes & J	199		$76,435.92	$11.88	$6.86	6,434	7,171	180%
	3	Track	C.C	C.C Thick Cable Knit Faux	Clothing, Shoes & J	202		$234,463.67	$17.99	$12.03	13,033	12,467	97%
	4	Track	FURTALK	FURTALK Womens Winter	Clothing, Shoes & J	335		$174,125.21	$17.99	$12.01	9,679	6,987	69%
	5	Track	mysuntown	Mysuntown Unisex Winter	Sports & Outdoors	554		$142,648.64	$19.99	$13.61	7,136	4,845	45%
	6	Track	Carhartt	Carhartt boys Acrylic Wat	Clothing, Shoes & J	643		$48,691.26	$9.99	$5.28	4,874	7,856	
	7	Track	C.C	C.C Trendy Warm Chunky	Clothing, Shoes & J	78		$210,106.82	$10.99	$6.11	19,118	27,155	83%
	8	Track	FURTALK	FURTALK Knit Beanie Hat	Clothing, Shoes & J	666		$77,121.63	$12.99	$7.76	5,937	7,710	121%
	9	Track	AKASO	AKASO Winter Hat with Ea	Sports & Outdoors	3,237		$24,986.14	$13.99	$8.54	1,786	1,805	46%
	10	Track	C.C	Hatsandscarf Cable Knit I	Clothing, Shoes & J	1,142		$62,549.29	$13.99	$8.66	4		

이미지 출처: @바이럴런치

제품 페이지에는 제품의 상세 설명은 물론이고, 현재 판매 가격, 판매된 갯수, 매출액, 리뷰수의 정보들을 확인할 수 있다. 또한, 베스트셀러 순위들을 그래프를 통해서 이 모든 정보를 한 페이지에서 확인할 수 있기 때문에, 제품을 빨리 파악할 수 있다는 장점이 있다.

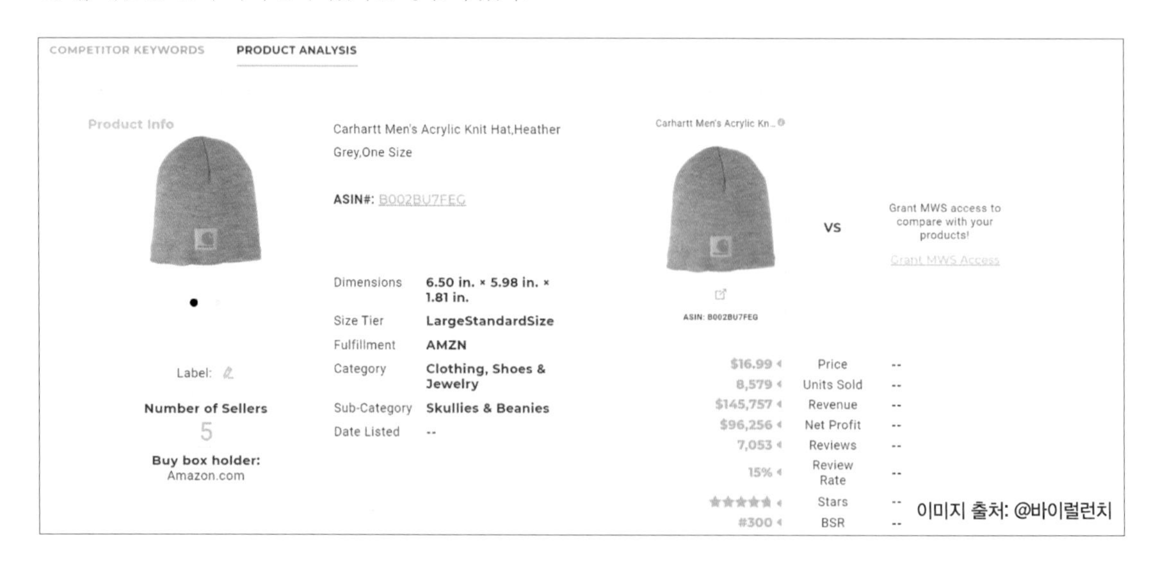

이미지 출처: @바이럴런치

그뿐만 아니라, 제품을 아웃소싱할 때 드는 비용을 예상해 놓았기 때문에 제품의 마진율을 계산 시 도움이 된다. 예를 들어보겠다.

- **Sale Price**: $16.99(판매가)
  - **Referral Fee**: $2.55 (아마존 소개비용)
  - **FBA Fees**: $3.22(아마존FBA 비용)
  - **Est Unit Cost**: $4.25(제품 구매 비용)
- **Unit Margin**: $6.97(마진)

한 개의 가격이 $16.99인 겨울 모자를 판매할 경우, 아마존 소개비와, FBA비용, 제품 구매 비용을 제외하면 $6.97의 마진을 남길 수 있다는 정보를 한눈에 보기 쉽게 제공하기 때문에, 제품 선정 과정에서 시간을 단축시킬 수 있다.

이미지 출처: @바이럴런치

이 외에도 다양하고 유용한 기능을 제공하고 있음으로, 2주간의 무료 체험 후 유료 플랜의 전환 여부를 결정한다. 이 외에도 정글 스카우트(Jungle Scout)와 같은 인기 아마존 소프트웨어도 있으니 개인에게 맞는 소프트웨어를 찾아 사용하면 되겠다.[16] 필자의 경험을 토대로 조언을 해보자면, 재정적인 여유가 되고, 컴퓨터에 익숙한 초보자라면 헬리움10을 사용하는 것을 권유한다. 반면에, 금전적으로 여유가 없고, 컴퓨터 사용에 어려움을 느끼는 초보자라면, 쉽게 접근이 가능한 바이럴런치가 제휴 마케팅을 시작하는 초기 단계에 유용할 것이다. 이것은 필자의 개인적인 견해일 뿐 선택은 당신에게 있다.

16 Jungle Scout(Website) 〈https://www.junglescout.com/〉.

CHAPTER

03 아마존 셀러 계정 정지

검색하다 보면 무자본 온라인 창업이라는 광고 문구를 쉽게 찾을 수 있다. 과연 무자본 온라인 창업이라는 것이 인맥이 없는 사람들에게 가능한 것일까? 정답은 "NO". "무"자본 창업은 불가능해도 "소"자본 창업은 가능하다. 성공적인 아마존 창업을 위해서 가장 많이 사용하는 시스템에는 아마존 FBA가 있다. 5년 전에도, 아마존 FBA는 진입하기에 이미 늦었다는 말이 많았다. 여전히, 5년이 지난 지금에도 아마존 진입과 판매는 늦었다고 말하는 사람들이 있지만 지금, 이순간에도 좋은 결과를 만들어 내는 사람들은 생겨나고 있다.

네이버 스토어, 아마존, 이베이 등 온라인 플랫폼을 이용한 창업으로 돈을 벌 수 있다는 경험담은 쉽게 접할 수 있지만, 정작 실패담에 대한 이야기를 찾아보기가 힘들다. 아마존 창업 시작 단계에서는 막연하게 잘 될 것이라는 믿음으로 성공담만 찾게 되는데, 막상 진행하다 보면 예상치 못한 어려움에 맞뜨리게 되고 어쩔줄 몰라 당황하게된다. 그래서, 시작하기 전 주의할 사항들 그리고 아마존이나 이베이 계정이 정지되는 이유를 사전에 인지하고, 이런 일이 자신에게 발생하지 않게 조심해야 할 것이다.

Unit. 01 아마존 계정이 정지 당하는 이유

아마존에서 제공하는 정보에 따르면 계정이 정지되는 이유는 아래와 같다.[17]

1. 신원(Identity) 확인에 실패를 한 경우

신원확인은 아마존 계정 생성 시 아주 중요한 절차이다. 신원 확인을 통과하지 못하면 아마존에 제품을 리스팅하지 못한다. 아마존 셀러 계정 생성을 위해서는 다음과 같은 서류들을 제출하여 신원을 반드시 확인해야 한다.[18]

- **여권 사본(Passport)**: 만료되지 않은 여권 사본(개인 정보와 사인란이 같이 스캔 된 컬러 여권 스캔 사본)
- **주소(Address)**: 본인 사업장 또는 거주지 주소
- **신용카드(Credit Card)**: 해외 결제가 가능한 법인 또는 개인 명의의 신용카드 정보

17 아마존 글로벌셀링, 계정 정지 사유, 대처 방안 및 예방법 총정리/아마존 코리아 글로벌 셀러 아마존셀링(Blog Post, 18 February 2019) 〈http://blog.naver.com/PostView.nhn?blogId=amazon-globalselling&logNo=221468423453&parentCategoryNo=&categoryNo=9&viewDate=&isShowPopularPosts=true&from=search〉.

18 아마존 글로벌 셀링, 아마존 셀러 계정 등록 절차 안내 〈http://asq.kr/bSLQl7wB74BQ6Y〉.

- **은행 계좌 명세서(Bank Statement)**: 국내의 은행 계좌 명세서는 인정이 되지 않으므로, 미국 은행 계좌 또는 Payoneer와 같은 가장 계좌 명세서를 제출해야 한다.

2. 계정정보가 업데이트되지 않을 경우

Tax Information(세금 정보), Charge method(충전 방법), Deposit Method(입금 방법) 정보들을 업데이트해야 한다. 정보가 업데이트되지 않을 경우, 정보가 업데이트될 때까지 판매가 일시적으로 중단이된다. 예를 들어, 개인 사업자로 아마존 셀러 계정을 등록했다가 법인으로 변경하게 되면 즉시 이 변경 사항을 아마존에 보고해야 한다. 이 사실을 아마존이 알게 되면,(처음에는) 이메일을 통해 친절하게 설명을 해준다. 메일을 받고 28일 이내 수정이 되지 않을 시에는 해당 국가에서 판매를 할 수 없게 되니 아마존에서 요청 사항이 들어왔다면 즉시 시정하도록 한다. 아래의 내용은 아마존으로부터 보내온 이메일의 일부분을 발췌하여 번역하였다.

> You incorrectly selected the 'Individual' legal entity when you registered. We have explained the different legal entities below.
>
> 귀하는 아마존 계정 등록 시 "개인"으로 잘못 선택하였습니다. 이해를 돕기 위해 아래 다양한 법인에 대해 설명해 놓았습니다.

> To continue with your account verification, please update your legal entity by following the instructions below….
>
> 계정 인증을 계속하려면 아래의 지침에 따라 법인을 업데이트 하십시오…생략

> Use the following information to select the correct legal entity:
>
> 다음 정보들을 확인하고 올바른 법인을 선택하세요.

- **State-owned**: A business that is either wholly or partially owned and operated by a government(정부가 전체 또는 일부를 소유하고 운영하는 사업).
- **Publicly-listed**: A business with shares listed on a stock exchange for public trading(주식 거래를 위해 증권 거래소에 상장된 주식을 보유한 기업).
- **Privately-owned(such as Limited, Partnership, International Sole Proprietor)**: A business controlled and operated by private individuals(개인이 통제하고 운영하는 사업).
- **Charity**: Incorporated or non-incorporated tax exempt body(자선단체: 법인 또는 비법인 면세 기관).

> If you think your selling activity fits the 'Individual' legal entity, please reply to this email to answer the following questions:
>
> 귀하의 판매 활동이 "개인"에 적합하다고 생각되면, 다음의 질문에 대한 답을 담아 이메일로 회신해 주십시오.

- What is the source of your inventory?(인벤토리의 출처는 무엇입니까?)
- Who will benefit from the profits of your sales on Amazon?(아마존 판매 수익으로 누가 혜택을 받습니까?)

> What happens if I do not send the requested information?
>
> 요청한 정보를 보내지 않으면 어떻게 됩니까?

> If we do not receive the requested information within 28 days, you will not be allowed to sell on Amazon's European stores.
>
> 28일 이내에 요청된 정보를 받지 못하면 아마존 유럽 매장에서 판매할 수 없습니다.

계정 업데이트 외에도, 특히 세금에 관련된 부분은 아주 중요함으로 이 분야에 대한 관련 지식이 없다면 전문가와 상의해볼 것을 권유한다.

3. 셀러 퍼포먼스(Performance)가 좋지 않을 경우

아마존 계정 정지에 직접적인 영향을 끼치는 셀러 퍼포먼스는 일시적인 판매 중단뿐만 아니라 판매 자격 박탈이 되는 주요한 원인이 된다. 예를 들어, 부정적인 제품의 리뷰가 많을 경우, 배송이 계속 지연되는 경우, 소비자가 제품 관련으로 문의했지만 셀러와 연락이 닿지 않는 경우 등이 셀러 퍼포먼스에 영향을 끼치고 이러한 부정적인 결과가 누적되면 페널티(Penalty)를 받을 수 있다.

초보 아마존 셀러의 경우 아마존 정책을 꼼꼼하게 정독하지 않는다면 아마존에서 판매하지 못하는 제품들을 알지 못한다. 실수로 이런 제한된 품목의 제품들을 리스팅하다가 적발이 되어 계정이 정지당하기도 하니 아마존의 이용약관, 셀러 어그리먼트(Seller Agreement: 판매자 계약/동의) 정책을 꼼꼼하게 검토해야 한다.

이 외에도 다양한 이유로 아마존의 계정이 정지되기 때문에, 계정 정지를 사전에 예방하고 성공적인 아마존 창업을 위해, 충분한 리서치를 선행하고 필요하다면 관련 교육 기관에 등록하거나, 전문가와의 상담을 고려해보는 것도 좋은 방법이다.

Tip 알고 있으면 유용한 핵꿀팁!

8) 한국 부가가치세법 개정에 따른 과세 안내

부가가치세법 개정으로 아마존에서 제공하는 판매 서비스에 대해 부가가치세를 징수하도록 기존 법률을 개정됨 (2019년 9월 1일부터 발효)

한국 사업자 등록 번호 (BRN)을 제공해주시는 한국 셀러에게는
아마존은 글로벌 셀링 서비스 수수료의 10%에 해당하는 부가가치세를 징수하지 않음

사업자 등록 번호가 있는 경우	• 사업자 등록 번호를 셀러 센트럴에 입력하면, 아마존은 글로벌 셀링 서비스 수수료의 10%에 해당하는 부가가치세를 징수하지 않음
사업자 등록 번호가 없는 경우	• 아마존 글로벌 셀링 서비스 수수료의 10%(표준 세율)에 해당하는 금액을 부가가치세로 징수하여 관련 기관에 납부
과세 대상	• 아마존 판매 수수료 (리스팅/판매 수수료) • 프로페셔널 계정 월 이용로 • Sponsored Ads *FBA 관련 비용은 과세 대상에 포함되지 않음

이미지 출처: @아마존[19]

Unit. 02 아마존 상품 리스팅 전 승인을 받아야 하는 품목 리스트

광고와 검색을 통해 "무자본 XXX 온라인 스토어 창업" 혹은 "아마존 무자본 창업"에 관련된 글을 쉽게 접할 수 있다. 이런 글에 혹하여 온라인 창업 전선에 뛰어들면, 진행 중에 갈수록 늘어나는 지출에 괜히 온라인 창업을 시작한 것은 아닌지 후회가 밀려올 것이다. 여기저기에서 자주 들리는 성공담에 "아마존에서 대박을 쳤다"라는 글과 동영상도 심심치 않게 볼 수 있는데, 영어에 익숙하지 않은 창업자가 별도의 교육 없이 혼자의 힘으로는 아마존 계정을 만드는 것조차 힘이든다.

아마존이든, 이베이든, 유튜브든, 구글이든 검색엔진이 가지고 있는 특유의 성향이 있는데, 아마존을 일반 인터넷 쇼핑몰이라고 생각하고 대충 정보를 올려선 안 된다. 역동적인 URL 주소를 사용하여야 하고 신중한 키워드 검색부터 선정까지 그리고 제품 설명도 꼼꼼히 하고 무엇보다 퀄리티 있는 리뷰를 많이 받아야 판매로 이어진다. 구글 검색엔진 최적화와 비슷한 맥락이다.

아마존에서 아이템을 선정하기 전에 반드시 확인해 보아야 할 것은 아마존에서는 승인이 필요한 카테고리의 품목이 있다는 것이다. 아쉽게도 모든 제품을 리스팅(등록)할 수 있는 것이 아니라, 승인을 받아야 하는

19 아마존 글로벌 셀링, 아마존 셀러 계정 등록 절차 안내 〈https://s3.ap-northeast-2.amazonaws.com/kr-marketing/%EC%95%84%EB%A7%88%EC%A1%B4+%EC%85%80%EB%9F%AC+%EA%B3%84%EC%A0%95+%EB%93%B1%EB%A1%9D+%EC%A0%88%EC%B0%A8+%EC%95%88%EB%82%B4.pdf?ld=ASKRSOADirect〉.

제품들이 있으니 아이템을 선정하기 전에 승인을 받아야 하는 리스팅 품목들 먼저 확인해보아야 한다.[20]

승인이 필요한 카테고리 및 상품 목록

1. 수집용 동전(Collectible Coins)
2. 개인안전용품 및 가정용품(Personal Safety and Household products)
3. 미술품(Fine Art)
4. 크리스마스 시즌 완구/게임 판매요건(Holiday Selling Requirements in Toys & Games)
5. 쥬얼리(Jewelry)
6. 아마존 구독 박스 가입(Join Amazon Subscription Boxes)
7. 메이드 인 이탈리아(Made in Italy)
8. 음악 및 DVD(Music & DVD)
9. 자동차/모터 스포츠(Automotive & Powersports products)
10. 서비스(Services)
11. 스포츠 관련 수집품(Sports Collectible)
12. 스트리밍 미디어 플레이어(Streaming Media Players)
13. 비디오, DVD 및 블루레이(DVD & Blu-ray)
14. 시계(Watches)

위에 언급된 제품들은 아마존 웹사이트에서 일부분을 발췌한 리스트이다. 보다 자세한 내용은 아마존 사이트에 접속하여 직접 확인하기를 권유한다.[21]

1. 수집용 동전(Collectible Coins)

수집용 동전을 판매하는 초보 아마존 셀러는 거의 없을 것으로 예상한다. 수집용 동전 판매를 원하는 아마존 셀러는 프로페셔널 셀링 플랜 계정을 유지하고 주문 결함률 0.75% 미만이어야 한다. 특정 동전 유형만 수집용 동전 스토어에 리스팅할 수 있다.

NGC(Numismatic Guaranty Corporation) 또는 PCGS(Professional Coin Grading Service)에서 전문적으로 등급을 매긴 동전/인증한 동전만 허용된다. $1,500 이상으로 리스팅되는 동전은 모두 PCGS 또는 NGC 등급을 받아야 하며, 아니면 아마존 스토어에서 판매할 수 없다. 미국 조폐국의 원래 포장이 있고 그에 따라 리스팅할 수 있는 때 외에는 PCGS 또는 NGC 등급을 받지 않은 동전의 경우 셀러가 등급을 표시한 것으로 리스팅해야 한다. 동전은 법정 통화로 간주되어야 하며, 정부 기관에서 발행한 것이어야 한다. 더 이상 유통되지 않는 동전 또는 권한이 없는 정부에서 발행한 동전은 허용된다. 화폐 보존 또는 청소 외의 방법으로 원래 상태를 바꾸면 안 된다. 동전의 복제품, 복사품 또는 모조품은 허용되지 않는다. 정부에서 승인하여 다시 찍은 동전은 판매가 허용된다.

---

20 Amazon Seller Central, 승인이 필요한 카테고리 및 상품(Web Page) 〈https://sellercentral.amazon.com/gp/help/external/G200333160?language=ko_KR〉.

21 See ibid.

수수료 표에 나열된 다른 수수료와 함께 셀러는 수집용 동전 카테고리에 리스팅되어 판매된 각 아이템에 대해 상품 판매 수수료를 지불한다. 수집용 동전 카테고리에 리스팅된 아이템에 대해 아마존은 아마존 세금 계산 서비스를 통해 징수된 모든 세금을 제외하고, 각기 다른 총판매 금액 요율(모든 배송 또는 포장 비용 포함)을 상품 판매 수수료로 공제한다.

- 총 판매 가격 중 $250 이하 금액에 대해 15%(최소 상품 판매 수수료 $0.30 적용)
- 총 판매 가격 중 $250 초과 $1,000 이하 금액에 대해 10%
- 총 판매 가격 중 $1,000 초과 금액에 대해 6%

2. 개인 안전용품 및 가정용품(Personal Safety and Household products)

이 카테고리에는 초보 아마존 셀러들이 많은 관심을 가질 수 있는 품목들이 포함되어있다. 아쉽게도, 아마존은 세계적인 코로나바이러스 감염증(COVID-19)과 관련된 특정 개인안전용품 및 가정용품 판매에 대해 보다 엄격한 요건을 적용하고 있어서 때문에 초보 셀러가 아래의 제품들을 판매하기에 많은 어려움이 따른다. 자세한 네용은 https://sellercentral.amazon.com/gp/help/external/U5H4KPBMUFE6XHH 에서 확인 가능하다.

- 안면 마스크(Face masks - excluding resuable and cloth masks)
- 손 세정제(Hand sanitizer)
- 소독용 물티슈 및 스프레이(Disinfectant wipes and sprays)
- 아이소프로필알코올이소프로필 알코올(Isopropyl alcohol)
- 위생 장갑(Sanitary gloves)
- 비누(Soap)
- 종이 용품(Paper products)
- 개인보호장비(Personal Protective Equipment(PPE))
- 비처방 의약품 및 보충제(Over-the-counter medicines and supplements)

3. 크리스마스 시즌 완구/게임 판매요건(Holiday Selling Requirements in Toys & Games)

셀러가 2020년 11월 2일부터 2021년 1월 3일까지 셀러 주문 처리를 통해 완구/게임에서 판매할 수 있으려면 다음 퍼포먼스 기준을 충족해야 한다. 기준을 유지하지 않으면 이번 크리스마스 시즌에 직접 주문을 처리할 수 없다. 퍼포먼스 기준을 결정할 때 셀러가 처리한 주문이 모두 고려되고, FBA(Fulfillment by Amazon)를 사용하는 주문에는 크리스마스 시즌 판매 요건이 적용되지 않는다. 셀러가 처리한 주문(아마존에서 처리하지 않음) 별 퍼포먼스 기준은 다음과 같다.

- 아마존에서 최초 판매가 2020년 9월 1일 이전에 이루어져야 하며, 판매가 완구/게임으로 한정되지 않는다.
- 2020년 8월 15일부터 2020년 10월 14일까지 셀러가 처리한 주문을 25건 이상 처리 및 배송해야 한다.

- 2020년 9월 15일부터 2020년 10월 14일까지 주문 처리 전 취소 비율이 1.75%를 넘지 않아야 한다.
- 2020년 9월 15일부터 2020년 10월 14일까지 배송 지연율이 4%를 넘지 않아야 한다.
- 주문 결함률이 2020년 10월 14일 기준 1%를 넘지 않아야 한다.

4. 쥬얼리(Jewelry)

아마존은 쥬얼리 카테고리에 신규 셀러 등록을 제한한다. 시작 단계에서 초보 아마존 셀러가 쉽게 접근할 수 있는 카테고리는 아니다. 리스팅 요건이 꽤나 까다롭고, 일반 계정이 아닌 프로페셔널 계정을 보유하고 있어야만 판매가 가능하다. 모든 상품은 리스팅되고 설명된 대로 판매되어야 하며 아마존의 쥬얼리 품질 보증 표준을 충족해야 한다.

- 모든 상품은 새 상품이어야 하고, 주얼리 카테고리에서 중고 상품은 허용되지 않는다. 중고 빈티지 또는 골동품 쥬얼리의 판매는 허용되지 않는다.
- 모든 상품은 아마존의 쥬얼리 품질 보증 표준을 준수해야 한다. 아마존의 재료 사양은 쥬얼리 업계의 FTC 가이드라인을 따른다. 셀러는 모든 아이템이 두 가지 표준을 모두 충족하는지 확인해야 한다.
- 셀러는 품질 관리와 검사 절차를 사용해야 한다.
- 모든 상품은 북미 상품 안전 기준을 충족해야 한다.

5. 메이드 인 이탈리아(Made in Italy)

"이탈리아 제품"은 한국뿐만이 아니라, 전 세계에서 인정하는 제품이라는 것을 아마존 카테고리를 훑어보면서 다시 한번 이탈리아인과 제품의 위상을 느꼈다. 아마존에서는 Made in Italy 스토어 프론트는 현재 규정에 따라 "Made in Italy"로 분류될 수 있는 이탈리아 상품만을 위한 전용 섹션을 만들어 놓았다. Made in Italy 스토어프론트의 상품에는 대기업, 중소기업, 장인이 만든 상품이 포함된다. Made in Italy 스토어프론트는 고객들이 이탈리아를 가장 잘 대표하는 다양한 아이템을 찾을 수 있게 해준다. 예를 들어 식료품 및 와인, 홈/가구(가구, 가정용품, 직물 및 홈 인테리어), 의류 및 액세서리(의류, 신발, 핸드백, 주얼리, 시계), 화장품 및 건강(개인 관리용 상품)이 있다.

6. 자동차/모터 스포츠(Automotive & Powersports products)

2015년 9월 8일부터 아래와 같은 자동차/모터스포츠 카테고리에서 기본 이미지가 없는 상품 리스팅은 검색 및 찾아보기에서 표시가 제한된다.

- 자동차 관리
- 외부 악세사리
- 내부 악세사리
- 모터사이클/파워스포츠 → 보호 장비
- 오일 및 유동액
- 자동차 매니아 상품

- RV 부품 및 악세사리
- 타이어 및 휠
- 공구/장비

7. 시계(Watches)

사전 주문 처리 취소율: 2.5% 이하 ODR: 1% 이하 배송 지연율: 4% 이하를 유지해야 한다. 셀러에게 양호한 상태의 프로페셔널 판매 계정이 있어야 하며, 셀러는 제조업체의 UPC 코드를 사용하여 시계 및 시계 상품을 리스팅해야 한다. 이 외 아래의 조건들을 충족시켜야 한다.

- 모든 상품은 새 상품이어야 한다. 시계 카테고리에 중고 상품은 리스팅할 수 없다.
- 모든 상품은 정품이어야 한다. 위조품, 복제품 또는 모조품은 리스팅하거나 판매하지 못한다.
- 셀러는 색상과 선택사항을 포함하여 아이템을 두 가지 이상 판매할 의도가 있어야 한다.
- 셀러는 품질 관리 및 검사 절차를 사용해야 한다.
- 모든 상품은 북미 상품 안전 기준을 충족해야 한다.
- 셀러는 시계에 제조업체의 보증이 적용되는지 여부를 공개해야 한다.

위에 언급된 아마존의 정책 혹은 기준들은 매년 혹은 수시로 변경이 가능하니 승인을 받아야 하는 카테고리의 제품을 판매하고자 한다면 사전에 리스트들을 확인해볼 것을 적극적으로 권유한다. 보다 자세한 내용은 아마존 웹사이트에서 확인이 가능하다.

Unit. 03 아마존 상품 리스팅 주의사항

리스팅되는 모든 데이터와 이미지는 전 연령에 적합하고 전 세계인들이 접하기에 적절해야 한다. 리스팅 데이터와 이미지에서 누드 또는 음란물, 저속하거나 혐오감을 주는 아이템을 묘사하거나 포함하지 않아야 한다.

- 셀러는 아마존에서 판매되는 모든 상품에 대해 아마존 리스팅 표준을 준수해야 하고, 셀러는 셀러 센트럴의 리스팅 가이드라인을 검토하고 상품을 적절히 정확하게 분류할 것에 동의해야 한다.
- 셀러는 고객이 상품을 이해하는 데 도움이 되도록 명확하게 작성된 상품 이름, 중요 항목 및 상품 설명을 제출해야 한다.
- 모든 상품은 리스팅된 대로 판매되어야 한다. 고객은 아마존 웹사이트만을 이용해 상품의 주문 및 구매와 관련된 모든 절차를 완료할 수 있어야 한다.
- 구매자들이 원하는 상품을 수령하기 위해 구매 전후로 셀러에게 연락을 해야 하는 사용자 지정 리스팅은 허용되지 않는다.

Unit. 04 아마존 리스팅 제한 품목 리스트(Amazon restricted products)[22]

- Alcohol(알코올)
- Animals & Animal-Related Products(동물 및 동물 관련 제품)
- Art - Fine Art(예술 - 미술)
- Automotive and Powersports(자동차 및 파워스포츠)
- Composite Wood Products(복합 목재 제품)
- Cosmetics & Skin/Hair Care(화장품 & 피부/모발 관리)
- Dietary Supplements(식이 보충제)
- Electronics(전자제품)
- Explosives, Weapons, and Related Items(폭발물, 무기 및 무기 관련 제품)
- Export Controls(수출 통제)
- Food & Beverage(식음료)
- Gambling & Lottery(도박 및 복권)
- Hazardous and Dangerous Items(위험 및 위험 품목)
- Jewelry & Precious Gems(쥬얼리 및 귀중한 보석)
- Laser products(레이저 제품)
- Medical devices and accessories(의료기기 및 액세서리)
- Other Restricted Products(기타 제한 제품)
- Pesticides and Pesticide Devices(살충제 및 살충제 장치)
- Plant and Seed Products(식물 및 종자 제품)
- Recycling electronics(재활용 전자제품)
- Subscriptions and Periodicals(구독 및 전기 간행물)
- Surveillance Equipment(감시 장비)
- Tobacco & Tobacco-Related Products(담배 및 담배 관련 제품)

위에 언급된 카테고리는 아마존 웹사이트에서 일부를 발췌한 내용이므로 자세한 내용은 아마존 웹사이트에 접속하여 확인하는 것을 권유한다.

22 Amazon Seller Central, Restricted Products(Web Page) 〈https://sellercentral.amazon.com/gp/help/help.html?itemID=200164330〉. 웹사이트의 일부 제한 상품 리스팅만 발췌하여 번역하였습니다. 자세한 내용 확인은 Amazon Seller Central에 회원 가입 후 확인하십시오.

CHAPTER

04 이베이 셀러 계정 정지

Unit. 01 이베이 계정이 정지되는 이유

1. 이베이 계정이 정지 당한 케이스 1

나셀러씨는 이베이 셀러가 되기 위해 열심히 공부하여 성공적으로 셀러가 되었다. 판매를 위한 아이템 선정을 하고 알리바바(Alibaba)를 통해 공급 업체와 접촉을 하여 드랍쉬핑(Dropshipping)[23]을 하기로 결정했다.

나셀러씨는 곰곰히 생각을 했다.

"제품 1개 파는 것보다는 여러 개를 동시에 등록해서 그 중에서 팔리는 것을 고르는 것이 낫겠지?"

나셀러씨는 영어 공부를 하고, 시간을 아끼기 위해 등록할 제품 10개의 콘텐츠를 준비하여 한 번에 10개의 제품들을 5시간 만에 성공적으로 리스팅하였다. 리스팅이 완료된 제품들을 재확인하면서 수시로 업데이트를 해나갔다.

왠지모를 뿌듯함을 느낀 나셀러씨는 점심 시간이 되어 식사하고 돌아와 자리에 앉았는데, 이게 왠일?! 이베이 측으로부터 계정을 정지한다는 이메일을 아래와 같이 받았다!

23 드랍쉬핑이란, 판매자가 상품의 재고없이 주문 처리를 하는 새로운 형태의 온라인 비즈니스이다. 다시말해, 온라인을 통해 주문이 들어오면 판매자는 공급업체에 연락하여 공급 업체가 해외 소비자에게 상품을 배송하는 형태로, 일반적으로 국내에서는 위탁 판매라고 불린다.

Your eBay account has been suspended

Hello…………,

We have reviewed the activity we have seen connected to your account. As a result, your account has been suspended because we believe this activity presents a risk to our eBay community. We do not make this decision lightly. Building a trusted marketplace where people around the world can buy and sell safely is our first priority.

This suspension is permanent and means that you will not be able to participate in any buying or selling activities on eBay. In addition, any other accounts that you own, or that are associated with this account, will also be suspended.

We regret the frustration or inconvenience this may cause you. However, there is no appeal for this decision.

귀하의 eBay 계정이 일시 중지되었습니다.

안녕하세요…………,

이베이는 귀하의 계정과 연결된 활동들을 검토한 결과, 귀하의 활동이 이베이 커뮤니티에 위험을 초래한다고 판단하여 귀하의 계정을 정지하였습니다. 저희는 이러한 결정을 가볍게 내리지 않습니다. 전 세계 사람들이 안전하게 사고팔 수 있는 신뢰할 수 있는 시장을 구축하는 것이 우리의 최우선 과제입니다.

이 계정 정지는 영구적이며 eBay에서 구매 또는 판매 활동에 참여할 수 없다는 것을 뜻합니다. 또한 귀하가 소유한 다른 계정 또는 정지된 계정과 연결된 다른 모든 계정도 중지됩니다.

이로 인해 불편을 끼쳐 죄송합니다. 하지만, 이 결정에 대해 항소는 할 수 없습니다.

받은 이메일에는 이베이 계정이 정지된 이유를 확인할 수 없어 나셀러씨는 무척이나 황당했다. 나셀러씨는 아무리 생각해보아도 잘못한 것이 없다고 판단, 이메일에 따르면 어필을 할 수 없다고 명시가 되어있었지만, 즉시 이베이 측에 연락하여 자세하게 상황을 설명하였다. 이베이 채팅 서비스를 이용하여 이베이 직원과 상담을 하였지만, 계정이 정지된 명확한 이유를 가르쳐 주지 않아 이유를 알지 못한 채 대화를 종료해야만 했다. 하지만 이베이 직원과의 대화를 통해, 계정이 정지된 이유를 추측할 수는 있었다.

이베이 직원으로부터 아래와 같은 질문은 받았다.

1. 판매할 제품은 어디에서 출고가 되나요?
2. 페이팔 연동은 하셨나요?

나셀러씨는 제품을 리스팅할 때, 실수로 제품의 출고 국가를 변경하였는데, 제품의 원산지 출처 변경과 페이팔 연동을 하지 않는 것이 계정 정지 이유의 가능성으로 추측할 수 있었다.

Create your listing

It looks like there's a problem with this listing.

PayPal email - Email address cannot be used for PayPal payments at this time.

Payment options - You must have a valid PayPal Account in good standing to require immediate payment.

이미지 출처: @이베이

대화가 마무리되기 전, 직원은 페이팔 연동을 꼭 하라고 거듭하여 강조했다. 받은 이메일에 따르면 이베이 계정 정지 결정에 대해 항소를 할 수 없다고 되어있었지만, 항소 끝에 계좌를 복구할 수 있었다. 충분한 대화 이후, 정지된 이베이 계정은 복구되었고, 나셀러씨는 이베이 계정이 정지가 된 아찔한 경험을 통해 다음의 깨달음을 얻었다.

- 하루에 1-2개의 제품을 등록하기
- 정확한 정보를 준비하여 꼼꼼히 올리기
- 페이팔 계정 연동은 이베이 계정 개설 전 완료하기
- 똑같은 실수를 절대 반복하지 않기

언뜻 보기에는 페이팔 연동이 사소한 문제라고 여겨질 수 있다. 제품을 등록하고 난 후 물건이 팔린다는 보장이 없어서, 천천히 여유를 가지고 페이팔 계정을 오픈하여도 별 상관이 없다고 생각을 할 수도 있겠지만, 이것은 아주 큰 오산이다. 이베이 셀러가 되기 위해서는 활성화된 페이팔 계정이 필요하다. 페이팔을 계정을 개설하기 위해서는 사업자 등록은 물론 페이팔에서 요구하는 자료들을 제출해야 하는데, 페이팔 계정 개설이 생각보다 쉽지 않다.

2. 이베이 계정이 정지 당한 케이스 2

이베이에서 계정이 정지된 경우, 이유를 알지도 못한 채 아무런 손을 쓰지 못하고 이베이를 떠나야 하는 경우가 많다. 이베이 계정이 정지되면, 사용자는 아래와 비슷한 메일을 받게 된다. 이유는 당사자와 이베이만 알 수 있지만, 이베이 정책을 위반하지 않았는데도 불구하고 계정이 정지되는 억울한 경우도 발생하기도 한다.

한 번 계정이 정지된 이력이 있다면, 이베이 사용 시 더욱더 주의를 해야 한다. 개인의 처한 실수와 상황에 따라 다르겠지만, 계정 정지에 대한 이메일을 받은 경우 똑같은 실수를 반복하였을 경우에는 가차없이 계정을 영구적으로 삭제하고 어떠한 어필의 기회도 주지 않기 때문이다. 다음의 실제 케이스를 한 번 보겠다.

나팔래씨는 이전에 이베이 계정이 한 번 정지되어 복구한 경험이 있다. 조금스럽게 판매할 제품들의 리스팅을 마치고 얼마 지나지 않아 아래의 이메일을 이베이로부터 받았다.

MC113 Your eBay account has been suspended

Hello

We have reviewed the activity we have seen connected to your account. As a result, your account has been suspended because we believe this activity presents a risk to our eBay community. We do not make this decision lightly. Building a trusted marketplace where people around the world can buy and sell safely is our first priority.

This suspension is permanent and means that you will not be able to participate in any buying or selling activities on eBay. In addition, any other accounts that you own, or that are associated with this account, will also be suspended.

We regret the frustration or inconvenience this may cause you. However, there is no appeal for this decision.

MC113 귀하의 eBay 계정이 일시 중지되었습니다.

안녕하세요…………,,

이베이는 귀하의 계정과 연결된 활동들을 검토한 결과, 귀하의 활동이 이베이 커뮤니티에 위험을 초래한다고 판단하여 귀하의 계정을 정지하였습니다. 저희는 이러한 결정을 가볍게 내리지 않습니다. 전 세계 사람들이 안전하게 사고팔 수 있는 신뢰할 수 있는 시장을 구축하는 것이 우리의 최우선 과제입니다.

이 계정 정지는 영구적이며 eBay에서 구매 또는 판매 활동에 참여할 수 없다는 것을 뜻합니다. 또한, 귀하가 소유한 다른 계정 또는 정지된 계정과 연결된 다른 모든 계정도 중지됩니다.

이로 인해 불편을 끼쳐 드려 죄송합니다. 하지만, 이 결정에 대해 항소는 할 수 없습니다.

나팔래씨는 계정이 정지된 정확한 이유조차 알지 못한 채, 이메일 한 통을 받고 이베이를 떠나야만 했다.

위의 이메일만 확인해 보았을 때는, 이전 페이지에서 언급한 일반 계정 정지 이메일과 별반 다를 것이 없는 것 같아 보인다. 여기에서, 제목을 주의 깊게 살펴볼 필요가 있다. 사전의 경우, 정지된 이베이 계정을 복구가 가능하였지만, MC113으로 계정이 정지된 경우에는 계정을 복구할 수 있는 확률이 높지 않다. 이베이 커뮤니티 사이트에(https://community.ebay.com/)서 이베이 계정이 정지된 사용자들이 작성한 글들을 찾아 볼 수 있다.[24] MC113 코드에 대한 정확한 의미를 찾을 수는 없지만, 영국(UK) 이베이 커뮤니티에서 MC113에 관련된 사용자들의 경험담과 이에 관련된 정보들을 확인할 수 있다.[25]

24 bo.il51, My eBay account has been suspended infinitely?(The eBay Community Page, 23 May 2015) 2:58:22 pm 〈https://community.ebay.com/t5/Archive-My-Account/My-eBay-account-has-been-suspended-indefinitely/td-p/24004305〉.

25 The eBay Community, 〈https://community.ebay.co.uk/t5/forums/searchpage/tab/message?advanced=false&allow_punctuation=false&filter=location&location=category%3A13&q=MC113〉.

생각보다 많은 이베이 셀러들이 계정을 개설하고 첫 제품(들)을 올리고 나서 계정이 정지되는 경우가 많다.[26] 이러한 상황을 마주하지 않으려면 상품 등록 전, 반드시 이베이의 정책들을 꼼꼼하게 필독해야 한다.[27]

이베이의 정책은 읽고 싶을 때 읽는 콘텐츠가 아니라 이베이 글로벌 셀러가 되기 전 반드시 선행해야 하는 필수 사항이다. 콘텐츠가 영어로 작성되어 있어 번역기를 사용해도 되지만, 영어를 배우고 싶다는 강한 열정이 마음 한구석에 있다면 자신에게 맞는 공부 방법을 찾으면서 이베이 창업을 시도한다면 일석이조의 효과를 볼 수 있다. 이베이의 주요 정책들은 아래와 같다.

- Prohibited and restricted items(금지 및 제한 품목)
- Rules and policies for buyers(구매자를 위한 규칙 및 정책)
- Feedback policies(피드백 정책)
- Member behavior policies(회원 행동 정책)
- eBay Money Back Guarantee policy(이베이 환불 보장 정책)
- Listing policies(리스팅 정책)
- Selling policies(판매 정책)
- Motors bidding policy(모터 입찰 정책)
- False reports of policy violations(정책 위반에 대한 허위 보고)
- Identity policies(신원 정책)
- Payment policies(지불 정책)
- Resolving technical issues(기술 문제 해결)

Tip **알고 있으면 유용한 핵꿀팁!**

머지않아, 11번가 · 지마켓 등 국내 온라인쇼핑몰에 입점한 중소기업들은 아마존, · 이베이 · 등 해외 온라인쇼핑몰 판매를 위해 별도 계정을 만들 필요가 없어진다. 이전에는 중소기업이 해외 온라인쇼핑몰에서 제품을 판매하기 위해서는 개별 플랫폼마다 계정을 개설해야 했지만 앞으로는 기업이 11번가, · G마켓에 상품을 등록해 인기를 얻으면 아마존이나 큐텐에서 상품 설명이 번역돼 판매될 수 있게 됨으로, 중소기업 입장에서는 국내 쇼핑몰 상품 등록만으로 해외 진출이 가능해진다.

기사 작성:2020. 08.13

기사 원문 출처: 〈https://news.mt.co.kr/mtview.php?no=2020081315501167779&initialSessionID=EL-blog.naver.com&Id=ASKRSOAEDUnvrb1v-102017〉

---

26 bracoo_7944, Account Permanently Suspended for Nothing(The eBay Community Page, 10 January 2021) 4:04:11pm 〈https://community.ebay.com/t5/Selling/Account-Permanently-Suspended-for-Nothing/m-p/31510198#M1686073〉.

27 eBay, eBay rules and policies(Web Page) 〈https://www.ebay.com/help/policies/default/ebays-rules-policies?id=4205〉.

Unit. 02 이베이 리스팅 판매 금지 상품

아마존과 마찬가지로, 이베이에서도 판매 금지 및 제한 상품 리스트들이 있으니 사전에 확인하길 권유한다. 그렇지 않으면, 제품 등록 후 이베이 계정이 정지되는 불상사를 겪을 수 있다. 아래의 카테고리의 제품들은 리스팅이 금지 또는 승인을 받은 후 등록 가능한 카테고리들이다.

USA[28]	UK[29]
• Adult items(성인용품) • Alcohol(알코올) • Animals and wildlife products(동물 및 야생동물 제품) • Selling art(예술품 판매) • Used clothing(중고 의류) • Credit and debit cards(신용 및 직불 카드) • Electrical and electronic equipment(전기 및 전자 장비) • Encouraging illegal activity(불법 활동 조장) • Firearms, weapons and knives(총기, 무기 및 칼) • Food(음식) • Gift cards(기프트 카드) • Hazardous, restricted, or regulated materials(위험, 제한 또는 규제물질) • Coupons(쿠폰) • Medical devices(의료기기) • Police-related items(경찰 관련 제품) • Prescription and over-the-counter drugs(처방 및 비처방 약품) • Real estate(부동산) • Event ticket(이벤트 티켓) • Stamps, currency and coins(우표, 통화 및 동전) • Stolen property(도난당한 제품) • Travel(여행) • Used cosmetics(중고 화장품)	• Adults only(성인만) • Drugs and drug paraphernalia(마약 및 마약 관련 도구) • Embargoed goods and prohibited countries(수출 금지 상품 및 금지 국가) • Firearms, weapons and knives(총기, 무기 및 칼) • Hazardous, restricted, or regulated materials(위험, 제한 또는 규제 물질) • Items encouraging illegal activity(불법 행위를 조장하는 제품) • Mailing lists and personal information(메일링 리스트 및 개인 정보) • Medicine and healthcare products(의약품 및 건강관리 제품) • Offensive material(불쾌감을 주는 자료) • Police-related items(경찰 관련 제품) • Prescription drugs(처방약) • Prohibited services(금지된 서비스) • Stolen property(도난당한 제품)

위에 언급된 판매 금지 리스트들은 이베이 웹사이트에서 일부만 발췌한 내용이므로 자세한 내용은 이베이 웹사이트에 접속하여 확인할 것을 권유한다.

---

28 eBay, Prohibited and restricted items(Web Page) 〈https://www.ebay.com/help/policies/prohibited-restricted-items/prohibited-restricted-items?id=4207〉. 웹사이트의 일부 제한 상품 리스팅만 발췌하여 번역하였습니다. 자세한 내용 확인은 eBay 웹사이트에 방문하여 확인하십시오.

29 eBay, Prohibited and restricted items - overview(Web Page) 〈https://pages.ebay.com/uk/help/policies/items-ov.html#prohibited〉. 웹사이트의 일부 제한 상품 리스팅만 발췌하여 번역하였습니다. 자세한 내용 확인은 eBay 웹사이트에 방문하여 확인하십시오.

Unit. 03 이베이 리스팅 제한 품목 리스트(eBay Prohibited and restricted items)[30]

아래의 제품들은 특정한 조건을 충족시킬 경우, 등록이 가능하다.

- Alcohol(알코올)
- Animals and wildlife products(동물과 야생동물 제품)
- Clothing used(중고 의류)[31]

이베이를 통해 중고 제품을 판매할 경우, 계정의 정지를 피하기 위해서 이베이의 중고 제품 정책을 반드시 따라야 한다. 당신이 생각하는 것 이상, 이베이를 통해 중고 제품을 판매하는 것은 꽤나 까다롭다. 생각 외로 이런 주의 사항을 간과한 채 중고 제품을 판매하다가 갑자기 계정이 정지되는 사례도 빈번히 발생하기 때문에 이베이의 정책을 반드시 필독하는 것을 권유한다.

> We have a used clothing policy so buyers can be confident they'll get clean, stain-free items when they buy on eBay.
>
> 이베이는 구매자가 안심하고 깨끗한 제품을 구매할 수 있도록 중고 의류 정책을 적용하고 있습니다.

Health and hygiene is also one of our top priorities, so our policy outlines why certain items can't be sold on the site.

What is the policy?

> - Used underwear and socks are not allowed, even if they are clean. Examples include boxer shorts, panties, briefs, nappies, and athletic supporters. Bras are not considered underwear.
>
>   한 번이라도 입어본 속옷과 양말은 깨끗하더라도 판매할 수 없습니다. 예를 들어, 사각팬티, 팬티, 기저귀, 운동 서포터 관련 제품들이 이에 속합니다. 브래지어는 속옷으로 간주되지 않습니다.
>
> - Used clothing must be properly cleaned and include a statement that the item has been properly cleaned.
>
>   사용한 의류는 충분히 세탁되어야 하며 이에 대한 문구를 포함하여 판매해야 합니다.

- Cosmetics, used(중고 화장품)[32]

---

30 eBay, Prohibited and restricted items(Web Page) 〈https://www.ebay.com/help/policies/prohibited-restricted-items/prohibited-restricted-items?id=4207#prohibited〉. 웹사이트의 일부 금지 상품 리스팅만 발췌하여 번역하였습니다. 자세한 내용 확인은 eBay 웹사이트에 방문하여 확인하십시오.

31 eBay, Used clothing policy(Web Page) 〈https://www.ebay.co.uk/help/policies/prohibited-restricted-items/used-clothing-policy?id=4281〉.

32 eBay, Cosmetics policy(Web Page) 〈https://www.ebay.co.uk/help/policies/prohibited-restricted-items/used-cosmetics-policy?id=4290〉.

Used cosmetics present health and safety concerns because the products and applicators used to apply them often come into direct contact with the body. This is why we generally don't allow them to be sold on eBay.

신체에 바르는 중고 화장품의 경우 건강 및 안전 문제가 발생할 수 있으므로, 일반적으로 이베이는 중고 화장품의 판매를 허용하지 않습니다.

여기서 잠깐!

영어 단어, generally가 사용되었기 때문에, 항상 허용이 되지 않는 것이 아니라는 것을 의미한다.

What is the policy?

- Listings for used cosmetics, sponges, or applicators are not allowed. This includes products such as skin moisturisers, sunscreens, perfumes, lipsticks, fingernail polishes, eye and facial makeup preparations, shampoos, permanent waves, hair colours, toothpastes, and deodorants.

  중고 화장품, 스펀지 또는 어플리케이터 제품들은 허용되지 않습니다. 피부 보습제, 자외선 차단제, 향수, 립스틱, 손톱 광택제, 눈 및 얼굴 메이크업 준비, 샴푸, 퍼머넌트 웨이브, 헤어 컬러, 치약 및 탈취제와 같은 제품이 여기에 포함됩니다.

- Used cosmetic brushes can be sold but must be thoroughly cleaned.

  중고 화장품 브러쉬는 판매할 수 있지만, 반드시 철저하게 세척해야 합니다.

- Cosmetics, colognes, perfumes, and lotions must come in the original container

  화장품, 오드콜로뉴, 향수 및 로션은 포장 박스와 함께 판매되어야 합니다.

- Homemade cosmetics must comply with government regulations.

  수제 화장품은 반드시 정부의 규정에 따라야 합니다.

- Credit cards(신용카드)
- Electrical and electronics equipment(전기 및 전자 장비)[33]

33 eBay, Electronic equipment policy(Web Page) 〈https://www.ebay.co.uk/help/policies/prohibited-restricted-items/electrical-electronic-equipment-policy?id=4302〉.

> Cameras, recorders, or other similar devices can be listed as long as the description doesn't encourage their use for illegal purposes.
>
> 카메라, 레코더 또는 이와 유사한 기기들은 불법적인 목적으로 사용이 권장되지 않은 한 판매가 허용이 됩니다.

- Event tickets(이벤트 티켓)
- Food(음식)
- Plants and seeds(식물과 씨앗)
- Tobacco[34]

> The sale of tobacco is highly regulated, and may cause harm to eBay members, so we do not allow tobacco products to be listed.
>
> 담배 판매는 이베이 회원들에게 해를 끼칠 수 있으므로 엄격하게 규제되며 담배 제품 리스팅은 허용되지 않습니다.

- Travel(여행)
- Vouchers(바우처)

더욱 자세한 규정과 내용들은 이베이 사이트에 접속하여 확인하는 것을 권유한다.

34 eBay, Tobacco and e-cigarettes policy(Web Page) 〈https://www.ebay.co.uk/help/policies/prohibited-restricted-items/tobacco-policy?id=4273〉.

PART 03

드랍 쉬핑 (Drop shipping)을 위한 핵 꿀팁

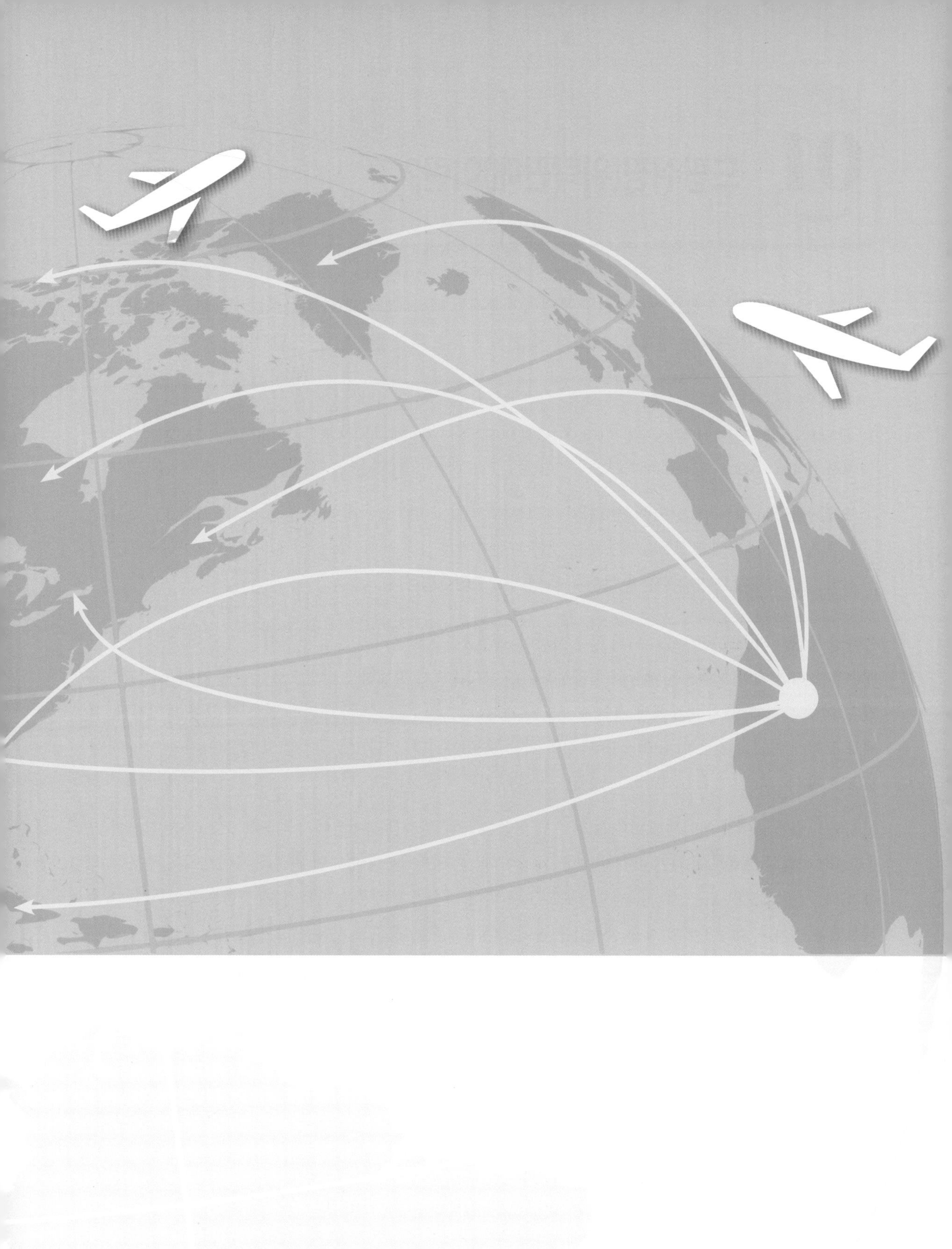

CHAPTER

01 드랍쉬핑(위탁판매)이란?

위키백과에서 제공하는 정보는 신뢰성의 문제로 전문적인 아카데믹한 문헌 자료로는 사용할 수 없지만, 일반적인 시점으로 볼 때 위키 정보의 정확도는 꽤 높은 편이다. 위키백과에서는 드랍쉬핑을 아래와 같이 정의하고 있다.

> "Drop shipping is a streamlined form of retail business wherein the seller accepts customer orders but does not keep goods sold in stock."
>
> "**드랍쉬핑**(Dropshipping)이란 판매자가 재고를 두지 않고 주문을 처리하는 유통 방식을 말한다. 대신 주문 발생 시 구매자에게 상품을 배송하는 것은 판매자에게 상품을 제공하는 업체다. 판매자가 상품 재고를 전혀 관리하지 않고 판매 활동을 하는 유통 방식이 **드랍쉬핑**이다."

온라인 창업의 리스크를 줄이기 위해 많은 사람이 드랍쉬핑으로 온라인 창업의 경험을 쌓은 뒤, 어느 정도의 매출을 올리면 개인 브랜드를 제작하여 자사몰이나 아마존에서 판매하는 방법으로 온라인 창업을 진행하고 있다. 언뜻 보기에, 해외 마켓에서 개인 브랜드를 제작하고 판매하는 것이 대단한 일인 것 같아 보이지만, 실제로 그렇게 어려운 것은 아니며(물론 과정이 쉬운 것은 아니다), 이미 이 글을 읽고 있는 독자는 이미 자신도 모르게 자신의 브랜드를 제작하고 판매한 경험이 있는지도 모른다.

이해하기 쉽게 풀어서 이야기해보자. 누구나 한 번쯤은 국내 판촉물 사이트에서 제품을 주문해 본 경험이 있을 것이다. 해외 브랜드 론칭이 이와 비슷한 개념이다. 원하는 제품이 있다면 판촉물 사이트에서 주문 제작을 한다. 제품의 모양 또는 재질을 변형하고 로고를 박아 자신만의 제품을 만들어 본 경험을 누구나 한 번쯤 해보았을 것이다. 대부분의 판촉물 상품들은 판매보다 홍보/광고용으로 사용을 하지만, 이렇게 내가 원하는 제품을 제작하여 판매하게 된다면, 이것이 바로 개인 브랜드를 론칭하는 것과 같다. 개인 브랜드를 론칭하기 전에는 법적인 절차를 밟아야 하므로 자세한 내용은 전문가 혹은 변호사/변리사와 상담하여 진행하는 것을 적극적으로 권유한다.

CHAPTER

02 합법적인 드랍쉬핑을 위해서 숙지해야 할 정책들

재고 없이 판매하는 것이 과연 합법적일까? 누구나 한 번쯤은 이런 의구심이 들것이다. 현재 시점에서 드랍쉬핑 비즈니스는 합법적으로 큰 자본 투자 없이 누구나 시작할 수 있다.

드랍쉬핑이라는 새로운 개념의 비즈니스를 권유하는 쇼피파이(Shopify)와 같이 드랍쉬퍼(Drop shipper: 위탁 판매자)들의 역동적인 활동으로 매출이 상승하는 온라인 마켓 플랫폼이 있는가 하면, 드랍쉬핑으로 발생하는 문제점으로 드랍쉬핑에 제한을 두는 플랫폼들도 있는데 바로 아마존과 이베이다.

아마존에서 드랍쉬핑의 정책을 아래와 같이 규정하고 있다.

Drop shipping, or allowing a third-party to fulfill orders to customers on your behalf, is generally acceptable. If you intend to fulfill orders using a drop shipper, you must always:[35]

- Be the seller of record of your products;
- Identify yourself as the seller of your products on all packing slips, invoices, external packaging, and other information included or provided in connection with them;
- Remove any packing slips, invoices, external packaging, or other information identifying a third-party drop shipper prior to shipping the order;
- Be responsible for accepting and processing customer returns of your products; and
- Comply with all other terms of your seller agreement and applicable Amazon policies.

위의 내용을 간단히 번역 및 정리를 해보자면 이렇다. 아마존에서 규정하는 조건에 부합할 경우 일반적인 드랍쉬핑은 허용이 된다. 판매자는 아마존의 셀러 어그리먼트에 동의를 하고 규정을 따라야 하고, 상품 배송 시에는 판매자와 배송인의 정보가 동일해야 하며, 제품에 문제가 발생하였을 경우, 판매자는 이에 대한 책임을 져야 한다는 전제하여 드랍쉬핑이 허용이 된다.

반면에, 아래의 경우에는 드랍쉬핑을 허용하지 않는다고 명시해 놓았다.

Examples of drop shipping that is not permitted:

- Purchasing products from another online retailer and having that retailer ship directly to customers, if the shipment does not identify you as the seller of record or if anyone other than you(including the other online retailer) appears on packing slips, invoices, or external packaging; or

35 Amazon Seller Central, Drop Shipping Policy(Web Page) 〈https://sellercentral.amazon.com/gp/help/external/201808410〉.

- Shipping orders with packing slips, invoices, external packaging, or other information indicating a seller name or contact information other than your own.

예를 들어, 다른 온라인/오프라인 판매 사이트에서 제품을 구매하여 아마존을 통해 소비자에게 되파는 형식의 드랍쉬핑은 허용하지 않는 것이다.

예를 들어, 어떤 미국인 드랍쉬퍼의 경우 이X트와 월X트에서 판매하는 제품에 마진을 붙여 아마존에 리스팅하여 주문이 들어오면 이X트/월X트에 주문을 넣어 판매했던 자신의 경험을 유튜브를 통해서 이야기를 했다. 아마존 내, 이런 위탁 판매자들이 많아짐으로 인해 발생하는 문제점을 보완하기 위해(소비자는 아마존에서 제품을 시켰는데 뜬금없이 이마트에서 물품이 배송되는 경우 판매자가 아니라 아마존이 소비자로부터 신뢰를 잃게 됨) 아마존이나 이베이에서는 다른 Retailer나 Marketplace에서 제품을 구매 후 소비자에게 배송하는 행위를 금하고 있다.

마찬가지로, 이베이에서도 드랍쉬핑의 정책을 아래와 같이 규정하고 있다.

> Drop shipping, also known as product sourcing, is when you buy stock from a supplier and work with them to send items directly to your buyers without ever handling the items yourself.
>
> 상품 소싱이라고도 불리는 드랍쉬핑은, 공급 업체로부터 재고를 구매하고 공급 업체와 협력하여 상품을 직접 처리하지 않고도 구매자에게 직접 상품을 보내는 것을 말합니다.

> Drop shipping, where you fulfil orders directly from a wholesale supplier, is generally allowed on eBay. If you use drop shipping, you're still responsible for the safe delivery of the item within the time frame you stated in your listing, and the buyer's overall satisfaction with their purchase.[36]
>
> 도매 공급 업체로부터 직접 주문을 처리하는 드랍 배송은 일반적으로 eBay에서 허용됩니다. 드랍쉬핑을 진행할 경우, 리스팅에 명시된 기간 내에 상품을 안전하게 배송하고 전반적인 구매자의 구매 만족도 역시 귀하에게 책임이 있습니다.

이베이 웹사이트에서 제공하는 정책에 따르면 아마존과 같이 일반적인 드랍쉬핑은 허용을 한다고 명시가 되어있다. 이때 판매자는 지정된 배송 기간 내에 소비자가 물건을 안전하게 수취할 수 있도록 책임을 져야하며, 또한 고객의 만족도를 위해 최선을 다해야 한다고 명시하고 있다.

36 eBay, Drop shipping(Web Page) 〈https://www.ebay.com.au/help/selling/posting-items/setting-postage-options/drop-shipping?id=4176〉.

Third-party fulfilment policy[37]

Third-party fulfilment means that someone else holds your inventory and prepares and sends your orders for you. This can be through an arrangement with:

- **A warehousing/logistics company**: i.e. you engage them to provide services such as inventory storage, handling, packing, postage and customer service, or
- **A supplier** : i.e. you buy stock and work with them to send items directly to buyers(also known as drop shipping).

제3자 풀필먼트 정책

제3자 풀필먼트란 다른 누군가가 귀하의 재고를 보유하고 귀하를 위해 주문을 준비하고 발송하는 것을 의미합니다. 이는 다음과 같이 이루어질 수 있습니다.

- **창고 / 물류 회사**: 재고 보관, 취급, 포장, 우송료 및 고객 서비스와 같은 서비스를 제공하도록 이들을 고용합니다.
- **공급 업체**: 판매자가 재고를 구매하고 공급 업체와 협력하여 공급업체가 구매자에게 직접 품목을 보냅니다(드랍쉬핑).

Tip 아무도 알려주지 않는 핵 꿀팁! - 용어설명

풀필먼트(Fulfillment)란?

풀필먼트의 사전적 의미에는 2가지가 있다. 첫째로, (의무/직무들의) 이행, 수행, 완수 그리고 둘째로, 고객의 주문처리[과정]를 뜻한다. 후자의 사전적 의미는 아마존에서 풀필먼트 시스템을 소개함으로 대중화가 되었다. 간단히 말해서, 고객이 온라인을 통해 주문하면, 물류센터의 직원이 제품을 준비하고 포장하여 고객에게 배송을 하는 시스템으로 심지어 고객이 교환/환불을 원하면 교환/환불 서비스까지 제공한다. 그래서 판매자의 경우 고객과의 직접적인 접촉없이 물건을 판매할 수 있어, 고객 응대에 대한 스트레스를 줄일 수 있다는 큰 장점이있다. 하지만 까다로운 아마존의 정책과 규정을 따라야하기 때문에 스트레스가 전혀 없다고는 할 수 없다. 만약, 이런 모든 책임이 버거울 경우에는 창업보다는 아마존 제휴 마케팅을 통한 온라인 부업이 당신에게 적합할 것이다. 국내에는 쿠팡 파트너스라는 제휴 마케팅이 있다.

37 eBay, Third-party fulfilment policy(Web Page) 〈https://www.ebay.com.au/help/policies/selling-policies/third-party-fulfilment-policy?id=4718〉.

We don't allow third-party fulfilment if it could be confusing or misleading for the buyer(for example, because the packaging used makes it appear that their item was purchased from another retailer or marketplace instead of on eBay), or if the buyer's personal data is not sufficiently protected.

구매자를 혼란스럽게 하거나, 오해의 소지를 불러일으키는 경우, 예를 들어, 사용된 포장으로 인해 제품이 eBay가 아닌 다른 소매 업체 또는 마켓 플레이스에서 구매된 것처럼 보이는 경우에는 제 3자 풀필먼트를 허용하지 않습니다. 또한, 소비자의 개인 데이터가 충분히 보호되지 않을 경우에도 3자 풀필먼트를 허용하지 않습니다.

아래의 경우, 제3자 풀필먼트가 허용되는 경우 몇 가지를 간단하게 정리해보았다. 드랍 쉬핑을 고려하고 있다면, 자세한 내용은 이베이 웹사이트에서 꼼꼼하게 확인해 보길 바란다.

드랍쉬핑이 허용되는 경우

1. Fulfilling your own orders, including if you are a retail business selling your own inventory on eBay
2. Fulfilling your own orders directly from a supplier(drop shipping) from whom you have pre-purchased stock
3. Using a third party to fulfil eBay orders on your behalf, provided all of the following conditions are met:
   - You are clearly identified as the seller on all packing slips and invoices
   - Using the third-party fulfilment service doesn't mislead or confuse the buyer as to the origin of their purchase(for example, due to branded packaging)
   - You ensure the safe fulfilment of the item within the terms stated in your listing

1. eBay를 통해서 자신의 재고를 판매하는 소매 업체인 경우
2. 재고를 사전 구매한 공급 업체로부터 직접 주문 처리하는 경우(드랍 배송)
3. 다음 조건이 모두 충족되는 경우:
   - 모든 포장 명세서 및 송장에서 판매자로 명확하게 식별할 수 있을 때
   - 제3자 풀필먼트를 진행할 때, 구매자가 원산지(예 : 브랜드 포장으로 인해)에 대해 오도하거나 혼동하지 않을 때
   - 목록에 명시된 조건 내에서 항목의 안전한 이행을 보장할 때

제 3자 풀필먼트 정책에 따르면 드랍쉬핑이 허용되지 않는 조건은 아래와 같다.[38]

> Listing an item on eBay and then purchasing the item from another retailer or marketplace that sends it directly to your customer.
>
> eBay에 등록한 제품을 다른 소매 업체 또는 마켓 플레이스에서 구매한 뒤 소비자에게 발송하는 행위는 허용하지 않는다.

드랍쉬핑의 개념이 도입된 초창기에는 가능했던 것들이, 지금은 허용이 되지 않는 것도 많으니 아마존이나 이베이로부터 영구 계정 정지를 당하지 않으려면 이러한 정책을 잘 이해하고 절대 하지 말아야 한다.

> 제 3자 풀필먼트 정책은 선택 사항이 아니다. 반드시 따라야 하는 규정이니 이를 기억해야 한다. 아래의 정책에 따르면, 이베이의 제3자 풀필먼트 정책을 위반 시에는 이베이 검색에서 리스팅이 제외되거나, 판매 수익금을 받을 수 없게 되거나, 이베이 계정이 영구 삭제되는 등 페널티를 부과받을 수 있다고 명시하고 있다.
>
> Activity that doesn't follow eBay policy could result in a range of actions including for example: administratively ending or cancelling listings, hiding or demoting all listings from search results, lowering seller rating, buying or selling restrictions, loss of buyer or seller protections, and account suspension. All fees paid or payable in relation to listings or accounts on which we take any action will not be refunded or otherwise credited to your account.[39]

38 자세한 내용은 이베이 웹사이트에 방문하여 자세한 정보를 확인 하십시오.
39 eBay, Drop Shipping(Web Page) 〈https://www.ebay.com.au/help/selling/posting-items/setting-postage-options/drop-shipping?id=4176〉.

CHAPTER

03 글로벌 드롭쉬핑의 장점과 단점

많은 독자가 이미 알고 있겠지만, 국내에서 최소한의 자본으로 부업을 할 수 있는 방법의 하나로 "위탁판매"가 있다. 이와 비슷하게 해외에서도 같은 개념의 부업이 존재하는데, 이를 드롭쉬핑(Dropshipping)이라고 한다. 해외 위탁판매의 개념이다.

근래에 들어 쇼피파이(Shopify)에서 적극적으로 밀고 있는 온라인 판매 형식으로 쇼피파이의 드랍쉬핑을 이용하면 인터넷을 하지 못하는 사람들도 쉽게 온라인 쇼핑몰 제작이 가능하고, 별 어려움 없이 제품을 판매할 수 있다. 국내 위탁판매가 포화 상태를 향해 달려가는 시점에서, 판매가 적성에 맞는다면 해외 위탁판매에 도전해보는 것도 좋을 듯하다.

해외 드롭쉬핑의 장점 중에 하나는 국내 위탁판매보다 수월하고 금전적 유통이 빨라 자금 회수력이 좋다는 것이다. 국내에서는 네XX 스토어나 쿠X을 통해 판매하고 수익금을 받기까지 몇 주의 기간이 걸리기 때문에, 위탁 판매라 할지라도 본인의 여유 자금으로 제품을 구매하여 소비자에게 먼저 배송을 한 뒤, 구매자가 구매 확정을 한 뒤에야 수익금을 받을 수 있다.

하지만, 자사몰을 이용하여 제품을 판매할 경우, 소비자가 결제를 하는 순간 그 금액은 본인의 페이팔 계좌로 들어오게 되고, 그 금액으로 제품을 구매할 수 있기 때문에 많은 여유 자금이 필요없이 비즈니스를 시작이 가능하다는 것이다.

반면에 가장 큰 단점으로는 해외 배송기간이 길어짐을 주의해야 한다. 해외 소비자의 경우 국내 소비자와 달리 1-2주 정도는 잘 기다려주지만, 펜데믹과 같은 특수한 상황이 발생할 경우, 비행기와 배 운항에 제한이 가해지면 배송이 늦어질 수밖에 없기 때문에 때로는 1달 혹은 그 이상의 기간이 소요되기 때문에, 구매률이 낮아질 수 있다는 것이 가장 큰 단점 중의 하나가 될 것이다.

또 하나의 단점으로는, 공급업체의 부주의로 인해 잘못된 물품이 배송이 될 가능성이 있고, 그에 대한 책임은 판매자가 져야한다는 것이다. 필자의 경험으로 비추어보면, 요즘 중국에서 생산되는 제품들은 퀄러티가 좋아, 후기가 4.5이상이 되는 제품들의 경우 큰 불안감 없이 드랍쉬핑을 할 수 있다.

간혹, 직원들의 실수로 색상이 다른 제품이 배송된다거나 하는 경우가 있는데, 이럴 때는 판매자가 책임을 지고 문제를 해결해야 한다. 제품의 마진이 낮은 경우에는, 제품의 교환 또는 반품(Return) 대신, 제품을 재발송하는 경우가 많고, 이렇게 하는 것이 비용과 고객 만족도를 충족시킬 수 있다.

이렇게 공급업체의 실수로 인한 책임을 떠안고 가야 한다는 것이 또 다른 단점 중의 하나이다. 이 문제는 비단 해외뿐만 아니라 국내에서도 마찬가지이기는 하지만, 국내의 경우 전화 한 통으로 신속하게 처리를 할 수 있지만, 해외 위탁 판매의 경우 영어에 익숙하지 않은 사람이라면 이 과정이 어렵고 복잡하게 느껴질 것이다.

하지만 너무 걱정하지 않아도 되는 것이, 알리익스프레스의 경우 제품에 따라서 90일 보증 제도를 운영하고 있기 때문에 소비자로부터 제품에 대한 불만 혹은 환불 요청이 들어 왔을 때, 즉시 공급업체에 연락을 취하여 문제를 해결할 수 있다. 이렇게 순조로운 해결을 위해서는 기본적인 영어 실력이 요구되니, 시간이 나는 짬짬이 영어 공부를 해놓는 것을 적극적으로 추천한다.

CHAPTER

04 해외 아웃소싱(위탁업체) 교환 및 환불 정책

국내에서는 타오바오(Taobao),[40] 1688,[41] 그리고 알리바바(Alibaba)[42]가 중국의 공급업체로 유명하고 가장 많이 사용이된다. 하지만 이외에도 알리익스프레스(Aliexpress),[43] 뱅굳(Banggood),[44] 씨제이드랍쉬핑(cjdropshipping),[45] 고고몰(Gogomall)[46] 등 다양한 중국 홀세일(Wholesale), 온라인 도매처들이 있다. 홀세일 업체마다 각각의 장단점이 있기 때문에, 상황에 맞게 적절히 섞어 이용하면 된다. 대부분의 중국 도매 사이트들에서 드랍쉬핑 서비스를 제공하고 있기 때문에 별 어려움 없이 제품을 소싱할 수 있다.

예를 들어, 알리바바에서는 기본 주문 수량이 정해져 있는 제품들이 많기 때문에, MOQ(Minimum Order Quantity:기본 수량)을 채워야 하는 경우가 많다. 이 기본 수량은 중국 공급 업체마다 다르며, 1개부터 100개 혹은 그 이상으로 설정한 경우가 많다. 이런 경우에는 알리바바를 이용하는 것보다, 알리익스프레스를 이용하는 것이 좀 더 효율적이다.

물론, 제품 1개를 주문할 수 있는 장점이 있기는 하지만, 기본 단가는 알리바바에서 제공하는 제품가격보다 높은 편이다. 씨제이드랍쉬핑의 경우, 제품에 따라 출고되는 국가가 다르지만, 미국 내에 재고가 있는 경우가 많아, 알리바바나 알리익스프레스보다 배송이 빠르고 편리함을 느낄 수 있다. 물론 빠른 배송에 대한 추가 비용은 지불해야 한다.

이렇게 각각의 플랫폼은 저마다 장단점이 있기 때문에, 반드시 웹사이트의 약관 또는 정책을 한 번쯤은 꼼꼼히 둘러보는 것이 좋다. 그중에서도 선행이 되어야 할 것은 제품에 하자 또는 문제가 발생했을 때 어떻게 고객 서비스(Customer Service: 씨에스)를 처리하는 것인데, 일단 메인 카테고리를 살펴본 후 환불 정책에 관하여 알아보기로 한다.

Tip 아무도 알려주지 않는 핵꿀팁!

몇몇의 중국의 유통 업체의 경우, 알리익스프레스를 도매사이트로 사용하기보다는 소매사이트로 사용을 하기 때문에 마켓에 판매되는 소매 가격으로 판매를 하는 경우도 많다. 이런 제품들은 위탁 판매 리스트에서 제외하는 것이 좋다. 마진을 붙여 판매를 하게 되면 시장 가격보다 높아 팔릴 확률이 낮으며, 만약 제품이 팔린다고 하더라도 얼마 남지 않은 마진에 재미를 보기 어렵기 때문이다.

---

40 Taobao(Website) 〈https://world.taobao.com/〉.
41 1688(Website) 〈https://www.1688.com/index.html〉.
42 Alibaba(Website) 〈https://www.alibaba.com/〉.
43 Aliexpress(Website) 〈https://www.aliexpress.com/〉.
44 Banggood(Website) 〈https://www.banggood.com/〉.
45 CJ Dropshipping(Website) 〈https://cjdropshipping.com/〉.
46 Gogomall(Website) 〈https://www.gogomall.com/〉.

구글 검색엔진 노출에도 큰 영향을 끼치는 메인 카테고리는 해외 쇼핑몰 사이트 제작 시 중요한 척도가 되니, 중국 도메 사이트들의 메인 카테고리들을 잘 분석하는 것이 선행으로 이루어져야 한다. 보통 메인 카테고리는 검색률이 높은 키워드들을 포함한다.

- **알리바바(Alibaba)**
  - Machinery(기계) / Vehicles & Accessories(자동차 & 액세서리)
  - Consumer Electronics(전기 제품)/ Home Applicances(홈 가전)
  - Apparel(의류) / Fashion Accessories(패션 액세서리) / Timepieces(시계), Jewellery(쥬얼리), Eyewear(안경)
  - Lights & Lighting(조명) / Construction & Real Estate(건설 및 부동산)
  - Home & Garden(홈 & 가든) / Furniture(가구)
  - Fabric & Textiles Raw Material(직물 및 섬류 원료) / Home Textiles(홈 텍스타일: 가정용 직물)
  - Beauty & Personal Care(미용 및 개인 관리) / Health & Medical(건강 및 의료)
  - Packaging & Printing / Office & School Supplies(오피스 & 학교 용품)
  - Electrical Equipment & Supplies(전기 장비 & 서플라이스)
  - Tools & Hardware(도구 및 하드웨어) / Security & Protection(보안 & 보호) / Fabrication Service(제조 서비스)
  - Electrical Equipment(전기 장비)& Supplies(전기 용품) / Electronic Components(전자 부품), Accessories(액세서리) & Telecommunications(통신)
  - Sports & Entertainment(스포츠 & 엔터테인먼트) / Toys & Hobbies(장난감 & 취미) / Gifts & Crafts(기프트 & 공예품)
  - Luggage, Bags & Cases(수하물, 가방 및 케이스) / Shoes & Accessories(신발 & 액세서리)
  - Minerals & Metallurgy(광물 및 야금) / Chemicals(화학) / Rubber & Plastics(고무 & 플라스틱)
  - Agriculture(농업) / Food & Beverage(식음료)
  - Service Equipment(서비스 장비) / Business Services(비즈니스 서비스)

- **알리익스프레스(Aliexpress)**
  - Women's Fashion(여성 패션)
  - Men's Fashion(남성 패션)
  - Phones & Telecommunications(전화 & 통신)
  - Computer, Office & Security(컴퓨터, 오피스 & 보안)
  - Consumer Electronics(전기 제품)
  - Jewelry & Watches(쥬얼리 & 시계)
  - Home, Pet & Appliances(홈, 애완 동물 & 가전)
  - Bags & Shoes(가방 및 신발)

- Toys, Kids & Babies(장난감, 키즈 & 베이비)
- Outdoor Fun & Sports(야외 놀이 & 스포츠)
- Beauty, Health & Hair(미용, 건강 및 헤어)
- Automobiles & Motorcycles(자동차 및 오토바이)
- Home Improvement & Tools(홈 개선 & 도구)

- **뱅굳(Banggood.com)**
  - Women's Clothing(여성 의류)
  - Men's Clothing(남성 의류)
  - Phones & Accessories(폰 & 액세서리)
  - Electronics(일렉트로닉스)
  - Tools, Industrial & Scientific(도구, 산업 & 과학)
  - Toys Hobbies and Robot(장난감, 취미 & 로봇)
  - Computers & Office(컴퓨터 & 오피스)
  - Automobiles & Motorcycles(자동차 및 오토바이)
  - Sports & Outdoor(스포츠 & 아웃도어)
  - Home and Garden(홈 & 가든)
  - Jewelry, Watches & Accessories(쥬얼리, 시계 & 액세서리)
  - Home Appliance(홈 가전)
  - Shoes & Bags(신발 & 가방)
  - Health, Beauty & Hair(건강, 미용 & 헤어)
  - Lights & Lighting(조명)
  - Health Protection(건강 보호)

- **씨제이드롭쉬핑(cjdropshipping)**
  - Computer & Office(컴퓨터 & 오피스)
  - Bags & Shoes(가방 & 신발)
  - Jewelry & Watches(쥬얼리 & 시계)
  - Health & Beatuty, Hair(건강 & 미용, 헤어)
  - Women's Clohting(여성 의류)
  - Sports & Outdoors(스포츠 & 아웃도어)
  - Home & Garden, Furniture(홈 & 가든, 가구)
  - Home Improvement(홈 개선)
  - Automobiles & Motorcycles(자동차 및 오토바이)
  - Toys, Kids & Baby(장난감, 키즈 & 베이비)

- Men's Clothing(남성 의류)
- Consumer Electronics(전기 제품)
- Phones & Accessories(폰 & 액세서리)

• **고고몰(Gogomall)**
- Health, Beauty & Hair(건강, 미용 & 헤어)
- Home, Garden & Tools(홈, 가든 & 도구)
- Electronic Accessories(전자 액세서리)
- Jewellery, Watches & Glasses(쥬얼리, 시계 & 안경)
- Women's Clothing & Accessories(여성 의류 및 액세서리)
- Men's Clothing & Accessories(남성 의류 및 액세서리)
- Sports & Outdoors(스포츠 & 아웃도어)
- Toys, Kids & Baby(장난감, 키즈 & 베이비)
- Automotive & Motorcycles(자동차 및 오토바이)
- Pet Supplies(애완 동물 용품)

알리바바는 중국 최대 도매 사이트로 카테고리의 스케일 역시 다른 중국 도매 사이트들보다 세분화가 잘 되어 있는 것을 확인할 수 있다. 자세히 살펴보면, 중국 도매 사이트들의 웹사이트 레이아웃이 비슷한 것을 알 수 있고 또한 판매되는 제품들 역시 조금의 가격 차이를 제외하고 동일한 제품들이 리스팅되어 있는 것을 알아차릴 수 있다. 이렇게 하나의 웹사이트를 제작하고 난 후에는 기존의 데이터베이스를 사용하여 두 번째, 세 번째 쇼핑몰 웹사이트들은 쉽게 제작할 수 있으니, 처음 웹사이트를 제작할 때 시간이 비록 많이 걸리더라도, 꼼꼼하게 제작하는 것이 좋다.

Unit. 01 반드시 알고 있어야 할 해외 소싱 사이트들의 환불 및 교환 정책

중국의 도매사이트를 이용하여 위탁 판매를 시작할 때는, 만약의 사태를 대비하여 배송과 환불 관련 정책을 꼼꼼히 살펴보아야 한다. 국제 배송 중에 제품에 손상이 발생할 수 있고, 배송이 누락될 수도 있는 등 예상치 못한 일로 인해 소비자로부터 연락이 온다면, 판매자는 공급업체에 즉시 연락을 하여 당장 문제를 해결해야 한다. 이제 각 도매 사이트들의 환불 정책을 살펴보자.

1. 알리바바(Alibaba)

트레이드 어슈어런스(Trade Assurance: 거래 보증)

알리바바를 통해 제품을 소싱하였다면, 소비자가 도착한 제품이 주문한 제품과 다를 경우 혹은 제품에 하자 또는 이상을 발견하였을 경우, 제품 수령 후 30일 이내에 환불 신청을 할 수 있다.

이런 상황이 발생한다면, 먼저 공급업체에 연락하여 문제 해결을 시도한다. 문제가 해결되지 않는다면 지체하지 말고 즉시 알리바바에게 도움을 요청한다. 공급업체의 잘못임이 명확한데도, 공급업체가 교환/환불을 해주지 않을 때에는 실랑이를 벌일 필요 없이 바로 알리바바에 상황을 설명하고 환불 요청하는 것이 좋다. 신청하는 방법은 의외로 간단하다. 온라인 폼에 이름과 연락처, 환불 받을 금액과 사유를 적으면 환불 신청이 완료된다.[47]

"과연, 바로 환불이 가능할까?"

라는 의구심이 들 수도 있는데, 필자가 환불을 요청해본 경험으로 말해보자면 환불 과정이 깔끔했고, 신청 후 하루도 되지 않아 환불 처리가 완료되어 빠른 서비스에 놀랐다고 해야할까? 필자가 환불 요청해본 경험으로 말해보자면 환불 과정이 깔끔했다. 샘플 제품을 받아보기 위해 1개의 제품을 주문하였는데, 배송료가 제품 가격보다 높게 나왔다. 주문 수량을 추가하기 위해 기존의 주문을 취소해야 했는데 신청 후 하루도 되지 않아 환불 처리가 완료되어 빠른 서비스에 감동했다. 물론 케이스에 따라 환불 여부와 과정이 달라지겠지만, 공급업체가 환불에 동의를 할 때에는 깔끔하게 마무리할 수 있으니, 최대한 예의를 갖추고 상대방을 존중하면서 대화를 해나간다면 별 어려움 없이 문제를 해결할 수 있을 것이다.

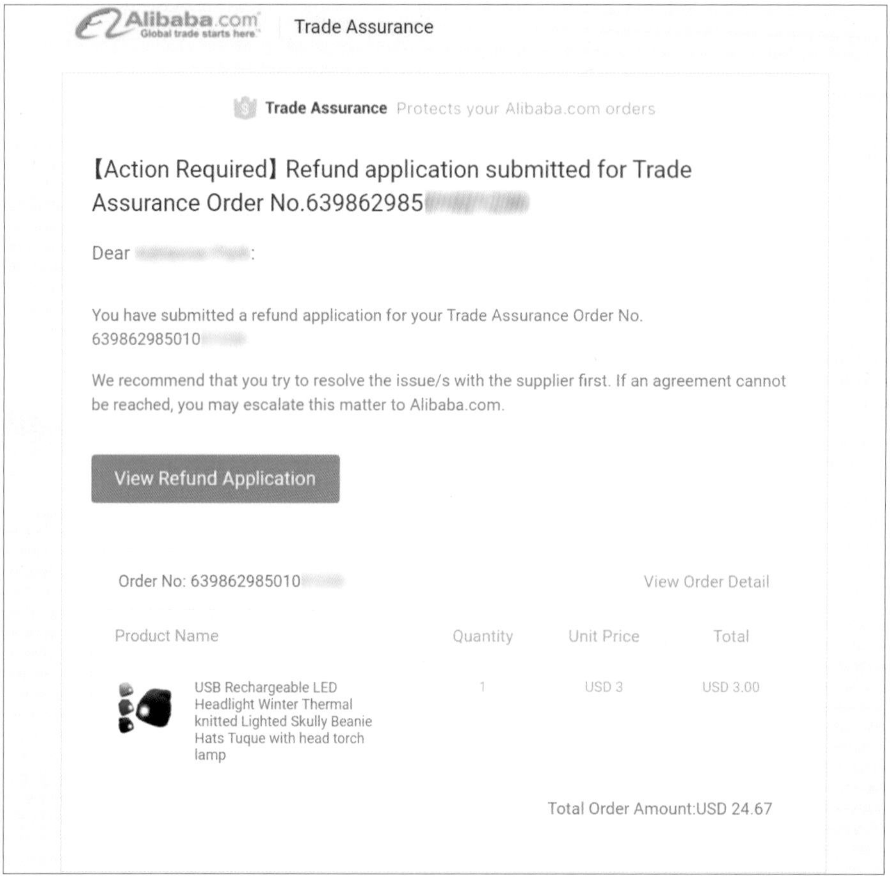

Alibaba.com Global trade starts here | Trade Assurance

Trade Assurance Protects your Alibaba.com orders

【Action Required】 Refund application submitted for Trade Assurance Order No.639862985

Dear :

You have submitted a refund application for your Trade Assurance Order No. 639862985010

We recommend that you try to resolve the issue/s with the supplier first. If an agreement cannot be reached, you may escalate this matter to Alibaba.com.

View Refund Application

Order No: 639862985010 | View Order Detail

Product Name	Quantity	Unit Price	Total
USB Rechargeable LED Headlight Winter Thermal knitted Lighted Skully Beanie Hats Tuque with head torch lamp	1	USD 3	USD 3.00

Total Order Amount:USD 24.67

47 Alibaba, How do I open a dispute for my Trade Assurance order(Web Page) 〈 https://service.alibaba.com/page/knowledge?pageId=128&category=9207656&knowledge=20155164&language=en〉.

환불 처리가 완료가 되면 아래와 같이 환불 처리가 완료되었다는 이메일을 받게 된다.

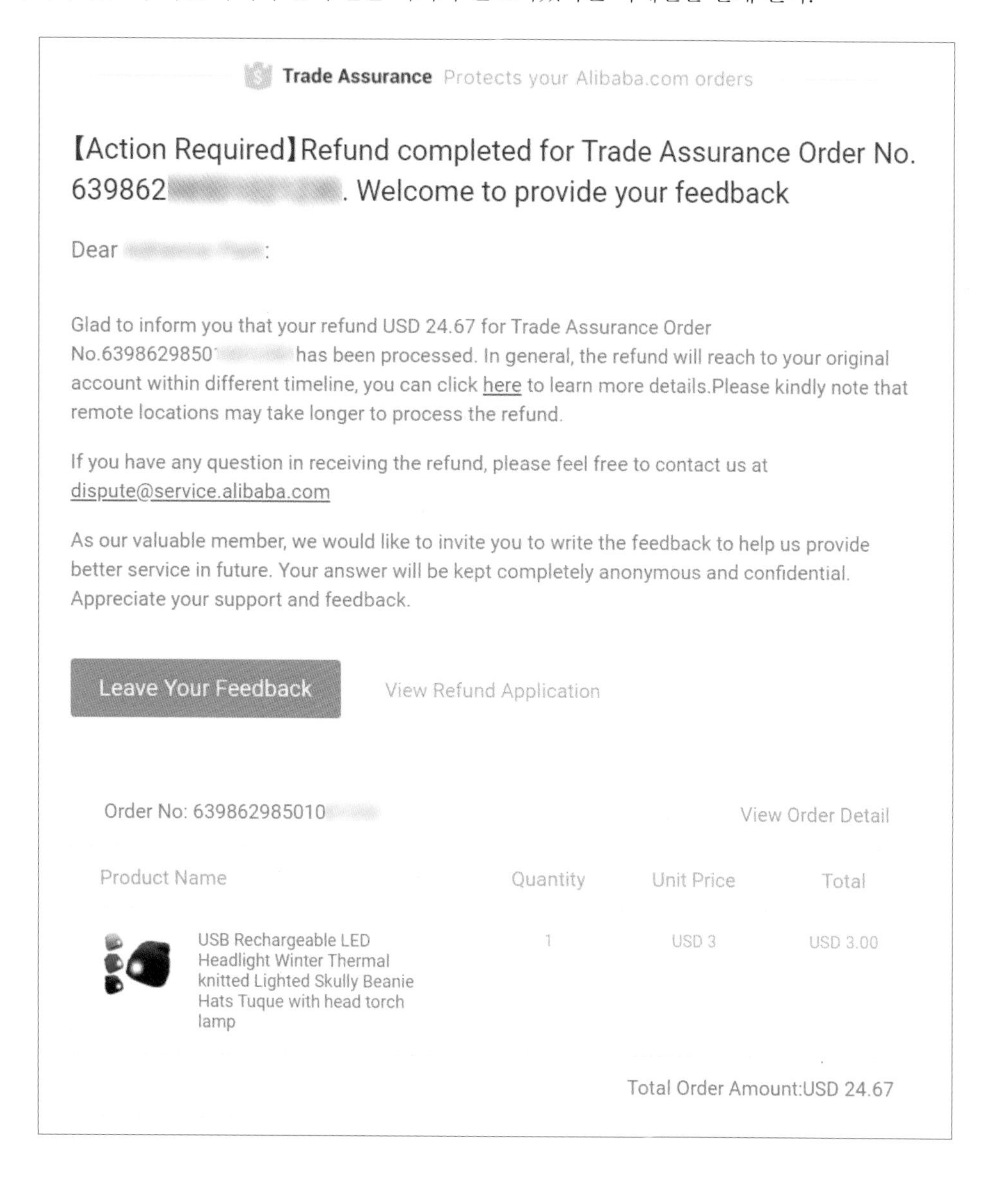

절차상의 환불 처리가 완료되어도, 지불한 금액을 돌려받기까지 일정한 시간이 소요된다.[48] 알리바바에서 명시한 아래의 표를 참고하길 바란다.

> Alibaba.com generally processes payments within 3 working days once an agreement has been reached.
>
> 알리바바 닷컴은 합의에 도달 후, 일반적으로 영업일 기준 3일 이내에 결제 처리를 합니다.

48 Alibaba, How long does it take for me to receive the refund for Trade Assurance order?(Web Page) 〈 https://service.alibaba.com/page/knowledge?pageId=128&category=1000031353&knowledge=20155163&language=en〉.

Payment Method		Refund Processing Fee at Alibaba	Refund Receiving Time
Credit/Debit Card	Visa Card	Free	10 working days
	Master Card		
	Diners		
	JCB		
	American Express		
	Apple Pay		
Online Bank Payment (Echecking)	ACH	Free	3-4 working days
	Sepa		
Wire Transfer (T/T)	Domestic Transfer	Depends on the local bank	3-7 working days
	International Transfer	$30	
Western Union		$30	7 working days
Boleto		Free	10-15 working days It depends on Boleto
Pay Later		$30	5-7 working days
Online Transfer		free if refund within 85 days of payment $30 if refund out of 85 days of payment	3-5 working days

이미지 출처: @알리바바

* **주의 사항**: 알리바바의 환불 정책은 해당 웹사이트에서 발췌 및 번역을 하였다. 알리바바의 환불 정책은 수시로 업데이트 되니, 판매 시점에 독자가 직접 확인해보아야 한다.

2. 알리익스프레스(Aliexpress)

소비자가 배송 기간 내 제품을 받지 못하면, 위탁 판매자는 공급업체에 연락을 취하여 환불을 요청하고, 소비자에게 환불을 반드시 해주어야 한다. 제품의 사이즈가 작은 경우 배송 누락이 되는 일이 종종 발생하기도 하는데, 알리익스프레스는 명시된 기간 내 소비자가 제품을 받지 못하였을 경우 환불을 보장하고 있다. 또한, 주문한 제품이 웹사이트 게시된 상품과 다른 경우 역시 환불이 가능하다.[49] 하지만 모든 제품이 교환이나 환불을 보장하지 않으니 꼼꼼히 확인해보아야 한다.

90일 소비자 보호 정책(90 Day Buyer Protection)

알리익스프레스는 90일 소비자 보호 프로그램(90 Day Buyer Protection)을 운영하고 있다. 모든 제품이 90일 소비자 보호 정책을 소비자가 90일 이내에 제품을 수령하지 못했다거나, 손상된 제품을 받았을 경우 판매자에게 환불 요청(Money Back Guarantee)이 가능하기 때문에, 해외 위탁 판매자가 소비자로부터 교환 및 환불 요청을 받았을 때, 바로 업체 측에 연락하여 해결하면 된다.

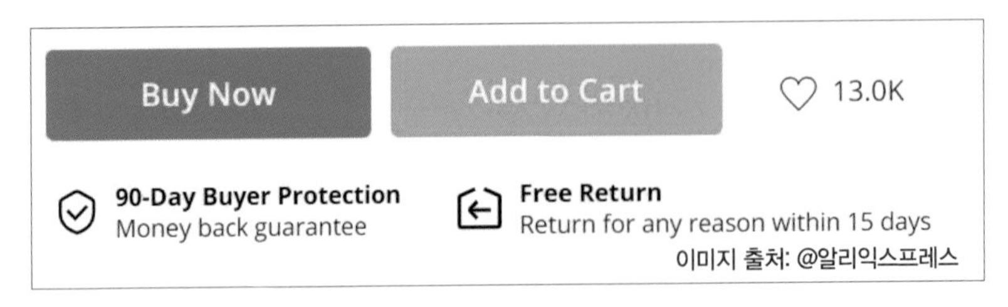

이미지 출처: @알리익스프레스

▲ 90일 소비자 프로그램 및 교환.반품이 허용되는 제품

49 Aliexpress, Money Back Guarantee(Web Page) 〈https://sale.aliexpress.com/__pc/v8Yr8f629D.htm〉.

하지만, 모든 제품들이 90일 소비자 보호 프로그램에 해당되지 않는다.

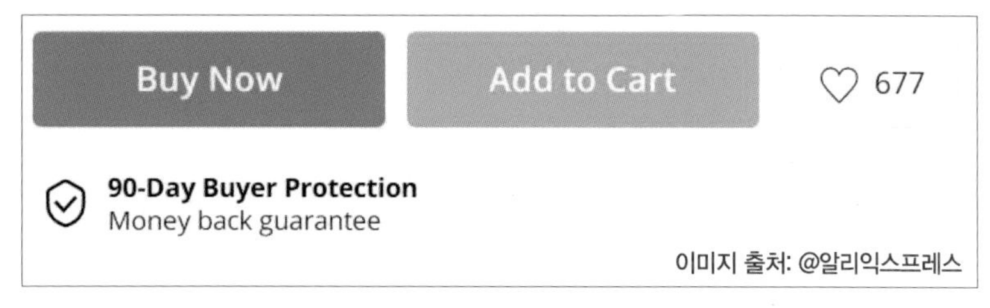

▲ 90일 소비자 보호 프로그램만 허용되는 제품

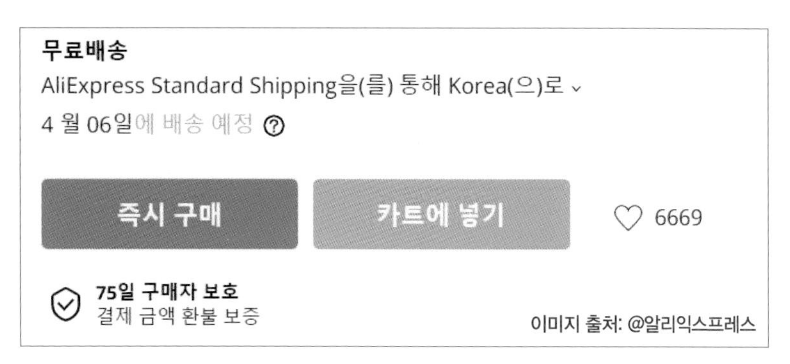

▲ 75일 소비자 보호 프로그램만 허용되는 제품

제품 수령 후 문제가 발생하였을 경우, 판매자는 최선을 다해 문제를 해결하기 위해 노력을 해야 하며, 소비자와 판매자가 15일 내 원만한 합의를 끌어내지 못하는 경우, 알리익스프레스에 연락하여 도움을 요청한다.

* **주의 사항**: 알리익스프레스의 환불 정책을 해당 웹사이트에서 일부를 발췌 및 번역을 하였다. 알리익스프레스의 환불 정책은 수시로 업데이트되니, 판매 시점에 독자가 직접 확인해 보아야 한다.

3. 뱅굳(Banggood)

주문이 접수되어 뱅굳 도매 사이트를 통해 제품을 소싱을 했다고 가정하자. 소비자가 제품 수령 후 7일 이내 제품이 작동하지 않는다고 컴플레인을 했다면, 어떻게 문제를 해결해야 할까? 뱅굳은 아래와 같이 유연한 교환 환불 정책을 운영하고 있기 때문에 소비자로부터 불만을 접수 받을 경우, 즉시 뱅굳에 연락을 하여 문제를 가능한 빨리 해결해야 한다. 중요한 것은, 판매자는 반드시 판매에 대한 책임을 지고 문제를 해결하여 소비자의 만족을 위해 최선을 다해야 한다.

7일 제품 보증 정책[50]

수령한 제품이 손상되었거나 주문한 제품과 다른 제품을 받았을 경우, 또는 제품이 작동하지 않을 경우에는 새로운 제품으로 교환을 하거나 전액 환불을 받을 수 있다.

50 Banggood, Banggood guarantees & Return policy(Web Page) 〈https://www.banggood.com/Banggood-guarantees_hl103_at1168〉.

30일 환불 정책[51]

제품 수령 후 30일 이내, 제품에 불만족을 느낄 경우, 제품에 손상이 없다면 부분 환불이 가능하다. 단, 수영복, 속옷은 위생상의 문제로 교환이 되지 않는다.

180일 교환 환불 정책[52]

어떤 카테고리의 제품들의 경우 퀄러티의 문제가 발생하기도 하는데, 이때, 교환 또는 환불을 요청할 수 있다. 하지만, 의류, 신발, 팔찌, 폰, 타블릿 악세서리와 같은 제품들은 교환이나 환불이 되지 않는다.

뱅굳은 아래의 제품들에 한해서 90일, 180일, 365일(1년)의 제품 보증 기간을 제공한다고 웹사이트에 명시하고 있다. 전자 제품을 사용하다 보면 작동이 되지 않거나 다른 예상치 못한 문제가 발생하는 경우가 많다 보니 해외 드랍쉬퍼들이 선호하지 않는 제품이긴 하지만 인기가 많은 만큼 수요도 높다. 이런 제품들의 수리를 요청받을 경우에는 제품의 수리보다는 새 제품을 다시 발송하는 것이 시간과 비용면에서 효율적일 수 있다.

Repair Period	Category
1 year	Mobile phones, tablets, PC computers, mainboard and motor of electric bicycles and electric scooters, projectors, 3D printers, laser engraving machines,& ebook readers
180days	Smart watches & electronic accessories(eg. earphones, keyboards, speakers, & mice)
90 days	Smart bracelets

* **주의 사항**: 뱅굳의 교환 및 환불 정책은 해당 웹사이트에서 일부를 발췌 및 번역을 하였다. 뱅굳의 환불 정책은 수시로 업데이트되니, 판매 시점에 독자가 직접 확인해 보아야 한다.

4. 씨제이 드랍쉬핑(CJ Dropshipping)

환불 정책

씨제이드랍쉬핑은 배송 트랙킹 번호가 발급되지 않은 제품에 대해서 소비자가 제품을 수령하지 못한 경우에는 재배송 또는 환불을 하지 않는다고 웹사이트에 명시하고 있다.[53] 이러한 이유로 판매자는 제품이 안전하게 소비자에게 배송이 되었는지 확인을 소홀히 하지 말아야 한다. 그렇지 않으면, 공급자가 아닌 판매자가 재배송 또는 환불에 대한 책임을 져야 하기 때문이다. 하지만, 경우에 따라서 업체측과 협의가 가능한 부분이기도 하므로 이러한 일이 발생하였을 경우 즉시 업체측에 연락을 취하여 최선을 다해 문제를 해결하도록 한다.

또한, 씨제이드랍쉬핑은 배송 중에 제품에 부분 또는 심각한 손상이 발생한 경우 환불이 가능하지만, 긴 배송 기간 중에 발생한 포장 박스에 대한 손상에 대해서는 책임을 지지 않는다고 명시하고 있다.[54] 소비자가

51 See ibid.
52 See ibid.
53 CJ Dropshipping, Refund, Resend and Returns Policy(Web Page) 〈https://app.cjdropshipping.com/dispute-policy.html〉.
54 See ibid.

주문한 제품이 아닌 다른 제품을 수취하였을 경우 교환 또는 환불이 가능하지만, 같은 제품이지만 색상 또는 사이즈가 다른 제품을 수령하였을 경우, 제품의 성능에 아무런 영향을 끼치지 않는다면 전액이 아닌 부분 환불 신청이 가능하다고 명시되어있다.[55] 자세한 내용은 해당 웹사이트에 방문하여 직접 확인을 해볼 것을 권유한다.

* **주의 사항**: 씨제이드랍쉬핑의 환불 정책은 해당 웹사이트에서 일부를 발췌 및 번역을 하였다. 씨제이드랍쉬핑의 환불 정책은 수시로 업데이트되니, 판매 시점에 독자가 직접 확인해 보아야 한다.

5. 고고몰(Gogomall)

고고몰 드랍쉬핑 클럽(https://www.gogomall.com/dropShipping/)에 가입한다.

바이어 프로텍션(Buyer Protection)

고고몰 역시 알리익스프레스와 같이 소비자 보호 프로그램으로 소비자들을 보호하고 있다. 접수된 주문들은 7일 이내 발송이 되며, 예상 배송 기간을 지나도 제품을 받지 못했을 경우에는 환불 요청을 할 수 있다. 소비자가 제품 교환 또는 환불을 요청할 경우, 고고몰의 정책에 따라 사진과 동영상을 요청하고 받은 파일을 공급업체로 전달한다. 만약, 대화를 통해 공급업체와 문제를 해결할 수 없는 경우, 고고몰로 도움을 요청하면 도움을 받을 수 있다.

* **주의 사항**: 고고몰의 환불 정책은 해당 웹사이트에서 일부를 발췌 및 번역을 하였다. 고고몰의 환불 정책은 수시로 업데이트되니, 판매 시점에 독자가 직접 확인해 보아야 한다.

55 See ibid.

CHAPTER

05 유럽 소비자 보호법(Consumer Rights and Complaints)

해외 쇼핑몰을 창업하여 상품을 유럽 국가로 판매하기 위해서 유럽 소비자 보호법을 알아놓는 것이 좋다. 유러피언 유니언(European Union) 웹사이트에 따르면, 유럽의 소비자 보호법을 아래와 같이 규정하고 있다.

> When **you sell a good** or a service to a consumer **online** or via other means of distance communication(by telephone, mail order) or outside a shop(from a door-to-door salesperson), **the consumer has the right to return the item or cancel the service within 14 days**. This is sometimes referred to as the cooling-off period or the withdrawal period. No reason or justification has to be given by the consumer.[56]
>
> 온라인, 전화/우편 주문과 같은 원격 주문 또는 상점 외부(방문 판매원)를 통해 소비자에게 상품이나 서비스를 판매하는 경우 소비자는 해당 품목을 14일 이내에 반품할 권리가 있습니다. 이것을 쿨링 오프 기간(Cooling Off Period: 냉각 기간)이라고 하며, 이때 소비자가 권리를 행사시 어떠한 이유나 정당성을 제공할 필요가 없습니다.

> EU law also stipulates that you **must** give the consumer a minimum **2-year guarantee(legal guarantee)** as a protection against faulty goods, or goods that don't look or work as advertised. In some countries national law may require you to provide **longer guarantees**.[57]
>
> 또한, EU 법률은 결함이 있는 상품 또는 제품이 광고와 다를 경우, 소비자에게 최소 2년 보증(법적 보증) 기간을 제공해야 합니다. 일부 국가에서는 국내법에 따라 더 긴 보증을 제공해야 할 수 있습니다.

온라인 쇼핑몰을 통해서 유럽으로 상품을 판매할 경우, 제품에서 하자가 발견되었거나, 제품의 상태가 온라인 상에서 제공한 정보와 다를 경우에는, **소비자는 14일 내 상품을 리턴 또는 주문을 취소할 권리가 있으며 판매자는 최소 2년의 보증 기간을 소비자에게 제공해야 한다.**

이때, 소비자는 별도의 추가 비용 없이 제품의 수리, 교환 또는 가격 흥정 또는 주문을 취소할 수가 있는데, 소비자는 **반드시** "Hierarchy of Remedies"를 지켜야 한다. 이 말인즉슨, 소비자는 먼저 제품의 수리를 요청해야하며(your consumer **must** first request that you repair the product), 판매자에게 주문을 일방적으로 취

56 Your Europe, Consumer Guarantees(Last checked 07 October 2020) 〈https://europa.eu/youreurope/business/dealing-with-customers/consumer-contracts-guarantees/consumer-guarantees/index_en.htm#shortcut-1〉.
57 See ibid.

소를 요청할 수 없다는 것이다.

Your customers have the right to ask you to do any of the following without any charge(for postage, labour, material, etc.):

- repair the product
- replace the product
- reduce the price
- cancel the contract and reimburse them in full(in some countries, the sales contract cannot be cancelled if the fault is minor, e.g. scratch on a CD case)

In most countries there is a "hierarchy of remedies". This means that **your customer must firstly request that you repair the product, or replace it if repair is not a viable option**(e.g. too expensive). You must do this within a reasonable time and without significant inconvenience for your customer.[58]

만약, 제품의 수리가 불가능할 경우, 제품 교환 요청할 수 있는데, 해외 위탁 판매의 경우에는 거리와 비용상의 문제로 수리할 수 없는 경우가 많기 때문에, 판매자는 하자가 없는 똑같은 상품을 소비자에게 배송하여 문제를 해결하는 경우가 많다. 상황에 따라 판매자는 수리, 교환, 환불 중에 최선의 방법을 선택하여야 하는데 소비자가 블랙 컨슈머(black consumer)의 경우에는 쓸데없는 감정의 소비를 하는 대신, 바로 환불을 해주는 것이 최고의 선택이 될 수 있다.

부분 환불 또는 전액 환불이 가능한 경우는 아래와 같다.

Price reduction or full refund
Another option for your customer is that you give them a price reduction or a full refund, but only if repair or replacement:[59]

- is not possible
- would be too expensive, given the nature of the product/defect
- would be very inconvenient for the customer
- cannot be completed by your business within a reasonable time

- 제품 수리와 교환이 불가능할 경우
- 제품의 하자가 심각하여 수리 비용이 높을 경우
- 수리 및 환불 절차가 매우 까다로워 소비자가 진행하기 어려운 경우
- 판매자가 주어진 기간 안에 제품을 수리와 교환이 어려울 경우

58 See ibid.
59 See ibid.

판매할 제품의 타깃 국가의 소비자 보호법 및 위탁판매 관련한 정보는 해당 국가의 변호사/또는 변리사를 만나 상담할 것을 적극적으로 권유한다.

* **면책 공고**: 위에 언급된 글은 법률적 자문이나 해석을 위해 제공된 것이 아니다. 이 글에 실려있는 내용과 관련하여 또는 그 내용의 미흡함으로 인하여 발생하는 어떠한 결과에 대해 필자는 아무런 책임을 지지 아니하고, 구체적인 사안이나 사건과 관련하여 필자에게 법률적 자문을 구하지 아니하며 이 글에 실려 있는 내용에 근거하여 어떠한 행위(작위 및 부작위)를 하지 말기를 당부한다.

CHAPTER

06 자사몰은 왜 필요할까?

자사몰이 과연 필요할까? 필자의 답은 "그렇다"이다. 자사몰의 경우, 온라인상에서 나의 집을 사는 것과 같은 개념이다. 반면, 네XX 스토어, 아X존, 이X이, 쇼xx이와같은 대형 플랫폼을 사용하는 경우 임대를 하여 월세를 내고 사는 개념과 같다. 그래서 주인의 눈치를 보며 살아야 하는 서러운 월세자의 삶을 살아야 한다.

피나는 노력으로 수천 개의 리뷰가 달린 온라인 스토어를 키워 높은 수익을 창출하였는데 어느 날, 대형 플랫폼으로부터 일방적인 계정 정지 통보를 받게 되면 해당 플랫폼에서 더는 제품을 판매 하지 못하게 되는 경우가 발생하기도 한다. 이렇게 한 번의 실수로도 플랫폼에서 쫓겨나야하는 삶을 살아가야 한다.

이를 두고 어떤 이는 대형 플랫폼의 "갑질"이라고도 표현하기도 한다. 경우에 따라서 "갑질"로 보여질 수 있지만, 이것은 갑질이 아니라, 당신을 소송으로부터 막아주는 중요한 방패막일 수도 있다.

사소한 문제로 계정이 일시 정지되었다면, 계정이 활성화가 될 때까지 일정한 기간을 기다리면 되고, 페널티를 받았다면 다음부터는 똑같은 실수를 하지 않으면 된다. 개인 셀러의 부주의로 인해 피해를 입는 것은 비단, 개인 뿐만 아니라, 대형 플랫폼 역시 피해를 입는다. 그렇기에, 살벌한 규정과 정책에 따라 스토어를 운영하는 것이 맞는 것이다. 로마에 가면 로마법을 따라야 하듯, 아마존에 입점하였으면 이용하는 대형 플랫폼의 정책을 따르는 것이 맞다.

그래도, 대기업의 "갑질"이라고 생각이 된다면, 이렇게 생각해보자. 글을 읽고 있는 독자 당신이 아마존과 비슷한 "이미존" 웹사이트를 운영하고 있고, 당신의 웹사이트로 입점하는 셀러들을 관리하고 있었다. 최근에 새로 가입을 한 셀러가, 재고가 없이 와인 냉장고를 리스팅을 하였는데, 주문이 들어오자 "얼씨구나 좋아!" 신이 나서 들뜬 마음에 "달마트" 대형 마트 웹사이트로 접속하여 와인 냉장고를 주문하여 소비자에게 배송을 성공적으로 마쳤다.

그런데, "아뿔싸!" 깜빡하고 판매자의 정보를 업데이트하지 못해, 소비자는 "이미존" 으로부터가 아닌, "달마트" 경쟁 업체로부터 제품을 받게 되고 "달마트"의 영수증을 확인한다. 소비자는 분명, "이미존"에서 물품을 주문을 했는데, 갑자기 "달마트"로부터 상품이 배달되어 어안이 벙벙해졌고, 시장 가격보다 더 비싼 가격에 제품을 구매한 것을 알았다. 소비자는 열을 받아 "이미존" CEO인 나에게 연락하여 컴플레인(Complaint: 불만을 토로하다)을 했다.

이런 경우에 당신는 어떻게 할 것인가? 이 셀러를 어떻게 하겠는가? 판매자가 실수를 인정하고 빌며 용서를 해달라고해서, 처음에는 실수라 여겨 페널티 없이 그냥 넘어갔는데, 며칠이나 지나서 똑같은 실수를 또다시 한다면 당신은 어떻게 하겠는가?

제품을 사용 중에 소비자가 상해를 입었을 때는 비단 컴플레인으로 끝나는 것이 아니라 소송까지도 이어질 수 있어서, 대형 플랫폼들은 판매자가 어떤 제품을 파는지 어떤 서비스를 제공하는지 모든 것을 꼼꼼하게 체크를 해본다. 그렇기에, 판매자의 계정이 정지한다는 것은 오히려 "다행일지도" 모르겠다. 당신을 큰 불행으로부터 보호해주는 대형 플랫폼의 마지막 배려라 생각하면 될 것이다.

물론, 때에 따라서 억울한 케이스도 생겨나기도 한다. 이럴 경우에는, 어필(Appeal)을 통해서 문제를 해결하면 된다. 똑같은 실수를 계속한다면 어필의 기회도 얻을 수 없게 되니 항상 신중히 행동해야 한다. 아시다시피, 미국에서는 아마존의 영향력이 크기 때문에, 아마존 계정 정지 및 복구, 어필 편지를 전문적으로 작성해주는 변호사들이 많고, 펜데믹 이후에는 아마존과 관련한 변호사들의 수는 앞으로 더욱 늘어날 것으로 예상이 된다. 그뿐만 아니라, 아마존 내에서 발생하는 지적 재산권 문제를 비롯하여, 아마존 리스팅 하이젝킹(Hijacking)을 등의 문제점이 발생하면 전문적으로 해결해주는 전문가들도 많이 생겨나고 있다.

계정이 정지되면 판매를 하지 못하는 것이 문제가 아니라, 해당 플랫폼에서의 구매와 판매 자체를 할 수 없는 상황까지 발생할 수 있기 때문에, 이런 만약의 사태를 대비하여 자사몰을 함께 운영하는 것이 좋다.

개인의 계정이 정지를 당할 경우에는 아이피(IP) 주소가 기록으로 남기 때문에, 기존에 사용하던 노트북 또는 컴퓨터를 사용하여 새로운 계정을 개설해도 정지 당할 확률이 높다. 또한, 가족들의 명의를 사용하여 아마존 계정을 개설하고 판매를 하다 발각이 될 경우에는 가족들의 계정마저 평생 차단이 되어 불편함을 겪을 수 있으니 주의해야 한다.

또한, 자사몰 이외의 판매 플랫폼을 사용한다면 어떻게든 비용이 발생한다. 제품 등록 시에 따로 지불해야 하는 비용이 없다면, 제품이 판매가 될 때마다 수수료를 지불해야 하는데, 자사몰의 경우 이런 비용을 따로 지불하지 않아도 된다는 장점이 있다.

비용면에서의 장점도 장점이지만, 남의 눈치를 보지 않고, 하루에도 수백 개 수천 개의 제품을 아무런 제한이 없이 등록이 가능한 것이 가장 큰 장점 중에 하나이다. 예를 들어, 해외 무료 플랫폼들은 제품 등록 개수에 따라 또는 가입한 시점에서 상품 등록의 제한이 있다.

그리고, 이 제한보다 더 많은 제품을 올리고 싶다면 비용을 더 지불하여 플랜을 업그레이드해야 한다. 그리고 이 비용이 만만치않게 적지 않기 때문에 장기간으로 쇼핑몰을 운영을 할 경우, 결국 꽤 많은 지출이 발생한다.

 **아무도 알려주지 않는 핵 꿀팁! - 자사몰을 운영할 때 주의 할 점**

이제는 “Made in China”가 아닌 제품이 없을 정도로, 중국 홀 세일(Wholesale) 사이트에서는 전 세계 모든 인구들을 대상으로 다양한 제품들을 판매하고 있다. 브랜드가 없는 제품을 판매하지만, 브랜드 제품들도 판매하고 있기 때문에 저작권에 위배되지 않는 제품인지 확인해본 다음 위탁 판매를 결정한다. 흔히 말하는 “짝퉁” “모조품” 및 지적 재산권에 위배되는 상품을 제작 및 판매를 할 경우 심각한 법적인 책임을 져야하기 때문에 이런 제품들은 절대 판매를 하지 않도록 한다. 아래의 제품들은(허가와 승인을 받지 않는 한) 판매를 하지말아야 한다.

- 디즈니 마블 및 유명 캐릭터 후디
- 새 명품 제품(명품 시계, 가방 등)[60]
- 술/담배
- 성인 서비스

평소에 브랜드에 관심이 없다면, 이 기회에 브랜드 공부를 해놓는 것을 적극적으로 추천한다.

60 사용한 중고 명품 제품은 판매가 가능하다.

PART 04

글로벌 셀링 실전 연습하기

CHAPTER

01 드랍쉬핑 웹사이트 혼자 만들어보기

해외 마켓을 타깃으로 인터넷 쇼핑몰을 제작을 결심했다면, 경우에 따라서는 국내 서버 업체를 사용하는 것 보다, 해외에 서버를 두고 있는 호스팅 회사를 사용하는 것이, 속도 면에서 빨라 구글 검색엔진 최적화의 요건을 맞출 수 있다. 해외에서 많이 사용하는 서버 업체에는 다음과 같다.

- Crazydomains[61]
- Goddady[62]
- WP Engine[63]
- Bluehost[64]

국내에서 가장 대표적인 웹호스팅 업체는 카페24(Cafe24)와 가비아(Gabia)가 있다.[65] 두 군데 모두 코스닥에 상장된 회사로 웹사이트를 구축하기 위한 다양한 상품들이 존재한다. 또한 보안 및 사후 서비스가 안정적인 회사들이다.

하지만, 이 책에서는 국내 호스팅 업체 카페 24를 사용하기로 한다. 일단, 홈페이지 제작을 하기로 결심이 섰다면, 망설이지 말고 도메인을 구매한다. 머릿속으로 수백 번 수만 번 생각하면 할수록 망설여지고 시간만 지체가 되기 때문에, 일단 다른 부수적인 생각은 버리고, 도메인을 구매하자. 인생을 살다 보면 가끔은 무엇인가를 질러보고 수습하게 되면서 이루어지는 것도 많다.

※ 웹사이트 구축 과정

도메인 신청 〉 웹호스팅 신청 〉 대표도메인 변경 〉 계정초기화 〉 워드프레스 접속

Unit. 01 도메인 신청

도메인은 카페24 호스팅센터(https://hosting.cafe24.com)에 접속하여 구매한다. 회원가입이 되어있지 않으면 간단한 회원가입 절차 후 도메인 구매가 가능하다. 빨간색으로 표시된 부분은 필수 입력 정보들이다. 필수 정보를 입력하고 자신의 결제수단에 맞는 방법을 선택한 후 결제하기 버튼을 클릭한다.

61 Crazydomains.(Website) 〈https://www.crazydomains.com/〉.
62 Godday(Website) 〈https://kr.godaddy.com/〉.
63 WP engine(Website) 〈https://wpengine.com/〉.
64 Blueshosting(Webstie) 〈https://www.bluehost.com/〉.
65 Cafe24(Website) 〈https://www.cafe24.com/〉; gabia.(Website) 〈https://www.gabia.com/〉.

cafe24 도메인센터
STEP.01 신청서 작성/결제하기
STEP.02 신청 완료
신청서비스
도메인 신청
신청 도메인
도메인
기간
금액
untacttutorial.com
1년
22,000원
총 결제 금액
22,000 원
약관 동의
::: 카페24 도메인 서비스 이용약관 :::
제1장 총 칙
제1조 (목적)
본 약관(이하 약관)은 카페24 주식회사(이하 '회사')의 카페24 인터넷 도메인 이름 등록 및 관리 서비스에 관한 제반사항을 규정함을 목적으로 합니다.
회원 약관에 동의합니다
ICANN 도메인 등록자 권리와 책임 규정을 확인합니다.
개인정보 수집 및 이용 동의
::: 개인정보의 수집 및 이용 :::
개인정보 수집 및 이용에 동의합니다.
도메인 소유자 정보
소유자 정보 리스트
회원정보와 동일
구분
개인
사업자
소유자명(한글)
소유자명(영문)
생년월일/성별
남
여
주소(한글)
주소검색
주소(영문)
e-mail
휴대폰전화
전화번호
팩스번호(선택)
관리자 정보
소유자 정보와 동일
소유자 정보와 다름
신청 도메인
견적서출력
도메인
기간
금액
untacttutoriol.com
1년
22,000 원
총 결제 금액
22,000 원
결제수단 선택
결제방식
결제내용확인
신용카드
실시간 계좌이체
무통장(가상계좌)
무통장(공용계좌)
마이캐쉬
휴대폰
카드 결제 신청
결제금액
22,000원
위와 같이 신용카드 결제를 신청하시겠습니까?
결제하기

이미지 출처: @카페 24

1. 도메인 검색

튜토리얼 웹사이트를 제작하기 위해 untacttutorial.com 주소로 도메인을 구입해보도록 하겠다. 일단 등록 하고자 하는 도메인의 주소가 등록이 가능한지 검색을 해야 한다.

카페24 호스팅 센터에 접속하면 도메인을 검색할 수 있는 서비스를 제공한다. 다음과 같이 빈칸에 검색하고 싶은 도메인 주소를 입력한다.

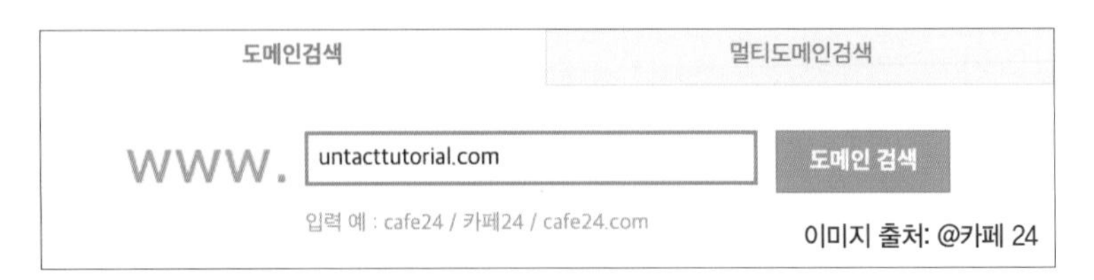

이미지 출처: @카페 24

2. 도메인 검색 결과

도메인 검색 결과에 등록 여부가 녹색으로 등록 가능으로 표시되는 경우에만 도메인을 신청할 수 있다. 등록이 불가능한 경우 해당 텍스트는 빨강색으로 표시되고 등록 불가능이라고 뜬다. 신청하고 싶은 도메인과 기간을 선택하고 도메인 신청하기 버튼을 클릭한다.

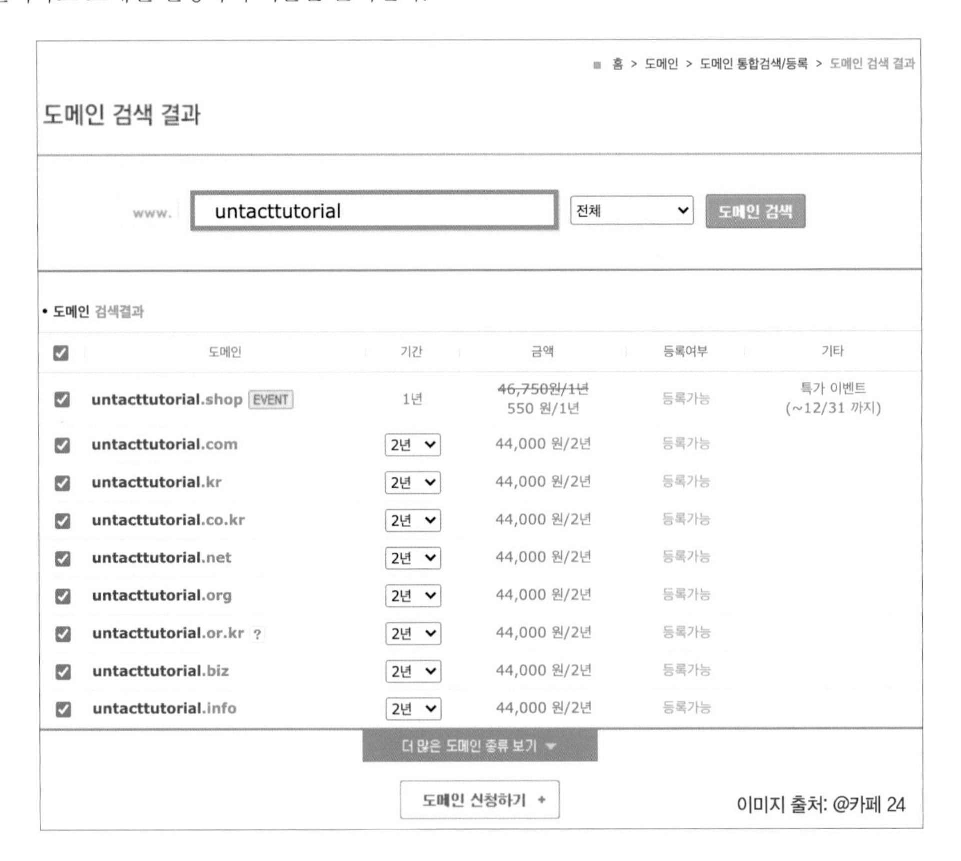

이미지 출처: @카페 24

3. 도메인 신청하기

이후 나오는 절차에 따라 결제를 진행한다.

Unit. 02 웹호스팅 신청

도메인 구매가 성공적으로 완료되었다면, 이제는 웹호스팅 서비스 사양을 확인한 후 신청한다.

1. 웹호스팅 서비스

카페24의 대표적인 웹호스팅 서비스는 10G 광아우토반 Full SSD 플러스와 매니지드 워드프레스가 있다. 두 서비스의 가장 큰 차이점은 보안서버 인증서의 지원 유무와 서버 환경에 있다.

매니지드 워드프레스 서비스

서비스명	절약형	일반형	비즈니스	퍼스트클래스	자이언트	자이언트플러스
하드용량	500M	1G	3G	6G	10G	10G
트래픽용량	800M	1.5G	3.5G	7.5G	14G	웹 500G/월
SSL 인증서	무료제공					
Maria DB	서버 공간 내 무제한					
도메인추가연결	1개	2개	5개	8개	10개	20개
서브 도메인	미지원	미지원	미지원	20개	30개	50개
설치비	5,000원	11,000원	11,000원	11,000원	11,000원	11,000원
월 사용료	500원	1,100원	5,500원	11,000원	22,000원	33,000원

이미지 출처: @카페24

10G 광아우토반 Full SSD 플러스

서비스명	10G 광아우토반 Full SSD 플러스					10G 자이언트 플러스
	절약형	일반형	비즈니스	퍼스트클래스	자이언트	
하드용량 ? 웹/스트리밍/CDN	700M 500M/100M/100M	1.4G 1000M/200M/200M	4G 3G/500M/500M	8G 6G/1G/1G	14G 10G/2G/2G	14G 10G/2G/2G
트래픽용량 ? 웹/스트리밍/CDN	1.6G 800M/400M/400M	2.5G 1500M/500M/500M	6.5G 3.5G/1.5G/1.5G	14.5G 7.5G/3.5G/3.5G	34G 14G/10G/10G	웹 500G/월 스트리밍10G / 일 CDN 10G / 일
사양 안내	일반적인 웹 공간만을 제공하는 타사와 달리 스트리밍 & CDN 서비스를 무료로 추가 제공하여 사실적 용량증가 효과 및 고급 서비스를 무료로 사용할 기회를 드립니다.					스트리밍/CDN이란?
DB ?	서버 공간 내 무제한 (PHP 7.x : MariaDB / 그외 : MySQL DB)					
추가 DB옵션 제공 ?	PgSQL				자세히 보기	미제공
POP 메일 계정 ?	3개	10개	30개	30개	30개	50개
도메인 추가연결 ?	1개	2개	5개	8개	10개	20개
서브 도메인	미지원	미지원	미지원	20개	30개	50개
프로그램 자동설치 ?	WordPress, XE, GNUBOARD, KIMSQ Rb, TEXTCUBE					
UTF-8 ?	utf-8 전용 서버 지원 (서비스신청 시 선택 가능)					
설치비 ?	5,000원	11,000원	11,000원	11,000원	11,000원	11,000원
월 사용료	500원	1,100원	5,500원	11,000원	22,000원	33,000원

이미지 출처: @카페24

보안서버 인증서(Secure Sockets Layer: SSL)란?

정보통신망에서 송 · 수신하는 정보를 암호화하여 전송하는 웹서버를 보안서버라고 한다. 개인정보를 취급하는 모든 사이트에는 보안서버 구축이 의무화되어 있다. 필자의 책, “언택트 온라인 창업”에 이에 대한 자세한 설명이 있으니 참고하길 바란다.

서비스명	SECTIGO 보안서버 SSL인증서			
	Positive 라이트	SSL 스탠다드	SSL 와일드카드	Positive 멀티도메인
인증서유형	PositiveSSL	SectigoSSL	SectigoSSL Wildcard	PositiveSSL MultiDomain
배상액 ?	$10,000	$250,000	$250,000	없음
도메인수	단일도메인	단일도메인	단일도메인 + 서브도메인	멀티도메인 (기본3개 ~ 최대100개)
지원호스팅	웹호스팅/단독웹/서버호스팅/코로케이션		단독웹/서버호스팅/코로케이션	
지원브라우저	Internet Explorer, FireFox, Chrome, Opera, Netscape, Safari, Mozilla, AOL			
암호화 수준	128/256bit			
인증 방법	이메일 인증			
Trustlogo ?	미제공	제공	제공	인증마크 제공
설치비	카페24 웹호스팅 무료설치 (서버호스팅, 가상서버 및 클라우드 호스팅은 설치비 별도. 서버관리 도우미에서 신청 가능)			
가격 1년	38,500원	66,000원	462,000원	143,000원

이미지 출처: @카페 24

정보통신망 이용촉진 및 정보보호 등에 관한 법률(약칭: 정보통신망법)

관련 법률은 개인 정보를 취급하는 모든 웹사이트를 대상으로 한다. 회원가입 및 로그인 기능이 없어도 결제, 게시판, 주문 또는 상담 시에 개인 정보를 입력하는 웹사이트도 포함된다.[66]

2. 웹호스팅 신청

2020년 7월 크롬 84버전을 시작으로 혼합 컨텐츠의 다운로드가 차단되고 있다. 원활한 웹사이트의 운영을 위해서 개인정보를 취급하지 않더라도 보안 서버를 구축하고 시작하는 것을 권장한다. 무료로 보안서버 인증서를 지원해 주는 매니지드 워드프레스 서비스를 신청한다.

무료 SSL 인증서 제공	고객님의 안전한 서비스 이용을 위해 Let's Encrypt 사에서 제공하는 무료 SSL 인증서를 제공합니다. SSL인증서는 [나의서비스관리>호스팅 관리>도메인 연결관리>추가 설정된 도메인]에서 도메인 연결 시 자동으로 발급 및 설치가 진행됩니다. 자세히 보기 > 카페24 도메인 구매 여부와는 무관하게 연결된 모든 도메인에 대해 무료 SSL 인증서가 발급됩니다. 무료 SSL 인증서가 발급되지 않은 경우 [나의서비스관리>호스팅관리>도메인 연결관리>추가 설정된 도메인] 메뉴에서 '재요청' 버튼 클릭으로 발급할 수 있습니다. Let's encrypt 사의 정책에 따라 등록할 수 없는 도메인에 해당하는 경우 신청 결과에서 발급 불가로 표시됩니다. 발급된 무료 SSL 인증서는 만료 전 자동갱신 됩니다.

66 국가법령정보센터, 정보통신망 이용촉진 및 정보보호 등에 관한 법률(시행 10 October 2012) 〈https://www.law.go.kr/LSW/lsInfoP.do?efYd=20120818&lsiSeq=123210#0000〉.

카페24 호스팅센터(https://hosting.cafe24.com)의 메인페이지에 접속하여 매니지드워드프레스 메뉴를 클릭한다.

이미지 출처: @카페24

호스팅 사양은 향후 설치할 플러그인 및 기타 설정 등을 고려하여 하드디스크의 용량이 1GB인 일반형을 선택한다.

	절약형	일반형	비즈니스형	퍼스트클래스	자이언트	자이언트플러스
SSD용량	500M	1G	3G	6G	10G	10G
트래픽용량	800M	1.5G	3.5G	7.5G	14G	500G
SSL 인증서	무료제공	무료제공	무료제공	무료제공	무료제공	무료제공
DB	무제한 (서버공간내)	무제한 (서버공간내)	무제한 (서버공간내)	무제한 (서버공간내)	무제한 (서버공간내)	무제한 (서버공간내)
도메인 추가연결	1개	2개	5개	8개	10개	20개
서브도메인				20개	30개	50개
월사용료	500원	1,100원	5,500원	11,000원	22,000원	33,000원
설치비	5,000원	11,000원	11,000원	11,000원	11,000원	11,000원
	호스팅 사양 상세보기	호스팅 사양 상세보기	호스팅 사양 상세보기	호스팅 사양 상세보기	호스팅 사양 상세보기	호스팅 사양 상세보기
	신청하기	신청하기	신청하기	신청하기	신청하기	신청하기

이미지 출처: @카페24

향후 하드디스크 용량이나 트래픽이 부족할 경우 별도로 용량을 추가하거나 상위 서비스로 변경이 가능하니 걱정하지 말자!(단, 하위 서비스로의 변경은 되지 않는다.)

이후 나오는 절차에 따라 결제를 진행한다.

3. 브라우저 시장 점유율

스탯카운터의 2021년 1월 22일 리서치 결과에 따르면, 글로벌 브라우저 시장점유율 상위 6개는 크롬(Chrome) 63.38%, 사파리(Safari) 19.25%, 파이어폭스(Firefox) 3.77%, 삼성(Samsung) 3.47%, 엣지(Edge) 3.08% 그리고 오페라(Opera) 2.26% 순이었다. 총 6개의 브라우저가 전체 시장 점유율의 95.21%를 차지하며 그중에서 크롬 브라우저가 압도적으로 1위를 유지하고 있다. 일반인의 경우 브라우저 시장 점유을 굳히 알 필요가 없다. 하지만 온라인 창업이나 부업을 할 생각이 있는 당신이라면 온라인 사용자들이 어떤 브라우저를 사용하여 제품을 구매하고 있는지 알고 있는 것이 좋다. 워드프레스를 이용하여 웹사이트를 제작할 경우에는 대부분의 브라우저에 최적화가 되어있지만, 어떤 테마의 경우에는 인기 없는 브라우저를 최적화 작업에서 제외를 하기 때문이다.

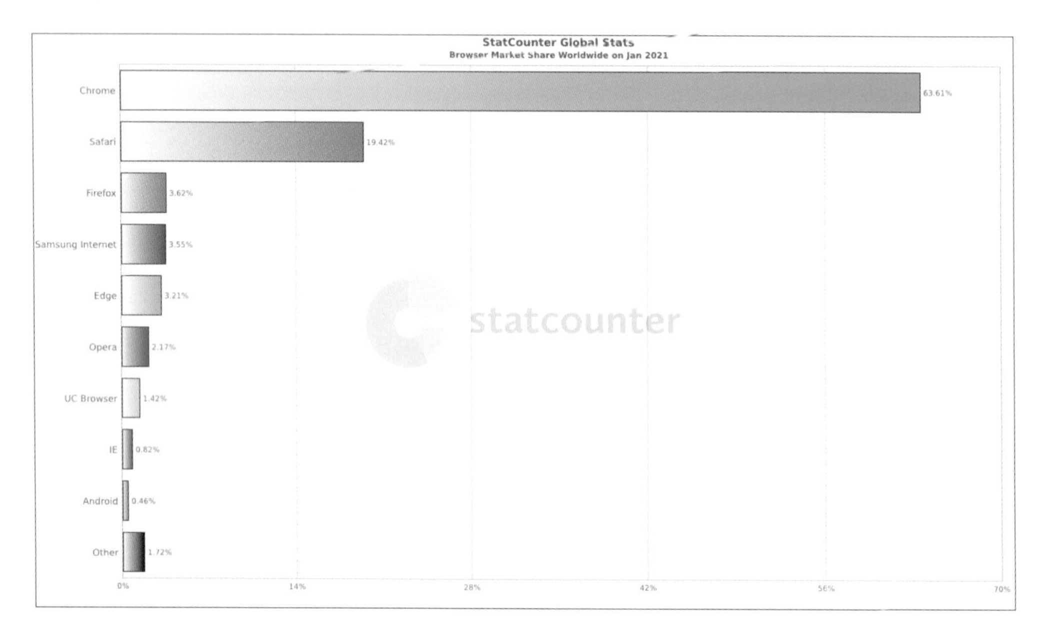

4. 구글 크롬의 http URL 콘텐츠 다운로드 차단

2020년 2월 6일(업데이트 2020년 4월 6일)에 게시된 구글 공식 블로그에 따르면 사용자의 보안 및 개인정보 보호를 위하여 2020년 7월부터 업데이트되는 크롬 84버전을 시작으로 보안(HTTPS) 페이지가 보안 파일만 다운로드하도록 점진적으로 차단할 것이며 2021년 1월 출시 예정인 크롬88 버전에서 모든 혼합 컨텐츠(보안 페이지에서 시작된 비 HTTPS 다운로드) 다운로드를 차단할 것임을 발표하였다.

<table>
<tr><th></th><th>Chrome 81 and 83</th><th>Chrome 84</th><th>Chrome 85</th><th>Chrome 86</th><th>Chrome 87</th><th>Chrome 88 and later</th></tr>
<tr><td>Executables (e.g. .exe, .apk, etc.)</td><td rowspan="4">Console warning</td><td>Warn</td><td colspan="4">Block</td></tr>
<tr><td>Archives (e.g. .zip, .iso, etc.)</td><td rowspan="3">Console warning</td><td>Warn</td><td colspan="3">Block</td></tr>
<tr><td>All other non-safe types (e.g. .pdf, .docx, etc.)</td><td rowspan="2">Console warning</td><td>Warn</td><td colspan="2">Block</td></tr>
<tr><td>Images, audio, video, text (e.g. .png, .mp3, etc.)</td><td>Console warning</td><td>Warn</td><td>Block</td></tr>
</table>

구글 공식 블로그 〈https://blog.chromium.org/2020/02/protecting-users-from-insecure.html〉

5. 서비스 사용현황

호스팅 신청을 완료한다면 신청 시 제출하였던 아이디를 기준으로 워드프레스가 자동으로 설치된다. 기본 관리자 정보는 FTP 정보와 동일하다. 자세한 사항은 [나의서비스관리 > 호스팅관리 > 기본관리 > 서비스 사용현황]에서 확인할 수 있다.

이미지 출처: @카페24

Unit. 03 대표 도메인 변경

[나의서비스관리 > 호스팅관리 > 도메인연결관리]에서 구입한 도메인 untacttutorial.com을 선택하고 대표 도메인으로 변경하기 버튼을 클릭한다.

이미지 출처: @카페24

만약, SSL인증서 설치를 실패할 경우, 재요청 버튼을 클릭하여 인증서를 재발급 받는다.

Unit. 04 계정 초기화

대표도메인을 변경하면 호스팅 신청 시 자동으로 설치되었던 워드프레스 주소와 충돌이 발생하기 때문에 [나의서비스관리 〉 호스팅관리 〉 계정관리 〉 계정초기화]에서 DATA와 DB 모두 초기화한다.

HTTPS를 이용한 사용자 주소(https://untacttutorial.com/)에 접속할 수 있다면 워드프레스 설치가 성공적으로 된 것이다. 브라우저에서 도메인 주소의 왼쪽에 표시된 자물쇠 모양을 클릭하면 보안서버 인증서에 대한 자세한 사항을 확인할 수 있다.

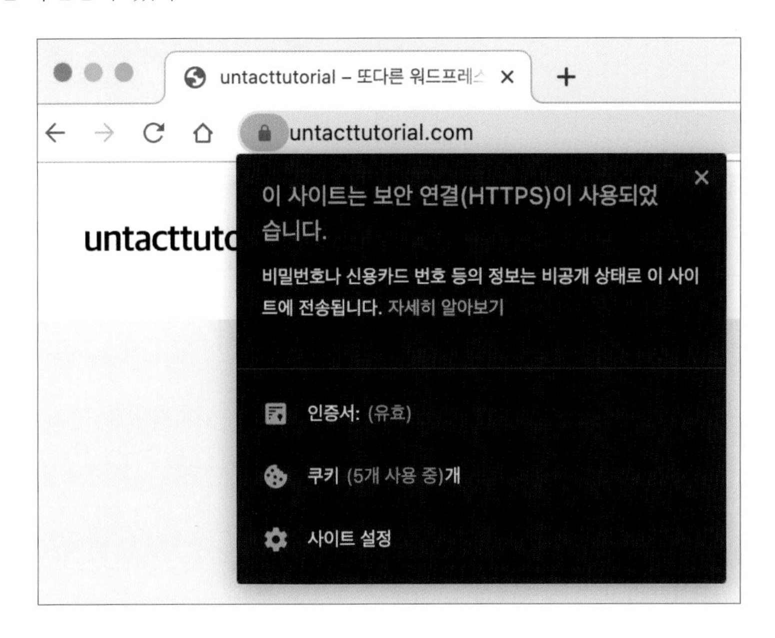

1. 워드프레스 관리자모드

운영 사이트에 대한 관리자 페이지 접속 주소는 [나의서비스관리 〉 호스팅관리 〉 기본관리 〉 서비스 사용현황]에서 확인할 수 있다.

- **사용자**: https://untacttutorial.com/
- **관리자**: https://untacttutorial.com/wp-admin/

브라우저 주소창에 운영사이트 관리자 페이지 주소(https://untacttutorial.com/wp-admin)를 입력하여 로그인 페이지로 이동한다. 기본 관리자 정보는 FTP 정보와 동일하다.

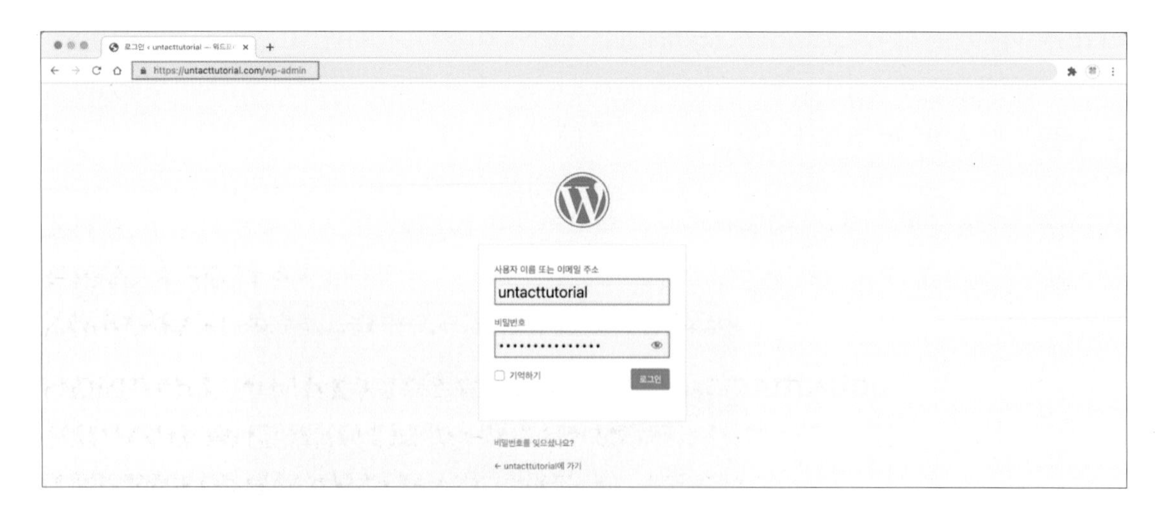

FTP 아이디는 [나의서비스관리 > 서비스 접속관리 > 서비스 접속정보]에서 확인할 수 있다.

FTP 접속 정보

FTP 접속 정보 보기

FTP/SSH 주소	untacttutorial.com
FTP/SSH 주소 (스테이징) ?	wp-untacttutorial.mycafe24.com
FTP/SSH 아이디	untacttutorial
FTP/SSH 포트	FTP : 21 SSH : 22 ▾ 포트안내

FTP 비밀번호 찾기/변경 ▸

- 스테이징 사이트를 사용중이실 경우, FTP 비밀번호 변경 시 스테이징 사이트의 FTP 비밀번호도 동일하게 변경됩니다.

성공적으로 관리자 페이지에 접속한 화면이다.

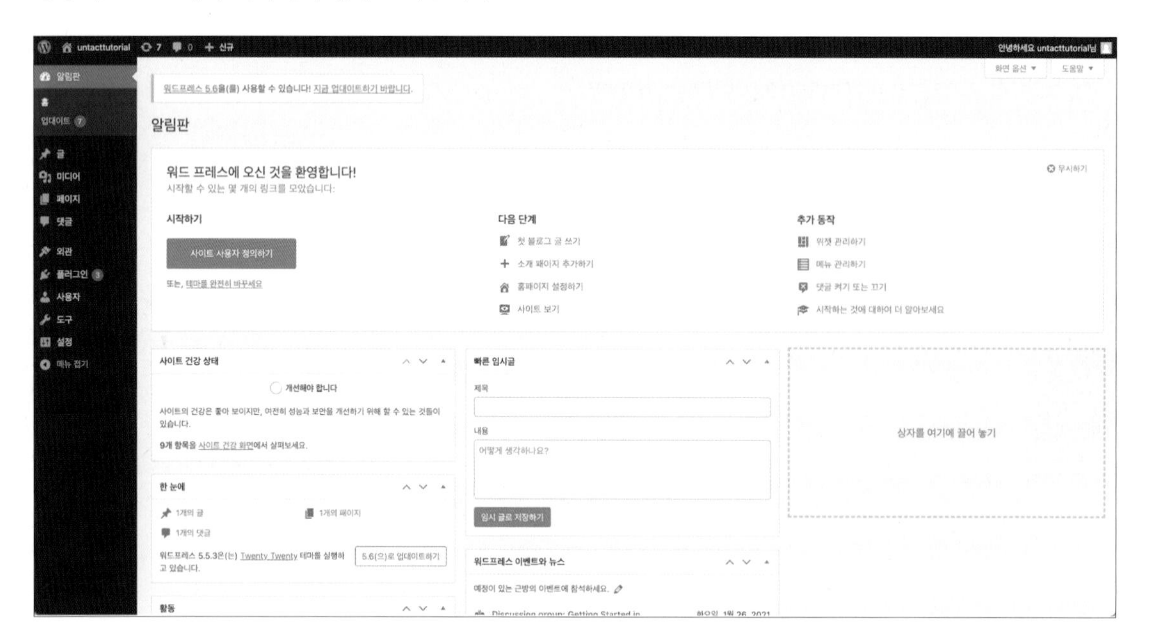

아무나 알려주지 않는 핵꿀팁!

사이트의 보안을 위하여 로그인 이후 새로운 관리자 아이디를 생성하여 이용하는 것을 권장한다. 새로운 사용자는 [사용자 〉 새로 추가하기]에서 추가할 수 있다. 사용자 이름과 이메일, 비밀번호를 입력한 후 역할은 관리자를 선택하고 새 사용자 추가하기 버튼을 클릭하면 새로운 관리자가 생성된다. 또한 비밀번호 만들기 버튼을 클릭하면 아래와 같이 보안에 강한 비밀번호를 생성한다.

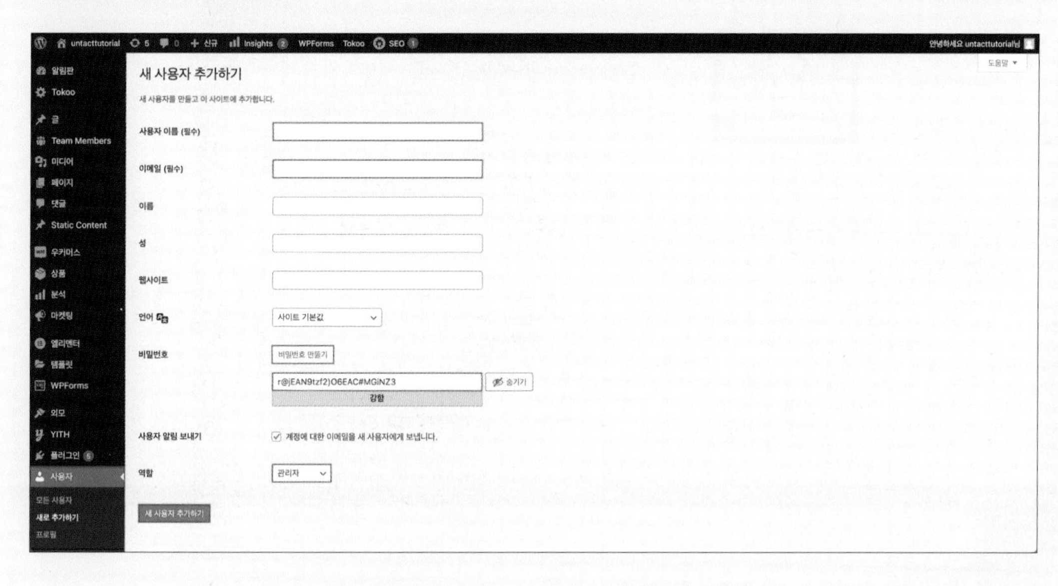

2. 워드프레스 필수 플러그인 설치

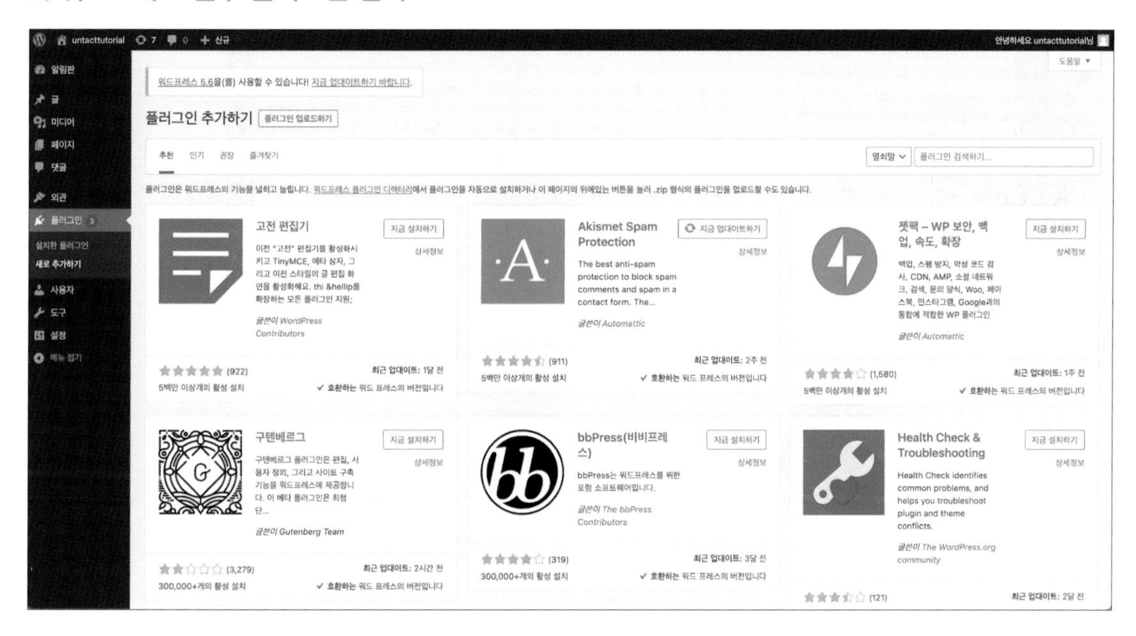

[플러그인 〉 새로 추가하기]에서 플러그인 검색하기에서 Really Simple SSL을 검색한 후 설치 및 활성화 한다.[67]

Go ahead, activate SSL! 을 클릭한다.

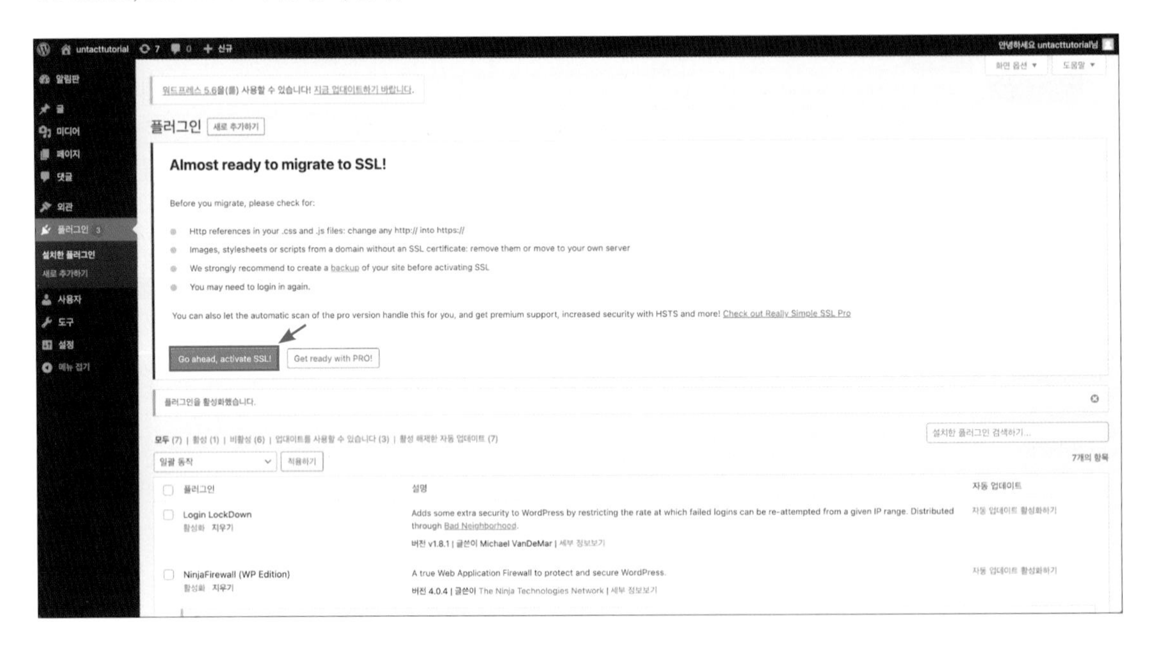

67 WordPress.org, Really Simple SSL 〈https://wordpress.org/plugins/really-simple-ssl/〉.

3. 스테이징 사이트(Staging Site)

스테이징 사이트란 운영 웹사이트에 테마나 플러그인들을 적용하기 전에 테스트하기 위한 임시 사이트이다. 예를 들어 스테이징 사이트에서 테마나 플러그인들을 수정하거나 업데이트하고 이상이 없으면 운영 사이트에 반영한다.

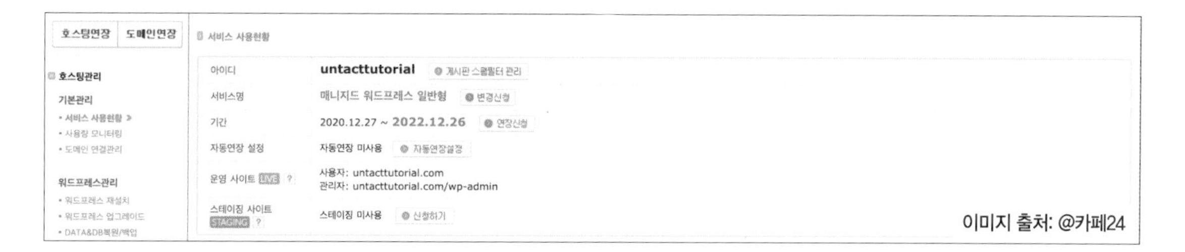

이미지 출처: @카페24

[나의서비스관리 〉 워드프레스관리 〉 운영/스테이징 복사]에서 운영 사이트와 스테이징 사이트의 DATA와 DB를 서로 복사할 수 있다.

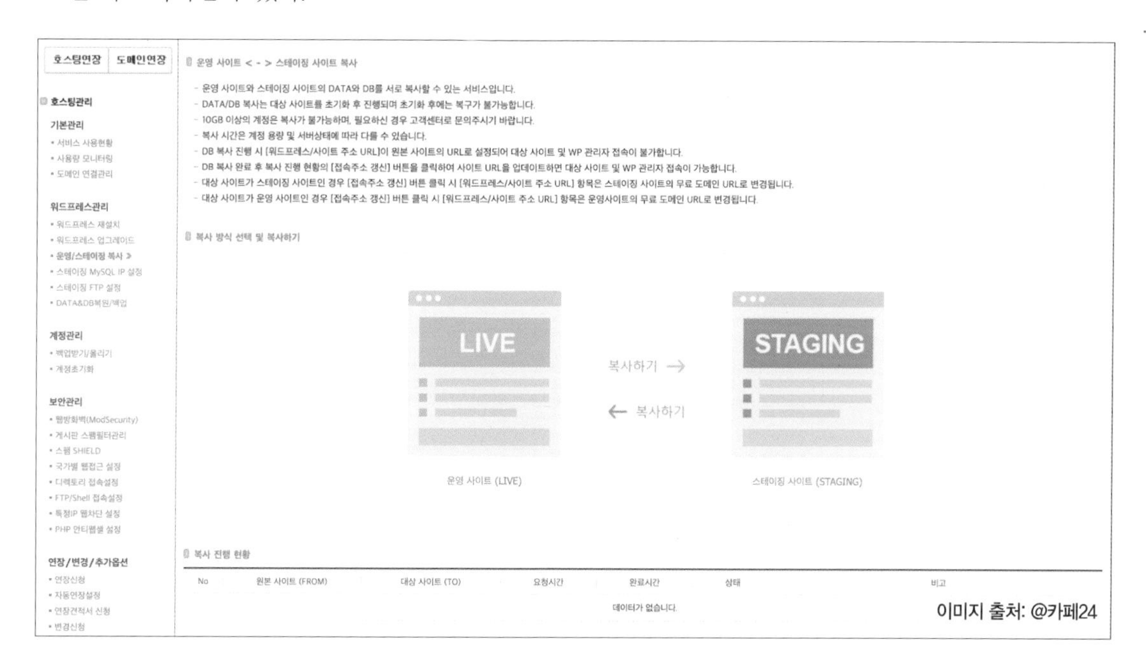

이미지 출처: @카페24

4. 워드프레스 테마 설치

워드프레스 테마는 아래에 보이는 다양한 업체들을 통해서 워드프레스 테마 구매가 가능하다.

- 테마포레스트(Themeforest)[68]
- 템플레잇몬스터(Template Monster)[69]
- 테미파이(Themify)[70]
- 마이테마샵(MyThemeShop)[71]
- 스튜디오프레스(StudioPress)[72]
- 씨에스에스이그니터(CSSIgniter)[73]
- 템플라틱(Templatic)[74]
- 테미슬(Themeisle)[75]
- 엘레강트(Elegant Themes)[76]

이 책에서는 테마포레스트를 통하여 쇼핑몰 테마를 구매하는 과정을 정리했다.

Tip 아무도 알려주지 않는 핵꿀팁! - 웹사이트 목적 정의

워드프레스 테마를 구매하기에 앞서 구매 목적을 명확히 정의해야 한다. 쇼핑몰의 분류나 판매의 주된 대상이 되는 지역 및 연령 등으로 세분화하여 정의한다. 이렇게 정의된 목적은 향후 구매해야 할 테마의 최소 기준으로 사용할 수 있다. 이 책에서는 해외 시장에서 온라인 쇼핑에 익숙한 연령대인 20~40대의 남자와 여자 모두를 대상으로 한 종합 쇼핑몰을 구축하는 것을 목표로 한다.

68 Themeforest(Website) 〈https://themeforest.net/〉.
69 TemplateMonster(Website) 〈https://www.templatemonster.com/〉.
70 Themify(Website) 〈https://themify.me/〉.
71 MyThemeShop(Website) 〈https://mythemeshop.com/〉.
72 StudioPress(Website) 〈https://www.studiopress.com/〉.
73 CSSIgniter(Website) 〈https://www.cssigniter.com/〉.
74 Templatic(Website) 〈https://templatic.com/〉.
75 Themeisle(Website) 〈https://themeisle.com/〉.
76 Elegant Themes(Website) 〈https://www.elegantthemes.com/〉.

5. 테마포레스트 – 테마 검색

테마포레스트(https://themeforest.net/)에 접속한 후 메뉴에서 우커머스 페이지[Web Themes & Templates 〉 eCommerce 〉 WooCommerce]로 이동한다.

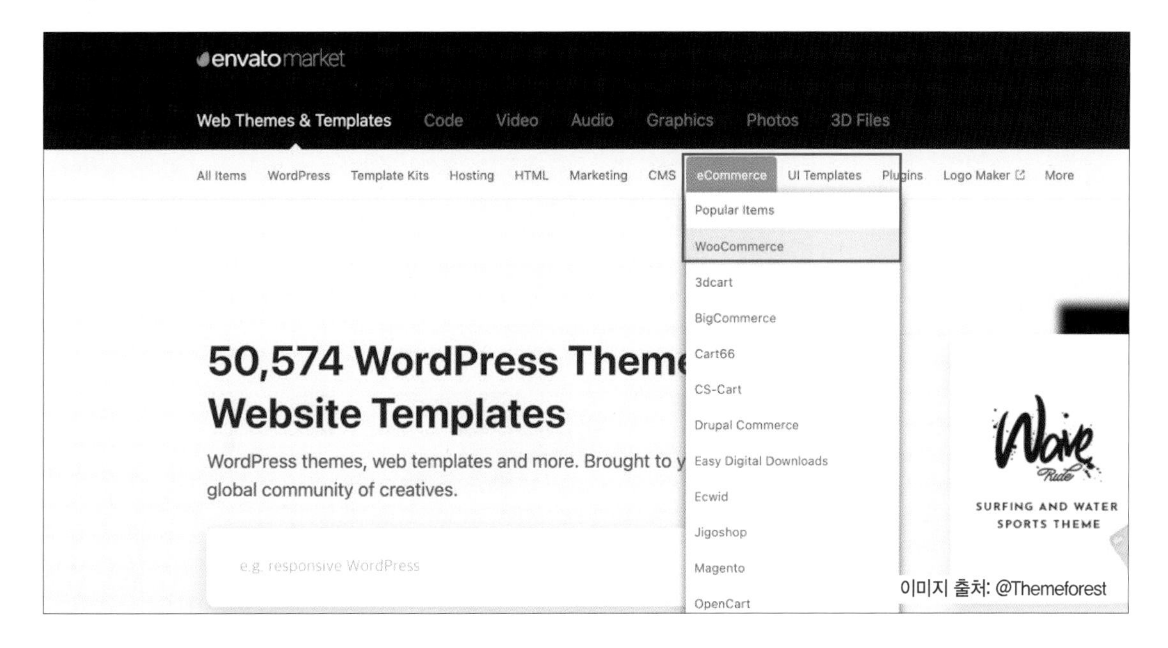

이미지 출처: @Themeforest

검색창에서 "aliexpress"를 입력하고 검색(돋보기) 버튼을 클릭한다.

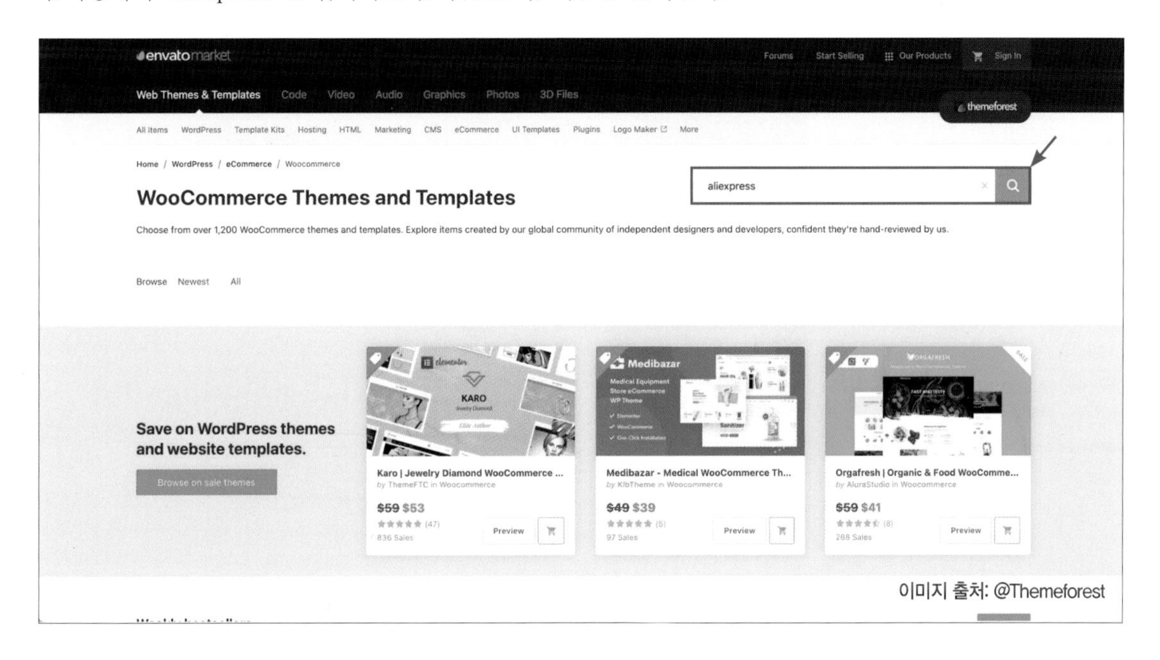

이미지 출처: @Themeforest

검색 결과 페이지

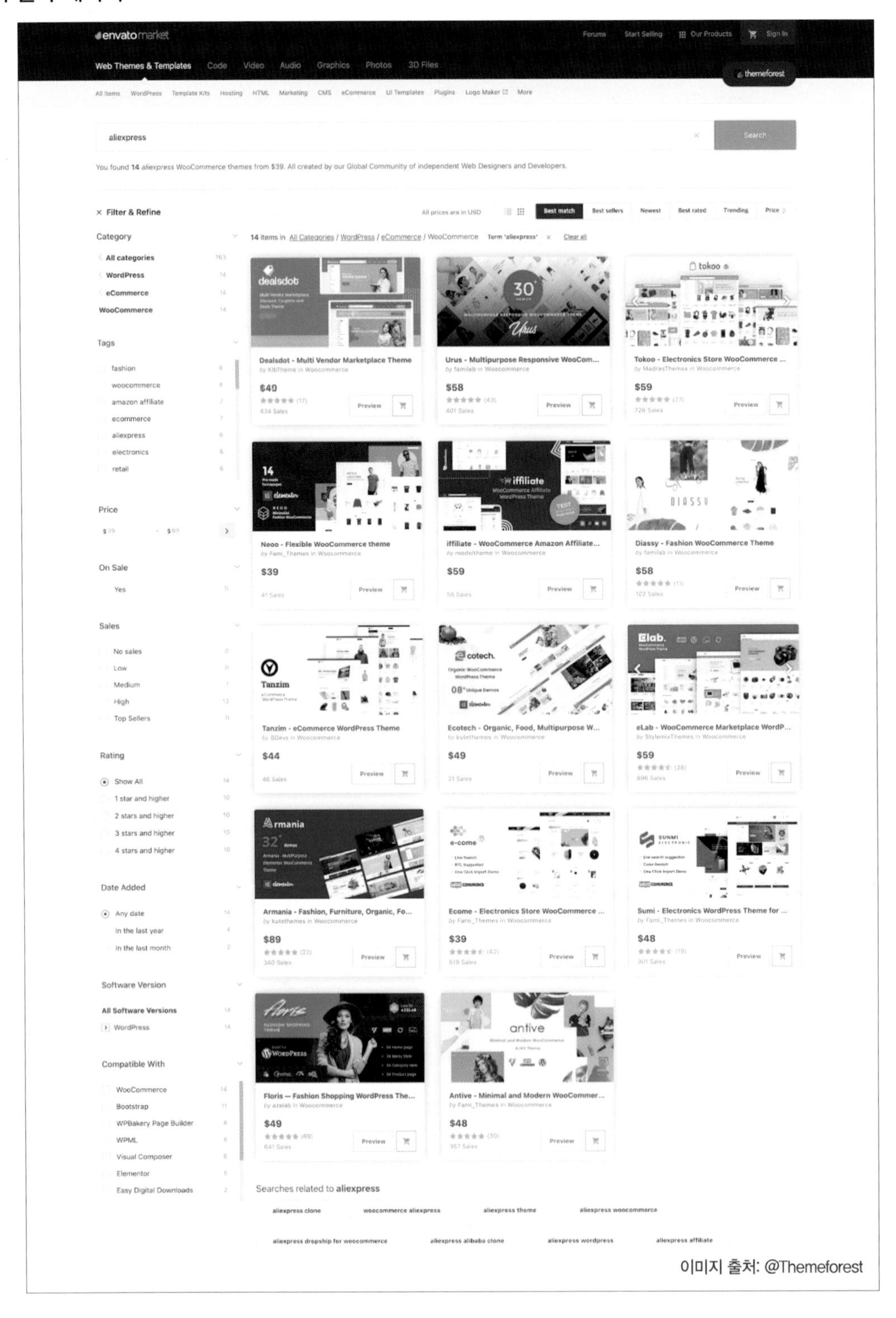

이미지 출처: @Themeforest

결과 중에 판매가 잘되고 있는 두 가지 테마를 비교 정리하였다.

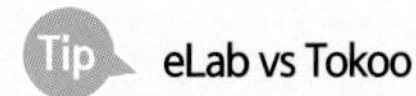

검색 결과 페이지에서 판매 수가 가장 많은 eLab와 Tokoo을 비교해 보자. 아래에 있는 데이터는 eLab과 Tokoo 상세 페이지에 있는 정보를 취합한 표이다.[77]

구분	eLab	Tokoo
Last Update	2 December 20	8 July 20
Created	5 Auguest 19	28 July 18
Gutenberg Optimized	No	No
High Resolution	Yes	–
Widget Ready	Yes	Yes
Compatible Browsers	IE11, Firefox, Safari, Opera, Chrome, Edge	Firefox, Safari, Opera, Chrome, Edge
Compatible With	–	Elementor, WooCommerce 4.0.x, WooCommerce 3.9.x, WooCommerce 3.8.x, WooCommerce 3.7.x, WPML, Bootstrap 4.x
Framework	–	Underscores
Software Version	WordPress 5.6.x, WordPress 5.5.x, WordPress 5.4.x, WordPress 5.3.x, WordPress 5.2.x WordPress 5.3.x, WordPress 5.2.x	WordPress 5.4.x, WordPress 5.3.x, WordPress 5.2.x, WordPress 5.1.x
ThemeForest Files Included	PHP Files, CSS Files, JS Files	PHP Files
Columns	4+	–
Decumentation	Well Documented	Well Documented
Layout	Responsive	Responsive
Tags	dokan, ecommerce, electronics, Electronics Store, electronics theme, marketplace, multi vendor, online store, page builder, responsive, retail, shop, store, wc vendors, woocommerce	affiliate marketing, affiliates, ali2woo, aliExpress, aliexpress like, amazon affiliate, amazon like, dokan, dropship, dropshipping, multi-vendor, snapdeal like, vendor, wcfm, woozone

스탯카운터에서 조회한 글로벌 시장에서의 익스플로러 시장 점유율은 2020년 12월 기준으로 국내 익스플로러 시장 점유율 5.82% 보다 4.77% 포인트 낮은 1.05% 이다. 해외 시장을 목표로 하므로 브라우저 호환성부분(Compatible Browsers)에서 익스플로러11(IE11) 브라우저는 고려 대상에서 제외 하였다.

eLab는 워드프레스 최신 버전에 대한 신속한 지원과 고해상도에 대한 지원이 장점으로 전문 쇼핑몰을 만들때 적합해 보이며, Tokoo는 여러 플러그인과의 호환이 장점으로 종합 쇼핑몰을 만들때 적합해 보인다. 따라서, 이 책에서는 종합 쇼핑몰 구축을 목적으로 하기때문에 구입할 테마는 Tokoo을 선택하였다.

77 Themeforest, eLab – WooCommerce Marketplace Wordpress Theme(Web Page) 〈https://themeforest.net/item/elab-electronics-shop-wordpress-theme/23946077 〉; Themeforest, ToKoo – Electronics Store WooCommerce Theme for Affiliates, Dropship and Multi-vendor Websites(Web Page) 〈https://themeforest.net/item/tokoo-electronics-store-woocommerce-theme-for-affiliates-dropship-and-multivendor-websites/22359036〉.

아무도 알려주지 않는 핵꿀팁! - Compatible Browsers 가 무엇인가요?

ICompatible Browsers란 오류 없이 웹페이지의 내용이 정상적으로 표시되는 브라우저를 말한다. 일반적으로 이곳에 표시되는 브라우저는 시장점유율이 높은 크롬(Chrome), 사파리(Safari), 파이어폭스(Firefox), 엣지(Edge) 그리고 오페라(Opera)가 있다. 브라우저의 버전이 별도로 명시되어 있지 않았다면 해당 브라우저의 최신 안정화 버전을 말한다.

6. 테마포레스트 – 테마 구입

테마를 구입하기 위해 상세페이지로 이동한 후 Buy Now 버튼을 클릭한다.

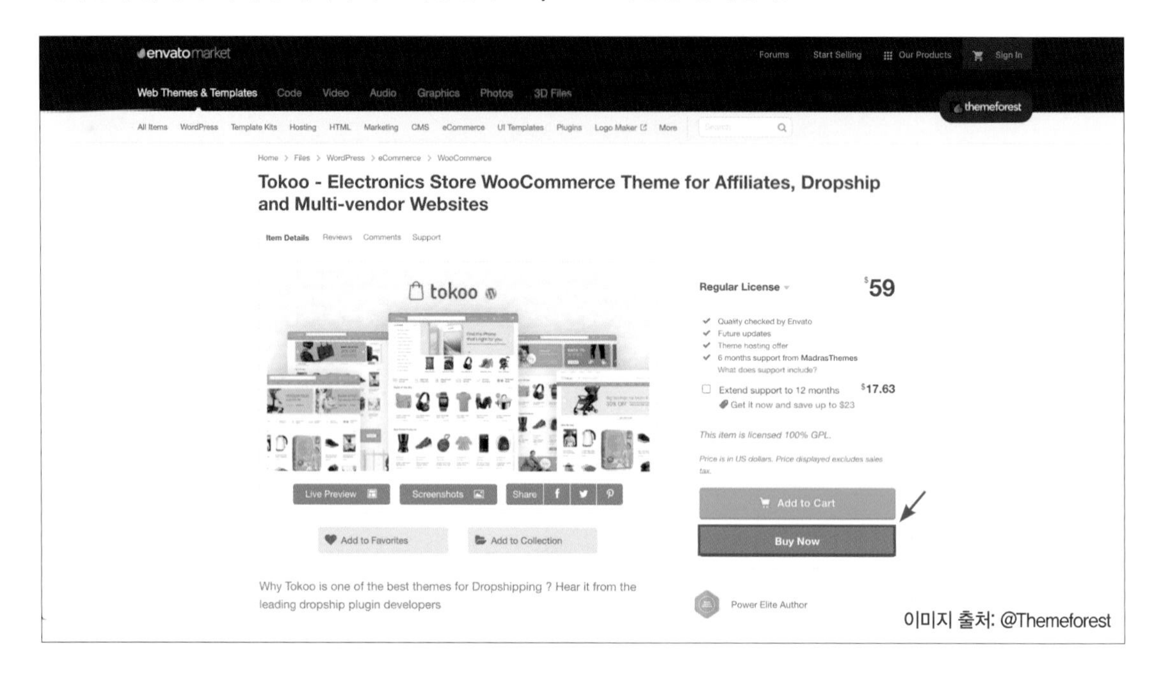

이미지 출처: @Themeforest

이후 나오는 절차에 따라 결제를 진행한다. 이때 명심해야 할 것이 있다. 결제가 이루어지면 환불이 되지 않는다는 것이다. 결제가 완료되면 소스 코드에 바로 접근이 가능하다는 이유로 환불을 해주지 않는다.

7. 테마포레스트 – 테마 다운로드

결제가 완료되었다면 주문 내역과 함께 다운로드할 수 있는 버튼이 나타난다. 테마 설치를 한 번도 해본 적이 없다면 Install for $50 서비스를 신청하여 테마 설치의 도움을 받을 수 있다.

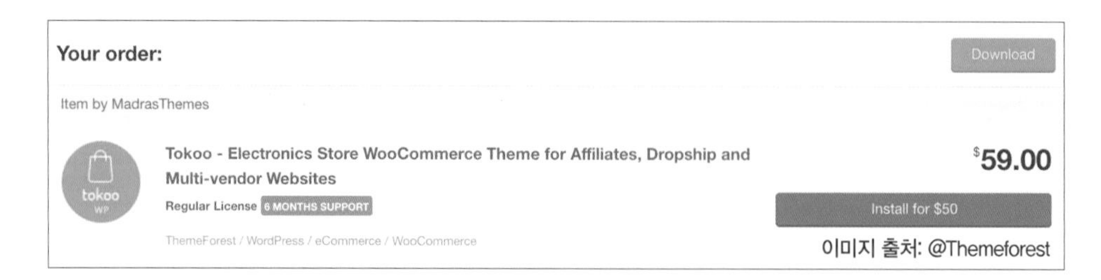

이미지 출처: @Themeforest

회원가입 후 결제를 진행하였다면 [Downloads] 메뉴에서도 구매내역을 확인 및 다운로드 받을 수 있다.

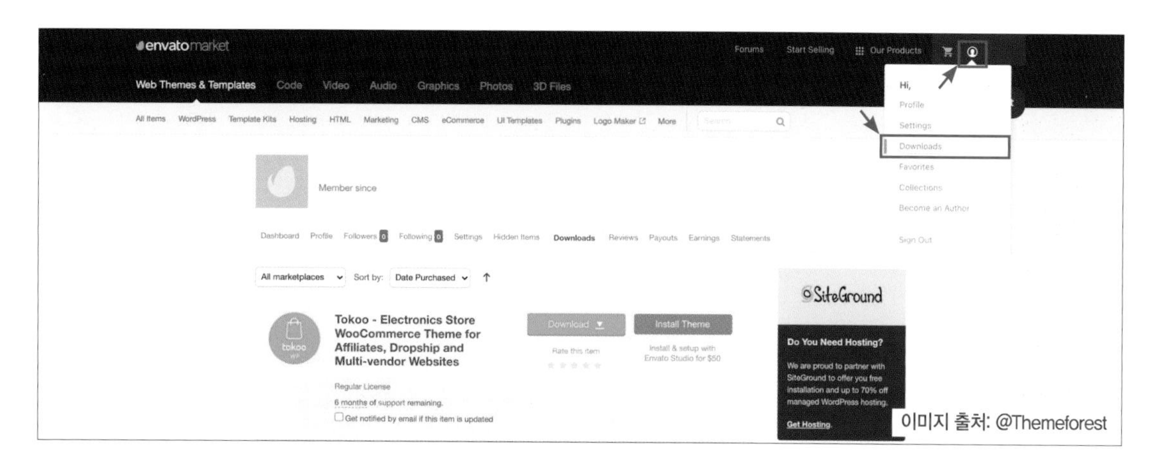

이미지 출처: @Themeforest

8. 워드프레스 테마 설치

이제 테마포레스트에서 구입한 테마를 적용해보겠다. 워드프레스 관리자모드로 접속한 후 [외모 〉 테마] 페이지로 이동하여 새로 추가하기 버튼이나 새로운 테마 추가하기 버튼을 클릭한다.

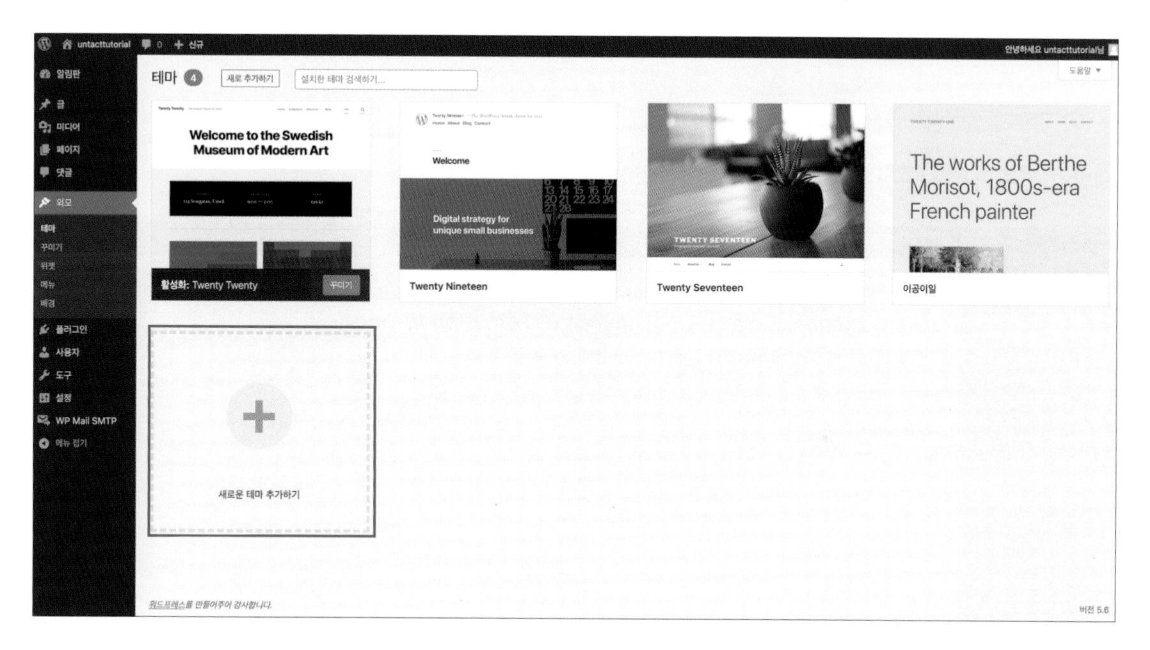

테마 업로드하기 버튼을 클릭한 후 다운로드받은 테마 파일을 업로드한다. 그리고 지금 설치하기 버튼을 클릭한다.

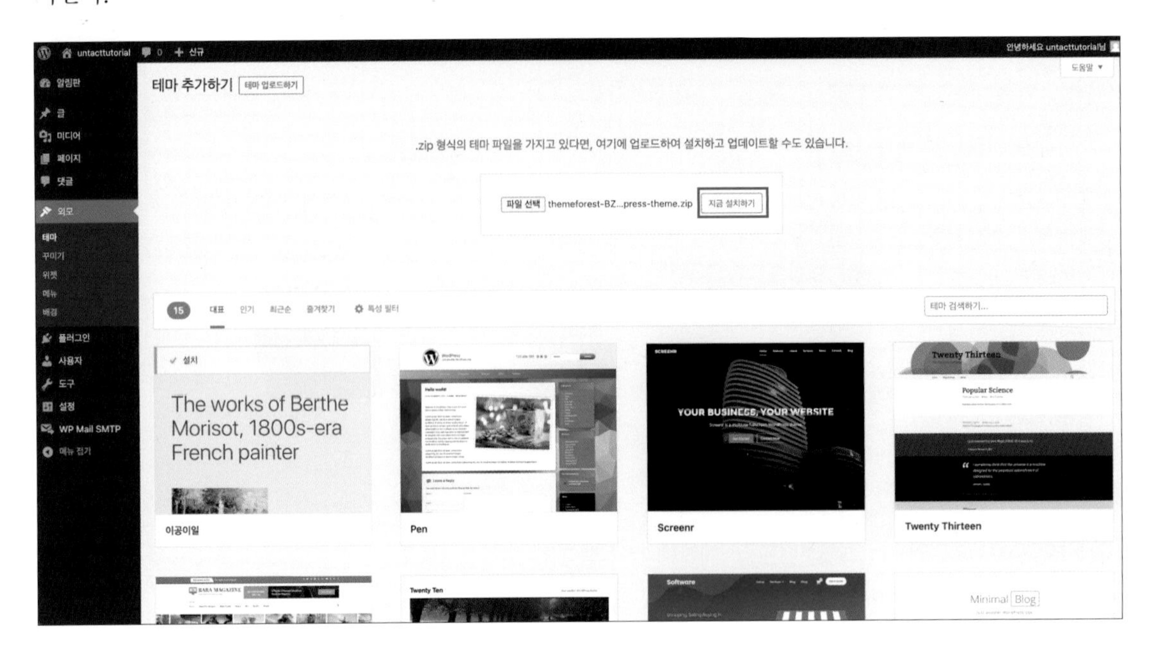

9. 워드프레스 테마 활성

테마가 성공적으로 설치되었다면 완료 페이지에서 설치된 테마를 활성화시킬 수 있다.

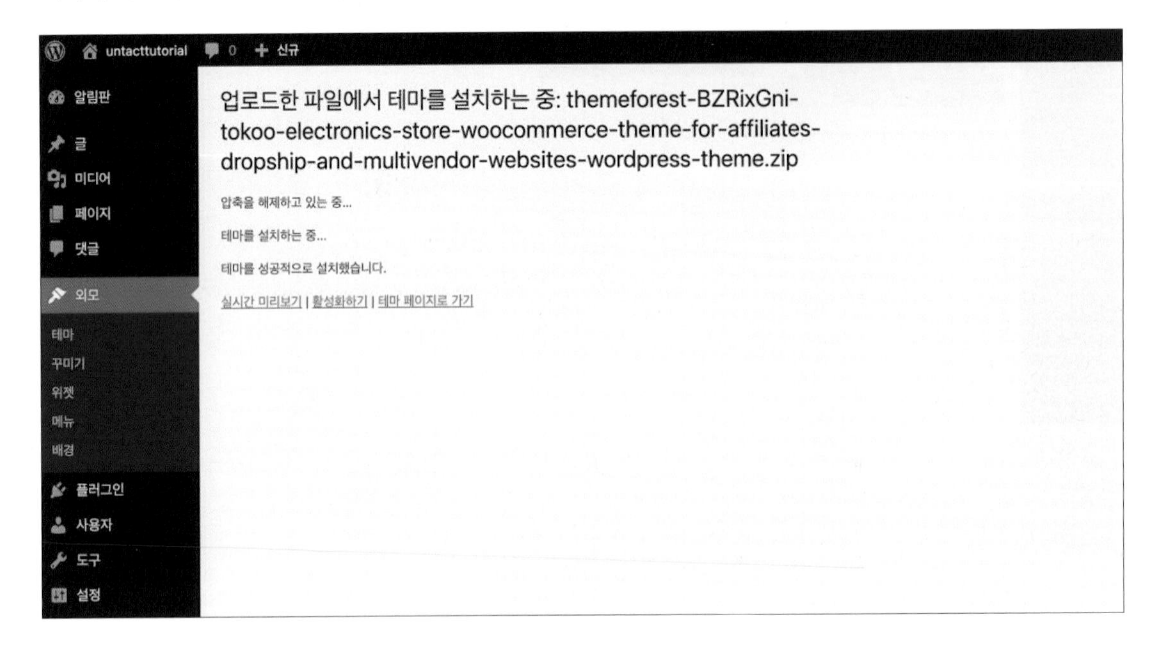

또는 [외모 〉 테마]에서도 설치된 테마를 활성화시킬 수 있다.

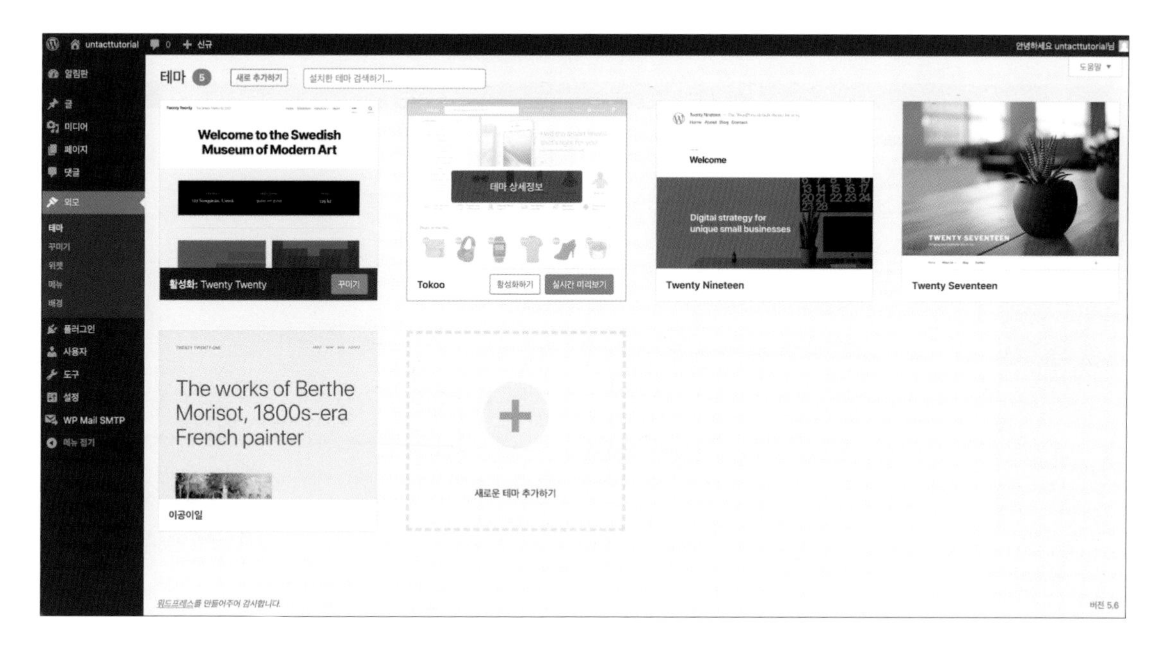

10. 워드프레스 플러그인 설치

테마를 활성화하면 추가로 설치해야 하는 플러그인들의 목록이 나타난다.

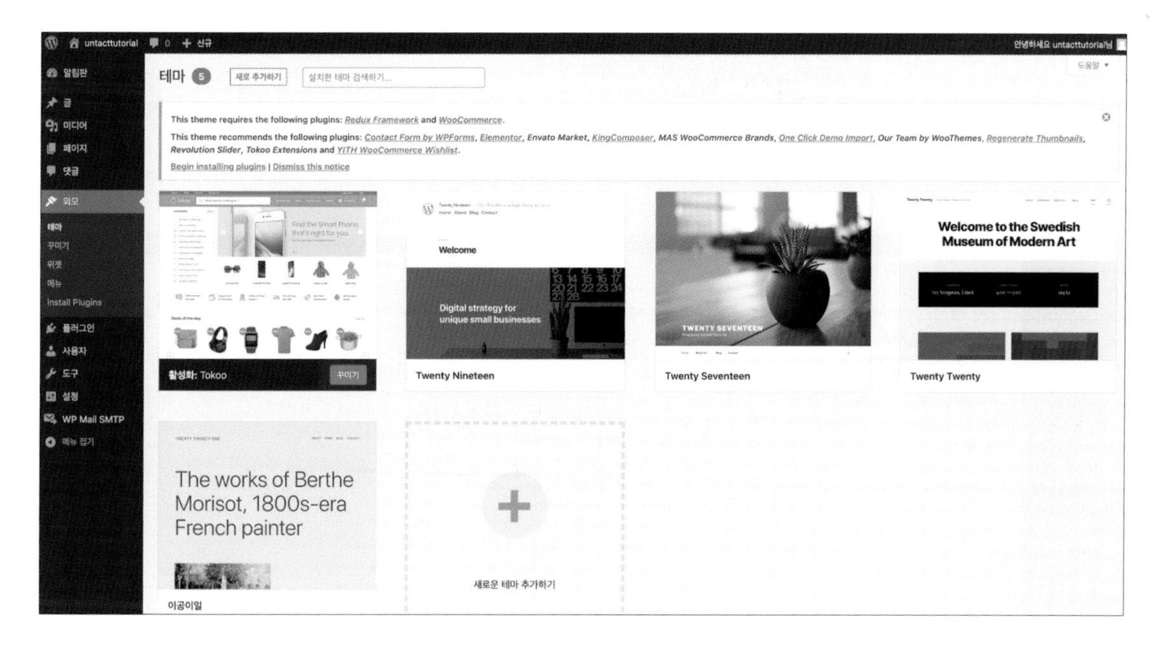

[외모 〉 Install Plugins]에서 타입(Type)이 필수(Required)인 플러그인들을 체크하고 일괄 동작을 install로 선택하고 적용하기를 클릭한다.

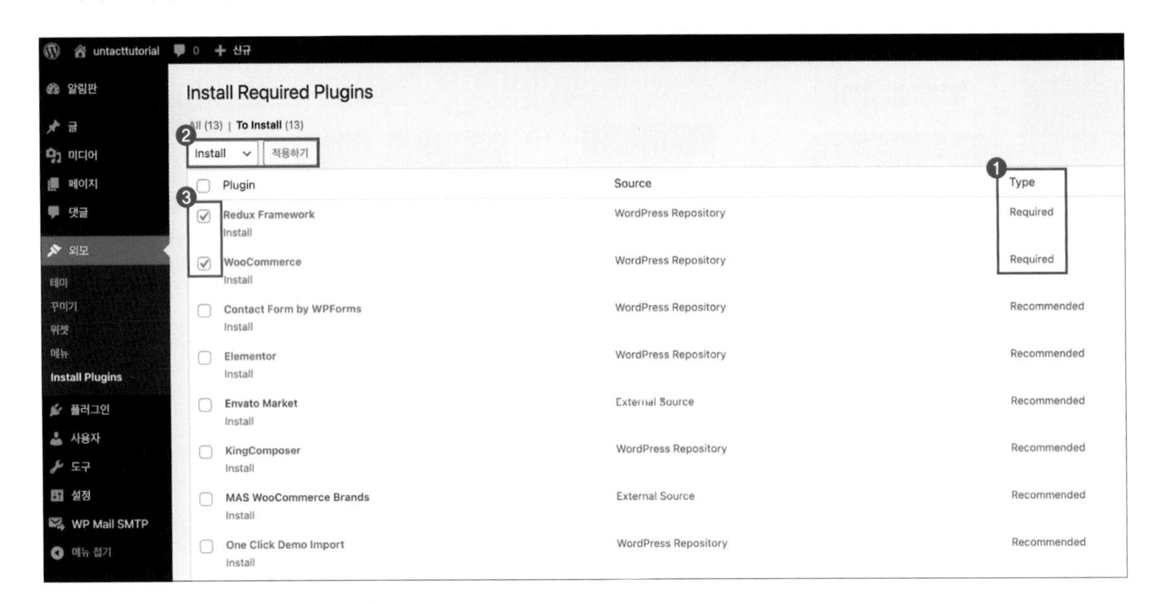

Tip 아무도 알려주지 않는 핵꿀팁! - 왜 두 번에 나누어서?

플러그인의 설치를 일괄로 하지 않고 두 번으로 나누어서 하는 이유?

필수와 추천 플러그인들을 모두 체크하고 설치를 진행할 경우엔 설치 순서를 보장받을 수 없다. 플러그인을 오류 없이 안전하게 설치하기 위해 두 번으로 나누어서 진행하는 것이 좋다.

필수 플러그인들이 성공적으로 설치되었다면 [플러그인 〉 설치한 플러그인]에서 활성화하기를 클릭한다.

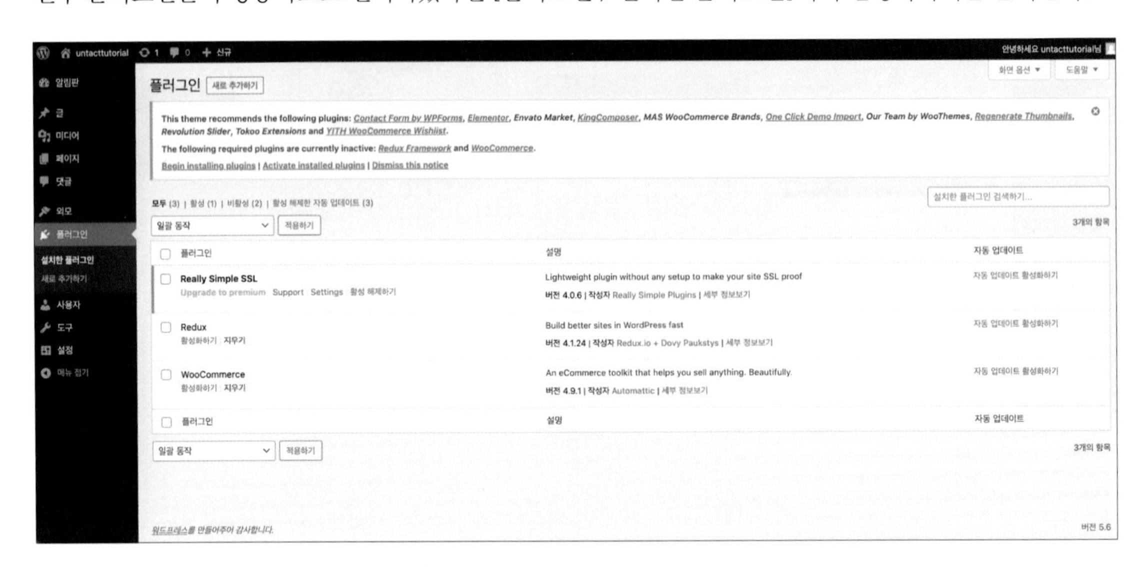

추천 플러그인들도 필수 플러그인에서 했던 것처럼 설치 및 활성화하기 동작을 반복한다.

11. 워드프레스 데모 불러오기

[외모 〉 Import Demo Data]에서 불러오고 싶은 데모 데이터를 불러온다. 여기서는 Tokoo - Elementor 데이터를 임포트한다.

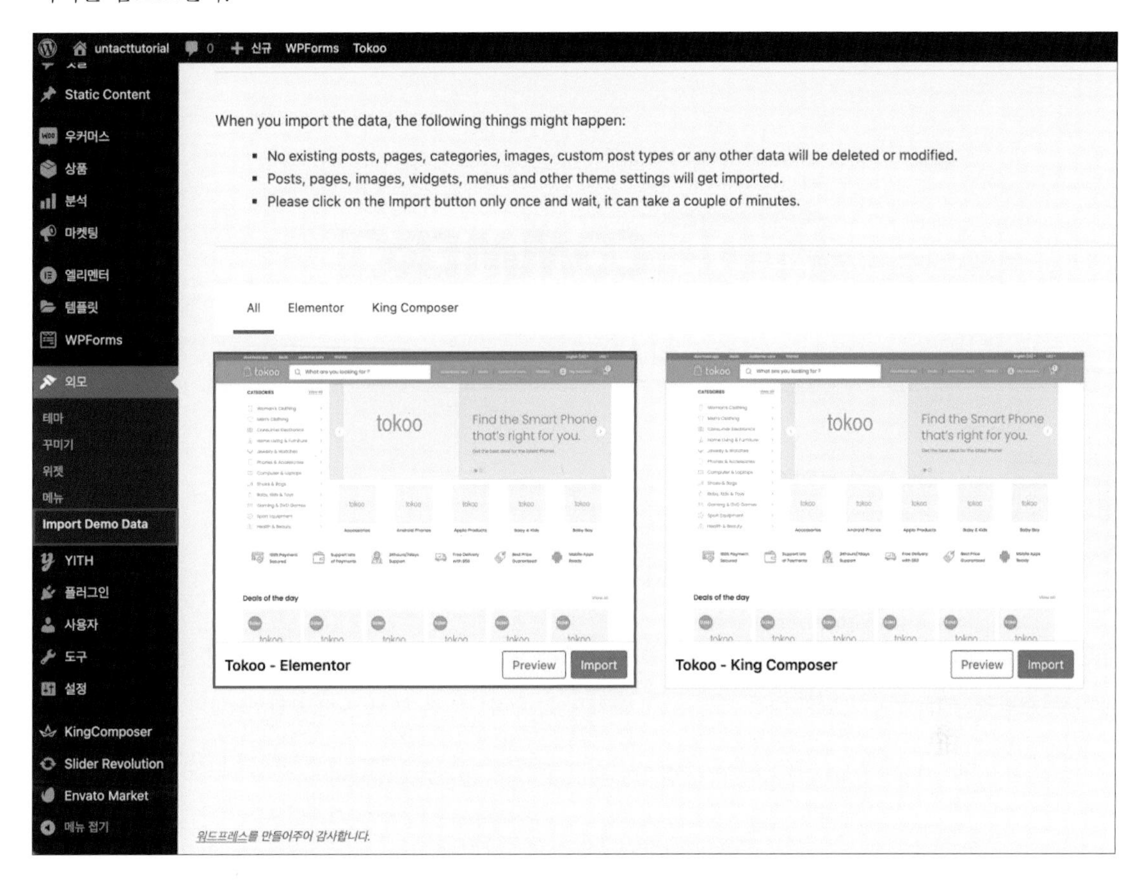

데모가 성공적으로 불러와 졌다면 사용자 화면은 아래와 같이 변경되어 테마 설치가 완료된다.

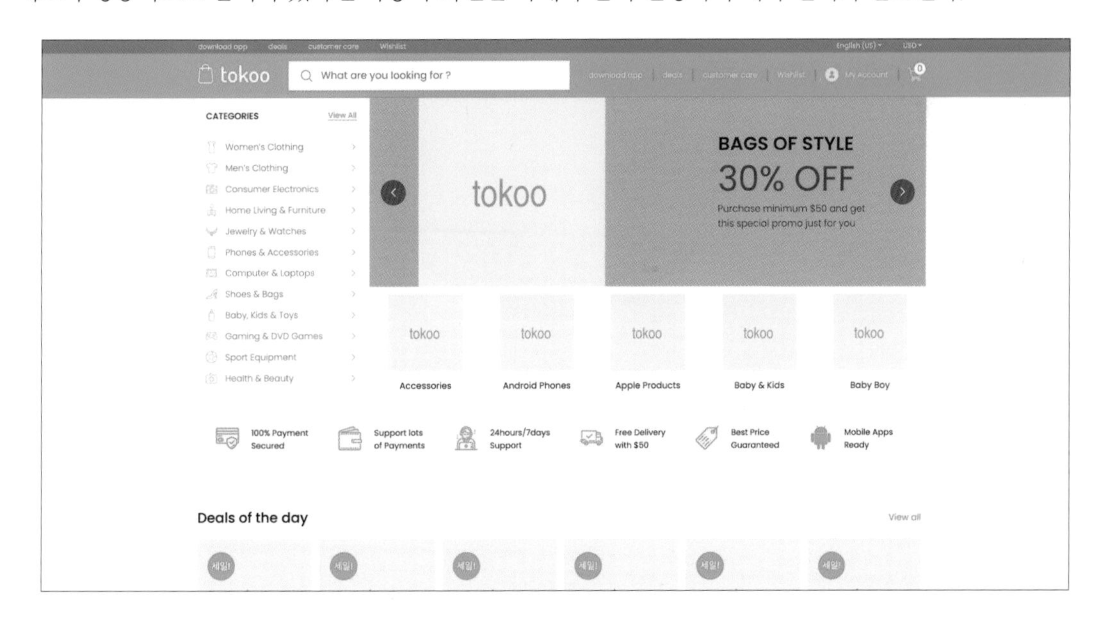

1. 우커머스(Woocommerce)

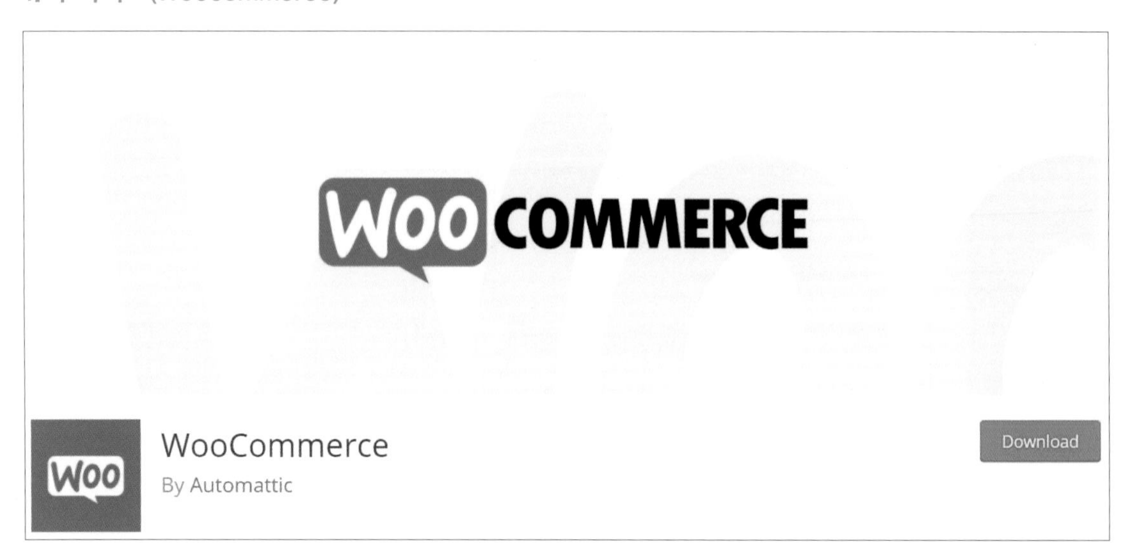

우커머스(WooCommerce)는 전 세계에서 가장 많이 사용되고 있는 인기 전자 상거래 솔루션으로,[78] 워드프레스로 쇼핑몰을 제작 시 별도의 비용 지불 없이 우커머스 플러그인을 무료로 설치할 수 있다.

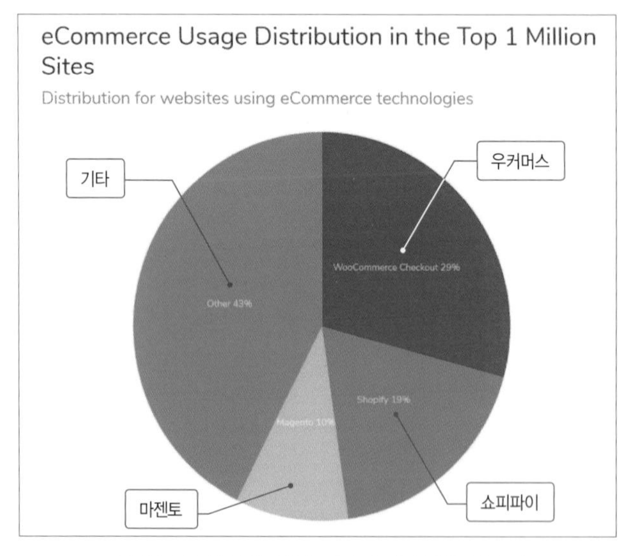

▲ 상위 100만개 사이트의 전자 상거래 솔루션 사용 분포

78 builtWith, eCommerce Usage Distribution in the Top 1 Million Sites(Last Updated 18 January 2021) 〈https://trends.builtwith.com/shop〉.

기본 기능 이외에 다른 기능이 필요하다면 추가 비용을 지불하고 플러그인을 구매할 수 있다.[79] 이 점이 쇼피파이(Shopify)와 비교해 보았을 때 워드프레스의 가장 큰 장점이라 볼 수 있다. 쇼피파이의 경우, 웹사이트를 세밀하게 제어할 수 없기 때문에 기능을 추가하는데 한정적이지만, 우커머스 웹사이트 경우, 호스팅 업체의 정책을 위반하는 행위를 하지 않는 한, 허용된 범위 내에서 웹사이트를 자유자재로 수정 및 변경을 할 수 있기 때문이다.

우커머스의 또 다른 장점으로는 워드프레스 테마를 사용하여 제작한 세련된 웹사이트 대부분에 설치가 가능함으로 이용자의 만족감을 높일 수 있고, 무엇보다도 제 3자의 결제 시스템(페이팔, 스트라이프 & 스퀘어)과[80] 연동이 쉬워 신속한 결제가 가능하다는 것이다.

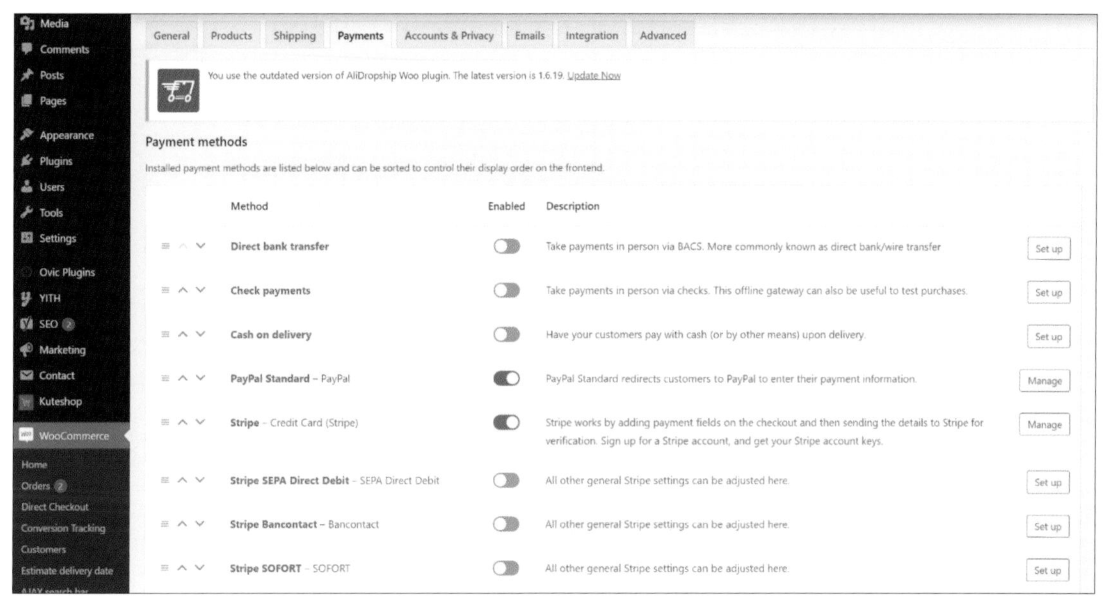

▲ 우커머스를 설치하면 여러가지 결제 시스탬과 연동이 쉽다.

게다가 재고 관리 기능을 제공하고 있어, 재고가 몇 개 남지 않은 상황에서 알림을 받을 수 있도록 설정이 가

79 WooCommerce, Extension Store 〈https://woocommerce.com/products/?utm_medium=referral&utm_source=wordpress.org&utm_campaign=wp_org_repo_listing〉.

80 WooCommerce, Extension Store – Payment 〈https://woocommerce.com/product-category/woocommerce-extensions/payment-gateways/?categories=Payments%7CWooCommerce+Extensions&collections=product&page=5〉.

능하고, 품절 사태를 대비하여 기능을 설정해 놓으면 자동으로 품목에서 제외가 된다.

또한, 국가별로 배송 옵션을 다양하게 설정할 수 있다. 기본적으로 제공하는 배송 옵션이 불충분한 경우에는 언제든지 비용을 지불하면 기능을 업그레이드할 수 있다.

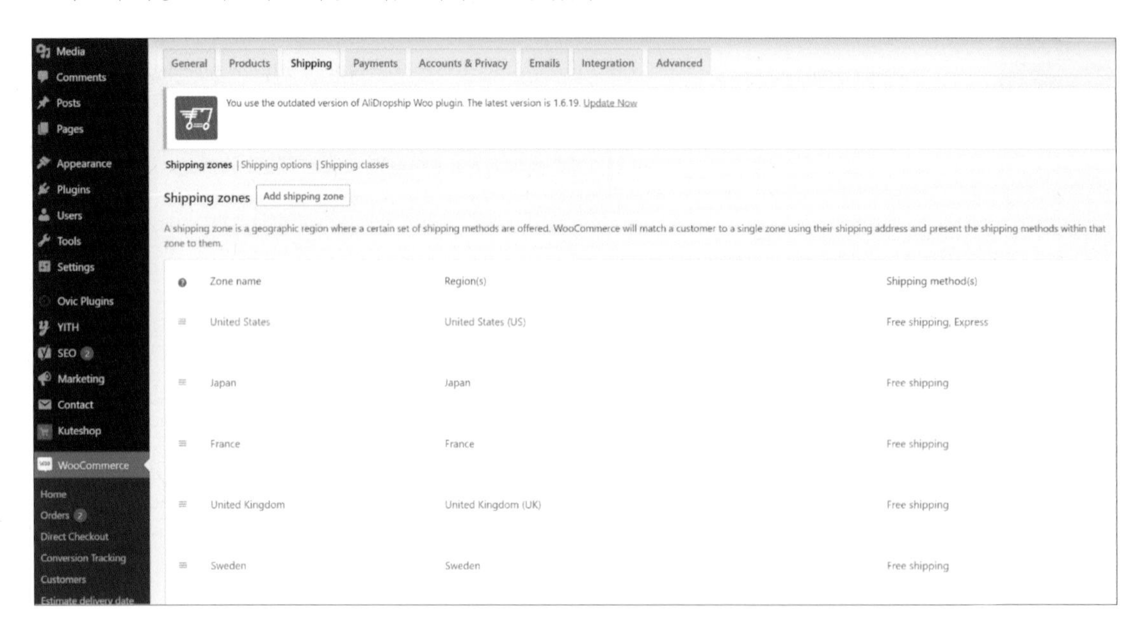

우커머스의 장점으로 빼놓을 수 없는 것은, SEO 플러그인 "검색엔진의 최적화"이다.

우커머스 플러그인을 설치하기 위해 코딩 실력이 요구되지 않는다. 단 몇 번의 클릭만으로도 간단하게 설치가 가능하다. 우커머스 플러그인 설치에 대한 과정은 간단한 온라인 검색으로도 찾을 수 있어서 이 책에서는 따로 그 과정을 설명하지 않겠다.

2. 워드프레스 스태티스틱스(WP Statistics)

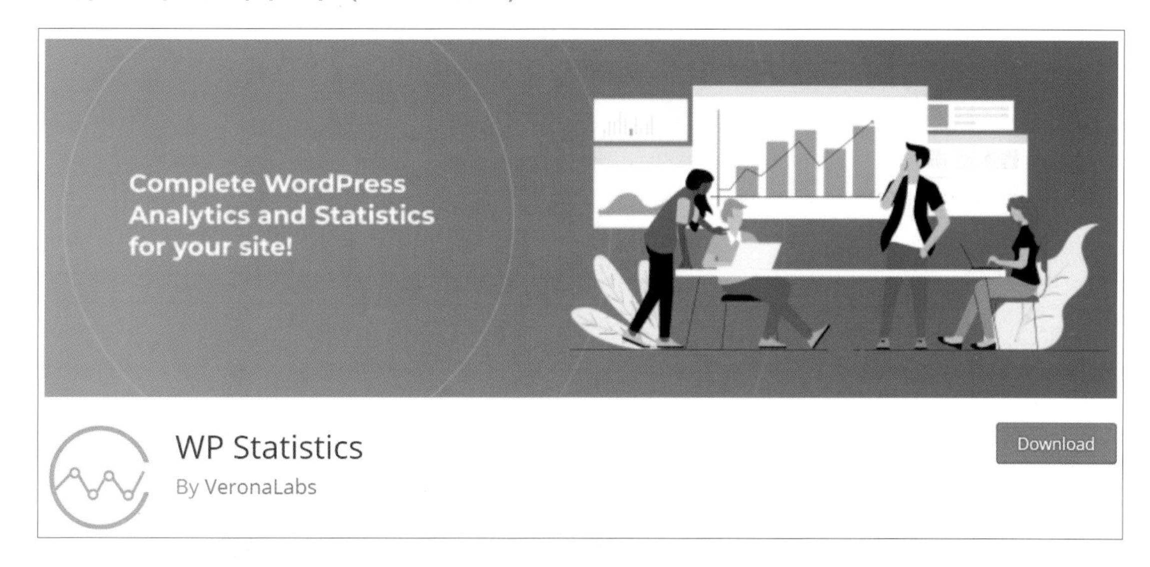

워드프레스 스태티스틱스(WP Statistics) 플러그인을 통해 웹사이트 내에서 방문자 정보를 간단히 확인할 수 있다.[81] 실시간 방문자 수, 하루, 일주일, 한 달 방문자수, 유입 키워드를 확인이 가능하고, IP, 방문자 접속 국가도 확인이 가능하다. 하지만, 100% 정확한 수치와 정보를 제공하지 않기 때문에 구글 애널리틱스와 웹마스터 툴을 함께 사용하여야 한다.

또한, 이 플러그인을 통해서 리퍼럴(Referral)사이트와 웹 트래픽(Web Traffic:방문자) 현황을 확인할 수 있다. 쓸데없는 웹트래픽이 발생하면 추가 서버 비용이 발생하거나 웹사이트가 느려지는 등의 문제가 발생하게 된다. 그중에서 반드시 차단해야 하는 골치 아픈 리퍼럴 웹사이트가 있으니 바로, 사이트 루(site.ru)[82]이다.

사이트 루 웹사이트의 메인 페이지는 아래 보이는 이미지와 같이, 아무런 정보를 찾을 수 없는데, 이곳에서 로봇 웹트래픽을 인위적으로 꾸준히 보낸다.

503 Service Temporarily Unavailable

nginx/1.19.2

81 VeronaLabs, WP Statistics(WordPress.org) 〈https://wordpress.org/plugins/wp-statistics/〉.
82 Site.ru(Website) 〈http://site.ru/〉.

하루에도 수십 번씩 다른 아이피(IP) 주소를 사용하여 웹사이트에 계속 방문을 하는데, 스태티스틱스 플러그인으로 사이트루 (site.ru) 웹사이트의 IP 주소를 확인할 수 있고, 워드펜스(Wordfence) 플러그인을 사용하여 IP 차단이 가능하다.

IP를 차단하는 방법은 아래와 같다. 일단, 관리자페이지 왼쪽 메뉴의 Wordfence에 마우스를 가져다 대면 Firewall이라는 메뉴를 클릭한다.

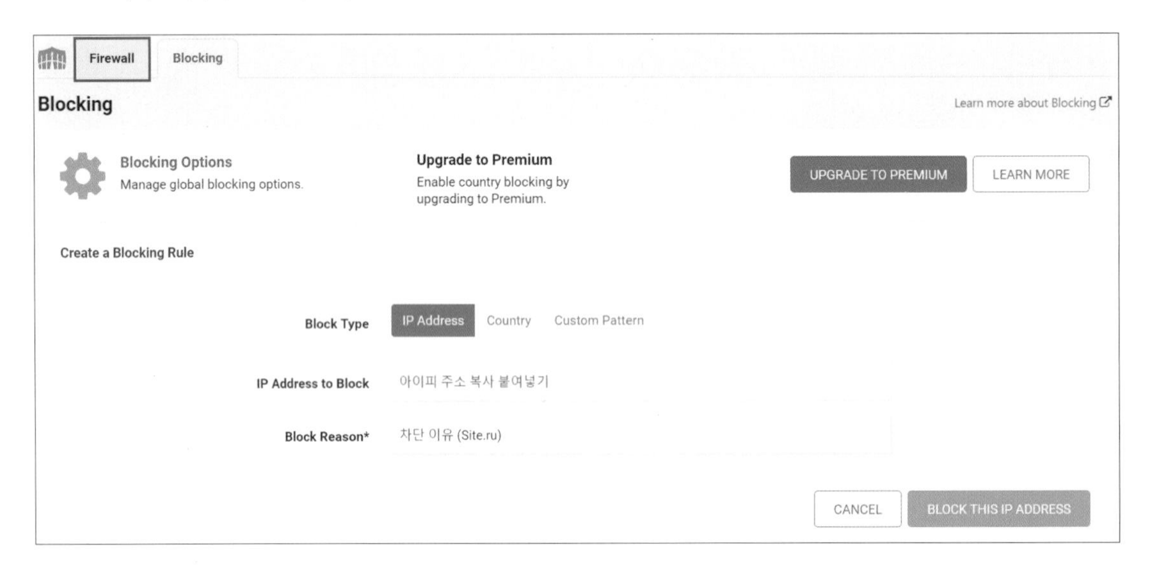

IP Address to Block 에는 스팸 트래픽의 IP 주소를 삽입하고, Block Reason에는 간단하게 차단 이유를 기입하면 된다. IP를 차단하게 되면 접속 시 도시마다 자동으로 차단이 되어 아래와 같이 기록에 남게 된다. 접속이 차단된 IP라도 지속해서 접근을 시도하는 것을 확인할 수 있다.

Filter by Type, Detail, or Reason | FILTER | UNBLOCK | MAKE PERMANENT | EXPORT ALL IPS

	Block Type	Detail	Rule Added	Reason	Expiration	Block Count	Last Attempt
	IP Block	77.221.130.42	December 17, 2020 6:28 pm	site.ru	Permanent	0	Never
	IP Block	173.236.224.157	December 17, 2020 6:28 pm	site.ru	Permanent	0	Never
	IP Block	154.73.113.76	December 14, 2020 9:37 pm	africa	Permanent	0	Never
	IP Block	81.88.49.40	December 8, 2020 6:43 pm	site.ru	Permanent	1	January 3, 2021 3:47 am
	IP Block	159.253.21.72	December 8, 2020 6:43 pm	site.ru	Permanent	0	Never
	IP Block	138.201.161.149	December 8, 2020 6:43 pm	site.ru	Permanent	0	Never
	IP Block	46.32.240.35	December 8, 2020 6:43 pm	site.ru	Permanent	0	Never
	IP Block	171.22.26.127	December 8, 2020 6:42 pm	site.ru	Permanent	0	Never
	IP Block	39.105.52.218	December 8, 2020 6:42 pm	site.ru	Permanent	0	Never
	IP Block	89.46.106.156	December 8, 2020 6:42 pm	site.ru	Permanent	0	Never
	IP Block	154.0.172.176	December 8, 2020 6:42 pm	site.ru	Permanent	1	January 9, 2021 6:51 am
	IP Block	178.208.83.15	December 8, 2020 6:41 pm	site.ru	Permanent	0	Never
	IP Block	178.208.83.15	December 8, 2020 6:41 pm	site.ru	Permanent	0	Never
	IP Block	43.229.84.224	December 8, 2020 6:41 pm	site.ru	Permanent	0	Never

이 외에도 구글 애널리틱스와 .htaccess 파일 업데이트를 통해 스팸 IP를 차단할 수 있는데, 한 가지의 방법에 집중하기보단, 가능한 모든 방법을 사용하여 스팸 사이트들과 아이피들을 차단시키도록 한다.

3. 워드펜스(Wordfence) & 관리자 경로 숨기기(Change Admin URL)

워드펜스(Wordfence Security) 플러그인은 워드프레스로 웹사이트 제작시 보안을 위한 필수 플러그인으로 많은 사이트가 이 플러그인을 사용하고 있다.[83] 현재, 900,000+ 이상의 플러그인이 설치되어 사용되어지고 있는데, 몇 년 전 워드펜스의 해킹 사건 이후로 보안이 강화되어 현재까지 별문제 없이 많은 개인과 업체들이 사용하고 있다. 하지만, 해커들의 해킹 시도는 끊임없이 이루어지고 있으니, 웹사이트 보안에 각별히 신경을 써야 한다. 워드펜스를 무료와 유료 버전으로 사용 가능하며, 유료 버전은 1년에 $99의 사용료를 지불해야 한다.[84]

워드펜스 플러그인의 장점은 실시간 IP 확인이 가능하기 때문에, 방문자들의 IP는 물론, 해킹을 시도하는 해커들의 IP를 확인할 수 있어 웹페이지 내에서 바로 차단이 가능하다.

Russia	/xmlrpc.php	16/12/2020 08:58:06	194.61.0.3	isp01.eternalhost.net	503	
Istanbul, Turkey	/xmlrpc.php	16/12/2020 07:25:57	185.227.138.227	cp200.servercap.com	503	
New Jersey, United States	/xmlrpc.php	16/12/2020 05:56:46	43.250.249.5	...-wc06.iad01.ds.network	503	
Arezzo, Italy	/xmlrpc.php	16/12/2020 04:24:00	89.46.107.190	...erverdedicati.aruba.it	503	
Ulm, Germany	/xmlrpc.php	16/12/2020 02:45:02	217.160.15.151	217.160.15.151	503	
Częstochowa, Poland	/wp-content/plugins/background...	16/12/2020 01:15:07	2.57.137.26	s26.zenbox.pl	503	
Phoenix, Arizona, United States	/xmlrpc.php	16/12/2020 01:13:40	108.170.9.250	gains.cloudbigapps.com	503	
Santiago, Chile	/xmlrpc.php	15/12/2020 23:37:49	190.107.177.238	srv08.cphost.cl	503	
Singapore, Singapore	/xmlrpc.php	15/12/2020 22:09:42	148.72.232.125	....sin2.secureserver.net	503	
Ashburn, Virginia, United States	/xmlrpc.php	15/12/2020 20:46:48	198.12.223.86	...86.ip.secureserver.net	503	
India	/xmlrpc.php	15/12/2020 19:24:29	103.143.46.248	vps.webcoder.co.in	503	
Curicó, Chile	/xmlrpc.php	15/12/2020 18:22:37	186.64.116.210	...il.rack27.miwebdns.net	503	
Cyprus	/xmlrpc.php	15/12/2020 18:07:54	31.220.16.238	31.220.16.238	200	
United Kingdom	/xmlrpc.php	15/12/2020 17:32:57	81.19.215.6	kilo.cloudns.io	503	
Cyprus	/xmlrpc.php	15/12/2020 15:32:14	156.67.222.52	156.67.222.52	200	
Curicó, Chile	/xmlrpc.php	15/12/2020 13:58:05	186.64.118.210	blue136.dnsmisitio.net	503	

필자는 워드펜스 플러그인과 함께 웹사이트 보안을 향상하기 위해 관리자 접속 페이지의 주소를 리다이렉트(Redirect) 하는 것을 추천한다. 플러그인을 사용하는 방법과 메뉴얼로(.htaccess 접근) 직접 주소를 리다이렉팅 하는 방법이 있다. .htaccess에 접근이 어렵다면, 간편하게 플러그인을 설치하는 방법을 택할 수 있다. WPS Hide Login은[85] 800,000개 이상의 웹사이트에서 설치된 플러그인으로 설치와 사용이 간편하다.

83 Wordfence Wordfence Security – Firewall & Malware Scan(WordPress.org) 〈https://wordpress.org/plugins/wordfence/〉.
84 Wordfence(Web Page) 〈https://www.wordfence.com/wordfence-signup/?promo_id=top-get-premium&promo_name=get-premium&promo_creative=blue-btn-wht-txt&promo_position=sw-top〉.
85 WPServeur, NicolasKulka, wpformation, WPS Hide Login(WordPress.org) 〈https://wordpress.org/plugins/wps-hide-login/〉.

보통, 관리자 페이지의 주소는 도메인 주소 뒤에 wp-admin 을 붙여 (www.abc.com/wp-admin) 관리자 페이지를 자동 생성해주기 때문에 해커들이 쉽게 접속할 수 있다. 이때, 관리자 페이지의 주소를 바꿔주게 되면 해킹 시도가 상당히 줄어드는 것을 확인할 수 있다. 플러그인을 설치하는 경우에는 기존의 플러그인들과 충돌하여 에러가 발생할 수 있어서 많은 주의를 기울일 필요가 있다.

4. 블로그투소셜(Blog2Social)

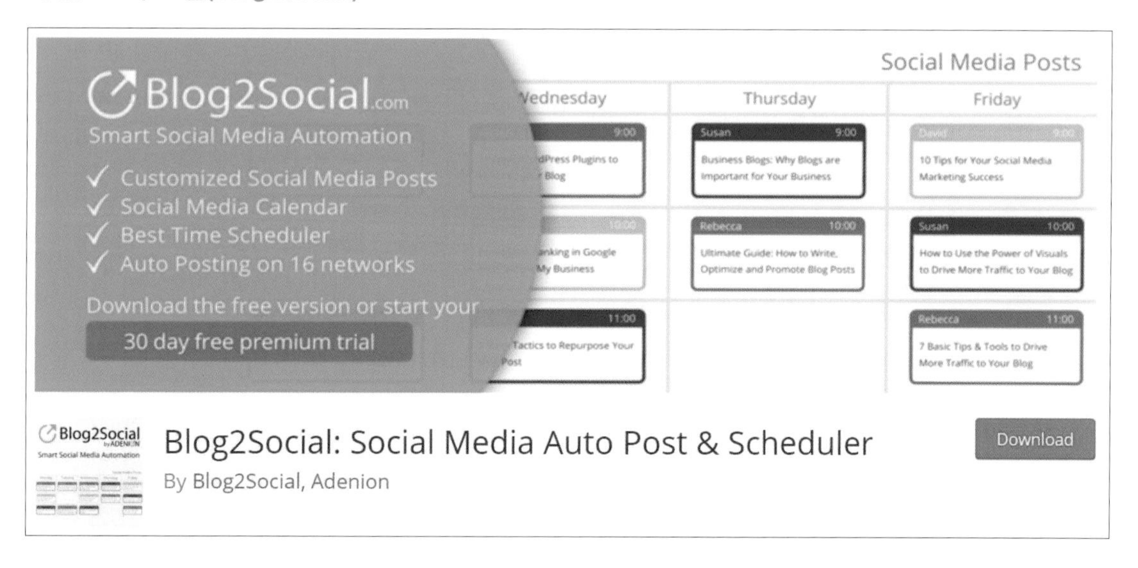

자사몰 제작을 완료하고 난 후, 웹 트래픽(방문자)를 늘이기 위해서 소셜미디어와의 연동은 필수(?)이다. Netcraft의 2020년 9월 리서치에 따르면, 2019년 1월을 기준으로 전 세계에는 1,196,298,727(10억개 이상)의 웹사이트이 활성화되어있다고 한다.[86] 10억개의 웹사이트 중에서 갓 생성된 나의 웹사이트는 과연 어디쯤에 노출이 될까? 그렇기 때문에, 소셜 미디어의 사용이 세상에 나의 웹사이트 탄생을 알리는 신호탄으로 사용될 수 있다.

86 siteefy, How many website are there in the world?(12 October 2020) 〈https://siteefy.com/how-many-websites-are-there/#:~:text=built%20on%20WordPress%3F-,How%20many%20websites%20are%20there%20in%20the%20World%3F,to%201%2C518%2C207%2C412%20in%20January%202019〉.

하지만, 소셜 미디어의 사용이 반드시 성공을 보장하는 것은 아니다. 오히려 해가 될 수도 있기 때문에, 비즈니스의 특성과 개인의 취향 및 기타 요소들을 고려하여 소셜 미디어의 사용 여부를 결정하는 것이 좋다.

자사몰을 운영하면서 소셜 미디어 계정을 동시에 관리하는 것은 보통 쉬운 일이 아니다. 보통 페이스북, 트위터, 인스타그램 계정은 함께 개설을 하기 때문에(요즘에는 인스타그램이 대세이긴 하지만) 정말 많은 시간과 노력이 필요하다.

이때, 이러한 번거러움을 덜어주는 플러그인이 있는데, 바로 Blog2Social이다. 2021년 1월 기준으로 지금까지 60,000개 이상의 웹사이트에 설치되어 사용되고 있다.[87] 이 플러그인을 사용하면(워드프레스로 제작된) 웹사이트의 콘텐츠를 페이스북과 인스타그램은 물론이며, 그 외 다양한 소셜 미디어에 쉽게 공유를 할 수 있으므로, 중복으로 일을 하게 되는 시간 낭비를 하지 않아도 된다. 쉽게 말하면, 웹사이트에 글을 작성한 후, 몇 번의 클릭만으로도 별도의 수고 없이 작성한 콘텐츠를 소셜 미디어로 보낼 수 있다. 재정적인 여유가 없어 직원을 고용할 수 없는 1인 창업자들에게 유용한 플러그인이다.

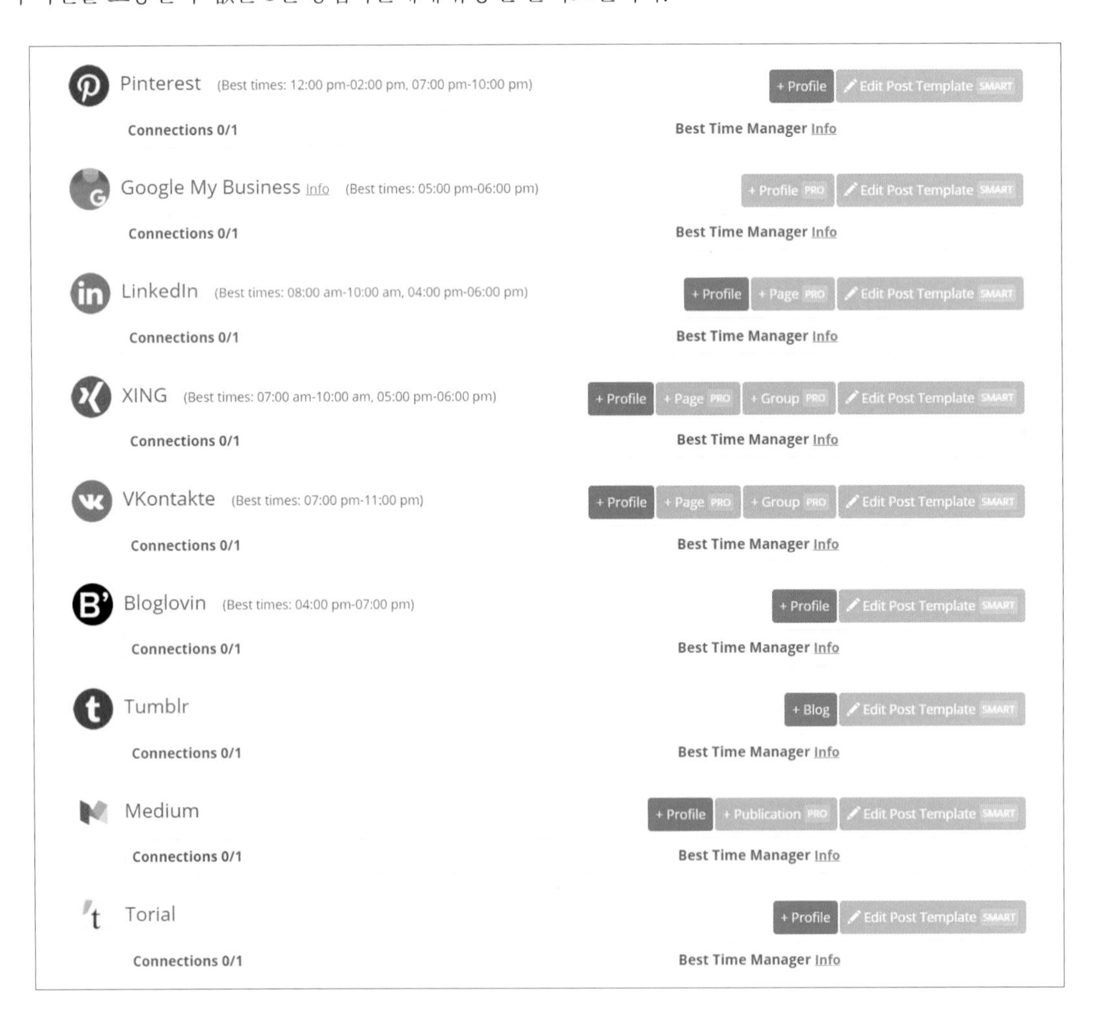

87 Blog2Social & Adenion, Blog2Social: Social Media Auto Post & Scheduler(WordPress.org) 〈https://wordpress.org/plugins/blog2social/〉.

물론, 다양한 기능을 사용하기 위해서는 유료 버전을 사용해야 한다.[88] 비즈니스 플랜의 경우 30일 무료 체험이 가능하기 때문에, 직접 체험을 해보면서 그 편리함을 느껴봐도 되겠다. 하지만 일단 무료 체험을 하면서 편리함을 알게 되면 그 이하의 플랜들은 눈에 들어오지 않는다는 단점이 있다.

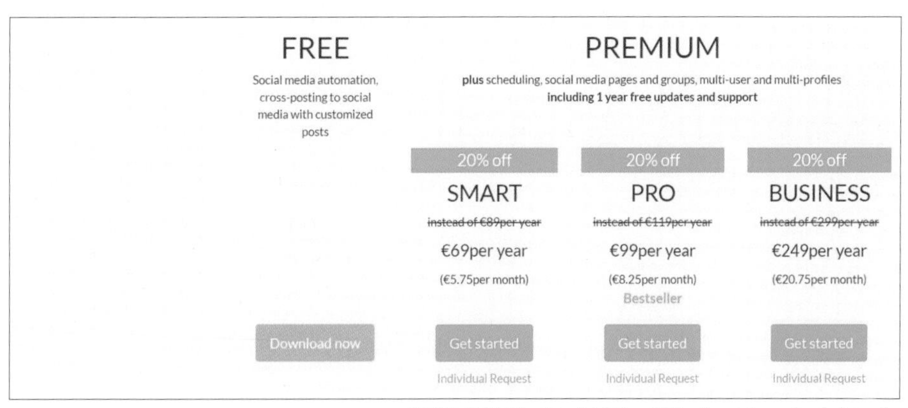

이미지 출처: Blog2Social ⟨https://blog2social.com/en/pricing/⟩

이 플러그인의 또 하나의 장점은 캘린더를 통해 소셜 미디어의 게시물 공유와 관리가 편하다는 것이다. 웹사이트의 콘텐츠가 별로 없는 초창기의 경우, 소셜 미디어를 함께 운영하면서 모든 게시글을 추적이 가능하지만, 시간이 지나면서 많아지는 콘텐츠와 다양해지는 소셜 미디어의 계정으로 공유한 게시글들을 한 번에 추적하기가 어려워진다(때에 따라서, 기존의 게시글들을 업데이트해야 하는 경우가 발생하기 때문에). 이때, Blog2Social 플러그인에서 제공하는 캘린더를 사용하면 한 눈에 모든 것을 확인하고 추적할 수 있다.

Your Activity

Calendar List Chart

January 2021

show full calendar today ‹ ›

Sun	Mon	Tue	Wed	Thu	Fri	Sat
27	28	29	30	31	1	2
3	4	5	6	7	8	9
10	11	12	13	14	15	16
17	18	19	20	21	22	23
24	25	26	27	28	29	30
31	1	2	3	4	5	6

이미지 출처: @Blog2Social

88 Blog2Social by Adenion, More Blog2Social. GET PREMIUM ⟨https://blog2social.com/en/pricing/⟩.

5. 검색엔진 최적화 플러그인(Search Engine Optimization(SEO Plugins))

워드프레스의 장점은 검색엔진에 노출이 잘 되는 것이다. 이는 실력 있는 개발자들이 검색엔진 노출을 위해서 무료/유료 SEO 플러그인을 개발하고 배포하고 있는 덕분이다. 아래의 플러그인들을 설치하면 검색엔진 노출을 위한 도움을 받을 수 있다.

- Yoast SEO[89]
- All in One SEO[90]
- Rank Math[91]
- The SEO Framework[92]
- SEO 2020 by Squirrly[93]

이 중에서 가장 많이 설치되어 사용되고 있는 플러그인은 Yoast SEO이지만, 후발주자 SEO 플러그인들 역시 좋은 결과를 보여주고 있다. 필자의 경험에 따르면, 대부분의 경우 Yoast SEO 플러그인 설치와 구현에는 별문제가 없었지만, 워드프레스 테마와 충돌하여 Yoast SEO 플러그인 설치와 활성화에 실패한 적이 있었다. 사이트맵의 생성 시에 에러가 발생하여, 검색엔진 노출에 실패했는데, 이런 경우, 다른 SEO 플러그인을 대체 설치하거나, 메뉴얼로 사이트 맵을 생성하여 구글 콘솔에 제출하여 문제를 해결할 수 있다.

이 책에서는 All in One SEO의 설치 과정을 간단하게 살펴보도록 하겠다. 워드프레스 공식 사이트에서 플러그인을 다운 받아 설치가능하다. 현재까지 2,000,000개의 웹사이트에서 설치되어 사용되는 인기 검색엔진 최적화 플러그인이다.

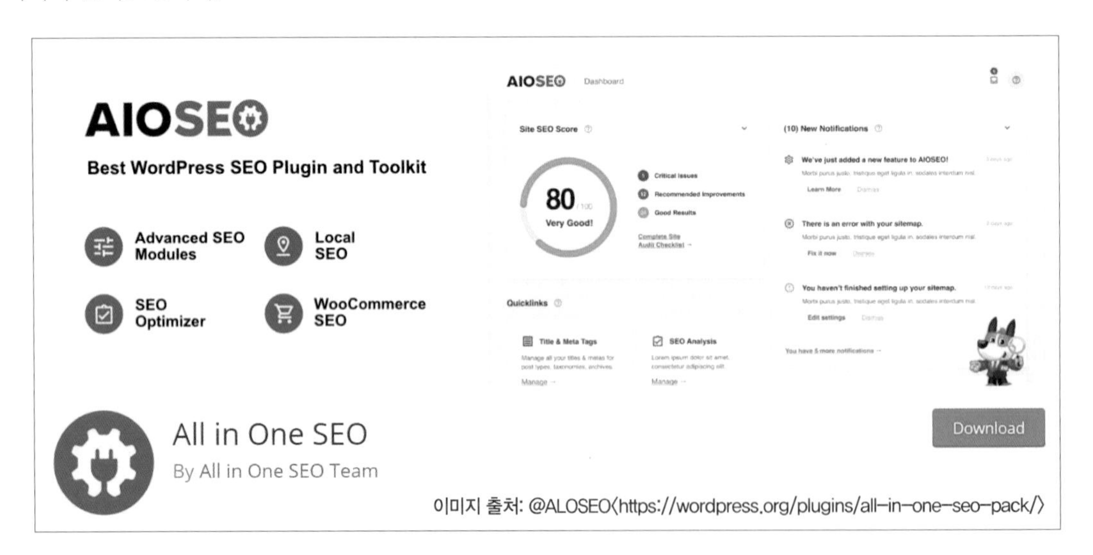

이미지 출처: @ALOSEO〈https://wordpress.org/plugins/all-in-one-seo-pack/〉

89 Team Yoast, Yoast SEO(WordPress.org) 〈https://wordpress.org/plugins/wordpress-seo/〉.
90 All in One SEO Team, All in One SEO(WordPress.org) 〈https://wordpress.org/plugins/all-in-one-seo-pack/〉.
91 Rank Math, Rank Math – SEO Plugin for SEO(WordPress.org) 〈https://wordpress.org/plugins/seo-by-rank-math/〉.
92 The SEO Framework Team, The SEO Framework(WordPress.org) 〈https://wordpress.org/plugins/autodescription/〉.
93 Squirrly, SEO 2021 by Squirrly(Smart Strategy)(WordPress.org) 〈https://es.wordpress.org/plugins/squirrly-seo/〉.

이미 워드프레스 테마 설치 과정까지 마쳤다면 관리자 페이지에 접속하여 [플러그인 > 새로 추가하기]에서 All in One SEO를 검색한다.

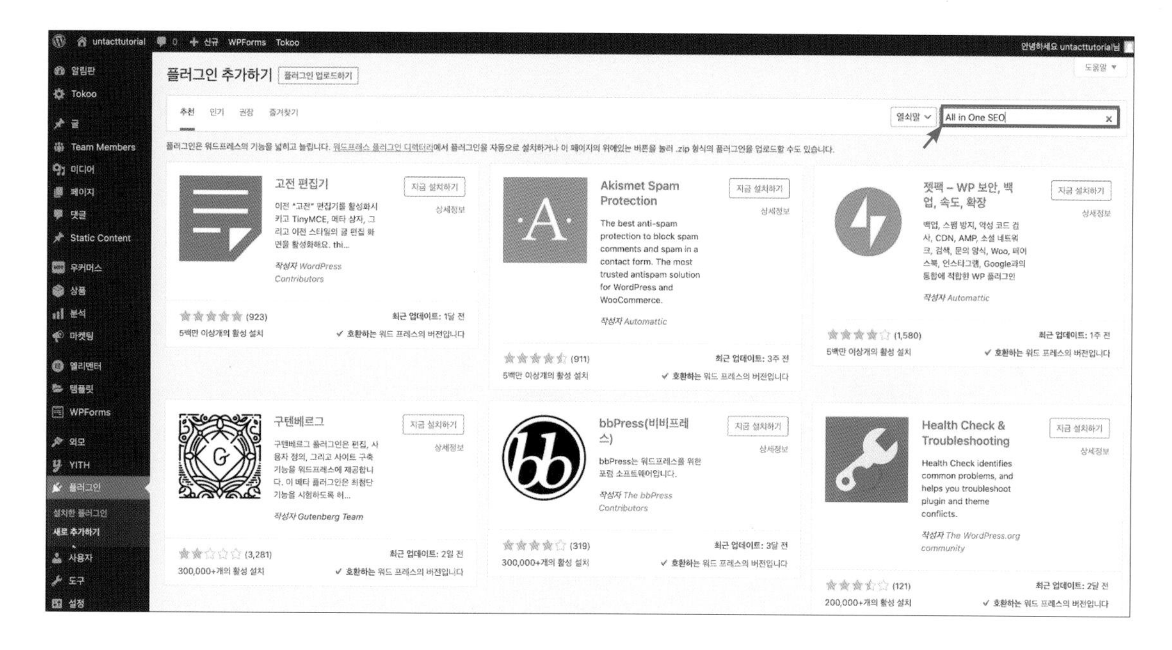

설치 후 활성화하기 버튼을 클릭한다.

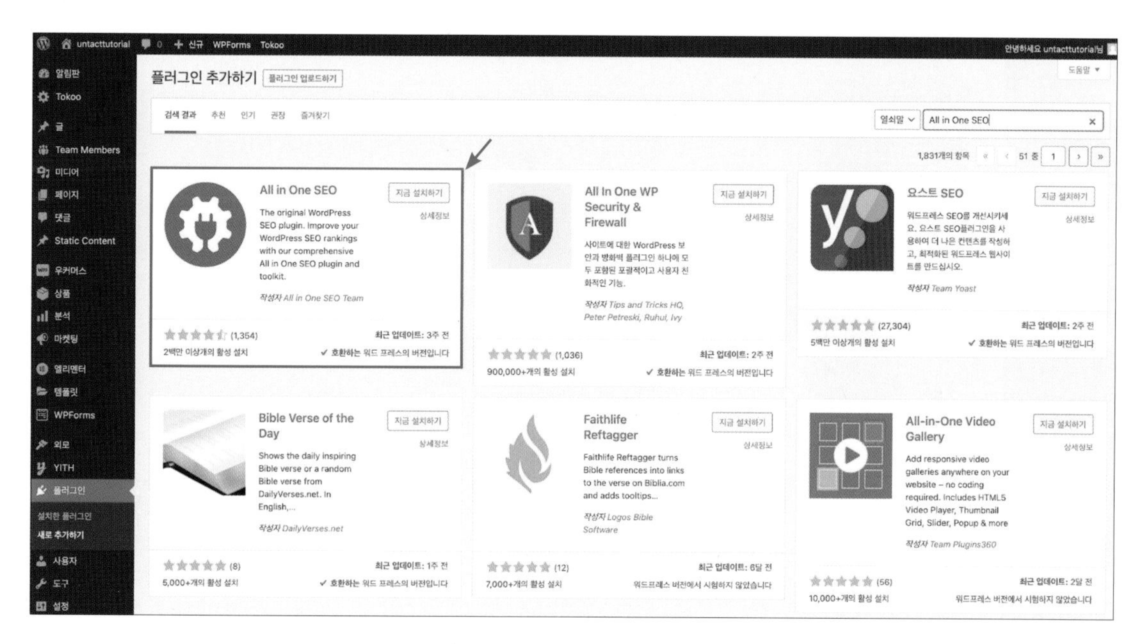

이후 나오는 절차에 따라 설치를 진행한다.

[All in One SEO 〉 대시보드]에서도 설치 마법사를 시작할 수 있다.

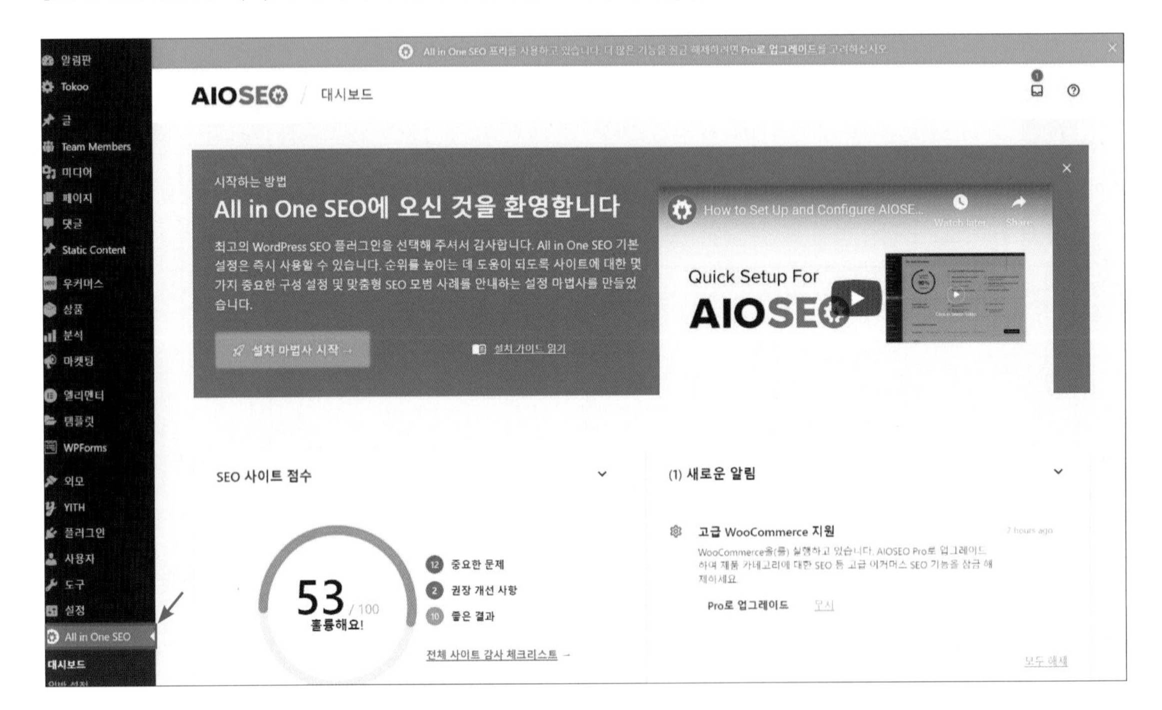

이 플러그인 설치 후에는, 페이지 또는 포스팅 생성 시, 해당 관리자 페이지 아래 아래와 같은 기능이 추가되는 것을 확인할 수 있다.

사용하기 쉽게 구성이 된 인터페이스와 소셜미디어와의 연동이 All in One SEO 플러그인의 장점이며 검색 엔진 노출의 결과도 괜찮다.

간단한 무료 버전을 이용하여도 노출에는 큰 문제는 없지만, 키워드를 추가시키기 위해서는 유료 버전을 사용해야 한다. 결코 적은 금액이 아니기 때문에 성급하게 유료 플러그인을 구매하기보다는, 무료 버전을 사용하면서 결과를 보고 유료 업그레이드를 결정하면 된다.

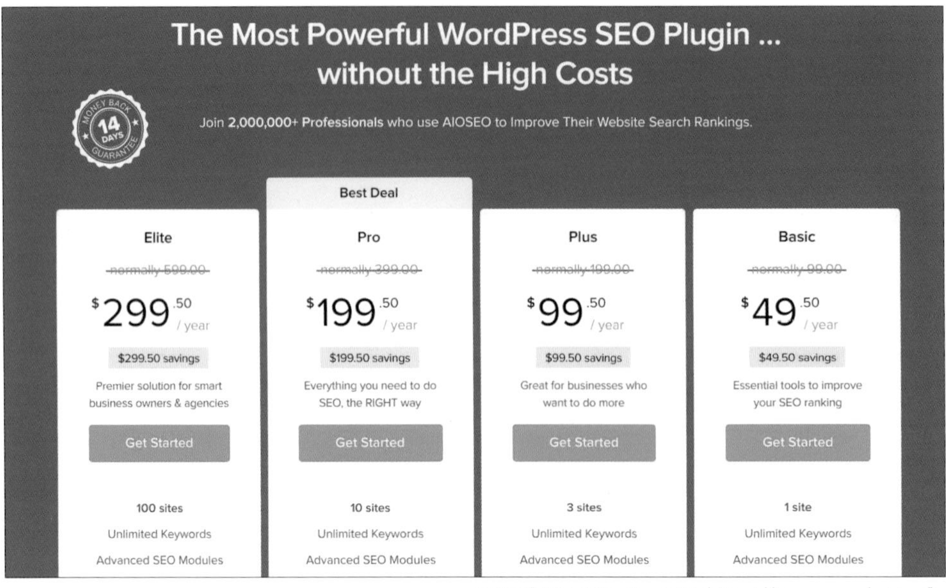

이미지 출처: @All in One SEO 〈 https://aioseo.com/pricing/〉

플러그인의 자세한 사용 방법을 알고 싶다면 구글에서 site:youtube all in one seo으로 검색을 하여 관련 동영상들만 추출하여 공부해보는 것도 좋다.

이미지 출처: @구글

6. 유럽 개인정보 보호법 쿠키(GDPR(General Data Protection Regulation) Cookies)

1950 European Convention on Human Rights에 따라 2018년 5월 25일, 유럽 일반 개인정보 보호법(GDPR: General Data Protection Regulation)[94]이 발효가 되었다. 이에 따라 EU 회원국의 국민을 대상으로 제품/서비스를 판매할 경우, EU 국민의 개인 정보 보호 권리를 강화하기 위해 개인의 정보가 어떻게 수집되고 저장되어 사용되는지에 대한 내용을 웹사이트에 명시해야 한다. 특히, 구글 광고와 구글 애널래틱스를 사용할 계획이라면 개인정보는 더욱더 조심히 다루져야한다. 여기서 개인 정보란, 사용자의 이름, 이메일, 위치 및 IP주소, 쿠키 등이 포함이 된다.

GDPR 법을 위반하게 되면 상당히 높은 금액의 벌금(글로벌 매출액의 4% 혹은 2천만 유로 중 더 높은 금액)이 부과되기 때문에, EU에 거주하는 국민들의 개인정보를 다루는 비지니스/기업이라면 GDPR 법을 따라야 한다.[95]

워드프레스에서 다양한 GDPR 플러그인들을 무료로 제공하고 있다. 명심할 것은 무료로 제공하는 GDPR 플러그인을 설치하여 사용할 경우 보안상의 문제가 발생할 수도 있기 때문에 반드시 충분한 리서치 후 설치하도록 한다.[96]

워드프레스에서 제공하는 대표적인 무료 GDPR 플러그인에 대해 간단하게 살펴보겠다.

GDPR Cookie Consent 플러그인은[97] 현재 2021년 1월 기준으로 900,000개 이상의 웹사이트에서 설치되어 사용되고 있는 인기 플러그인이다. 무료와 유료 버전 2가지 타입이 있고, 설치와 사용이 비교적 쉬워 이용자의 만족도는 4.8/5로 꽤나 높은 편이다.

---

94 GDPR.eu, General Data Protection Regulation (GDPR) 〈https://gdpr.eu/tag/gdpr/〉.
95 Ben Wolford, What is GDPR, the EU's new data protection law?(GDPR.eu) 〈https://gdpr.eu/what-is-gdpr/〉.
96 문가용, 워드프레스의 GDPR 플로그인에서 치명적인 취약점 발견 돼 (보안뉴스, 14 February 2020) 〈https://www.boannews.com/media/view.asp?idx=86413〉.
97 WebToffee, GDPR Cookie Consent (CCPA Ready) (WordPress.org) 〈https://wordpress.org/plugins/cookie-law-info/〉.

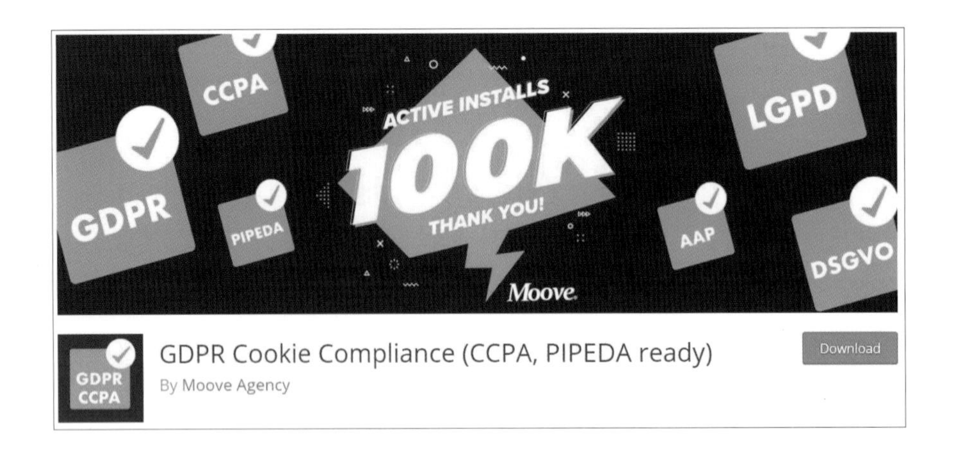

GDPR Cookie Compliance 플러그인은[98] 100,000개 이상의 웹사이트에서 설치되어 사용되어지고 있으며 이용자의 만족도는 4.5/5로 괜찮은 편이다. GDPR Cookie Consent 플러그인과 비교하여 이용자의 리뷰는 극(5/5)과 극(1/5)인 리뷰가 많은데 그중에서도 눈에 띄는 문제점은 플러그인과의 충돌로 인해 발생하는 것 때문이였다.[99]

웹사이트 테마, 혹은 기존의 플러그인 간에 충돌로 인하여, 새로운 플러그인을 설치하게 되면 설치가 되더라도 작동이 되지 않는 경우가 있으며, 어떤 경우에는 웹사이트가 셧 다운(Shutdown) 되는 경우도 많이 발생하므로 당황하지 말고, 해결하도록 노력한다.

스스로 해결 능력이 부족할 때에는 새로운 플러그인 설치 전에, 웹사이트를 백업(Back-up)을 한 뒤 설치하도록 한다. 이유는 플러그인 설치 후 에러(Error)가 발생하였을 때, 백업 기능으로 에러 이전으로 웹사이트를 되돌릴 수 있기 때문이다. 스스로 문제를 해결할 수 없다고 판단이 되면 지체하지 말고 워드프레스 전문가에게 도움을 요청하는 것이 시간과 비용면에서 가장 좋은 방법일 수도 있다.

* **참고**: 위에 언급된 플러그인은 필자의 경험을 바탕으로 작성이 되었고, 플러그인들을 설치 당시에는 어떠한 오류가 발생하진 않았다. 하지만, 지금 글을 읽는 독자가 선택한 테마의 종류에따라 플러그인과 충돌이 일어날 수도 있으며, 보안 관련하여 문제가 발생할 수도 있으니, 문제가 발생하였을 경우 해당 개발자 또는 업체에 연락하여 신속하게 처리하는 것을 적극 권유하며 필자들은 이에 대한 어떠한 책임을 지지 않는다.

98 Moove Agency, GDPR Cookie Compliance (CCPA, PIPEDA ready) (WordPress.org) 〈https://wordpress.org/plugins/gdpr-cookie-compliance/〉.
99 WordPress.org, GDPR Cookie Compliance (CCPA, PIPEDA ready) Review 〈https://wordpress.org/support/plugin/gdpr-cookie-compliance/reviews/page/3/〉.

마지막으로 소개할 쿠키 플러그인은 Cookie Notice for GDPR & CCPA이다.[100] 2021년 1월 기준으로 1,000,000개 이상의 웹사이트에서 설치된 이 플러그인 이용자들의 사용 만족도는 4.9/5으로 꽤나 높다. 필자는 앞서 언급된 쿠키 플러그인들을 설치했지만, 기존의 플러그인/테마와 충돌하여 제대로 작동이 되지 않은 경험을 몇 번 겪었다. 그때마다, Cookie Notice for GDPR & CCPA 플러그인을 설치해보았는데 아무런 문제없이 설치 되었고 웹사이트에서 작동이 잘 되었다.

위에 언급된 플러그인들은 GDPR 이외에도 CCPA를 위한 쿠키에도 사용 가능하다고 되어 있다. 이쯤이면 독자는 CCPA가 무엇인지 궁금해 질 것이다. CCPA란 California Consumer Privacy Act의 줄임말로 캘리포니아 소비자 보호법의 줄임말이다. 이 법은 2020년 1월에 발효가 되었다. GDPR과 같이 웹사이트 이용 시 캘리포니아에 거주하는 사용자들의 개인 정보 수집에 관한 사항을 소비자들에게 반드시 고지하여야 한다.[101] 다음의 예를 통해 어떤 정보가 수집되는지 확인해보겠다.

개인 정보의 예:

ID

- 이름
- 집 주소
- 회사 주소
- 전화 번호
- 휴대폰 번호
- 이메일 주소
- 여권 번호
- 주민등록번호(또는 이와 동등한 정보)
- 운전면허증

100 dFactory, Cookie Notice for GDPR & CCPA(WordPress.org) 〈https://wordpress.org/plugins/cookie-notice/〉.
101 State of California Department of Justice Office of The Attorney General, California Consumer Privacy Act(CCPA) 〈https://oag.ca.gov/privacy/ccpa〉.

- 신체적, 생리적 또는 유전적 정보
- 의료 정보

재무

- 은행 계좌 번호
- 신용 카드 번호
- 소셜 미디어 게시물

온라인 정보

- IP/위치 주소
- 쿠키

일반적으로, 캘리포니아에 거주하는 사람들에게 적용이 되지만, 캘리포니아 주민을 대상으로 제품/서비스를 판매할 때도 이 법이 적용되기 때문에 미국을 대상으로 해외 쇼핑몰을 운영할 계획이라면 CCPA를 명시하는 것을 권유한다. 보다 자세하게 살펴보자면 아래의 3가지 경우에 포함되는 경우에는 CCPA법을 따라야 한다.[102]

1. 연간 순 매출이 $2,500만 달러 이상인 사업자
2. 50,000 이상의 캘리포니아 주민/가정의 정보를 판매, 구매, 공유를 하는 사업자
3. 개인 정보의 정보 판매를 통해 연간 총 매출의 50%이상을 취득하는 사업자

GDPR의 과징금보다 적은 금액이긴 하지만, CCPA를 위반할 경우에는 소비자당 $2,500 - $7,500 달러까지의 벌금이 부과될 수도 있고 집단 소송이 가능하기 때문에 절대 우습게 보면 절대 안된다.[103]

* **참고**: 필자는 일반적인 정보만을 발췌하여 간단한 정보만을 제공하였으므로, 위에 언급된 내용에는 아무런 책임을 지지않는다. 위에 언급한 내용 이외에도 개인정보 정책에 대한 중요한 내용이 많으니 GDPR & CCPA가 적용되는 개인/업체는 관련 전문가 혹은 변호사와 자세한 상담을 적극적으로 권유한다.

102 See ibid.
103 See ibid.

CCPA에 관련된 내용은 이쯤에서 그만하고 Cookie Notice for GDPR & CCPA 설치 후 세팅 페이지를 간단하게 살펴보도록 하겠다.

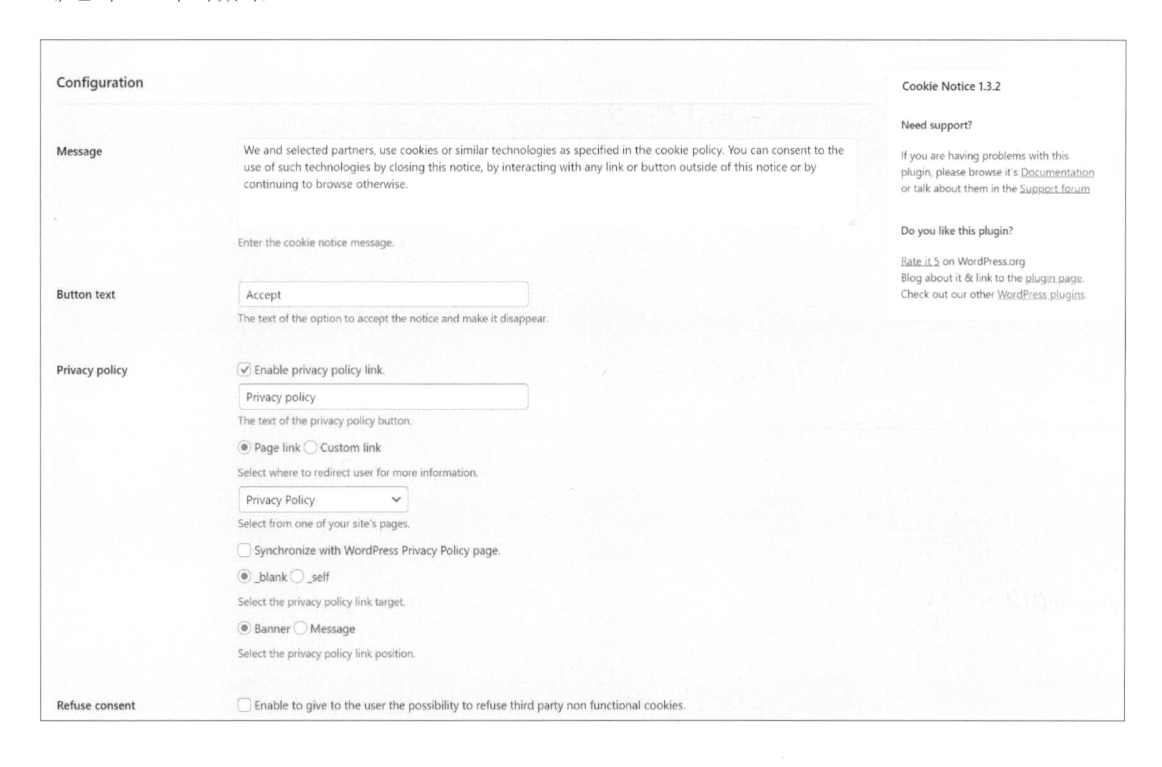

활성화된 쿠키 예

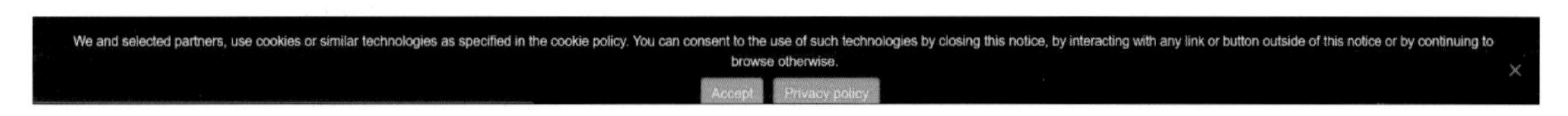

이 플러그인의 장점은 모든 세팅이 한 페이지에서 가능하다는 것이다. Message 칸에 개인 정보 수집에 동의하는 내용을 삽입하면 소비자가 이에 관련하여 자세한 정보를 읽을 수 있게 개인 정보 정책(Privacy Policy) 페이지와 연동하는 것을 추천한다.

연동하는 방법은 Enable privacy policy link를 클릭하여 활성화한다. 기존에 페이지가 생성되어 있으면 Select where to redirect user for more information에서 Privacy Policy 페이지를 선택하면 자동으로 연동이 된다.

Revoke consent	☐ Enable to give to the user the possibility to revoke their consent *(requires "Refuse consent" option enabled).*
Script blocking	Head / Body The code to be used in your site header, before the closing head tag. Enter non functional cookies Javascript code here (for e.g. Google Analitycs) to be used after the notice is accepted. To get the user consent status use the `cn_cookies_accepted()` function.
Reloading	☐ Enable to reload the page after the notice is accepted.
On scroll	☐ Enable to accept the notice when user scrolls.
On click	☐ Enable to accept the notice on any click on the page.
Accepted expiry	1 month The amount of time that the cookie should be stored for when user accepts the notice.
Rejected expiry	1 month The amount of time that the cookie should be stored for when the user doesn't accept the notice.
Script placement	◉ Header ○ Footer Select where all the plugin scripts should be placed.

Accepted expiry를 통해서 쿠키가 개인 정보를 저장해 놓는 기간을 설정한다. 업체마다 다르긴 하지만 일반적으로 30일(1달)을 기본으로 한다.

Deactivation	☐ Enable if you want all plugin data to be deleted on deactivation.
Corona Banner	
Display	☐ Enable to display the Corona Banner. The Corona Banner displays data about Coronavirus pandemia and **five steps recommended by the WHO (World Health Organization)** to help flatten the Coronavirus curve.
Current cases	☑ Display information about current cases. Provides up-to-date data about Coronavirus confirmed and recovered cases.
Text strings	☐ Enable if you'd like to adjust the Corona Banner text strings.
Design	
Position	○ Top ◉ Bottom Select location for the notice.
Animation	○ None ◉ Fade ○ Slide Select the animation style.
Button style	○ None ○ Light ◉ Dark Select the buttons style.
Button class	Enter additional button CSS classes separated by spaces.

쿠키 배너의 위치는 Position을 통해서 위(Top) 또는 하단(Bottom)에 설정하며(일반적으로 하단에 설정한다), 소비자의 주목을 끌수 있도록 간단한 애니메이션 효과도 설정할 수 있다.

Colors를 통해 배너의 색상을 바꿀 수 있는데 보통 검정색 바탕에 하얀색 폰트를 사용한다. 정해진 색상은 없으므로 개인의 취향에 맞게 설정하면 된다.

Unit. 07 해외결제 결제 시스템

1. 페이팔(Paypal)

이미지 출처: @페이팔 〈https://www.paypal.com/kr/webapps/mpp/merchant〉

이젠 대중화가 된 페이팔의 계정 생성에 대한 절차를 이 책에서는 다루지 않겠다. 간단한 구글과 유튜브 검색을 통해 페이팔 계정 생성에 대한 더 자세한 정보를 쉽게 찾을 수 있기 때문이다. 초보자들에게 페이팔 계정 생성은 꽤나 까다로우므로, 영어 실력이 부족할 경우 누군가의 도움이 필요할 것이다.

페이팔은 전 세계에서 가장 많이 사용되고 있는 온라인 결제 시스템으로, 전 세계의 제품을 환율 변환 걱정

없이 페이팔을 통해 판매 또는 구매할 수 있다. 페이팔이 소비자들의 소비형태를 바꾸어 놓았다고 볼 수 있는데, 이 시스템 덕분에 해외 직구도 활성화가 되었다. 해외 구매 대행으로 온라인 창업 또는 부업을 할 예정이라면 더더욱 페이팔 계정이 필요하다. 국내 결제 시스템에 익숙한 사람이 처음 페이팔을 사용할 경우, 간편함보다 불편함을 더 느낄 수 있다.

이 글을 읽고 있는 시점에서 아직 페이팔이 없다면 일단, 페이팔 계정부터 개설하라고 권유한다. 특히, 이베이에 제품 리스팅을 하기 위해서는 페이팔과의 연동이 필수이며, 자사몰 이용시에도 페이팔 연동을 위해 API 키가 요구되는데, 이때 페이팔 계정을 소유하고 있어야만 API 키를 받을 수 있기 때문이다.

페이팔의 수수료는 4.40% + 고정 수수료로 페이팔이 유일한 온라인 결제 수단이었을 때에는 선택의 여지가 없이 페이팔에서 설정한 수수료를 지불해야만 했다. 지금은, 페이팔 이외에도 많은 온라인 결제 시스템이 생겨나, 페이팔의 수수료가 비싸다고 느껴지면 다른 온라인 결제 시스템의 사용을 고려해볼 수 있다.

상용 거래 요율

PayPal은 상품이나 서비스를 구매 또는 판매하거나, 기타 유형의 상용 거래를 하거나, 자선단체 기부금을 보내거나 받거나, "금액 요청" 시 PayPal을 통해 결제대금을 받는 것을 "상용 거래"라고 부릅니다.

해외 거래 금액을 수취할 때의 표준 요율

송금인이 위치한 국가/지역	요율
한국(KR) 외부(상용 거래가 이뤄진 곳)	4.40% + 고정 수수료

이미지 출처: @페이팔 〈https://www.paypal.com/kr/webapps/mpp/merchant-fees?locale.x=ko_KR〉

페이팔을 사용하기 위해서는 자신의 은행 계좌 또는 신용카드와 연동을 해야 한다. 이 과정을 통해 사용자의 확실한 신원 확인이 가능하다. 연동을 위해서 페이팔은 사용자의 은행 계좌로 2번의 소액을 송금하고, 페이팔로부터 입금된 금액을 증명하면 연동이 완료된다.

페이팔의 장점은 온라인상에서 결제를 할 때 자신의 은행 계좌 정보 또는 신용카드 정보의 노출없이 페이팔의 계정(이메일 주소만)으로 구매가 가능하기 때문에 개인정보 보안면에서 안전하다는 것이다.

페이팔의 계정에 돈이 있어야지만 결제를 할 수 있는데, 자신의 은행 계좌에서 페이팔로 금액을 보내야 한다. 이때, 3-5일가량이 소요되기 때문에, 페이팔을 사용할 계획이 있다면 최소 3-5일 전에 페이팔로 돈을 입금해 놓아야만 한다. 페이팔에 돈이 충전되어 있지 않은 상태에서 온라인 결제를 시도하게 되면, 페이팔은 자동으로 은행 계좌에서 돈을 빼 나가 결제를 완료하기 때문에, 깜빡하고 페이팔을 충전하지 못했더라도 큰 걱정을 하지 않아도 된다.

또한, 페이팔 계정으로 제품을 구매했는데, 판매자로부터 제품을 받지 못한 경우에는 판매자와 연락이 닿지 않아도 페이팔에 환불 요청을 신청하여 환불을 받을 수 있다.

이런 많은 장점에도 불구하고 몇 가지의 불편함이 있는 것도 사실이다. 페이팔의 결제 과정에 익숙해지면 괜찮지만 처음에는 결제 과정이 복잡하게 느껴질 수도 있다. 구매 결제를 위해서는 페이팔 웹사이트로 이동을 해야 하며, 페이팔 계정이 없을 때는 회원 가입 요구된다. 물론, 페이팔 계정이 없이도 결제는 가능하긴 하지만 매번 이름, 전화번호, 이메일 주소, 거주지, 은행/신용카드 정보들을 일일이 다 기제를 해야 하기 때문에 보통 귀찮은 일이 아니다.

또한, 이메일만 알아도 페이팔 결제가 가능하기 때문에, 다양한 방법으로 해킹에 노출이 된다는 것이다. 필자는 페이팔을 사용한 지는 10년이 넘는 세월동안 한 번도 해킹의 경험은 없지만, 검색을 통해 페이팔 계정이 해킹을 당한 경험을 심심찮게 찾을 수 있다.

2. 스트라이프(Stripe)[104]

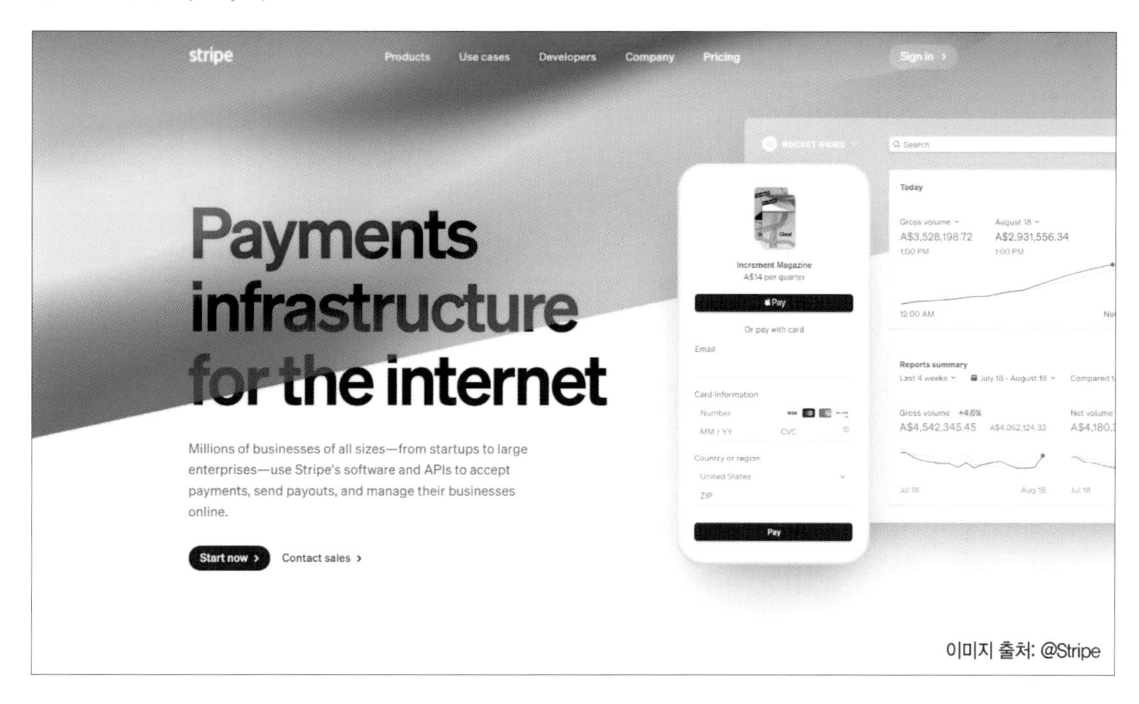

이미지 출처: @Stripe

스트라이프는 펜데믹의 상황에서도 꾸준한 성장세를 보이며 온라인 지출이 증가함에 따라 전년도 대비 45%의 성장을 기록하였다. 포브스와 블룸버그 통신에 따르면, 세계 최대 비사장 기업인 스트라이프의 기업 가치는 $35 billion(350억달러, 대략40조원)로 평가받았다.[105] 또한, 전문가들은 향후 스트라이프의 기업 가치를 $70 billion(700억달러, 대략77조원)에서 최대 $100 billion(1000억달러, 대략110조원)로 예상하였다.

도대체 스트라이프는 무엇이며 누가 만들었을까?[106]

스트라이프는 패트릭 콜리슨(Patrick Collison, 1988~)과 존 콜리슨(John Collision, 1990~) 형제에 의해 창

104 Stripe(Website) 〈https://stripe.com/〉.
105 Christian Owens, Stripe Isn't Overvalued At $35 Billion, You Just Don't Understand Twenty First Century Commerce(21 September 2019) 08:44am EDT 〈https://www.forbes.com/sites/christianowens/2019/09/21/stripe-isnt-overvalued-at-35bn-you-just-dont-understand-twenty-first-century-commerce/?sh=72546c88c964〉.
106 Alex Webb, A $100 Billion Valuation Poses Risk For Fintech Star(25 November 2020) 23:49pm GMT+9 〈https://www.bloomberg.com/opinion/articles/2020-11-25/a-100-billion-valuation-poses-risk-for-silicon-valley-fintech-star-stripe〉.

립되었다. 이들은 미국 대학 진학 전까지 아일랜드 시골의 작은 마을인 Dromineer에 살았다. 이들은 미국의 명문대 MIT와 하버드 대학에 진학한 인재들이지만 학교를 자퇴하고, 2008년에 이베이 판매를 위한 프로그램 '옥토매틱'(Auctomatic)을 창립을 하였다. 콜리슨 형제가 각각17세, 19세가 되던 나이에 옥토매틱을 캐나다 회사, 라이브 커런트 미디어(Live Current Media)에 500만달러로 매각을 했고,[107] 존 콜린슨은 세계에서 가장 어린 억만장자로 포브스의 억만장자 명단에 이름을 올리게 되었다.[108]

Datanyze의 리서치 결과에 따르면,[109] 스트라이프는 페이팔 다음으로 전 세계에서 두 번째로 많이 이용되는 온라인 결제 수단이 되었다. 스트라이프의 사용자는 매년 증가하는 추세이며, 부족한 필자의 견해로 추측해 본다면, 머지않아 페이팔에 버금가는 온라인 결제수단으로 자리매김을 할 것으로 예상된다.

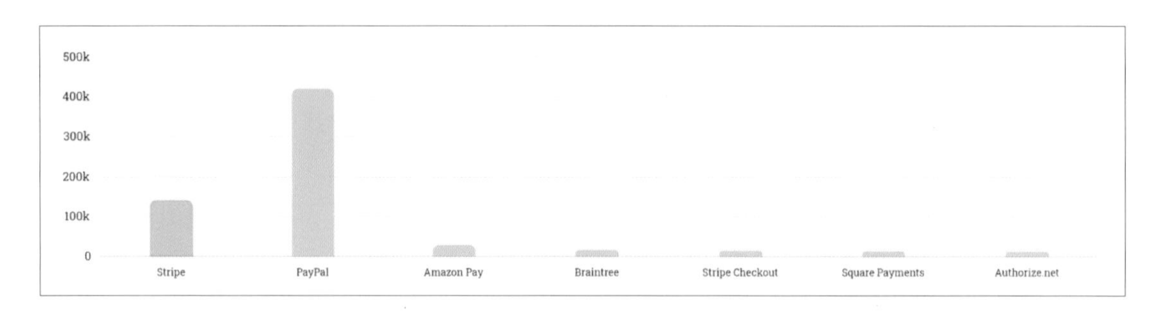

사람들은 왜 스트라이프를 좋아할까?

스트라이프의 가장 큰 장점은 페이팔처럼 별도의 페이지로 이동하여 결제를 할 필요없이 결제 페이지에서 최소한의 정보만으로 간단하게 결제가 가능하다는 것이다. 결제 시스템을 간소화시켜 소비자가 사용하기에 편리한 결제 환경을 제공하고 있다. 80%이상의 미국인들이 스트라이프를 사용한 경험이 있다고 밝혔는데, 해외 마켓을 대상으로 제품/서비스를 판매한다면 스트라이프의 설치를 고려해보는 것도 나쁘지 않을 듯 하다.

페이팔의 경우, 결제 버튼을 클릭하면 페이팔 결제 페이지로 이동하여 모든 정보를 입력해야 하는데 결제까지 짧게는 5분 길게는 20분의 시간이 소요되는 반면, 스트라이프는 결제 페이지에서 1분도 채 안 되어 결제가 가능하다. 아래에 보이는 이미지와 같이 이름과 카드 정보만 입력하면 웹사이트 내에서 결제가 완료된다.

107 Wikipedia, Patrick Collison 〈https://en.wikipedia.org/wiki/Patrick_Collison〉.
108 Josh Lee, Patrick and John Collision: Introducing the Irish billionaires Under 30(Gentleman's Journal) 〈https://www.thegentlemansjournal.com/article/patrick-john-collison-introducing-irish-billionaires-30/〉.
109 Datanyze, Top Competitors of Stripe in Datanyze Universe 〈https://www.datanyze.com/market-share/payment-processing--26/stripe-market-share〉.

이미지 출처: @스트라이프 〈https://stripe.com/payments〉

또 하나의 스트라이프의 장점은 수수료가 저렴하다는 것이다. 스트라이프의 건당 수수료는 건당 2.90% + 30센트로, 페이팔의 수수료(4.40% +고정 수수료)보다도 저렴하다.

그럼 어떻게 스트라이프를 웹사이트 내 설치할 수 있을까? 워드프레스로 웹사이트 제작 시, 스트라이프 플러그인[110]을 설치하면 간단하게 온라인 결제 시스템을 구현할 수 있다.

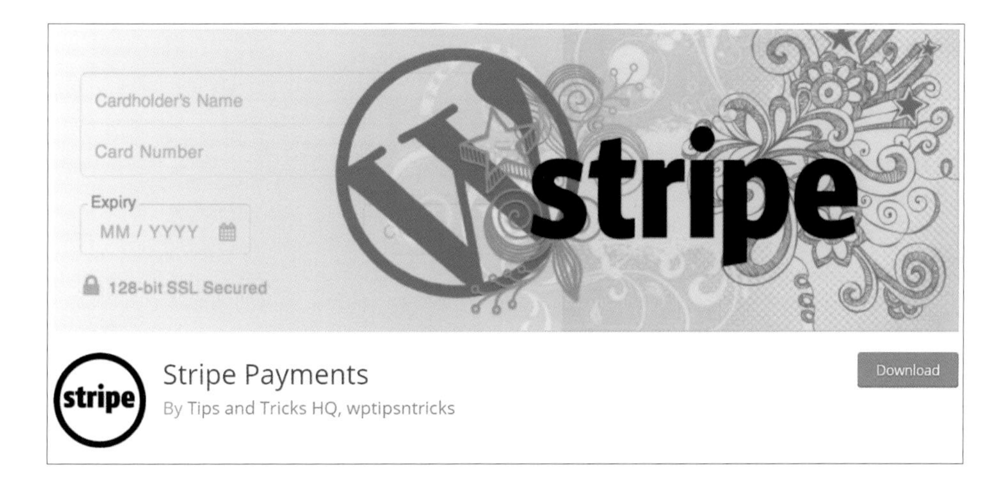

110 Tips and Tricks HQ & wptipsntricks, Stripe Payments(WordPress.org) 〈https://wordpress.org/plugins/stripe-payments/〉.

Stripe Payments 플러그인은 현재, 40,000이상의 웹사이트에 설치되어 사용되어지고 있고, 이용자들의 만족도는 4.6/5로 꽤 높은 편이다.

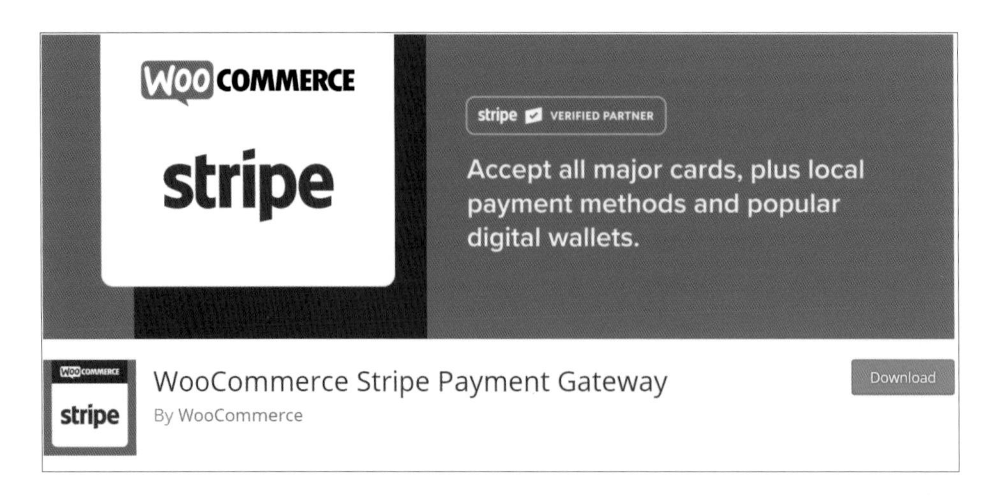

현재 가장 많이 사용된 스트라이프 플러그인은 WooCommerce Stripe Payment Gateway이다.[111] 2021년 1월을 기준으로 800,000이상의 웹사이트에 설치가 되었는데, 아래 이미지에서 보이는 것처럼 리뷰가 그리 좋지만은 않다. 필자의 경우 이 플러그인의 설치와 사용에는 별 어려움이 없었으며, 현재까지는 다른 플러그인/테마와의 충돌과 같은 문제를 겪어본 적은 단 한 번도 없었다. 플러그인 설치 수는 많은데 리뷰가 좋지 않은 경우에는 설치 수를 고려하여 사용 여부를 판단을 하면된다. 필자의 경험에 따르면, 리뷰가 부정적인 플러그인들도 별문제 없이 사용을 할 수 있었다.

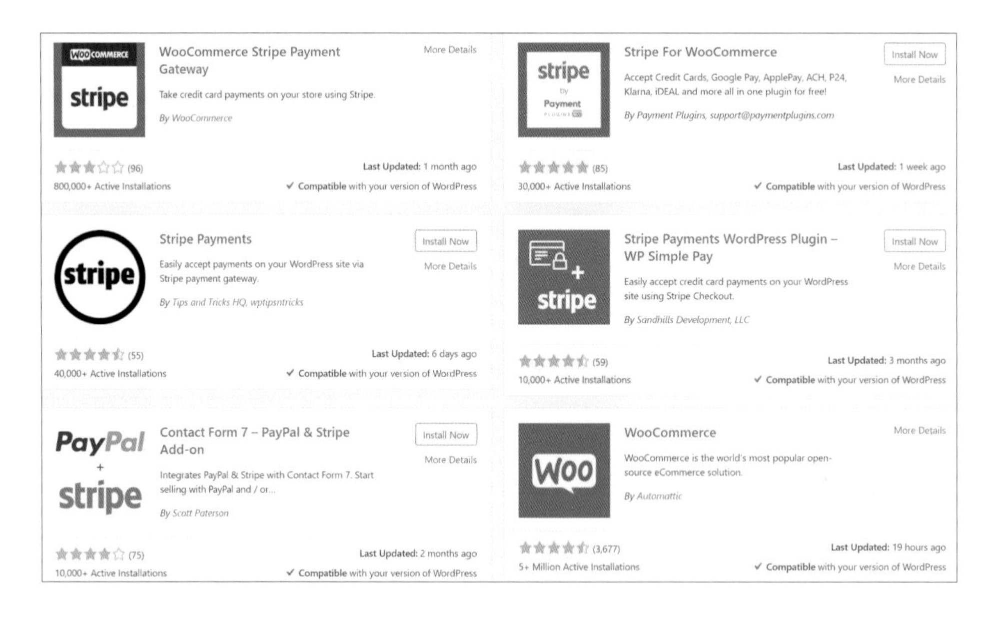

111 WooCommerce, WooCommerce Stripe Payment Gateway(WordPress.org) 〈https://wordpress.org/plugins/woocommerce-gateway-stripe/〉.

스트라이프 설치 후에는 깜빡하지 말고 WooCommerce Setting 페이지로 이동하여 Payment메뉴를 클릭한다. 그리고 스트라이프의 결제 시스템을 반드시 활성화(Enable)시켜야 한다. 이것은 초보자가 흔히 하는 실수인데, 활성화를 시키지 않으면 결제 기능이 결제 페이지에서 뜨지 않기 때문에, 플러그인 충돌로 에러가 난 것으로 오해를 할 수 있다.

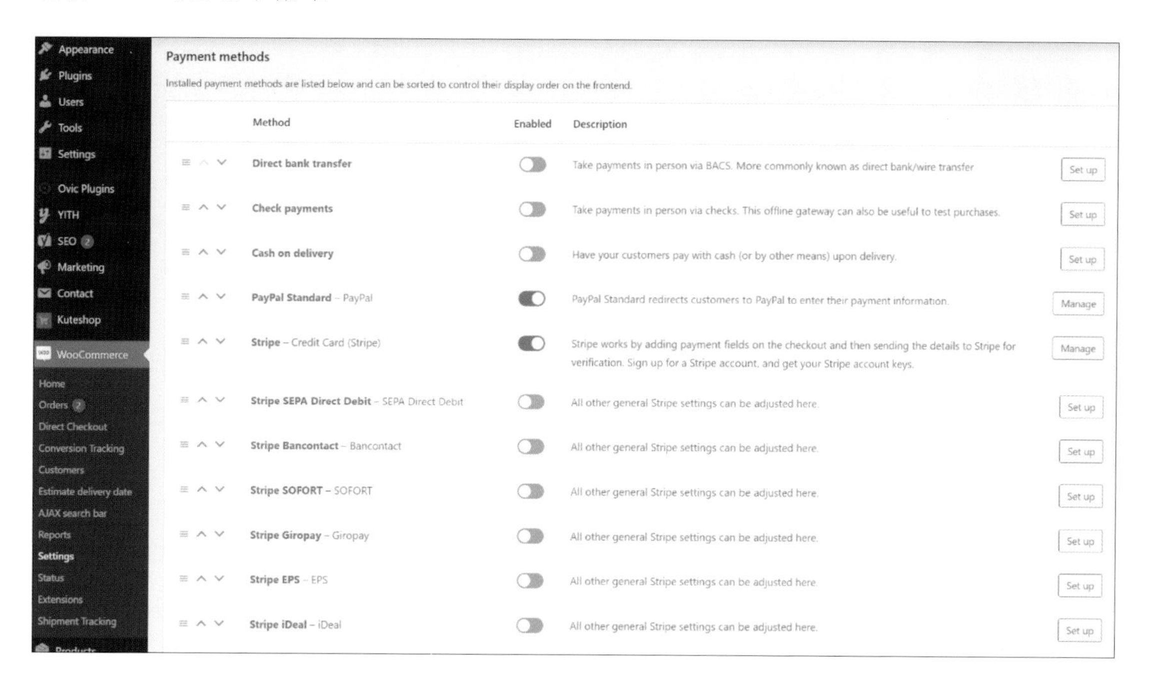

다음, Manage 버튼을 클릭하여 워드프레스와 스트라이프의 연동을 위한 API 키를 입력해야 한다. 이때 이 API 키는 스트라이프 웹사이트로 이동하여 키를 생성해야 한다.

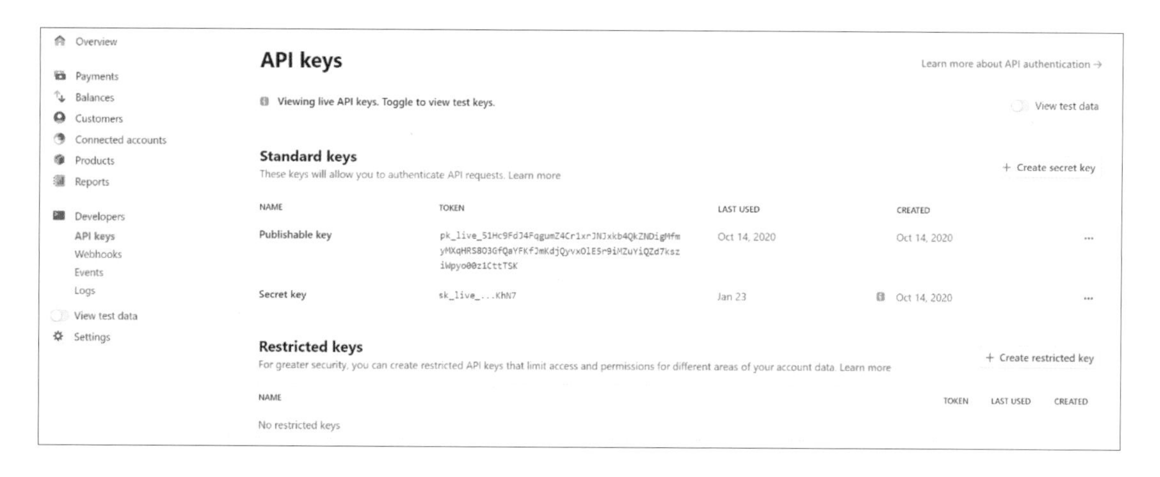

스트라이프의 계정을 개설하고 Developers〉API Keys 페이지로 이동한다. 그리고, 오른편에 보이는 +Create secret key를 클릭하여 Publishable key와 Secret key를(자동)생성 후 워드프레스에 아래와 같이 복사 + 붙여넣기를 해야 한다.

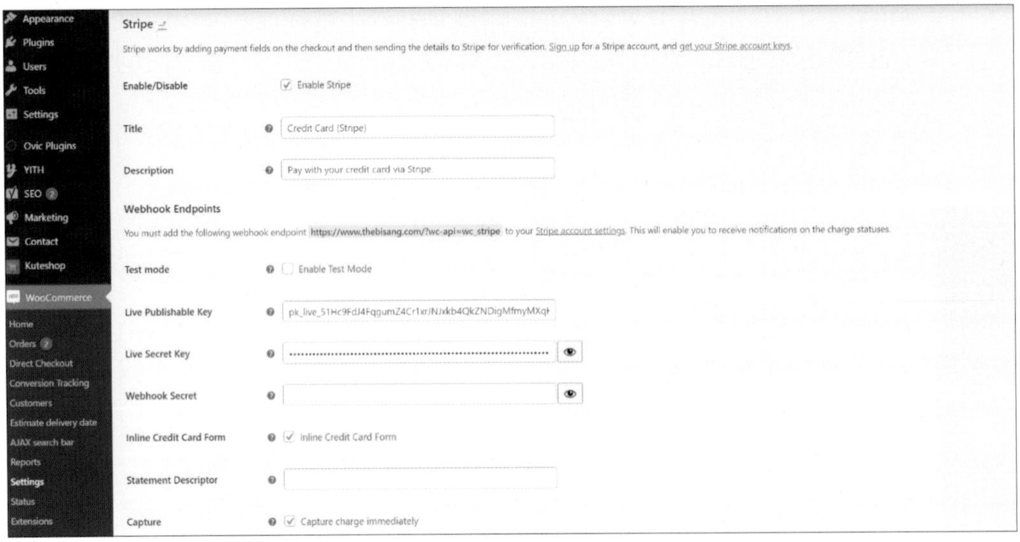

Appearance
Plugins
Users
Tools
Settings
Ovic Plugins
YITH
SEO
Marketing
Contact
Kuteshop
WooCommerce
Home
Orders
Direct Checkout
Conversion Tracking
Customers
Estimate delivery date
AJAX search bar
Reports
Settings
Status
Extensions

Stripe

Stripe works by adding payment fields on the checkout and then sending the details to Stripe for verification. Sign up for a Stripe account, and get your Stripe account keys.

Enable/Disable — Enable Stripe
Title — Credit Card (Stripe)
Description — Pay with your credit card via Stripe
Webhook Endpoints
You must add the following webhook endpoint https://www.thebisang.com/?wc-api=wc_stripe to your Stripe account settings. This will enable you to receive notifications on the charge statuses.
Test mode — Enable Test Mode
Live Publishable Key — pk_live_51Hc9FdJ4FqgumZ4Cr1xrJNJxkb4QkZNDigMfmyMXqk
Live Secret Key
Webhook Secret
Inline Credit Card Form — Inline Credit Card Form
Statement Descriptor
Capture — Capture charge immediately

스트라이프와 워드프레스와의 API 연동은 간단하나, Stripe 계정 생성 중 꼼꼼한 신원 확인 절차 과정이 처음에는 복잡하고 어렵게 느껴질 수 있다(하지만, 페이팔 계정 생성보다는 절차가 간소하다).

3. 테라 월렛(Tera Wallet)

테라 월렛 플러그인은 20,000+ 이상의 웹사이트들에서 설치되어 사용되어지고 있다. 플러그인 이용자들의 만족도는 5/5으로 높은 편이고 무료 버전을 테스트해 본 필자의 경험에 비추어 보아도 5점은 아깝지 않은 것 같다.

테라 월렛은 온라인 플랫폼에서 사용할 수 있는 전자 화폐 (Digital money)이다. 마케팅 목적 또는 환불이 필요한 경우 사용하면 편리하다. 예를 들어, 온라인 비즈니스를 새로 론칭을 하였다면, 새로운 고객을 유치 하였을 시 가입 고객의 계정으로 $2(한화 대략 2,000원)를 충전을 시켜주거나, 배송 문제로 인해 제품을 받지 못했다면 환불을 해주어야 하는데, 이때 가상 화폐를 사용하면 된다.

소비자는 이 가상 화폐로 할인을 받아 판매자의 웹사이트에서(만)제품을 구매할 수 있다. 이러한 장점으로, 환불 시 발생하는 번거로운 절차를 밟지 않아도 되어 시간과 비용 면에서 효율적이고, 구매 전환율을 높일 수 있기 때문에 만약의 사태에 대비하여 이 플러그인을 설치해 놓는 것도 좋을 것이다.

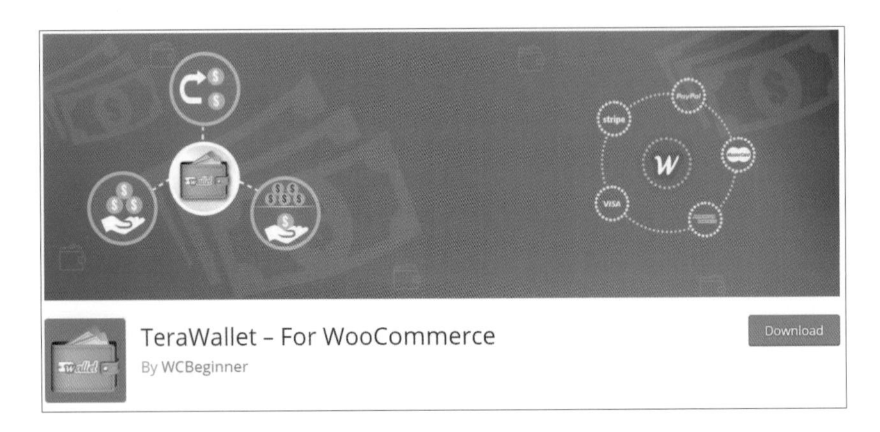

테라월렛 플러그인을 설치하고 관리자 페이지에서 보이는 "Action" 메뉴를 클릭하면 아래 페이지로 이동한다.[112] 전자 화폐는 회원 가입 시, 제품 리뷰 시, 매일 방문시 또는 친구 소개 시. 이렇게 4가지 경우에 대해서 전자 화폐를 충전할 수 있다. 회원 가입 고객의 계정에 충전할 계획이라면 제일 위에 보이는 New user registration 옆의 Setup 버튼을 클릭한다.

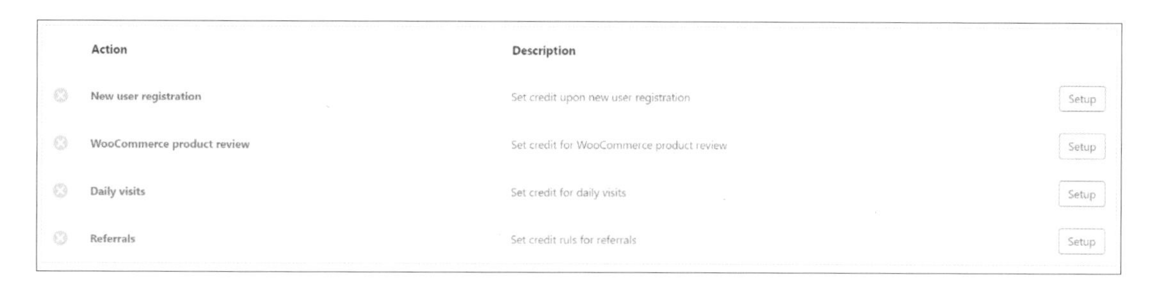

이 기능을 활성화하기 위해서 Enable auto credeit user registration을 클릭한 뒤, 아래 보이는 Amount 란에 충전 금액을 입력한다. 정해진 금액은 없으므로 원하는 금액을 입력하면 되겠다. 참고로, 알리익스프레스의 경우, 새로 가입한 고객들은 $2 할인 쿠폰을 받는다.

이와 마찬가지로 소비자가 제품을 구매하고 사용 후기를 남길 경우에도 고객의 계정에 전자 화폐를 충전시킬 수 있다. WooCommerice product review Setup 버튼을 클릭한 후 Enable credit for Woocommerce product review를 클릭하여 활성화시킨 다음 Amount를 입력한다. 만약, 깜박하고 Enable credit for Woocommerce product review를 활성화하지 않으면 금액은 충전이 되지 않으니 잘 확인하자.

Set credit for WooCommerce product review

Enable/Disable — Enable credit for WooCommerce product review

Amount — 10

Description — Balance credited for reviewing a WooCommerce product.

Save Changes

112 WCBeginner, TeraWallet – For WooCommerce(WordPress.org) 〈https://wordpress.org/plugins/woo-wallet/〉.

CHAPTER

02 한 번의 클릭으로 제품 등록을 도와주는 드랍쉬핑 플러그인

국내에서도 위탁 판매를 도와주는 다양한 제품 등록 프로그램들이있다. 마찬가지로, 해외에서도 이러한 프로그램들이 있는데, 그중에서 가장 인기가 많고 많이 사용되는 3가지 프로그램, 알리드랍쉽(Alidropship), 오벨로(Obelro), 샵마스터(ShopMaster)에 대해서 알아보도록 한다.

필자는 직접, 이 세 가지 프로그램을 직접 테스트하면서 장단점을 파악해 보았고. 어떤 프로그램을 사용하던지 간에 공통으로 주의할 사항들을 파악하였다. 첫째, 프로그램을 사용하여 제품 리스팅을 쇼피파이나 우커머스 자사몰에 등록할 때에는 반드시 사람이 마무리해야 한다.

이유인즉, 중국 도매 사이트의 경우 입점해있는 업체들이 직접 자사 제품이나 회사를 광고하는 내용을(주로 이미지에 포함) 상세 페이지에 함께 업로드하기 때문에 프로그램은 이런 정보까지 같이 수집한다.

이러한 이유로, 불러온 상세페이지의 정보를 제대로 확인하지 않으면 소비자는 상세 페이지란에서 상품의 정보 외에도 공급 업체의 정보를 비롯하여 공급업체의 광고 내용이 그대로 소비자에게 노출이된다. 이러한 정보들이 소비자에게 그대로 노출이 되면 프로페셔널하게 보이지 않을 뿐만 아니라 구매로 이어지지 않기 때문에 제품 등록을 완료하기 전 상세 페이지의 정보들을 반드시 확인해야 한다.

또한, 공급업체의 타이틀을 똑같이 사용하지 말아야 한다. 똑같은 타이틀을 사용할 경우에 공급업체의 제품이 검색엔진에 먼저 노출이된다. 도매 업체 사이트에서 사용된 키워드는 검색엔진에서 사용되는 키워드와 다른 경우가 많아 검색에 유용하지 않는 키워드를 사용할 경우 트래픽을 유발시키기 어렵다. 판매할 제품을 결정하였다면 프로그램 사용하여 제품을 끌어오기 전에 키워드 분석을 사전에 준비해 놓는 것이 좋다.

요즘 프로그램들은 개발이 잘 되어있기 때문에, 제품의 타이틀, 이미지뿐만 아니라, 제품의 상품 리뷰까지 한 번에 끌어올수도 있다. 처음 해외 쇼핑몰을 시작하는 시점에서 리뷰를 함께 끌어올 수 있어 장점이라고 생각할 수 있겠지만, 상품 리뷰를 그대로 불러오게 되면 차후 법적인 문제의 소지가 발생할 수 있어서 때문에 이 기능은 사용하지 않는 것을 권유한다.

이제 각각의 플러그인에 대해 좀 더 자세하게 알아보도록 하자.

Unit. 01 알리드랍쉽(Alidropship) 플러그인

알리드랍쉽 플러그인은 해외 위탁판매 사이트 제작 시 많이 사용되는 인기 있는 플러그인이다. 2020년 12월 15일 기준으로 70,000 이상의 이용자들이 사용하고 있다. 구글 검색엔진에서 "AliDropship Google Extension"이라고 치면 아래의 페이지로 이동한다.

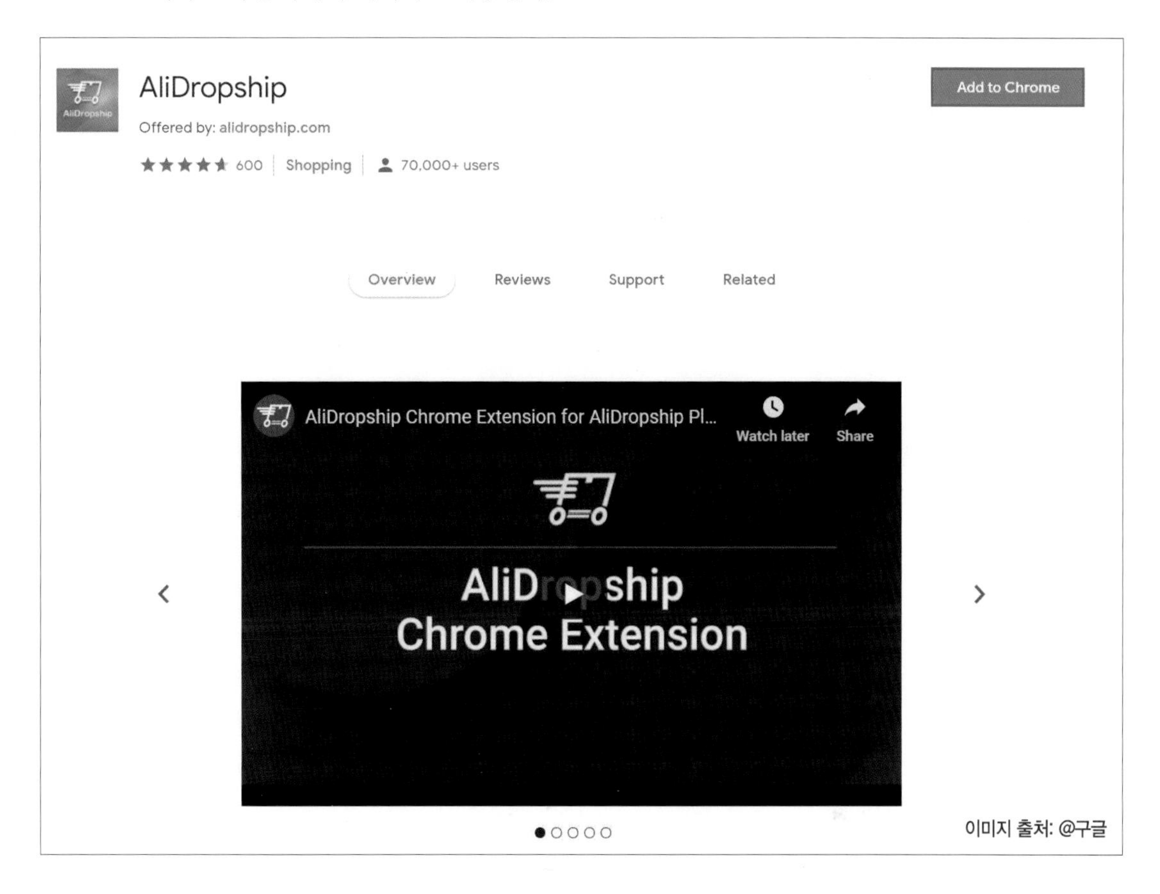

이미지 출처: @구글

오른편에 보이는 파란색 버튼 "Add to Chrome"을 클릭하면 아래에 보이는 것처럼 팝업 창(Pop-up)이 뜬다. 그리고 "Add extension" 버튼을 클릭하면 플러그인이 자동으로 설치가 된다.

* Note: 필자들은 구글에서 제공하는 크롬 익스텐션에 대한 일반적인 정보만을 제공하고, 플러그인 설치에 따른 여부와 책임은 독자에게 있다는 것을 알리는 바이다.

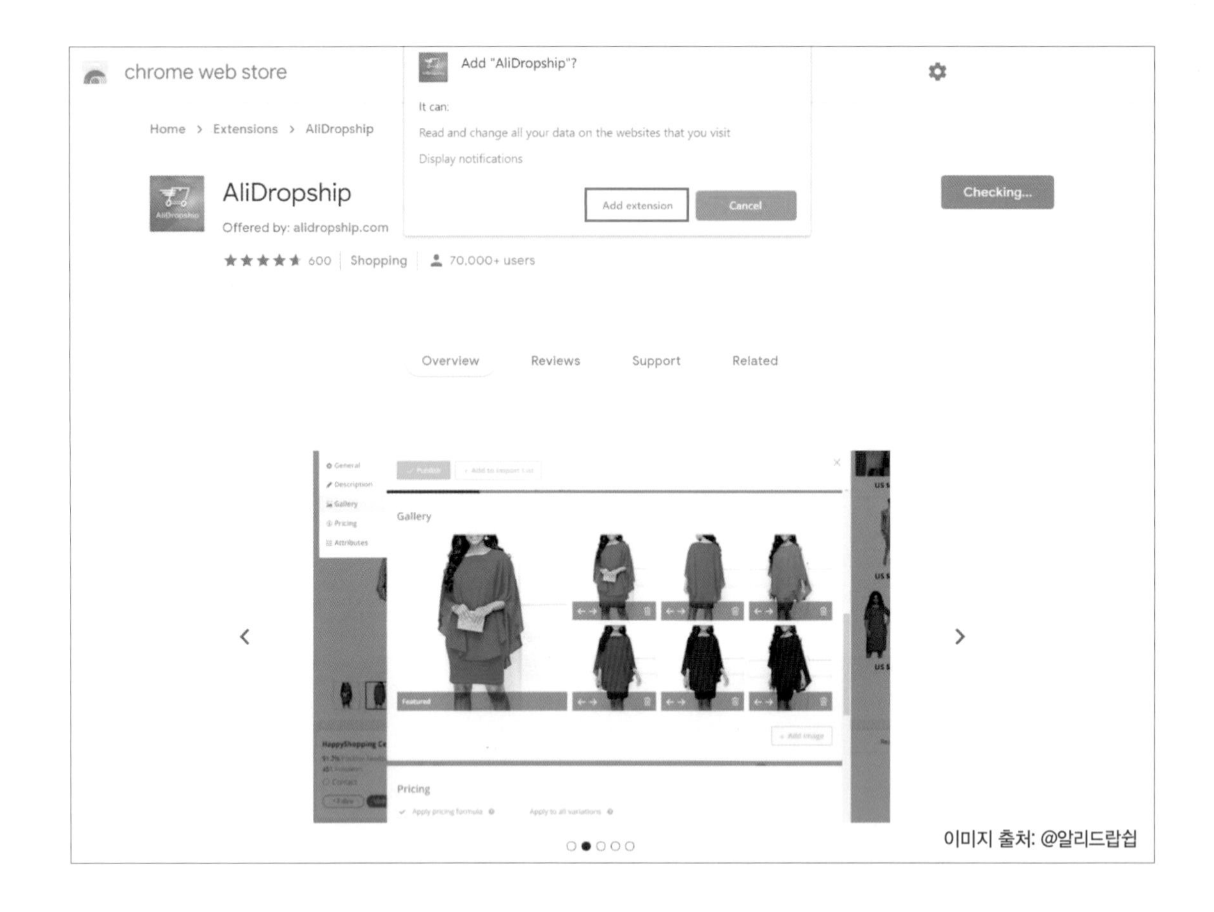

이미지 출처: @알리드랍쉽

알리드랍쉽 익스텐션을 설치 후, 알리드랍쉽 웹사이트에 접속하여(https://alidropship.com/plugin/) 플러그인을 구매한다. 플러그인 구매 비용은 미국 달러 $89(대략 한화 10만원)이고 한 개의 라이센스만 구입이 가능하며 추가 비용 없이 평생 사용할 수 있다. 3개의 해외 위탁 판매 사이트를 제작할 경우에는 3개의 플러그인을 구매해야 한다.

$89이 결코 저렴한 비용은 아니기 때문에 누군가는 플러그인의 구매를 망설일 것이다. 검색하다 보면 알리드랍쉽 크랙 버전(Cracked Version)을 배포 및 판매하는 곳으로부터 유혹도 느낄 것인데, 공식 플러그인이 아니면 이런 무료 소프트웨어들을 절대 사용하지 않을 것을 추천한다.

알리드랍쉽 플러그인뿐만 아니라, 어떤 소프트웨어를 비정상적인 방법으로 구매를 하게 되면 저작권, 업데이트, 개인 정보 노출, 보안, 바이러스 문제들을 경험하게 되기 때문에 발생하는 문제점을 해결하느라 더 많은 지출이 따르게 되므로, 반드시 업체에서 제공하는 공식 플러그인을 사용할 것을 권유한다.

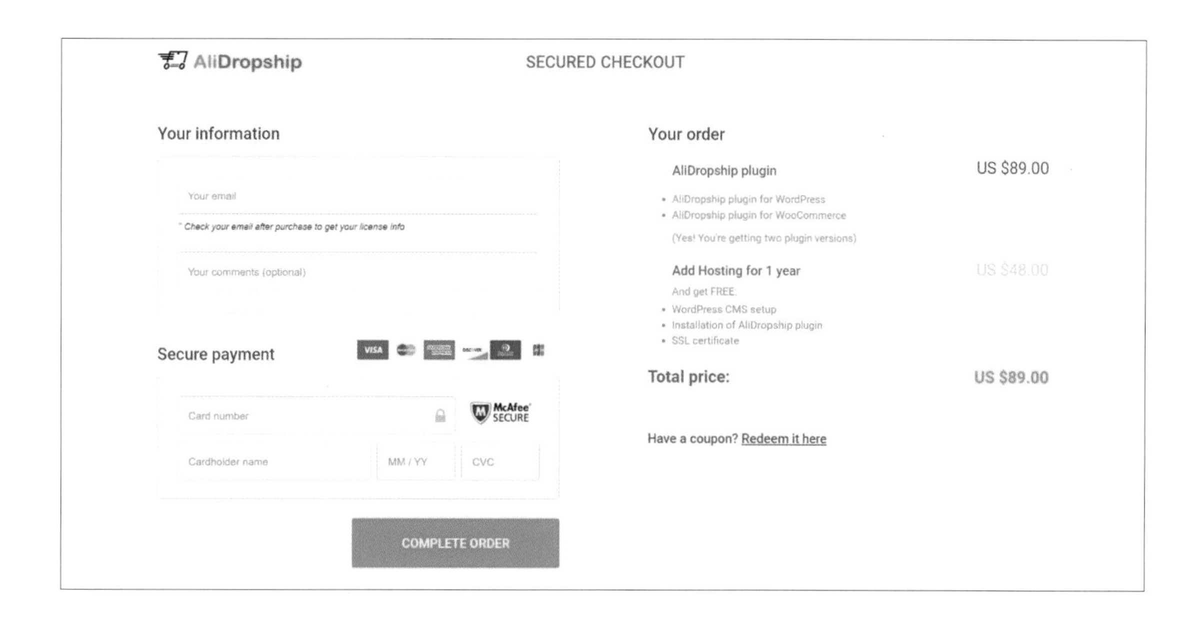

알리드랍쉽 플러그인을 설치하면 아래 이미지에 보이는 것처럼, 관리자 페이지 제일 상단에 플러그인 메뉴가 뜬다.

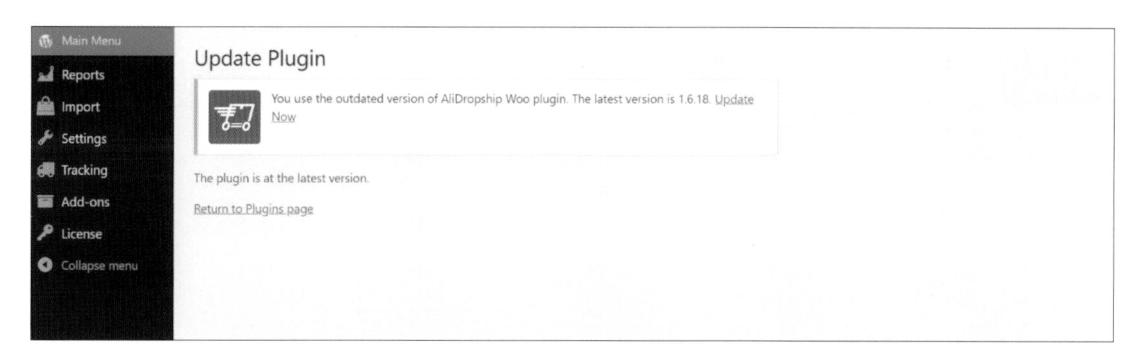

일단, 제일 먼저 해야할 것은 메뉴 제일 하단에 보이는 "License"를 클릭하여 라이센스 키를 입력해야 플러그인을 활성화할 수 있다.

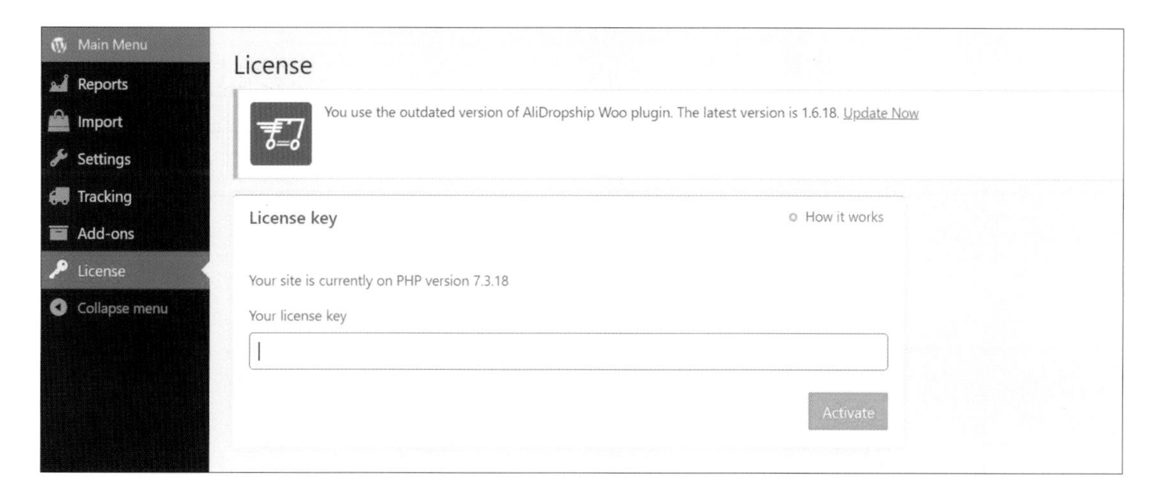

그런 다음, 메뉴 "Import"를 클릭하면 아래의 페이지에서 보이는 것과 같이 알리익스프레스의 추천 인기 위탁 판매 제품들을 한눈에 확인할 수 있으며, 이때 왼쪽에 보이는 필터를 이용하여 원하는 카테고리의 제품만을 따로 선별하여 불러들일 수도 있다.

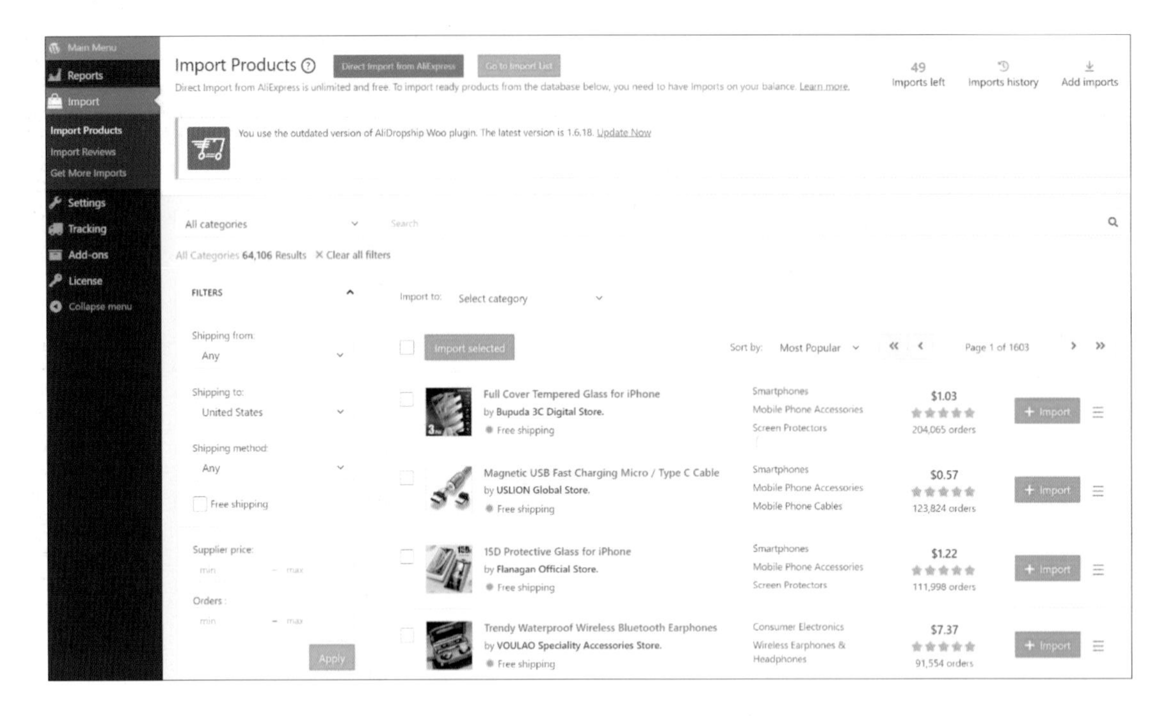

이때, 제품의 출고 국가를 중국, 미국, 유럽 국가 중에서 설정을 할 수 있는데, 미국을 상대로 제품을 판매할 예정이라면 "Shipping from"을 클릭하여 미국으로 설정을 한다. 그러면 아래의 이미지에서 보이는 것처럼, 미국 내 재고가 있는 제품들의 리스팅을 확인할 수 있다.

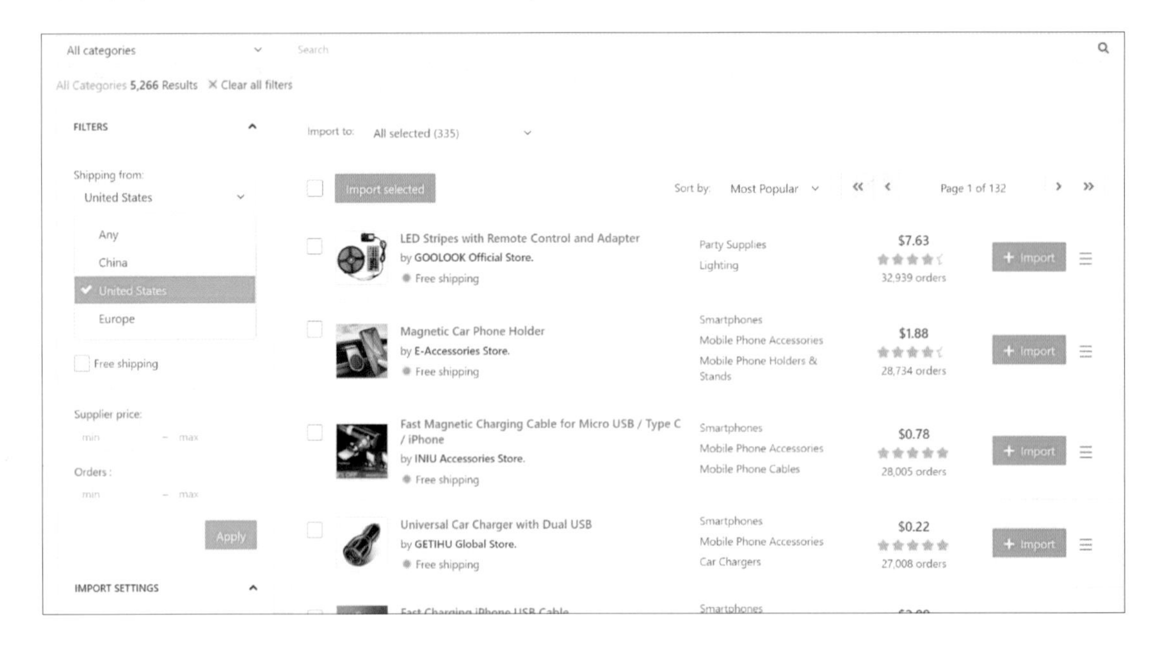

제품에 대한 자세한 정보를 확인하고자 할 때는 초록색 버튼 Import 옆에 보이는 "아이콘"을 클릭하면 아래와 같이 제품의 상세 정보를 한 번에 확인할 수 있다. Description 메뉴를 클릭하면 제품 상세페이지 내용을 확인할 수 있는데 현재 판매되는 상품의 가격은 물론이고, 판매 추천 가격도 제시한다. 그리고 판매 시 예상 마진을 알려주고, 상품 재고량도 한눈에 확인할 수 있어 아주 편리하다.

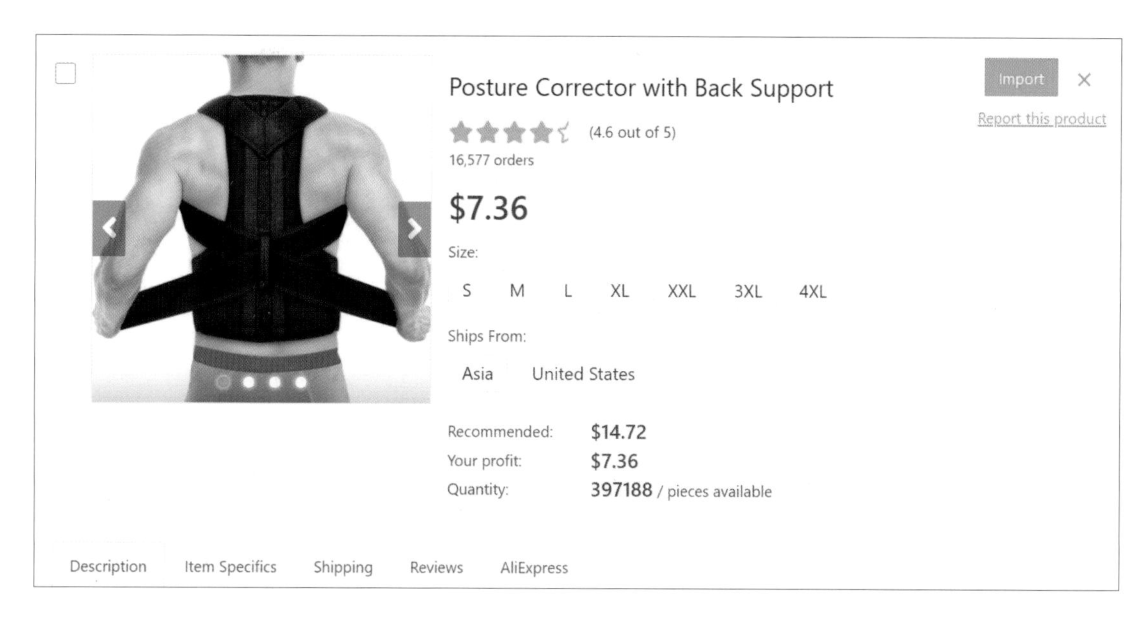

또한, 배송에 관련 정보도 한눈에 확인이 가능하다. 현재는 코로나바이러스로 인한 펜데믹(Pandemic)으로 해외 국가들의 국경 폐쇄로 인해 배송이 많이 지연되고 있다. 지금은 기존의 배송 기간보다 더 오랜 시간이 걸리기는 하나, 펜데믹 이전에는 ePacket(이팩)으로 제품을 발송할 경우 보통 2주 내에 제품을 수령할 수 있어 대부분의 사람이 선호하는 배송 방법이었다.

Tip 아무도 알려주지 않는 핵꿀팁!

구 ePacket 배송은 2011년 United States Postal Service 가 새로 도입한 국제 배송 시스템이다.[113] 2011년 이전에는 부피가 적은 제품일지라도 중국이나 홍콩에서 발송하는 제품들은 해운을 통해 미국으로 배송이 되었는데, 이로 인해 겪는 많은 불편함을 개선하고 빠른 배송을 위해 ePacket 시스템이 도입되었다.

현재는 저렴한 ePacket 배송 비용과 빠른 배송으로 많은 미국 소비자들과 해외 위탁 판매자들이 선호하는 배송 형태이다. 보통 배송기간은 10 –20일이다. 하지만 현재 코로나 펜데믹으로 인해 배송 기간이 많이 지연되고 있다. 아래는 ePacket 배송 사이즈와 배송 가능한 국가를 확인할 수 있다.[114]

113 United States Postal Service, Postal Service Initiates ePacket Service with Hongkong Post(20 April 2011) 〈https://about.usps.com/news/national-releases/2011/pr11_037.htm〉.

114 United States Postal Service, Postal Service Initiates ePacket Service with Hongkong Post(20 April 2011) 〈https://about.usps.com/news/national-releases/2011/pr11_037.htm〉.

ePacket 배송 사이즈

	Maximum size	Minimum size
Size	Length + Width + Thickness = 90 cm (Permissible difference 2 mm) Please note that the maximum length is 60 cm. (Permissible difference 2 mm) a (length): 60 cm a + b + c = 90 cm	Length: 14 cm Width: 9 cm (Permissible difference 2 mm)
	For rolled items, Length + Diameter × 2 = 104 cm (Permissible difference 2 mm) Please note that the maximum length is 90 cm. (Permissible difference 2 mm). a (length): 90 cm a + 2b = 104 cm	For rolled items, Length + Diameter × 2 = 17 cm Please note that the minimum length is 10 cm. a (length): 10 cm a + 2b = 17 cm
Weight	Maximum weight of an item is 2 kg. The limitation is the same as that for small packets.	

이미지 출처: @Japan Post 〈https://www.post.japanpost.jp/int/service/epacket_en.html〉.

ePacket를 사용하기 위해서는 무게가 2kg을 초과해서는 안 되고, 제품의 가치가 $400 이상을 넘어서는 안 된다. 이 글을 읽는 독자가 ePacket을 사용할 시점에는 이 기준이 변경될 가능성이 있으므로 직접 확인하고 배송 서비스를 이용하길 바란다.

ePacket 배송이 가능한 국가 리스트

Zone	Country/ Area	
1st Zone	Asia	Bhutan, Cambodia, China, Hong Kong, India, Indonesia, Macao, Malaysia, Philippines, Rep. of Korea, Singapore, Thailand, Vietnam, Guam, Saipan, Midway, Northern Mariana Islands, Wake
2nd Zone	Oceania	Australia, New Zealand, America Samoa
	North/ Central America	Canada, Mexico, U.S.A. & overseas territories(Puerto Rico, Virgin Islands)
	Middle East	Israel, Turkey
	Europe	Austria, Belgium, Denmark, Finland, France, Germany, Great Britain, Greece, Hungary, Ireland, Italy, Netherlands, Norway, Poland, Russia, Spain, Sweden, Switzerland
3rd Zone	South America, Africa	Brazil

* **참고**: ePacket 이외에도 알리익스프레스 스탠다드, USPS, 알리익스프레스 프리미엄, EMS, DHL, Fedex IP 와 같은 배송 형태가 있다. 드랍쉽 플러그인마다 배송 형태의 설정이 다르긴 한데, 샵마스터 플러그인의 경우 기본 배송 세팅을 ePacket으로 설정을 할 수 있고, ePacket 배송이 가능한 제품의 리스팅만을 확인할 수 있게 설정을 할 수 있다. 하지만 제품에 따라서 ePacket이 항상 최선의 선택은 아닐 수 있으니, 주문이 들어오면 배송비와 기간을 꼼꼼히 확인해보고 선택하는 것이 좋다.

Description　Item Specifics　Shipping　Reviews　AliExpress

Shipping to: United States

Warehouse location	Shipping method	Shipping cost	Processing time	Estimated delivery time	Tracking information
China	ePacket	Free shipping	days	37-37 days	Available
China	AliExpress Standard Shipping	$4.43	days	45-45 days	Available
United States	USPS	$5.11	days	4-13 days	Available
China	AliExpress Premium Shipping	$27.96	days	22-22 days	Available
China	EMS	$40.17	days	12-21 days	Available
China	DHL	$76.66	days	6-13 days	Available
China	Fedex IP	$78.44	days	5-8 days	Available

Reviews 메뉴를 클릭하면 상품 선정 시 중요한 고려 요소인 "상품 리뷰" 역시 한눈에 확인할 수 있다. 앞서 이미 언급을 한 부분이지만, 리뷰를 그대로 import 하는 기능도 제공하는데, 이 부분은 문제의 소지가 있으므로 필자는 이 기능을 추천하지 않는다.

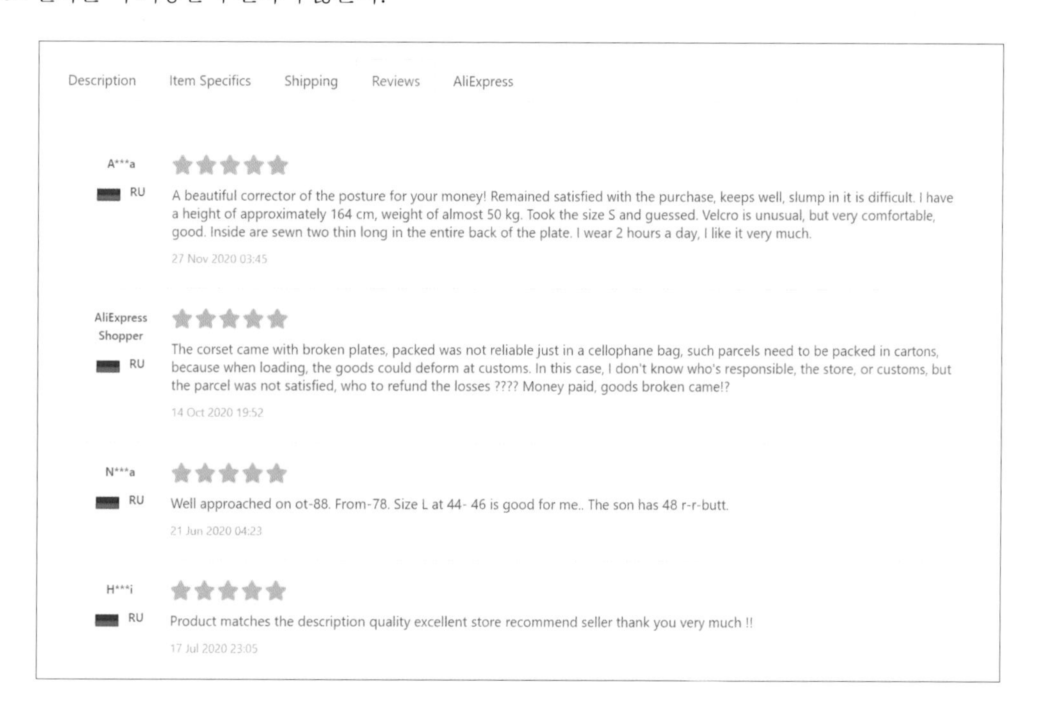

아래의 이미지에서 보이는 것과같이, 직접 해당 사이트에서 제품을 확인하고자 할때에는 AliExpress 메뉴를 클릭하면 해당 제품 페이지로 바로 이동이 가능하다. 이 기능을 잘 사용하면 모든 제품의 정보를 자사몰 내에서도 확인이 가능하기 때문에 불필요하게 시간을 낭비하면서 제품 페이지로 이동하여 확인할 필요가 없다.

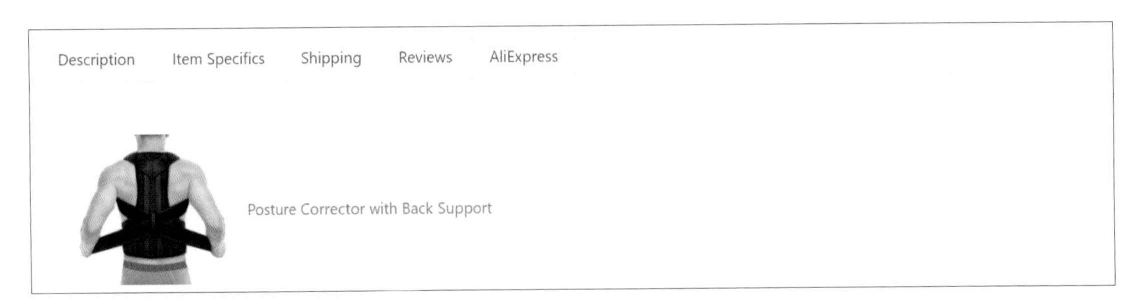

Unit. 02 오벌로(Oberlo)

오벌로는 인기 드랍쉽 프로그램으로, 알리익스프레스를 통해서 공급되는 상품을 쇼피파이 플랫폼에 등록해준다. 2020년 12월 기준으로, 전 세계 700,000 이상의 이용자가 오벌로 익스텐션(Extension)을 설치하고 사용하고 있다. 오벌로 익스텐션 이용자의 수는 알리드랍쉽을 사용하는 이용자의 10배의 수치이고, 쇼피파이는 Shopify App Store를 통해서 오벌로 프로그램을 소개하고 있다(https://apps.shopify.com/oberlo).[115] 현재까지 2382명의 사용자가 오벌로 프로그램 사용하고 후기를 남겼는데, 평균 리뷰는 4.2/5 로 이 정도면 이용자들의 만족도도 꽤 높은 편이다.[116]

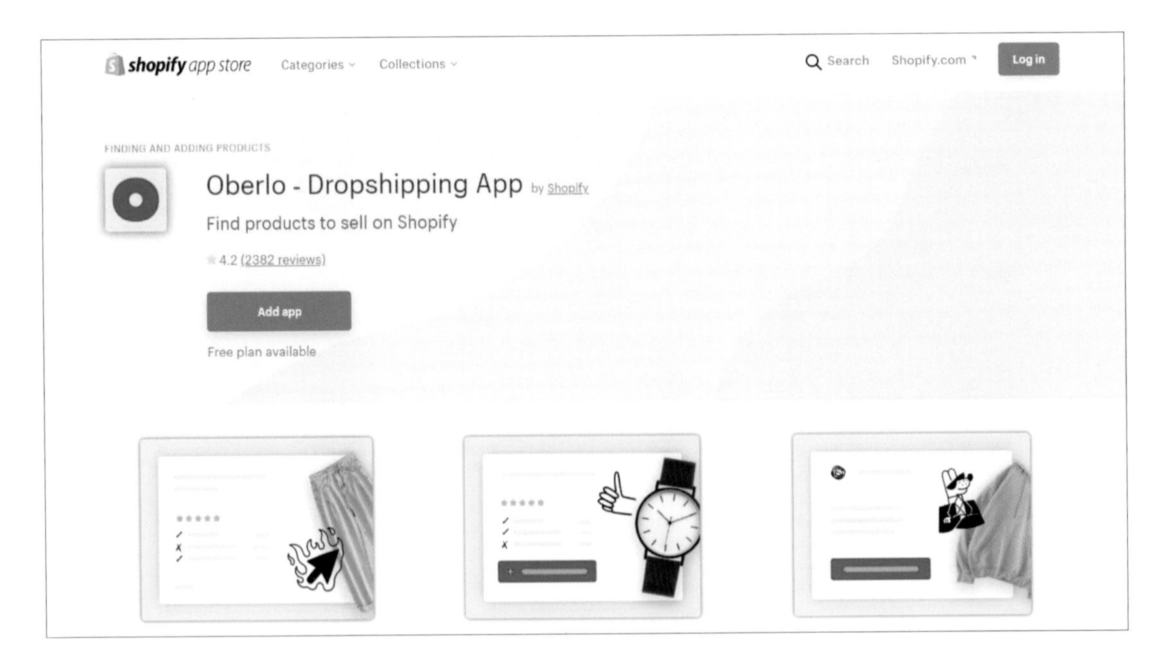

115 shopifyapp store, Oberlo, Dropshipping App 〈https://apps.shopify.com/oberlo〉.
116 See ibid.

무료를 포함하여 3가지 무료와 유료 플랜이 있는데, 월 사용료는 꽤 합리적이다. 가장 비싼 플랜도 월 $29.90(한화 대략 34,000원/월)밖에 되지 않고 연간 사용 비용은 $358.80(한화 대략 400,000원/년)이다(카드로 결제하면 카드 결제 수수료가 발생하는 것을 잊지 말자).

현재까지는 우커머스로 해외 쇼핑몰 제작할 때 어느 정도의 코딩 실력이 요구되지만, 쇼피파이의 경우, 코딩 실력이 전혀 없이도 웹사이트 제작하는 데 무리가 없기 때문에, 아마추어 창업자들에게는 쇼피파이 몰이 워드프레스를 이용한 우커머스 사이트보다 접근성이 좋을 수 있다. 이러하다 보니 쇼피파이로 글로벌 셀러를 준비하는 판매자들이 늘어나고 있고, 오벌로는 쇼피파이에만 사용할 수 있는 희소성 때문에, 프로그램 코딩 실력이 필요 없는 위탁 판매자들에게 인기가 많다.

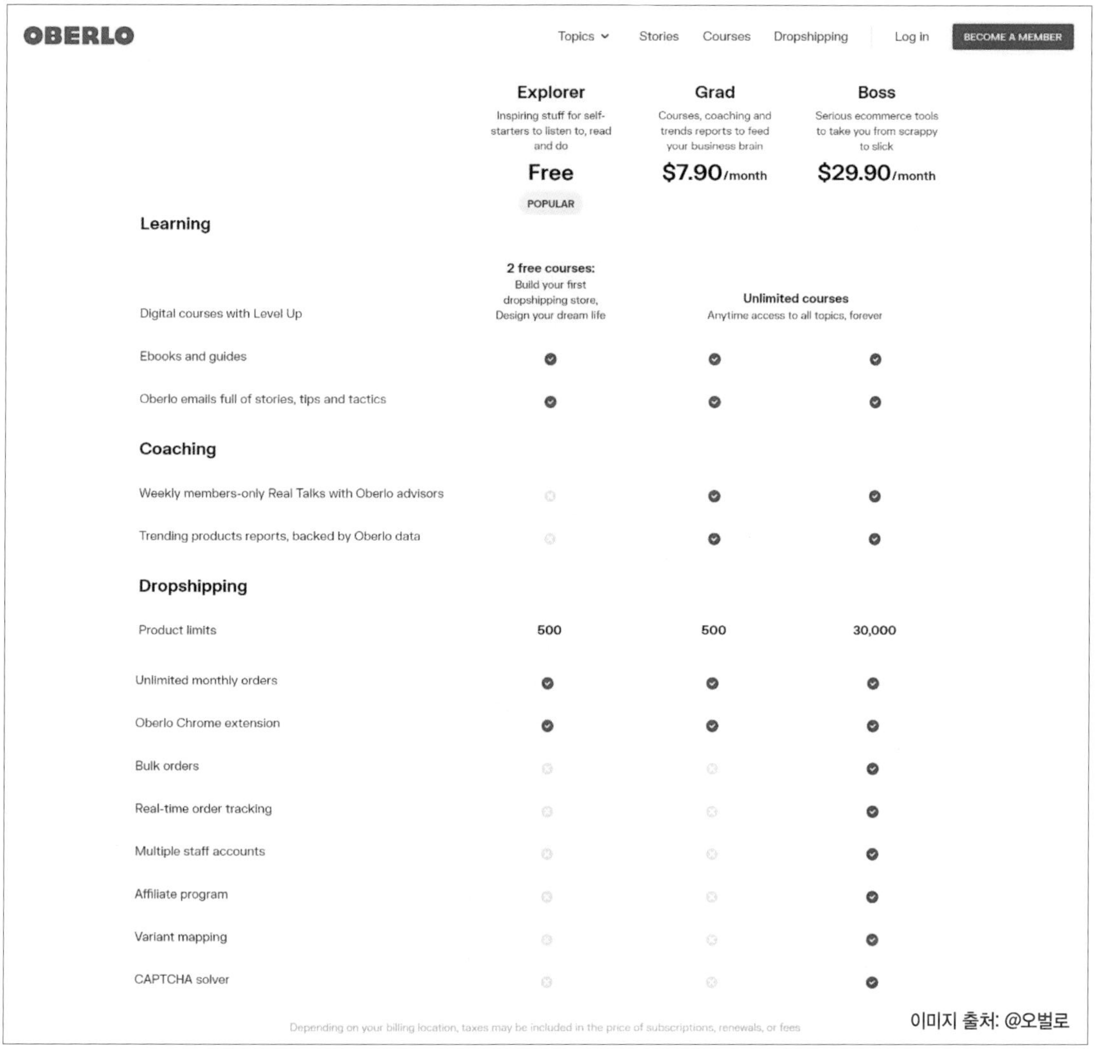

OBERLO

Topics ⌄ Stories Courses Dropshipping Log in BECOME A MEMBER

	Explorer Inspiring stuff for self-starters to listen to, read and do Free POPULAR	Grad Courses, coaching and trends reports to feed your business brain $7.90/month	Boss Serious ecommerce tools to take you from scrappy to slick $29.90/month
Learning			
Digital courses with Level Up	**2 free courses:** Build your first dropshipping store, Design your dream life	**Unlimited courses** Anytime access to all topics, forever	
Ebooks and guides	✔	✔	✔
Oberlo emails full of stories, tips and tactics	✔	✔	✔
Coaching			
Weekly members-only Real Talks with Oberlo advisors	✗	✔	✔
Trending products reports, backed by Oberlo data	✗	✔	✔
Dropshipping			
Product limits	500	500	30,000
Unlimited monthly orders	✔	✔	✔
Oberlo Chrome extension	✔	✔	✔
Bulk orders	✗	✗	✔
Real-time order tracking	✗	✗	✔
Multiple staff accounts	✗	✗	✔
Affiliate program	✗	✗	✔
Variant mapping	✗	✗	✔
CAPTCHA solver	✗	✗	✔

Depending on your billing location, taxes may be included in the price of subscriptions, renewals, or fees

이미지 출처: @오벌로

아쉽게도 오벌로는 쇼피파이 플랫폼만 가능하므로 워드프레스로 우커머스 웹사이트를 제작할 때 오벌로를 사용하지 못한다. 대신 우커머스 사이트를 제작할 시에는 알리드랍쉽 또는 샵 마스터를 이용하여 제품을 등록할 수 있으니 너무 큰 걱정을 하지 않아도 된다.

일단, 구글 검색에서 "Oberlo Chrome Extension"이라고 검색을 하면 아래의 페이지로 이동한다.

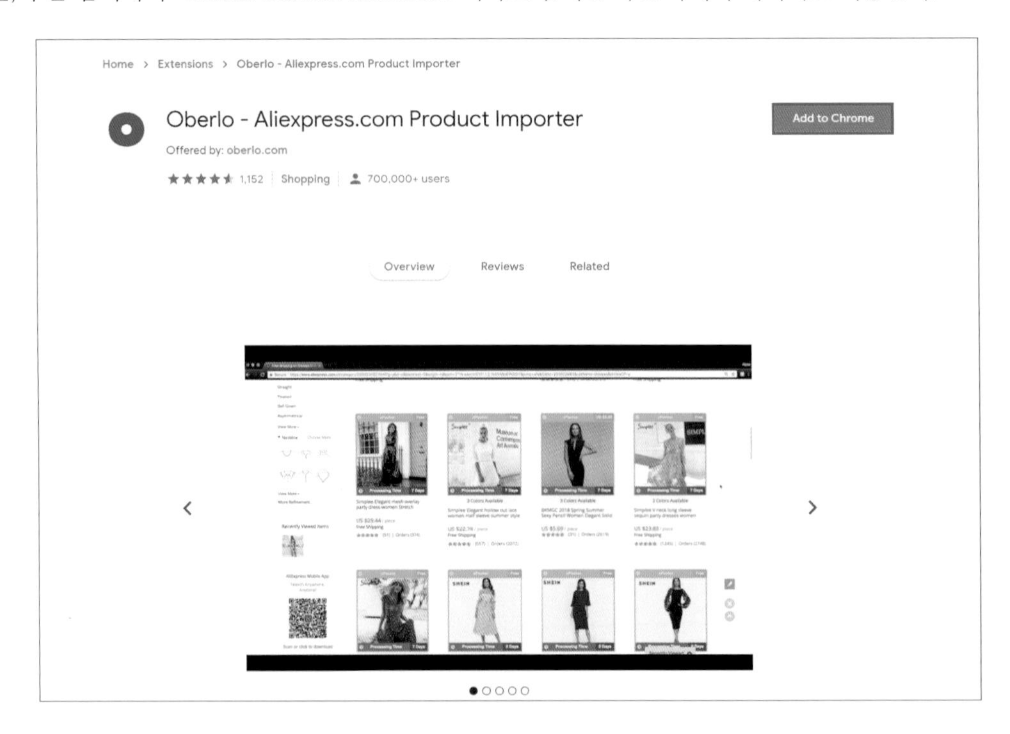

오른편에 보이는 "Add to Chrome" 버튼을 클릭하면 아래와 같이 팝업창이 뜬다. "Add extension"을 클릭하면 플러그인이 자동으로 설치가 된다.

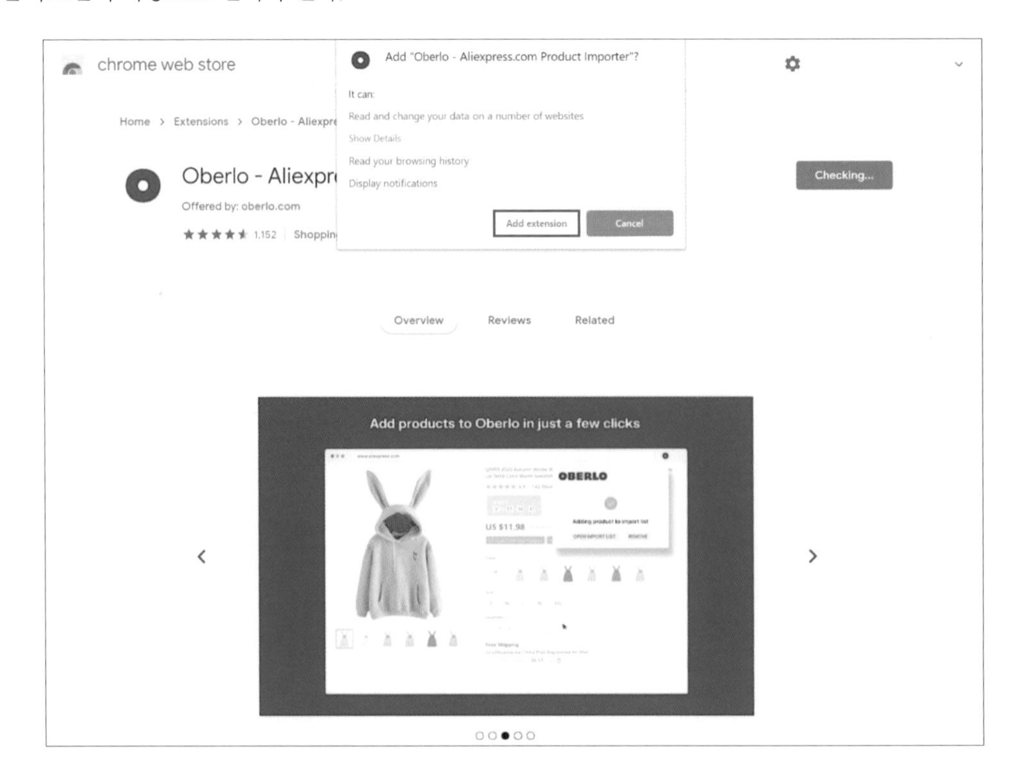

설치가 완료된 후에는 아래의 페이지로 이동하는데, 오벌로 페이지로 이동하여 무료 회원가입을 한다. 물론 처음부터 유료 회원가입을 해도 아무런 문제가 없다. 잊지 말아야 할 것은 도메인이 활성화된 온라인 스토어가 존재해야지만 제품을 불러들일 수 있으니, 오벌로를 설치하기 전 쇼피파이 쇼핑몰을 먼저 제작해놓자.

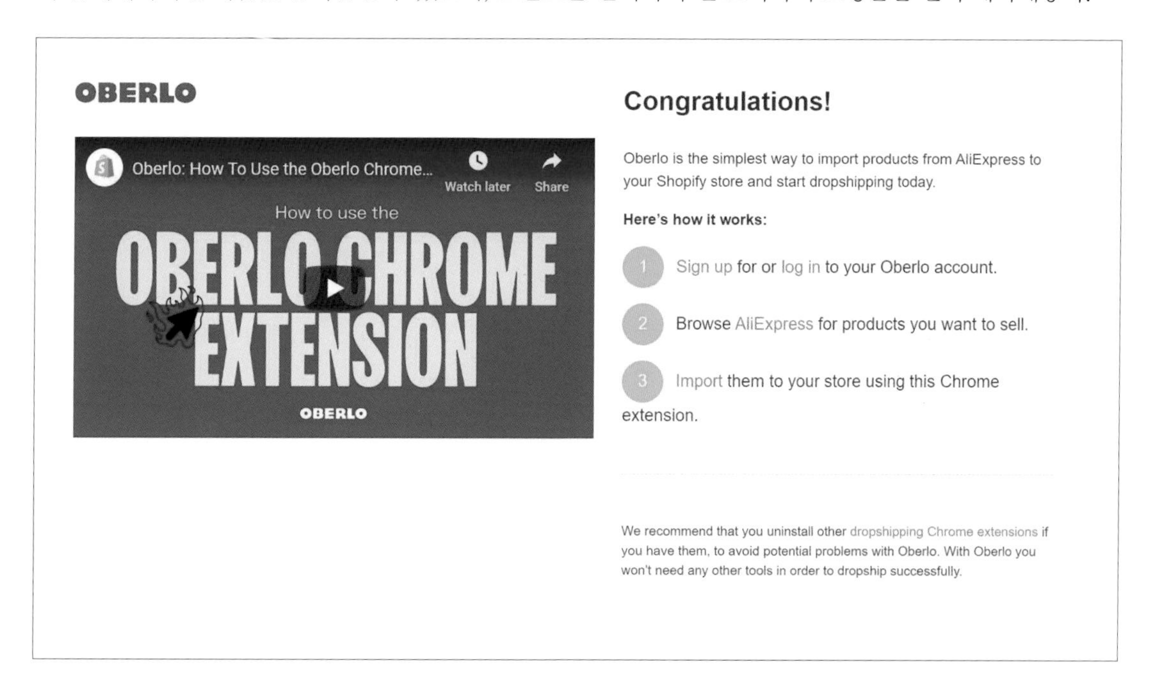

"Sin up"을 클릭하면 회원 가입(https://app.oberlo.com/register) 페이지로 이동한다. 까다로운 절차 없이 이메일로만 간단히 회원 가입이 가능하다.

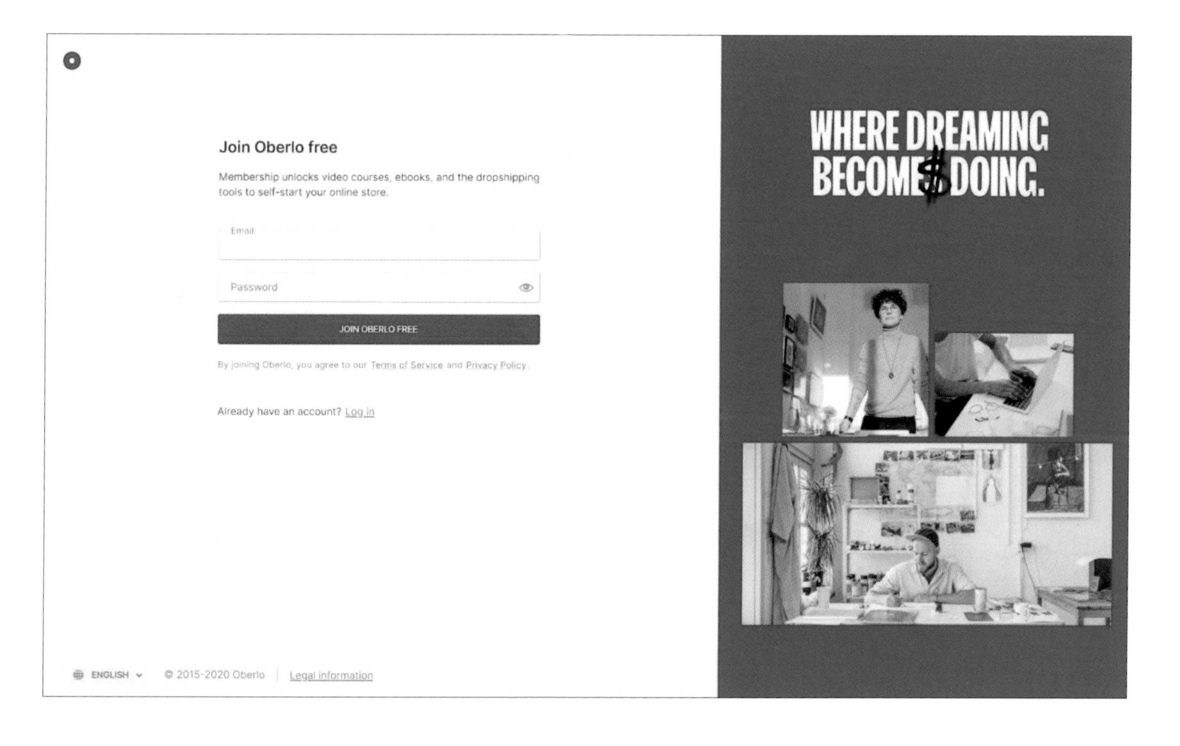

아래 페이지는 가입 후 이동이 되는 관리자 페이지다. 아래 보이는 파란색 버튼 "CREATE OR CONNECT A STORE"을 클릭을 한다.

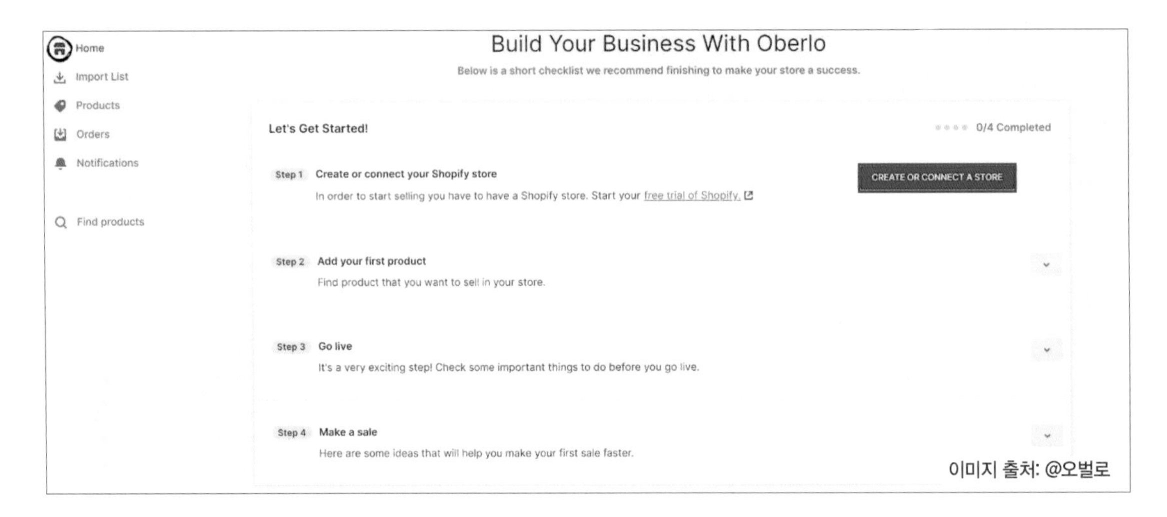

이미지 출처: @오벌로

버튼을 클릭하면 아래와 같은 팝업 메시지가 뜬다. 쇼피파이의 주소를 입력하거나, 쇼피 파이의 온라인 스토어가 없다면 무료 체험을 통해서 쇼피파이 온라인 스토어를 제작할 수 있다는 메시지를 볼 수 있다.

이미지 출처: @오벌로

쇼피파이 사이트가 없다면 "free trial of Shopify"를 클릭한다. 그럼, 무료 체험 등록을 할 수 있는 아래 페이지로 이동한다.[117] 무료 체험은 2주(14일)가 가능하며 이때, 신용카드가 요구되지 않기 때문에 부담 없이 쇼피파이 무료 체험을 즐길 수 있으니 쇼피파이를 플랫폼으로 선택하지 않는다고 하더라도 한 번쯤은 경험해 보는 것도 경험상 좋을 듯하다.

117 Shopify, 무료 체험 시작하기 〈https://www.shopify.co.kr/〉.

이미지 출처: @쇼피파이

쇼피파이의 무료 도메인을 사용하거나, 본인이 직접 도메인 구매 후 쇼피파이 쇼핑몰에 연동하면, 도메인 주소가 준비되어 오벌로와 연동을 마무리했다면 위탁 업체 웹사이트로 이동한다.[118] 이제는 웹사이트 오른쪽 하단에 ADD TO OBERLO 버튼이 보인다.

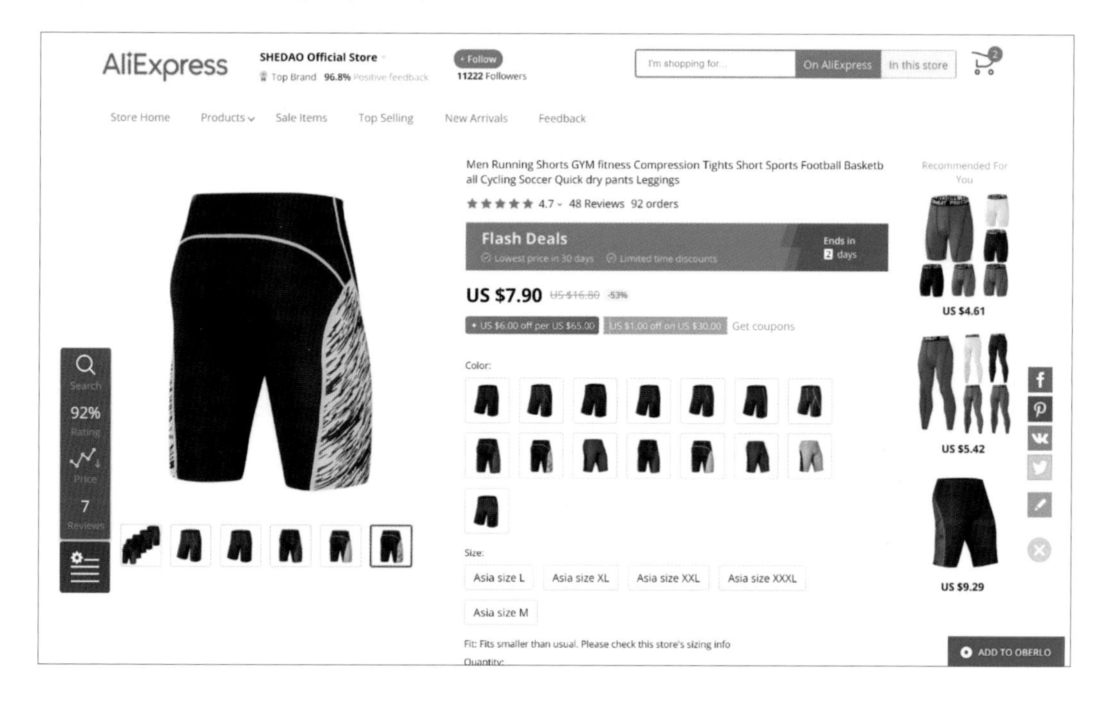

118 SheDao, Men Running Shorts GYM fitness Compression Tights Short Sports Football Basketball Cycling Soccer Quick dry pants Leggings(Aliexpress) 〈 https://www.aliexpress.com/item/4000005236378.html?spm=a2g01.12617084.fdpcl001.46.5cddQeEDQeEDuq&gps-id=5547572&scm=1007.19201.130907.0&scm_id=1007.19201.130907.0&scm-url=1007.19201.130907.0&pvid=901685dd-69ff-454e-a48f-fbc8cd870b41〉.

ADD TO OBERLO 버튼을 클릭하면 제품의 "불러들이기"가 진행이 되고, 제품의 불러들이기가 완료되면 아래와 같이 오른쪽 상단에 불러들이기가 완료 되었다는 메시지가 뜬다.

오벌로 웹사이트내 IMPORT LIST 카테고리에서 불러들인 제품을 확인할 수 있다. 그리고, 제품의 정보를 업데이트하여 IMPORT TO STORE 버튼을 클릭하여 쇼피파이 웹사이트로 제품을 보내면 리스팅이 완료된다.

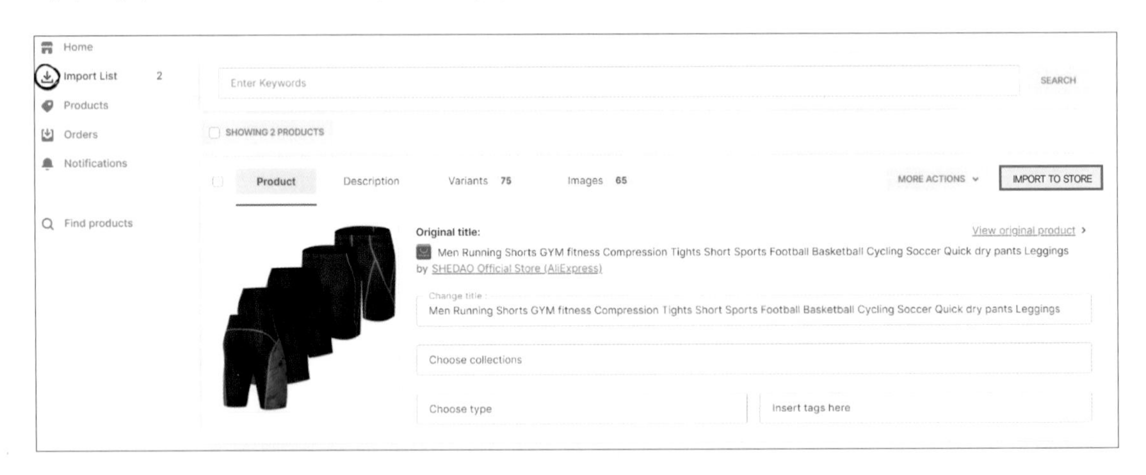

자세한 정보 수정은 쇼피파이 프로덕트 페이지(Product Page)로 이동하여 마무리하면 된다.

Unit. 03 샵마스터(ShopMaster)

샵마스터 또한 많이 사용되는 인기 드랍쉽 플러그인으로 2020년 12월 기준으로 40,000 이상의 이용자가 설치하여 사용하고 있다. 물론 많은 제한이 있긴하지만, 무료 플랜을 사용해서도 800개의 제품을 불러들일 수 있다. 오벌로와 비교하여 샵몬스터의 가장 큰 장점은 우커머스 사이트뿐만 아니라 쇼피파이, 이베이등 다양한 온라인 플랫폼과 호환이 가능하다는 것이다. 월 사용료도 꽤나 저렴한 편이고 호환되는 플랫폼 개수는 유료 플랜에 따라 다르다.

샵마스터 웹사이트(https://www.shopmaster.com/index.htm)에 접속하여 회원가입 절차를 마친다.

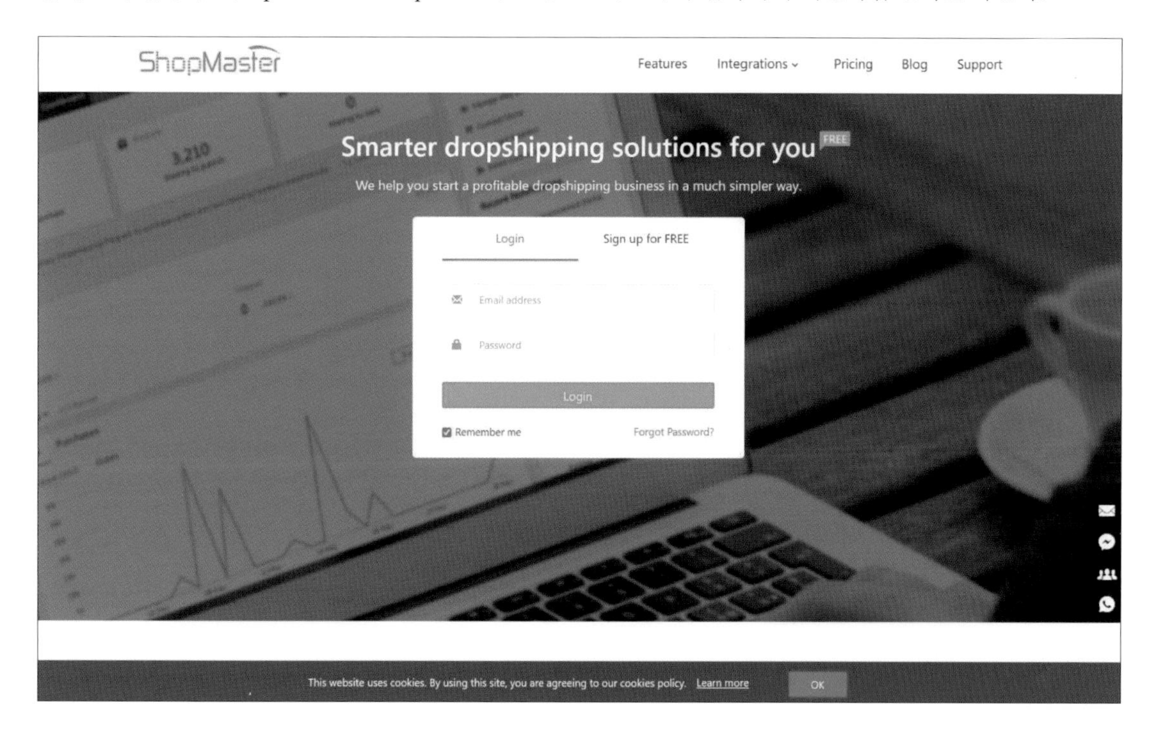

샵마스터에는 총 4개의 무료 그리고 유료 플랜이 있다. 월 사용료 $19.90(한화 대략 25,000/월)플랜을 선택하여 2500개의 상품을 등록 및 관리를 할 수 있는데, 창업 초기에는 무료 버전을 사용하다가 유료 버젼으로 전환하는 것을 추천한다. 만약 지불해야 하는 월 사용료가 부담될 경우에는 알리드랍쉽 플러그인을 사용하는 것을 추천한다. 한 번의 비용을 지불하면 추가 비용없이 계속 사용할 수 있기 때문에 재정적으로 여유가 없을 때는 샵마스터보다는 알리드랍쉽 플러그인이 나을 것이다.

Pricing for business of any size

Forever FREE starter plan. No Credit card required.

Sign up for FREE today

Plan Details	STARTER (FREE)	BASIC	BUSINESS	ENTERPRISE
Monthly Price	$0.00 /mo	$19.90 /mo	$39.90 /mo	$79.90 /mo
Essentials				
Integrated Channels 3dcart, eBay, Shopify, Wish, WooCommerce	2	2	4	5
Multiple Stores for Each Channel	1	3	8	25
	Unlimited stores when adding from Shopify App Store			
Staff Accounts		3	8	25
Managed Active Listings Active listings listed, revised, or added a supplier through the ShopMaster	800	2,500	18,000	Unlimited
Unlimited Orders per Month ⓘ	✓	✓	✓	✓
ShopMaster Chrome Extension	✓	✓	✓	✓
Sales Reports	Limited ⓘ	✓	✓	✓
Product Management Features				
Import Dropshipping Products One-click import & bulk import	✓	✓	✓	✓
Store Migration NEW WooCommerce and Shopify store migration	Limited ⓘ	✓	✓	✓
Hot Dropshipping Products Database Hot selling products from AliExpress, Banggood, CJDropshipping, Gogomall	✓	✓	✓	✓
Advanced Importing Setting Multiple languages import & local warehouse import	✓	✓	✓	✓
Variation Mapping Add multiple suppliers to one product	Limited ⓘ	✓	✓	✓
Bundle Product NEW Group multiple items into a single variation to boost your sales		✓	✓	✓
Bulk Edit	✓	✓	✓	✓
Powerful Pricing Rules	✓	✓	✓	✓

샵마스터 프로그램에 익숙해지는데 시간이 필요하기 때문에 일단, 무료 버전으로 800개의 제품을 등록하면서 프로그램에 익숙해지는 것을 추천한다. 샵마스터에 익숙해지면 오벨로와 같은 다른 드랍쉽 플러그인을 사용하더라도 쉽게 적응할 수 있다.

회원가입을 하고 무료/유료 플랜은 신청하였으면 이젠 자신의 자사몰과 샵마스터를 연동시켜야 한다.

샵마스터 관리자 페이지 오른편 상단에 Quick Actions 메뉴가 보인다. 가격, 배송과 같은 기본적인 세팅은 "Set up for dropshipping"에서 설정한다. 자사몰과 연동을 위해서 Connect Stores를 클릭하고 알리바바, 알리익스프레스, 씨제이드랍쉽핑 및 고고몰 연동을 위해서 "Connect Suppliers" 메뉴를 선택한다.

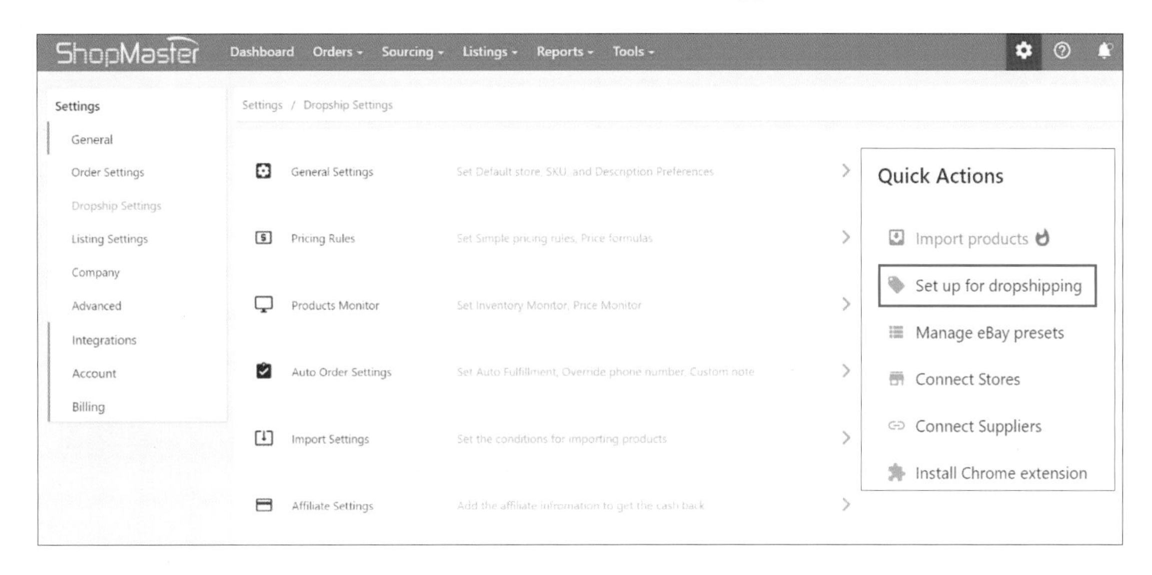

공급 업체 웹사이트와의 연동을 위해서는 해당 웹사이트에 가입하고 연동 서비스에 동의를 해야 한다. 몇 번의 클릭으로도 연동이 가능하며, 연동이 승인되면 Active 상태가 회색의 체크 상태에서 녹색의 체크 상태로 바뀌게 된다.

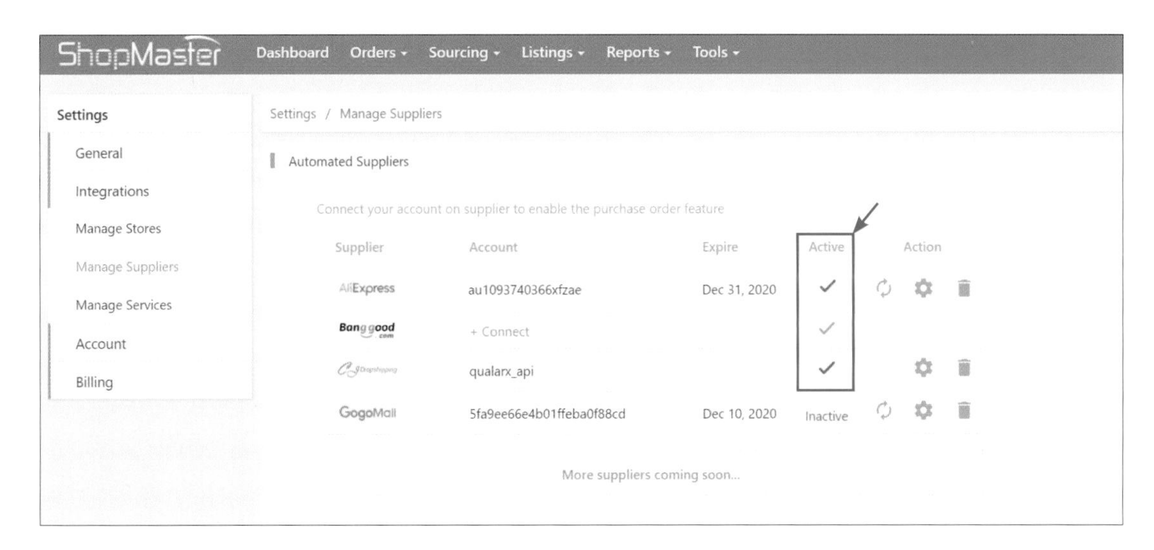

기본 세팅(General Setting)에서는 아래와 같이 설정한다. 이 설정들은 정해진 것이 아니기 때문에 개인의 상황에 따라 다르게 적용하면 된다.

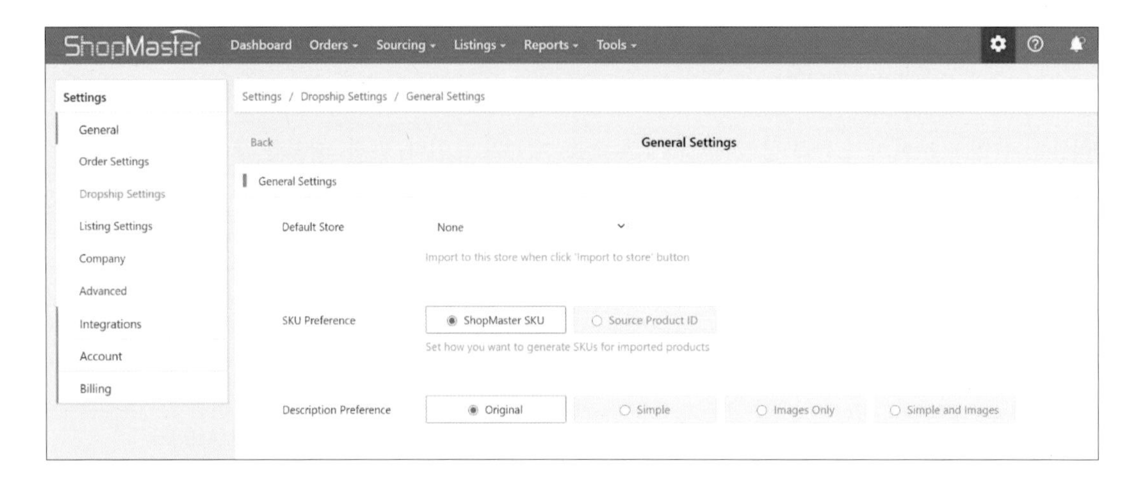

Pricing Rules 페이지에서는 판매 가격을 설정한다. Simple rule을 선택하게 되면 100% 기준으로 가격이 자동 설정이 되어 웹페이지에 표시가 된다. 더욱 꼼꼼한 가격 설정을 원한다면 Advanced rule 또는 Price formulas를 선택하면 된다.

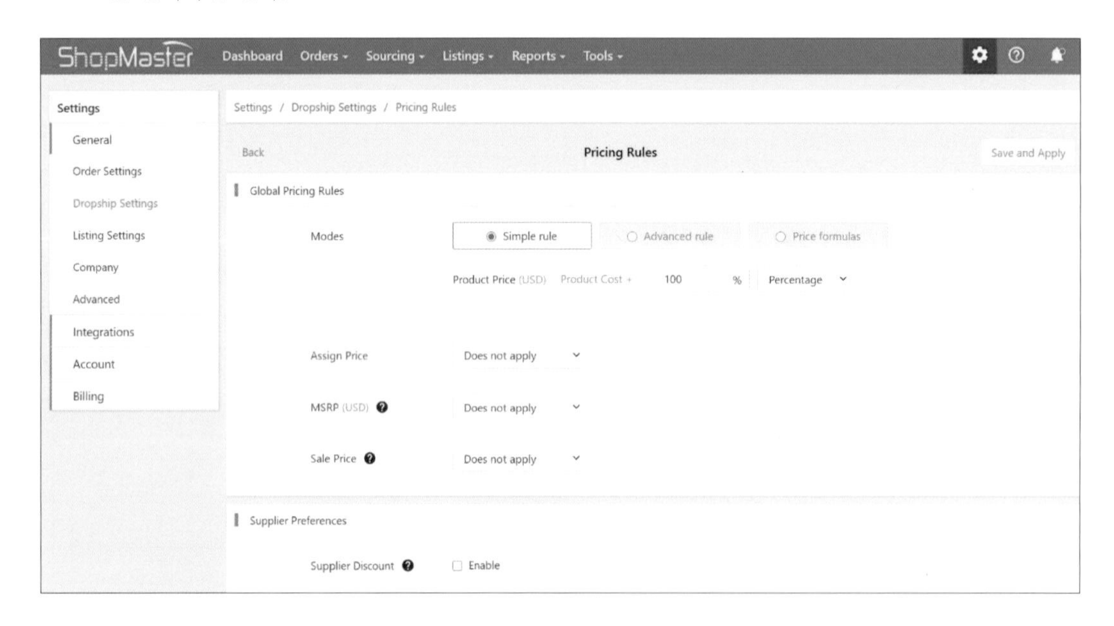

Products Monitor 페이지를 통해서 재고 관리가 가능하다. 공급 업체의 제품 재고 수량이나 가격에 변동이 있을 때는 메일로 즉시 알림을 보내준다.

- **When Out of Stock**: 제품 품절 시 알림을 받기 원한다면 Notify Me를 체크한다.
- **When Back to Stock**: 제품이 입고되었을 때 알림을 받기 원한다면 Notify Me를 체크한다.
- **When Ended or Deleted**: 공급 업체에서 더 이상 제품을 판매하지 않을 경우, 알림을 받기 원한다면 Notify Me를 체크한다.

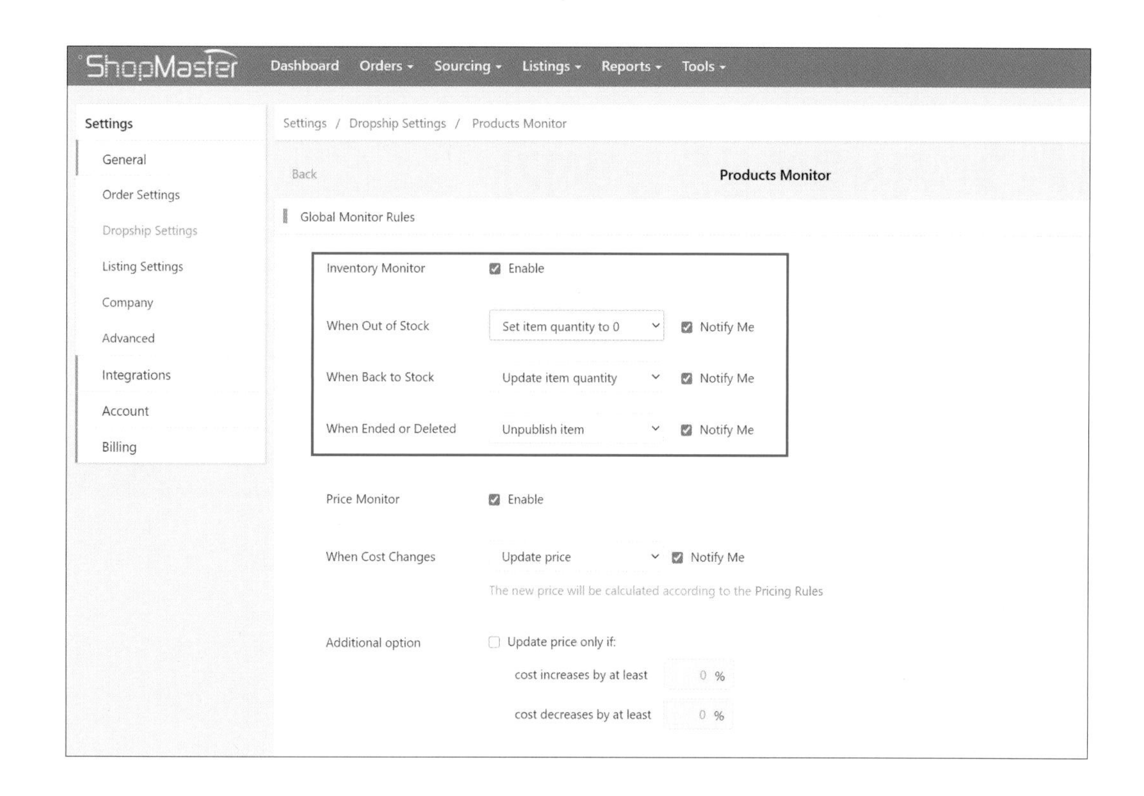

Import Settings 페이지에서는 배송 설정을 관리한다. 제품 출고 국가를 중국 또는 미국으로 설정을 할 수 있다. 미국을 배송 국가로 기본 설정을 해놓으면 미국 내에서 재고가 있어 배송이 가능한 제품들의 리스팅을 먼저 보여주고, 재고가 없을 때는 중국에서 발송이 가능한 제품들을 보여준다.

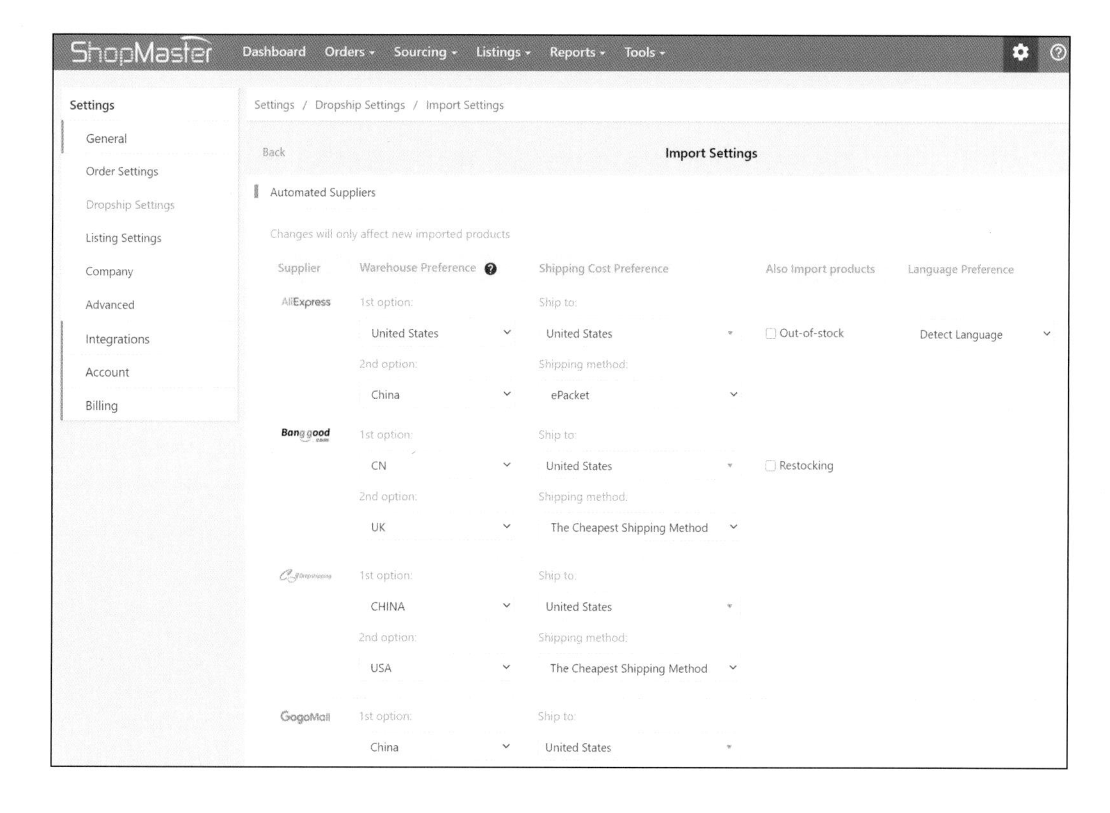

CHAPTER

03 자사몰에 상품 등록하기

앞서 언급한 알리드랍쉽, 오벌로, 샵마스터의 구글 익스텐션과 플러그인을 설치하고 알리익스프레스 사이트에 접속하면 아래와 같이 상품 리스팅의 레이아웃이 변경되어있는 것을 알 수 있을 것이다.

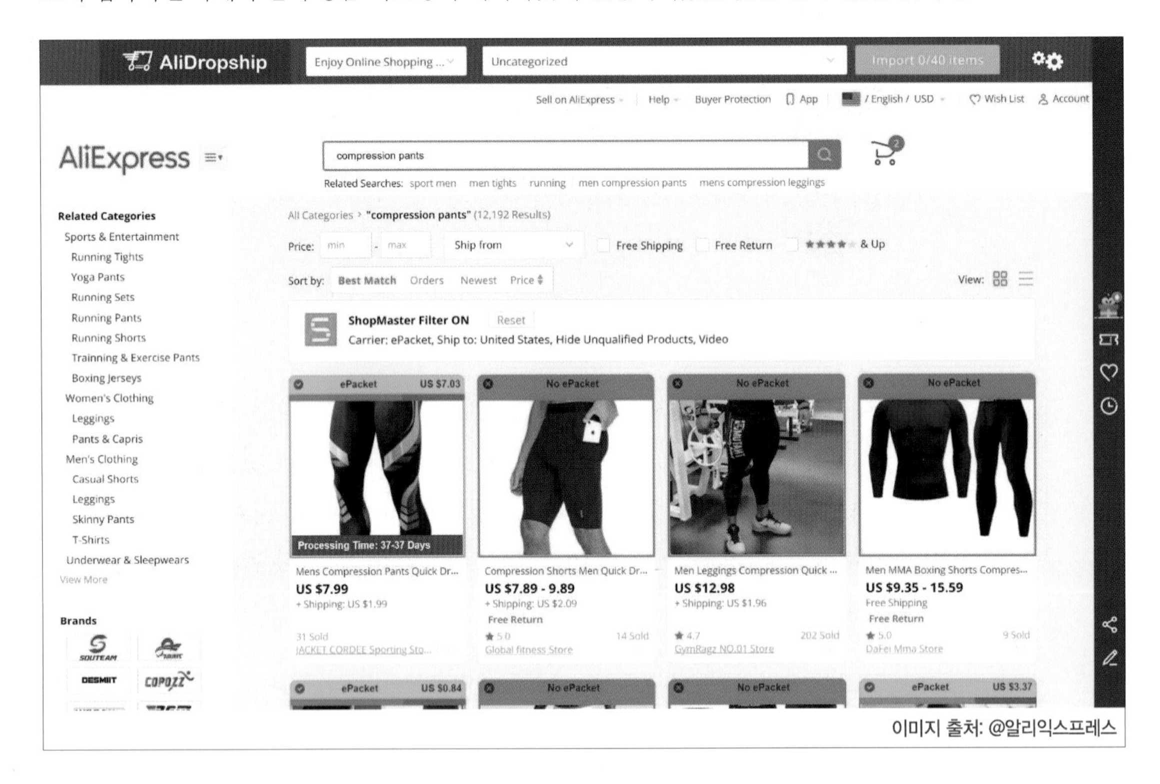

이미지 출처: @알리익스프레스

이렇게 상세 상품 페이지를 확인하지 않고서도 ePacket의 배송이 가능한 제품을 한눈에 확인이 가능하다. 이미 앞에서 언급하였지만, 무료 배송이 가능한 상품일 경우, 배송비를 지불하지 않아도 되지만 배송 기간이 길다. 유료 배송일 경우 배송료가 비싸, 제품보다 배송료가 비싼, 배보다 배꼽인 더 큰 경우가 많다. ePacket이 가능한 상품일 경우 저렴한 비용으로 빠른 배송이 가능하기 때문에(현재는 펜데믹으로 인해 ePacket의 배송 기간이 길어졌다) 많은 해외 셀러들이 ePacket이 가능한 제품만 다루기도 한다.

Unit. 01 알리드랍쉽에서 상품 등록하기

알리드랍쉽으로 상품을 등록하기 위해서는 관리자 페이지에서 알리드랍쉽 우(AliDropship Woo)메뉴를 클릭한다.

클릭 후에는 아래와 같이 메뉴들의 리스트를 확인할 수 있다.

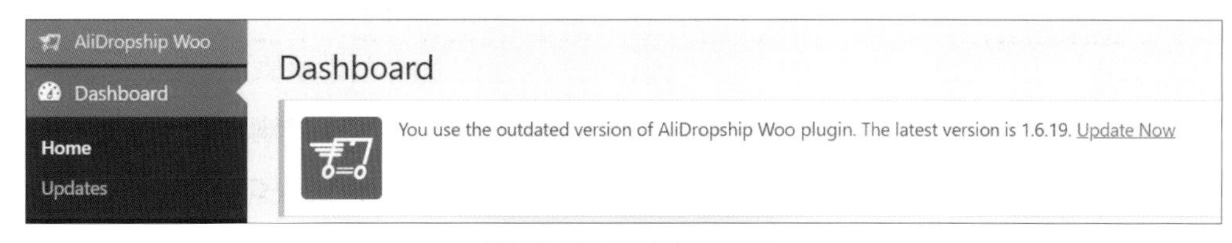

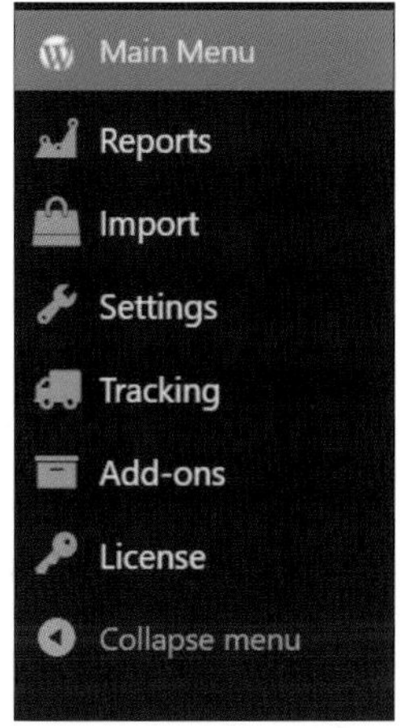

Import 메뉴를 클릭하면 아래와 같이 불러들일 제품의 리스트를 확인할 수 있다.

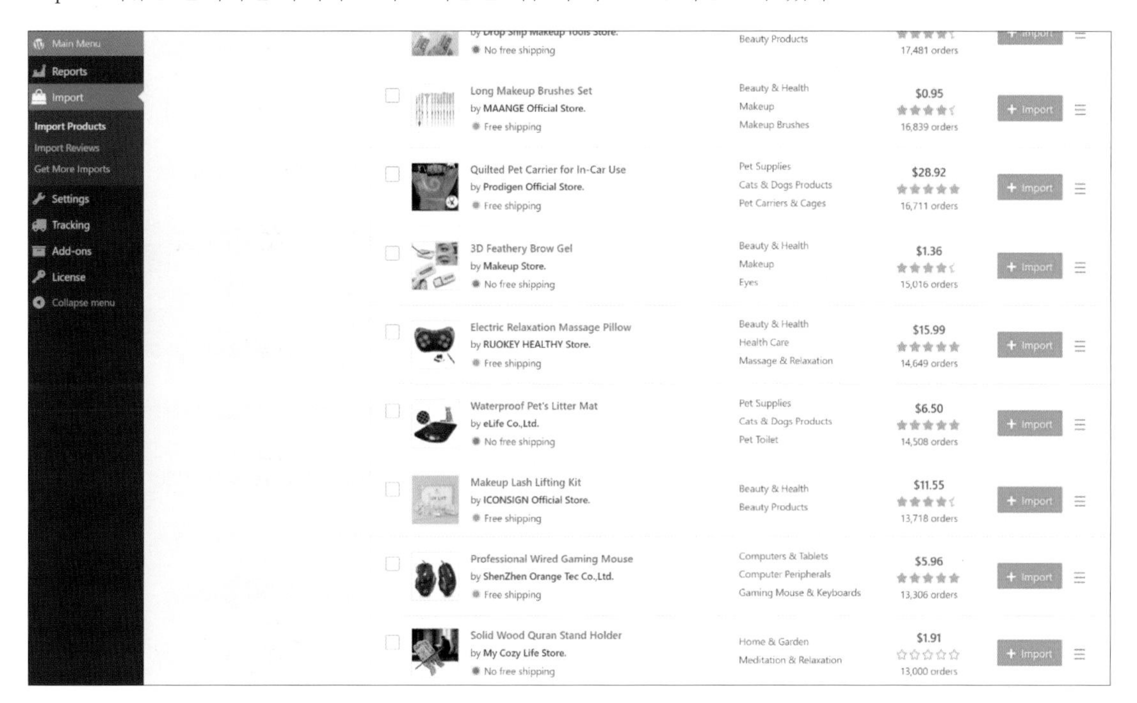

불러올 제품을 선정하였다면 이제 녹색의 Import 버튼을 클릭한다. 클릭 후에는 아래와 같이 리스트의 상품에 파란색 바가 생성된다. 불러오기가 완료되면 녹색 버튼이 회색 버튼으로 바뀌며 "Imported(불러오기 완료)"로 변한다.

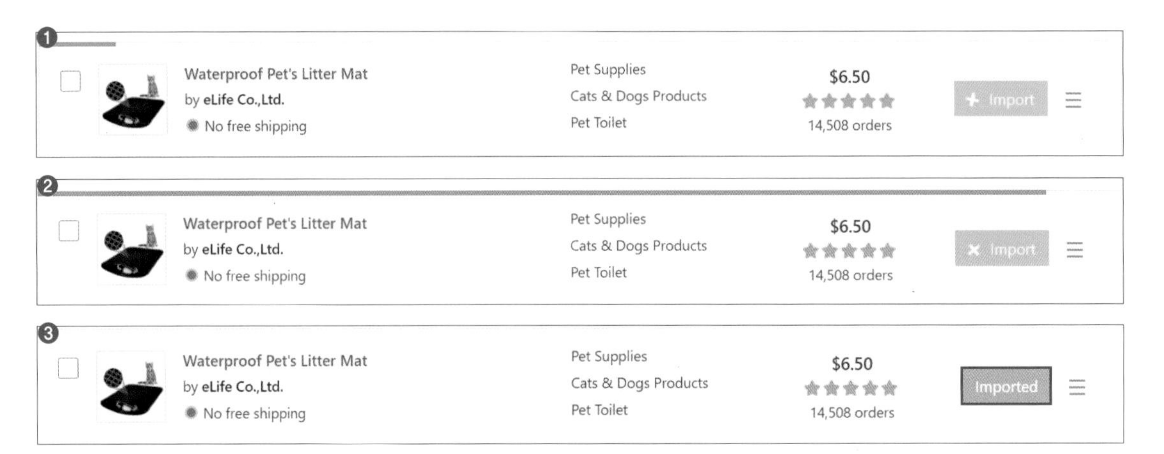

이제, 우커머스 제품(Product) 페이지로 이동하여 불러오기가 완료되었는지 확인한다.

상세 페이지 편집을 위해 편집(Edit)을 클릭하면 아래와 같이 상품의 상세 페이지 정보들이 자동 입력되어 있는 것을 확인할 수 있다. 꼼꼼하게 검토해보고 해당되지 않는 또는 불필요한 부분은 삭제한다.

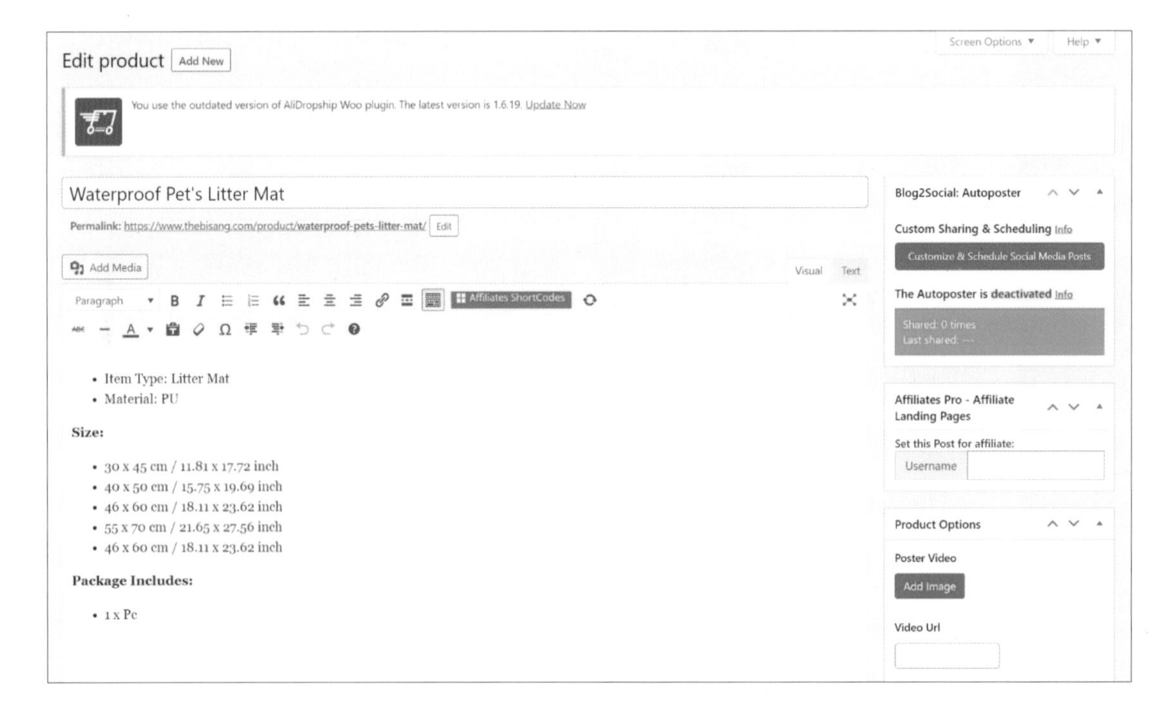

제품의 카테고리(Product categories) 설정은 검색엔진 노출에 큰 영향을 끼치므로 반드시 해당 카테고리를 선택한다.

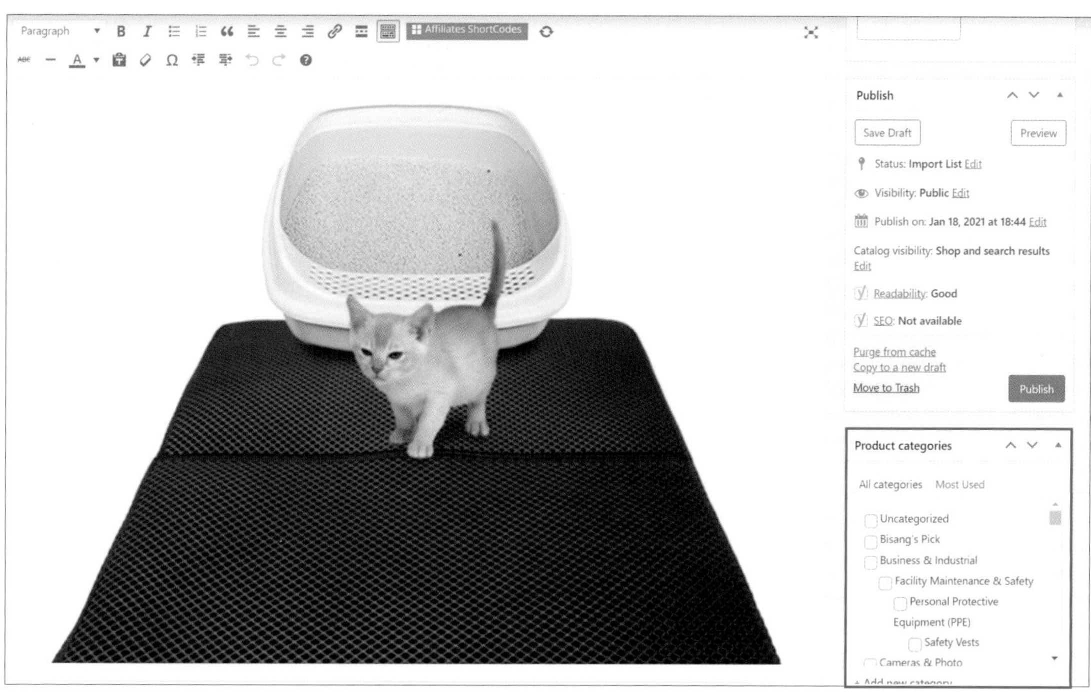

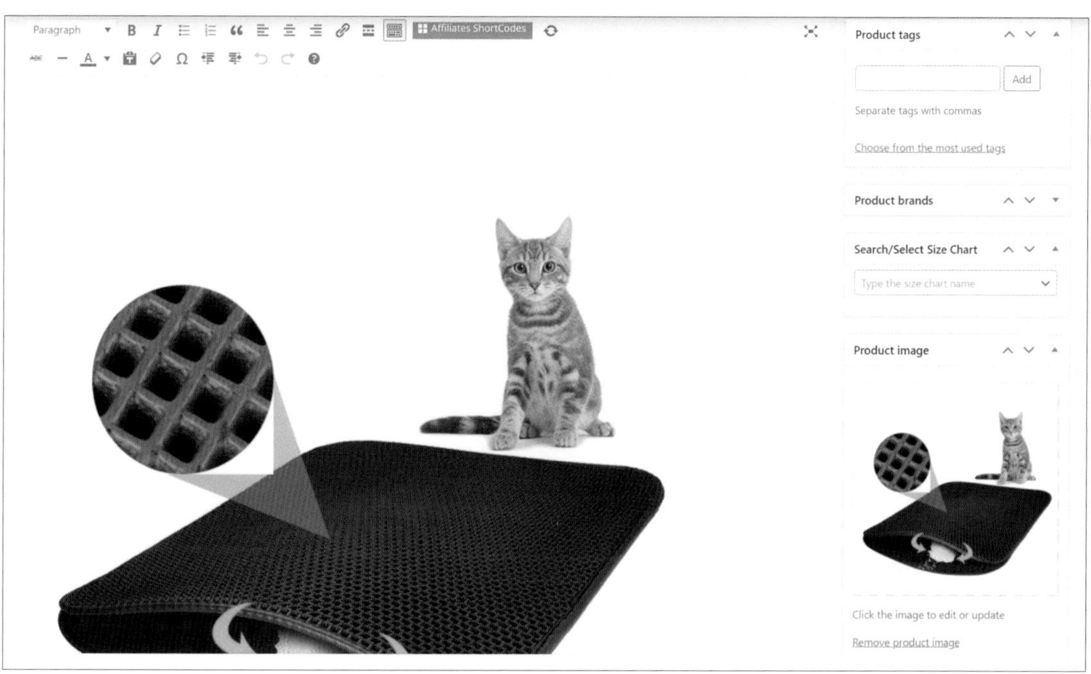

상세 페이지의 이미지뿐만 아니라, 오른쪽 하단에 위치한 Product gallery의 이미지들도 최적화를 진행한다. 이미지 최적화하는 방법은 필자의 언택트 온라인 창업에 자세하게 설명이 되어 있으므로 여기에서 따로 설명하진 않겠다.

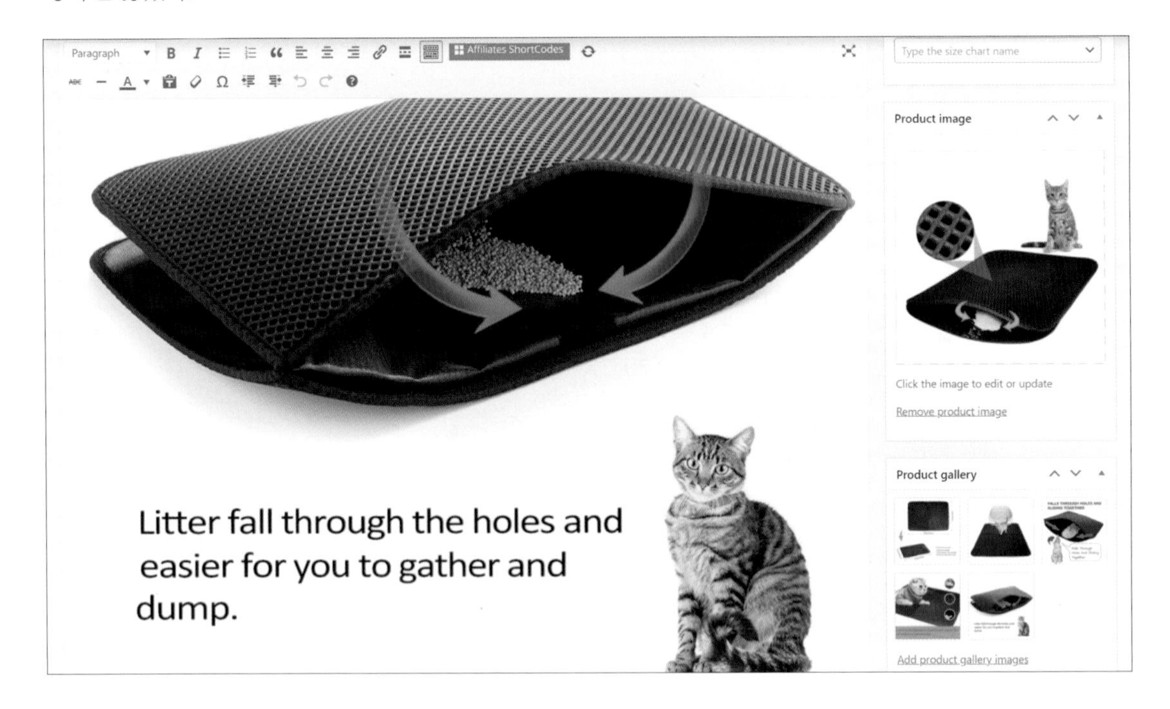

이때, 직접 확인할 수 없는 수치, 예를 들어, No 1, 100% Cotton, 100% Protection, 100% Guarantee(보장)이라고 명시가 되어있는 경우, 이런 설명은 제품 업데이트 시 제외하거나 수정하는 것이 좋다. 제품을 직접 만져보지 못하고 드랍쉬핑을 하는 경우에는 최대한 객관적인 정보를 바탕으로 작성된 설명글만을 사용해야 한다. 그렇지 않으면 고객을 기만하는 행위(Deceptive or Misleading)로 여겨질 수 있으므로, 제품을 발행하기 전 아래의 정보들을 검토 후 업데이트하는 것을 추천한다.

1. 제목(제목을 업데이트하기 위해서 키워드 리서치가 선행이 되어야만 한다)
2. URL 주소(검색 키워드 포함)
3. 상세 페이지 설명(객관적인 정보만 전달)
4. 태그
5. 이미지 최적화
6. 메타 데이터의 최적화

Unit. 02 샵마스터에서 상품 등록하기

이번에는 샵마스터를 이용하여 자사몰로 상품을 등록하는 방법을 알아보겠다. 알리익스프레스의 제품 페이지 오른쪽 하단에 위치한 파란색 버튼 “Import product”이 보인다.[119]

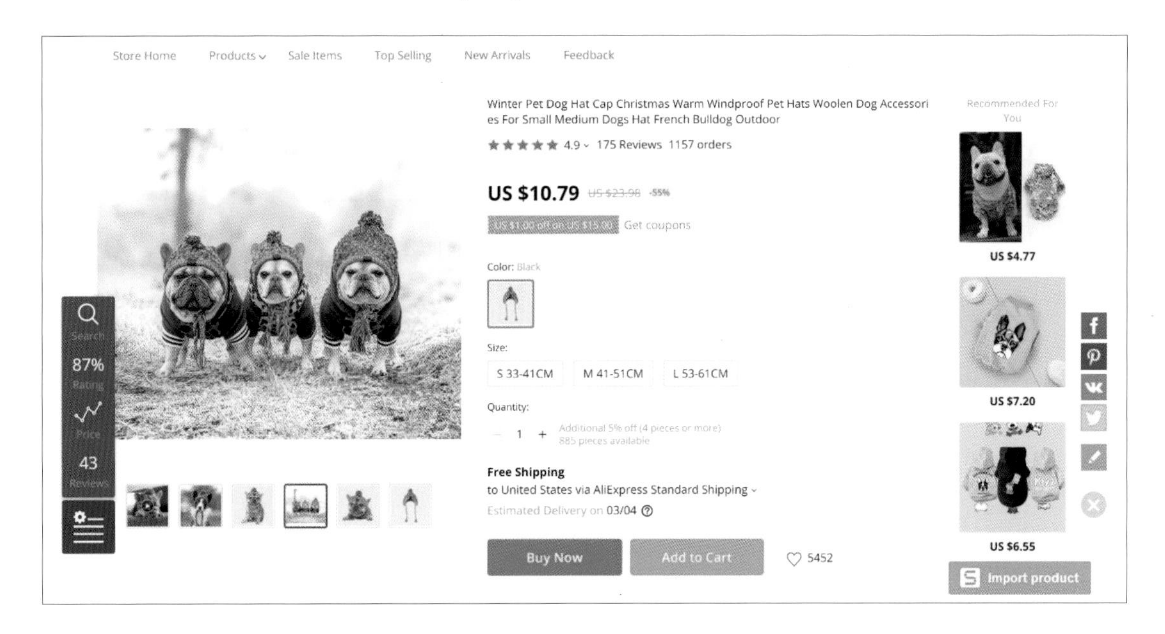

이 버튼을 클릭하면 제품을 자동으로 샵마스터로 불러들이기를 할 수 있다. 그러기 위해서는 샵마스터에 회원가입을 하고 로그인 상태를 유지해야 한다. 그러지 않을 경우 오른쪽 상단에 아래와 같은 에러 메시지가 뜬다.

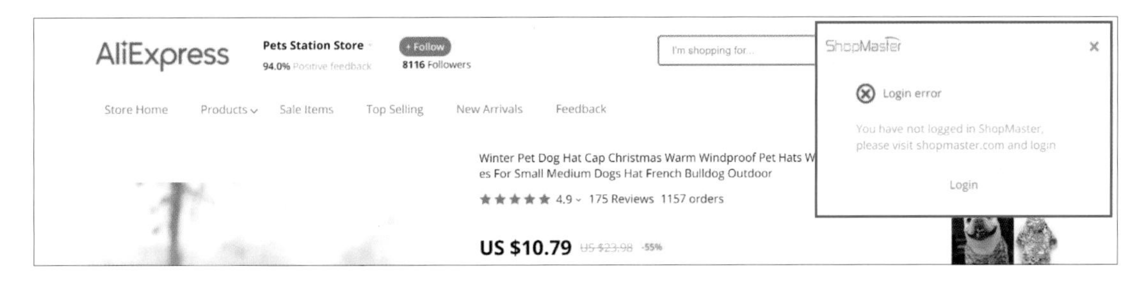

> You have not logged in ShopMaster, please visit shopmaster.com and login.
>
> 샵마스터에 로그인하지 않았습니다. 샵마스터에 방문하여 로그인하십시오.

119 Pet Station Store, Winter Pet Dog Hat Cap Christmas Warm Windproof Pet Hats Wodden Dog Accessories For Small Medium Dog Hat French Bulldog Outdoor(Aliexpress) 〈https://www.aliexpress.com/item/1005001497942651.html?spm=a2g01.12616982.tplist001.25.129d601c7Ox5Rq&gps-id=5950812&scm=1007.23961.125497.0&scm_id=1007.23961.125497.0&scm-url=1007.23961.125497.0&pvid=ddf53438-07e5-4d29-b30a-7515c5cf6e23〉.

샵마스터와 알리익스프레스와의 연동이 승인되어야지만 제품 불러들이기(Import)가 가능하다. 기존에 연동이 되어있었다 할지라도, 일정한 기간이 지나면 연동이 끊어지니 확인을 잘해야 한다.

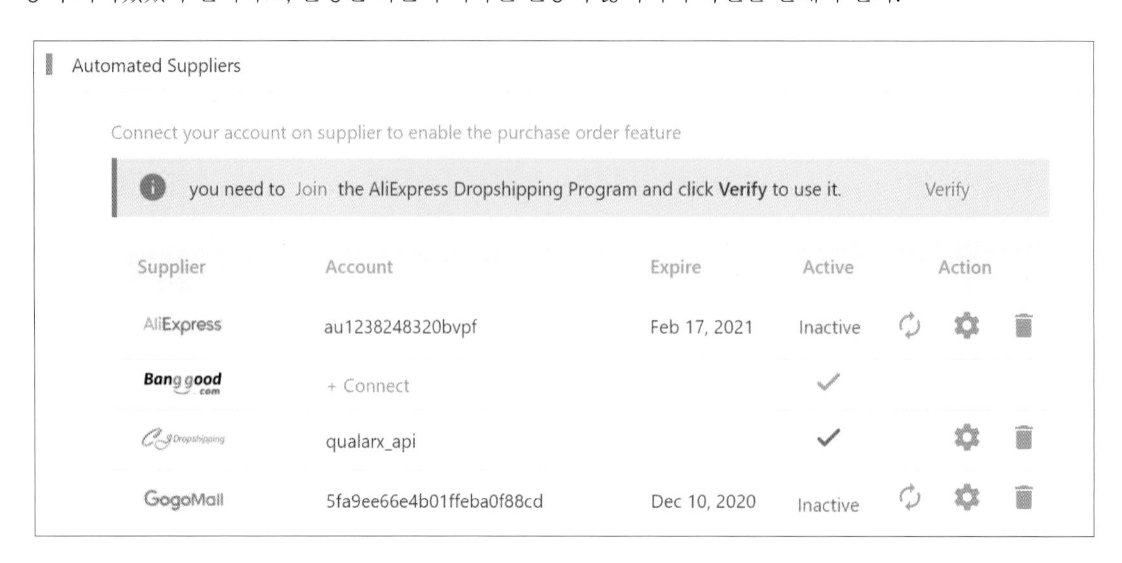

재연동이 요구되면 샵마스터 상단에 아래와 같은 메시지 배너를 확인할 수 있다. "reconnect"을 클릭하여 다시 연동한다.

- Your authorization of **AliExpress** has expired, reconnect to keep the connection active.
- Your authorization of **GogoMall** has expired, reconnect to keep the connection active.

> Your authorization of AliExpress has expired, reconnect to keep the connection active.
>
> 알리익스프레스의 승인이 만료되었습니다. 연결을 활성화하려면 다시 연결하십시오.

파란색 영어 단어, reconnect(재연동)을 클릭하면 아래의 페이지로 이동하게 되는데, "Authorize" 버튼을 클릭하여 연동에 승인을 해야 한다.

Grant Authorization for Access
Access Aliexpress.com's Services
AliExpress
Smarter Shopping, Better Living!
By clicking 'Authorize', you allow the developer of <ShopMaster> to access your certain data on AliExpress, including both business data and user privacy data you controll. Specifically, the data that you transfer include:
• Alibaba Member's Basic Information
• 获取您的会员识别权限
View more
Concerning transfer of your data to developer of <ShopMaster>, you acknowledge and warrant that:
• You agree for developer of <ShopMaster> to access and/or acquire your above-listed data, and you have entered into a contract and/or other binding document with developer of to manage and restrict the storage, process, and/or transmittance of your data by developer of <ShopMaster>.
• Business data refers to all data that reflects, indicates and/or relates to your business activities on AliExpress, and privacy data refers to all data that can be used to identify, connect, and/or link to (either directly or indirectly) a natural person;
• As a controller of users' privacy data, you have independently evaluated the technology and solutions of the <ShopMaster>, and you understand the purpose, method, and/or technology of processing your data in <ShopMaster>. You also understand the regulatory requirement, responsibility and liaility for you as a data controller in terms of privacy data control and protection under all applicable laws;
• The Platform does not control or participate in your data usage and/or sharing, and you will be solely responsible for the use of <ShopMaster>, including transmitting data to its developer, having <ShopMaster> to process your data.
I agree to the Authorization Terms and Agreement
Authorize
Cancel

번역:

'승인'을 클릭하면 〈Shopmaster〉의 개발자가 귀하가 관리하는 비즈니스 데이터 및 사용자 개인 정보 데이터를 포함하여 AliExpress의 특정 데이터에 액세스 할 수 있습니다. 특히 전송하는 데이터에는 다음이 포함됩니다.

- Alibaba 회원의 기본 정보
- 获取您的会员识别权限

귀하의 데이터를 〈ShopMaster〉 개발자에게 전송하는 것과 관련하여 귀하는 다음을 인정하고 보증합니다.

- 귀하는 앞서 언급한 정보에 접근 또는 획득하기 위해 〈ShopMaster〉 개발에 동의합니다, 그리고, 〈ShopMaster〉의 개발에 따른 정보 저장, 처리 및 전송을 관리 및 제한하기 위해 개발자와 계약 또는

기타 구속력 있는 문서를 체결합니다.

- 비즈니스 데이터라 함은, AliExpress에서 귀하의 비즈니스 활동에 관련하는 모든 데이터를 의미하며, 개인 정보 보호 데이터란(직간접적으로) 사용자와 관련된 정보를 식별 또는 연결하는데 사용할 수있는 모든 데이터를 의미합니다.
- 귀하는 사용자의 개인 정보 관리자로서 〈ShopMaster〉의 기술 및 솔루션을 독립적으로 평가하고 〈ShopMaster〉에서 데이터를 처리하는 목적, 방법 또는 기술을 이해하고 있습니다. 귀하는 또한 모든 관련 법률에 따른 개인 정보 보호 데이터 제어 및 보호 측면에서 데이터 컨트롤러로서의 규제 요건, 책임 및 책임을 이해합니다.
- 플랫폼은 귀하의 데이터 사용을 통제 및 공유하지않으며, 개발자에게 데이터를 전송하는 것을 포함하여 〈ShopMaster〉의 사용에 대해 전적으로 책임을 지며, 〈ShopMaster〉가 귀하의 데이터를 처리하도록 합니다.

연동에 승인을 요청하고 난 후 알리익스프레스 셀러 센터(AliExpress Seller Center -Dropshipper Center) 페이지로 이동된다. I have read and agreed to the terms of the General Agreement for the AliExpress Dropshipping Project(알리익스프레스 드랍쉬핑의 일반 계약 조건을 읽고 동의합니다.)에 동의를 하고 Next Step(다음 단계) 버튼을 클릭한다.

반드시 General Agreement를 꼼꼼히 필독하는 것을 권유한다.

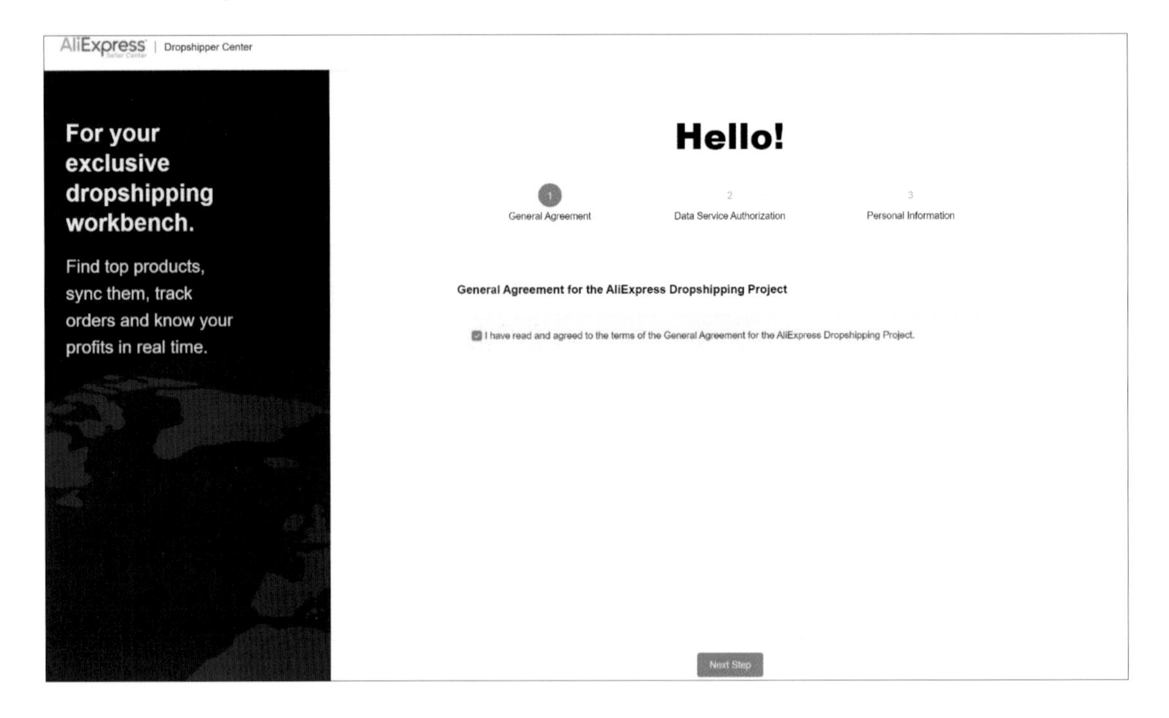

다음, 데이터 서비스 인증(Data Service Authorization)에 동의할 차례이다. 반드시 해당 관련 문서를 필독하고 동의를 하길 권유한다. 동의하면 Next Step 버튼을 클릭하여 다음 페이지로 이동한다.

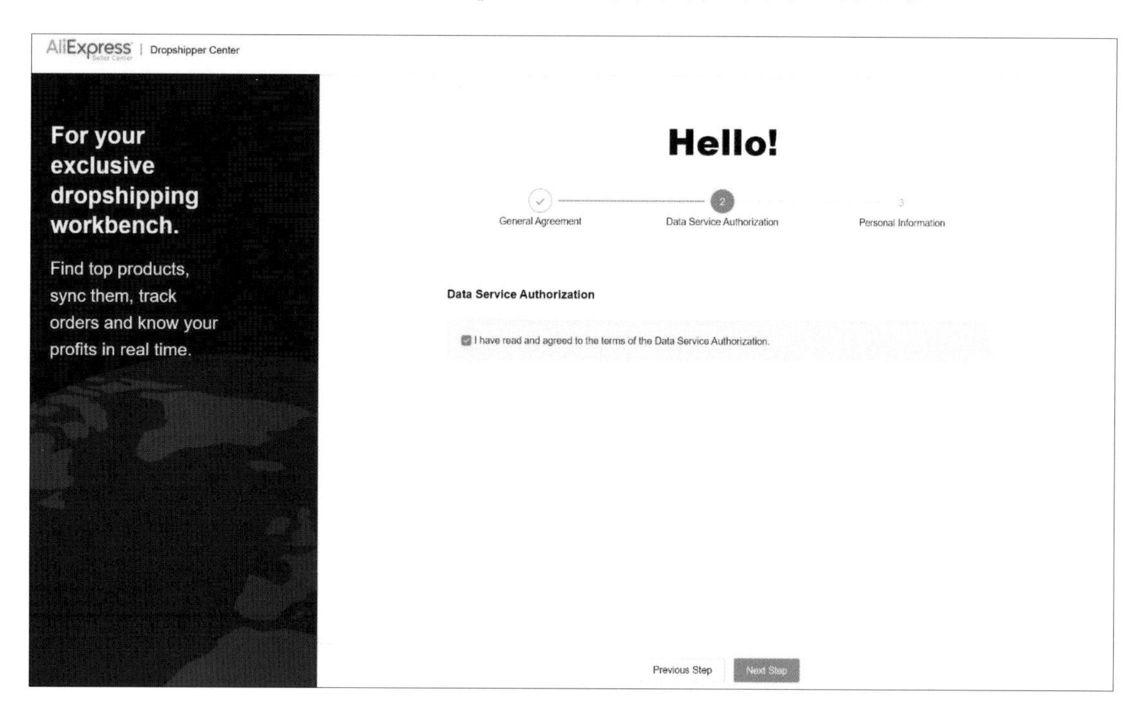

마지막 단계에서는 이름(First Name)과 성(Last Name)을 입력하고 제출(Submit) 버튼을 클릭한다.

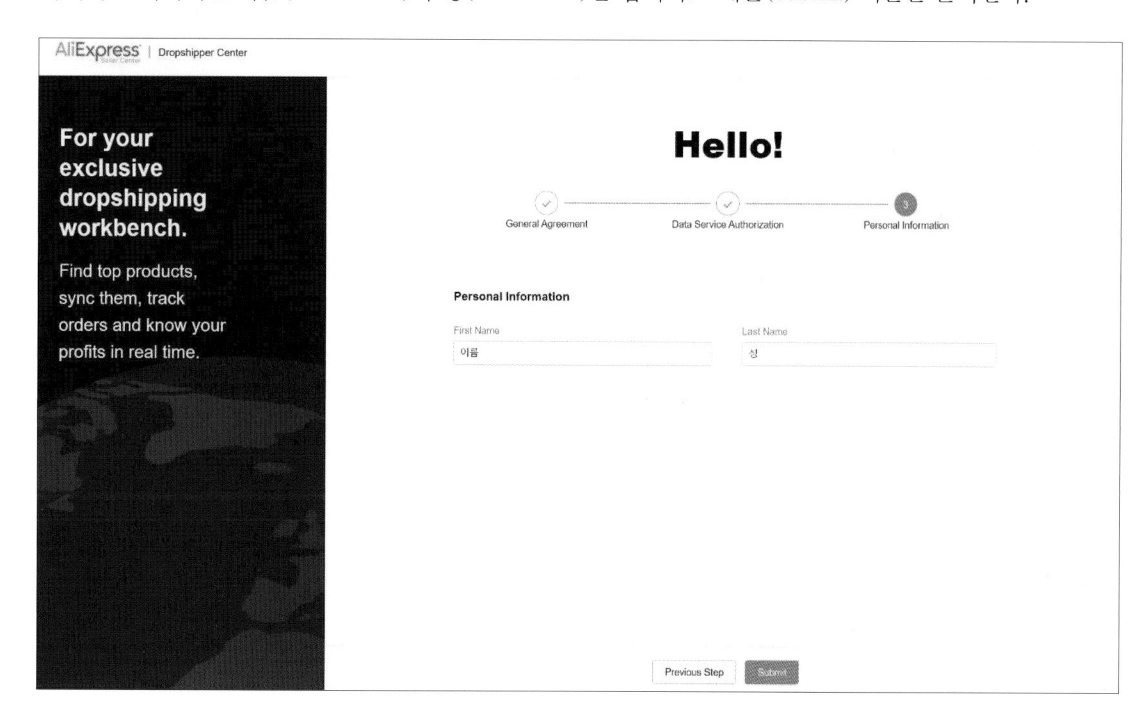

연동의 모든 단계를 거치고 나면 아래의 메시지가 뜬다.

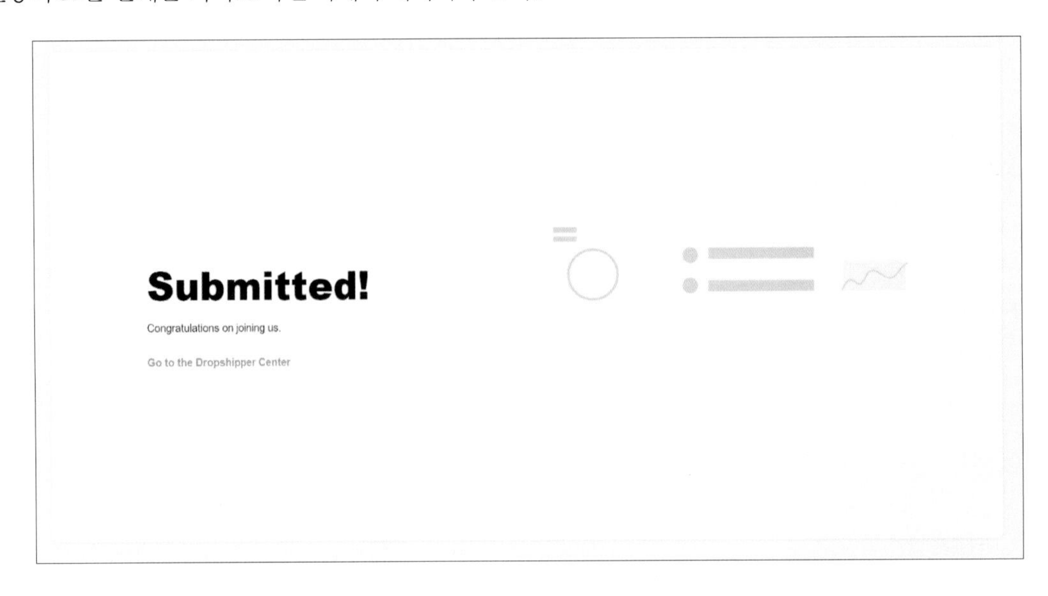

연동이 완료되면, 제품 페이지로 다시 이동하여 불러오기를 시도한다. 오른쪽 하단 "Import product" 버튼을 클릭한다.

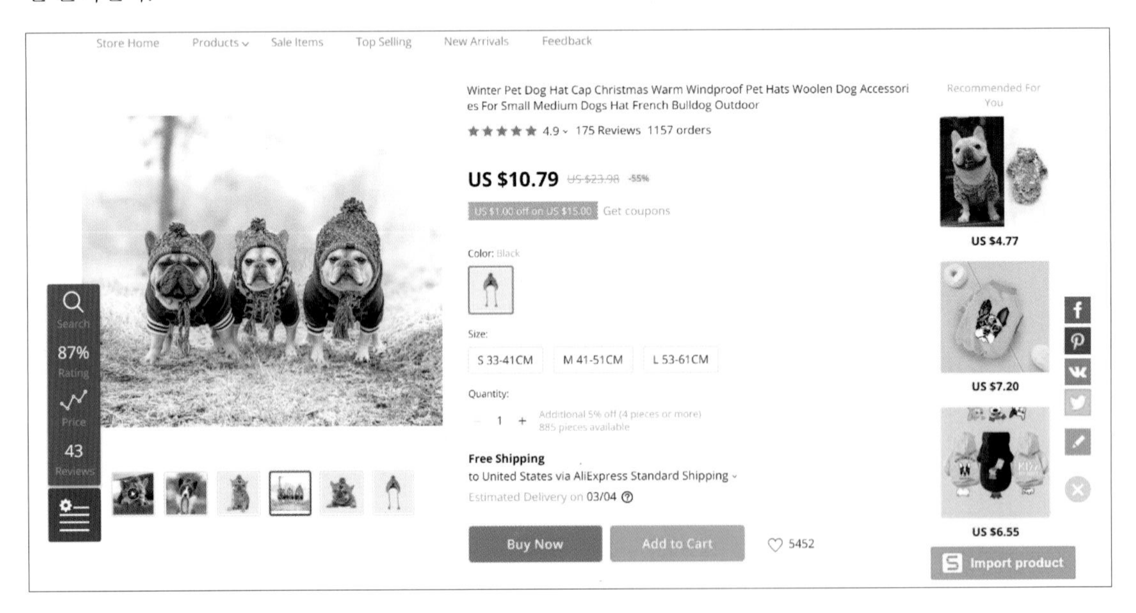

불러오기가 완료되면 웹 사이트 상단에 아래와 같은 메시지가 뜬다.

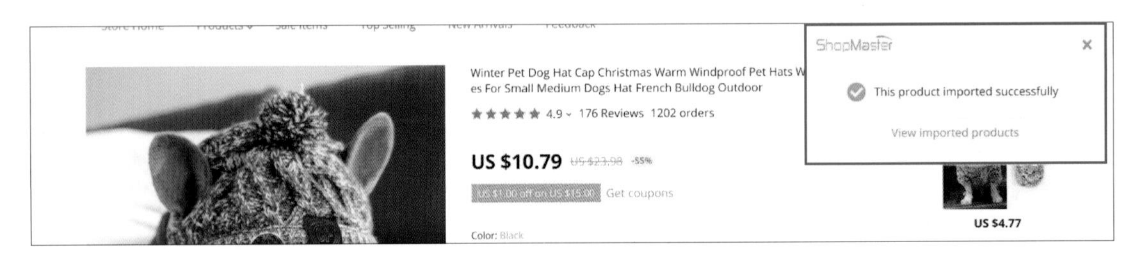

> This product imported successfully.
> View imported products.
>
> 이 제품을 성공적으로 불러들였습니다.
> 제품 확인하기

View imported products 버튼을 클릭하여 샵마스터의 불러오기 제품 리스트 페이지로 이동한다.

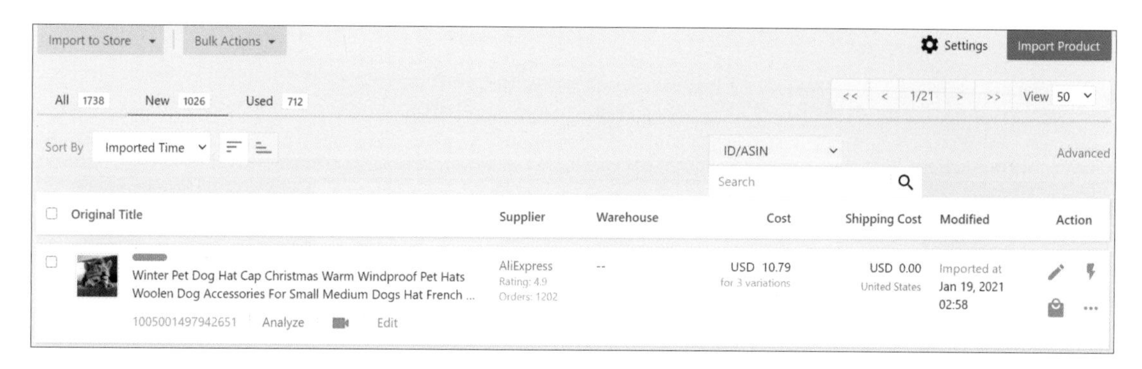

Action 아래 보이는 연필 모양을 클릭하면 아래에 보이는 이미지처럼 리스트 내에서 간단하게 제품을 편집할 수 있다. 하지만 편집 기능이 제한되어있기 때문에, 이 방법을 추천하진 않는다.

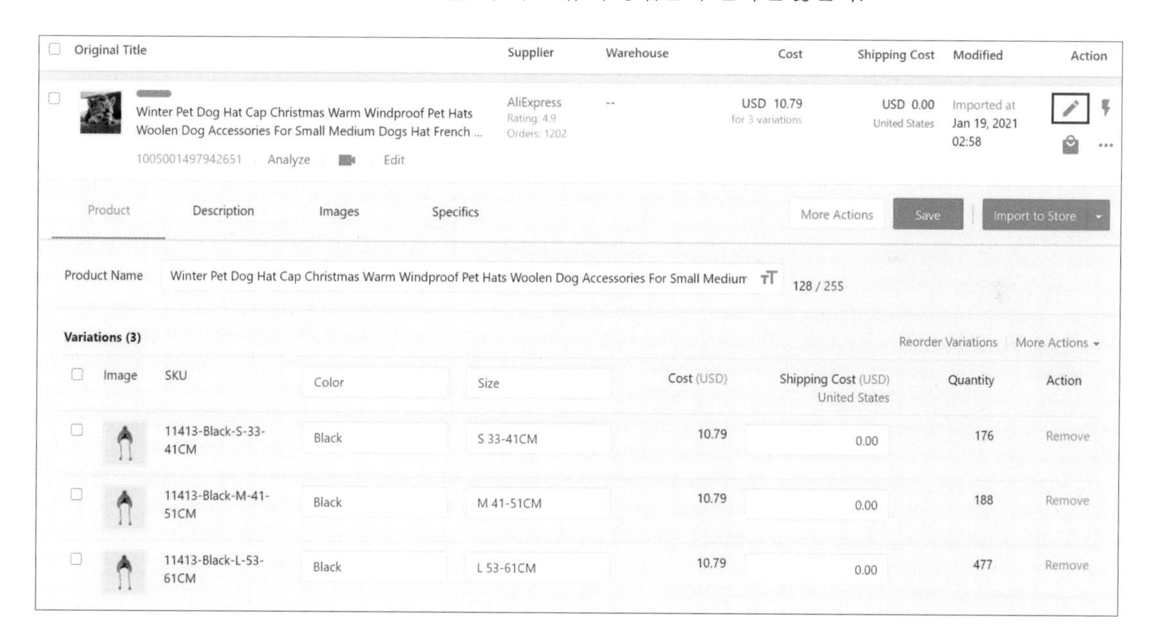

오른쪽에 보이는 녹색의 Import Store 버튼을 클릭하면 제품을 자사몰로 불러들이기 할 수 있다.

불러들이기 할 플랫폼을 선택하고 오렌지색의 Create 버튼을 클릭한다.

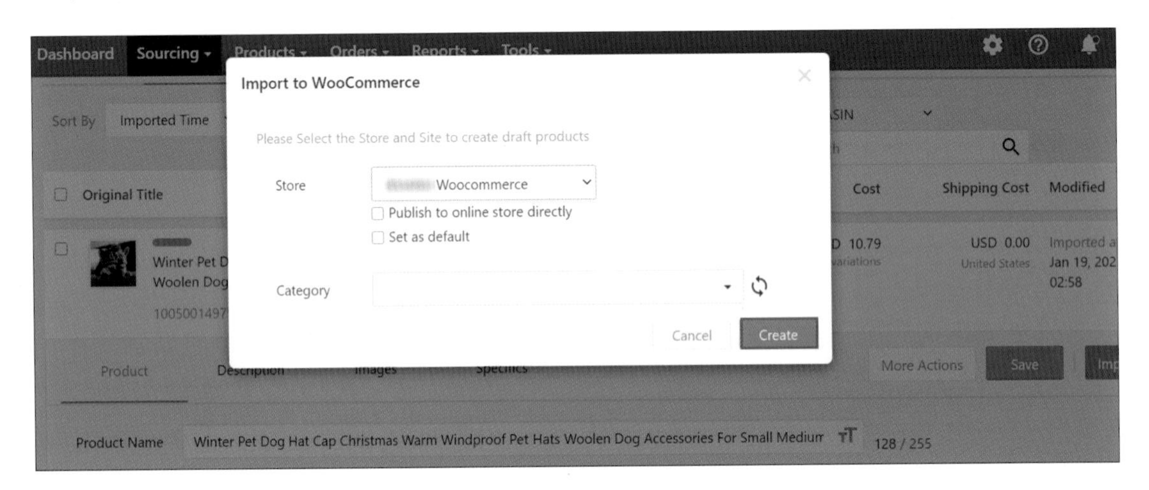

불러들이기가 완료되면 이제 본격적으로 편집을 할 차례이다. "Draft Product"을 클릭하여 편집 페이지로 이동한다.

대부분의 정보가 자동으로 입력이 되어있기 때문에, 꼼꼼히 검토해보고 제품과 상관이 없는 정보들은 삭제한다.

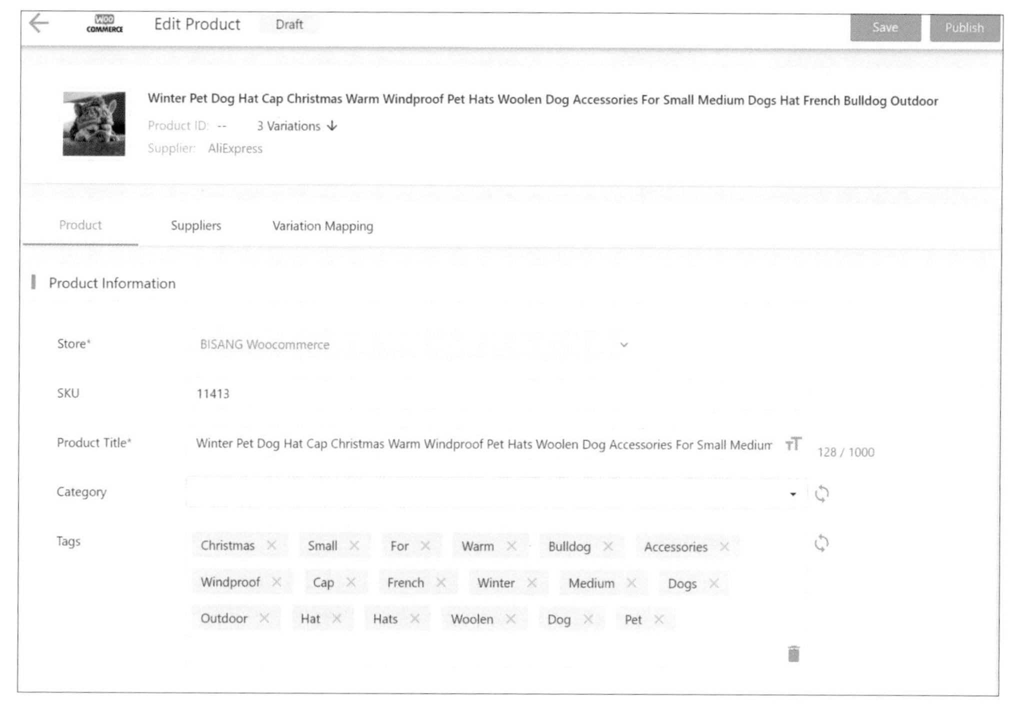

▲ 태그와 카테고리 상품명을 수정할 수 있다.

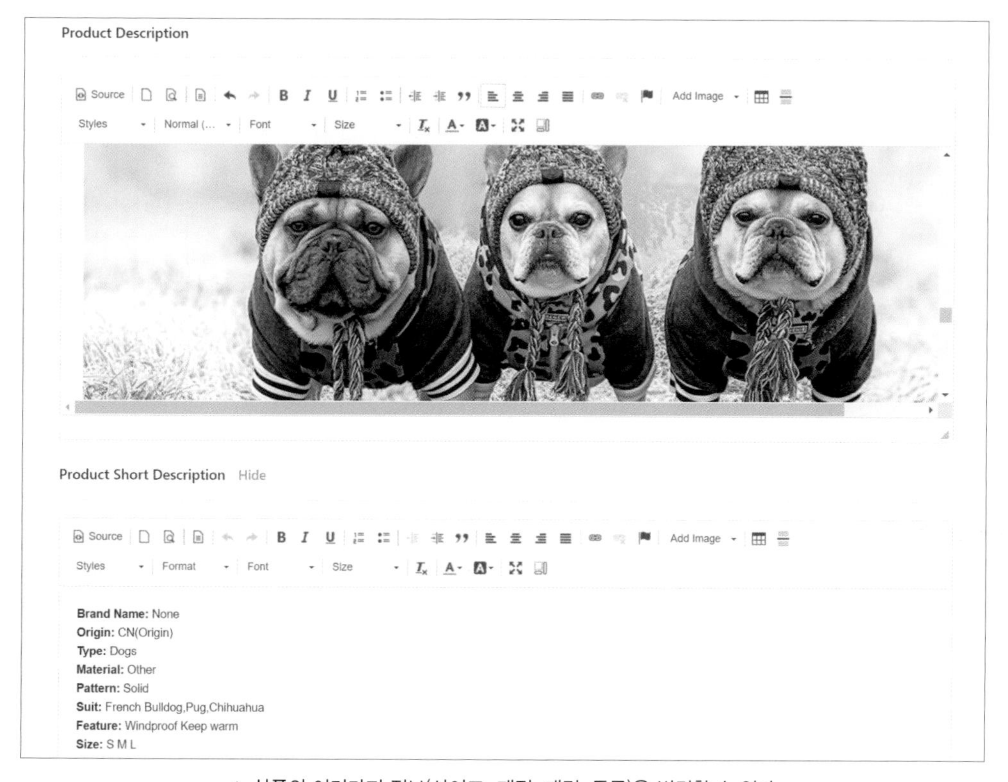

▲ 상품의 여러가지 정보(사이즈, 재질, 패턴, 등등)을 변경할 수 있다.

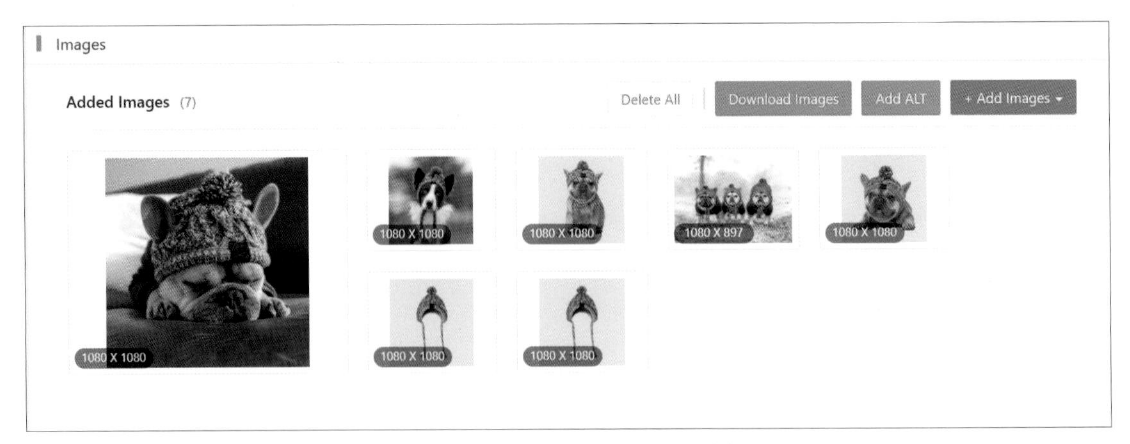

▲ 상품 이미지 또한 추가, 삭제할 수 있다.

Selling Details 섹션을 확인해보면 예상 판매가격 역시 자동으로 입력되어 있다. 간단한 가격 수정은 가격 박스 안에서도 가능하지만, 제품의 종류가 다양할 경우 "Bulk Edit"을 클릭하여 모든 아이템의 가격을 한 번에 수정이 가능하다. 제품의 할인을 고려한다면 Sale Price에 할인가를 입력하면 된다.

Selling Details

Variations (3) ☐ Calculate profits based on sale price Edit variation

Image	SKU	Color	Size	Cost	Total Cost	Price (USD)* Bulk Edit	Sale Price Bulk Edit	Schedule Bulk Edit	Profit	Quantity* Bulk Edit	···
	11413-Black-S	Black	S 33-41CM	USD 10.79	USD 10.79 176 in stock	21.58		Add	10.79	176	···
	11413-Black-N	Black	M 41-51CM	USD 10.79	USD 10.79 188 in stock	21.58		Add	10.79	188	···
	11413-Black-L	Black	L 53-61CM	USD 10.79	USD 10.79 477 in stock	21.58		Add	10.79	477	···

+ Add variation

마지막으로, 모든 정보를 업데이트하고 난 뒤, 상단에 보이는 녹색의 발행(Publish) 버튼을 클릭한다.

이제, 당신의 차례이다. 앞서 설명된 상품 등록 과정을 참고하여 쇼피파이 상품등록에 도전해 보길 바란다.

CHAPTER

04 코로나 펜데믹 이후 사용되는 구글 검색 키워드 정리

코로나 바이스러는 전 세계 사람들의 생활 패턴을 바꾸어 놓았고, 그에 따라 소비의 형태도 많이 변화하였다. 이러한 소비 변화는 앞으로의 소비 형태에도 많은 영향을 줄것이다.

> Amazon reported blowout third-quarter results on Thursday as a pandemic sales boost helped the company triple its profits amid a 37% increase in earnings.[120]
>
> 아마존은 펜데믹으로 판매가 증가하여 회사의 수익이 3배 증가한 37 %의 수익을 달성하였다는 3분기 실적을 목요일에 발표했습니다.

모든 것이 오프라인에서 온라인으로 옮겨가는 시점에서, 소비자의 구매 형태 또한 급격하게 바뀌어 이제는 남녀노소 나이 불문하고 인터넷을 사용하지 못하면 살아남지 못하는 시대가 되었다.

필자는 테스트를 위해 영문 쇼핑몰을 제작하고 어떤 키워드들이 검색엔진에 노출이 되는지 알아보았다. 다양한 카테고리에서 다양한 제품들을 등록하여 어떤 제품들이 검색되고 노출이 되는지 확인해보았다. 쇼피파이/우커머스로 해외 쇼핑몰의 창업을 결심했는데, 어떤 제품을 선택할지 모를때, 필자가 정리해 놓은 노출 키워드들을 보면 판매할 상품을 선택하는 데 도움이 될 것이다.

20일에 걸쳐 웹사이트 80%를 완성하였으며(하루 8시간+), 그 이후에는 제품을 업로드하면서 서서히 유지 보수를 해나갔다. 인터넷에 익숙하지 않은 일반인이 책을 보면서 혼자 웹사이트를 제작한다고 가정을 한다면 개인의 역량에 따라 다르겠지만 최소 1개월에서 6개월 정도 혹은 그 이상의 기간이 걸릴 것으로 예상이 된다.

아무도 알려주지 않는 핵 꿀팁! - 교육용 샘플 쇼핑몰 사이트: https://www.thebisang.com/

위에 언급된 영문 인터넷 쇼핑몰은 이 책을 위한 교육용 사이트로 제작이 되었다. 워드프레스를 이용하여 1인 창업을 준비 중인 초보 창업자들이 참조하여 자신의 웹사이트를 업데이트할 때 도움이 되었으면 하는 바램이다.

한 달 동안 190개 가량의 제품을 업로드를 하였고 이 시기에는, 어떤 품목에 상관없이 다양한 카테고리에서 제품을 업로드를 하였다. 이때, 남성/여성 의류, 아기 옷과 모바일 액정 및 액세서리 위주로 업로드를 하였다. 시간이 많이 걸리는 작업이므로, 일일이 수동으로 할 수가 없어, 프로그램을 이용하여 제품을 불러 들이고, 키워드 검색을 통해 페이지의 타이틀과 태그, 메타 정보들은 수동으로 작업을 하였다. 프로그램 사용과 수작업의 비율은 50:50을 유지했다.

120 Edward Helmore, Amazon third-quarter earnings soar as Pandemic Sales triple profits(29 October 2020) 22:16pm GMT 〈https://www.theguardian.com/technology/2020/oct/29/amazon-profits-latest-earnings-report-third-quarter-pandemic〉.

웹사이트 노출 3일째

Query	Impressions	CTR	Position
smart business attire male	2	0.00%	88.50
christmas clothing for boys	1	0.00%	1.00
korean business casual attire	1	0.00%	35.00
korean business casual	1	0.00%	65.00
"galaxy s8"	1	0.00%	66.00
"rugs"	1	0.00%	72.00
"wireless headphones"	1	0.00%	85.00
cat travel bag with window	1	0.00%	90.00

사이트 맵을 제출하고 3일이 지난 시점에서 8개의 키워드가 검색엔진에 노출이 되었다. 구글 써치 콘솔이 제공하는 정보에 따르면, 비즈니스 남성복(smart business attire male)에 관련된 검색에 2번의 노출이 발생하였고, 아이들의 크리스마스 옷구매(christmas clothing boys)로 1번의 검색 노출이 그리고 한국 스타일의 비즈니스/캐주얼 옷에 관련된 검색어와 고양이 여행 가방의 검색어로도 웹사이트가 검색엔진에 노출이 되었다.

검색으로 노출된 키워드들의 순위(Position)는 35 - 90까지 다양하게 랭크가 되어있어서 현재는 검색을 통한 방문자 유입은 어렵다. 방문자 유입을 위해서는 1페이지 안에 드는 것이 가장 좋지만, 적어도 1-3페이지에는 안착이 되어야 자연스러운 웹 트래픽이 발생하기 시작한다. 일단, 노출되는 결과를 보았을 때, 구글봇이 웹사이트에 방문한 것을 확인했다.

Tip 아무도 알려주지 않는 핵꿀팁!

구글 서치 콘솔(Google Search Console)을 통해서 사용자가 사용한 키워드를 확인할 수 있다. 이때, 따옴표(" ")가 포함된 키워드를 확인할 수 있는데, 이것은 무엇을 뜻하는 것일까? 구글링(Googling: 검색)시 따옴표(" ")를 사용하면 검색어를 포함한 정보만 검색이 된다. 급하게 찾아야 하는 필요한 정보가 있을 때, 사용하면 효율적이다.

여기서 잠깐!

영어단어 "attire"가 보인다. 보통 옷이라는 영어 단어는 clothes라고 표현하기 때문에 attire이라는 단어가 익숙하지 않은 사람들이 많을 듯하다. 이렇게, 영어권 원어민들이 사용하는 단어/키워드를 잘 찾고 사용해서 검색이 잘되는 키워드를 찾는 연습을 많이 해야 한다. 어학 사전에 따르면 attire는 아래의 의미를 가진다.

추천 암기 영어 단어

- clothing: 의복에 대한 총칭으로 사용된다. 예를 들어, 의복 한 점을 an article of clothing 이라 표현한다.
- clothes: 가장 일반적인 의미의 옷을 뜻한다. 예를 들어, 평상복은 everyday clothes이라 하고, 작업복 working clothes라 한다
- attire: 복장/차림새의 뜻으로 사용된다.
- dress: 주로 장식적인 견지에서의 옷을 뜻하며 보통 코트나 하의는 제외된다.
  - 정장(full dress)
  - 결혼예복(wedding dress)
  - 여성용 실내복(house dress)
  - 임신복(maternity dress)
- apparel: 주로 겉옷을 뜻한다.
- wear: 특별한 목적을 위해 만들어진 옷을 뜻한다.
  - 신사복(men's wear)
  - 여성복(women's wear)
  - 아동복(children's wear)
  - 해변에서 입는 옷(beach wear)
  - 하복(summer wear)
  - 운동복(sports wear)
  - 속옷(underwear)
- suit: wear와 같이 쓰인다.
- costume: 시대 · 민족 고유의 의상을 말한다.
- outfit: 옷 한 벌을 의미한다.

웹사이트 노출 17일 째

Query	Impressions	CTR	Position	Query	Impressions	CTR	Position
smart business attire male	12	0%	88.17	korean business attire	2	0%	70
corgi backpack carrier	6	0%	81.83	korean business casual	2	0%	78.5
motor scooter helmets	4	0%	97.5	winter coat clearance	2	0%	83
mens winter coat clearance	3	0%	110.33	corgi carrier backpack	2	0%	93
premature baby christmas outfit	2	0%	62.5	scooter helmets for sale	2	0%	101

Query	Impressions	CTR	Position	Query	Impressions	CTR	Position
smart business attire	2	0%	126.5	motor scooter helmets for sale	1	0%	73
christmas clothing for boys	1	0%	1	christmas cat costumes	1	0%	81
korean business attire male	1	0%	29	manicure machine	1	0%	81
korean business casual attire	1	0%	35	mens winter coats clearance sale	1	0%	83
korean tracksuit style	1	0%	45	"wireless headphones"	1	0%	85
business casual korean fashion	1	0%	64	deep muscle stimulator gun	1	0%	86
"galaxy s8"	1	0%	66	cat travel bag with window	1	0%	90
corgi hiking backpack	1	0%	70	cat christmas outfits	1	0%	94
"rugs"	1	0%	72	samsung earbud	1	0%	114
motor scooter helmets for sale	1	0%	73	clothes for short fat ladies	1	0%	216

웹사이트의 노출을 위해서 2주가량은 웹사이트에 제품을 등록하는 데 집중을 했다. 그리고, 2주가 조금 지난 시점에서 어떤 키워드들이 검색되었는지 확인해보았다.

왕실 코기로 유명한 웰시 코기의 백팩 캐리어가 6번, 오토바이 헬멧이 4번, 그 외에 남자들의 겨울 코드 할인(mens winter coat clearance), 신생아들의 크리스마스 옷(premature baby christmas outfit), 코리안 스타일의 비즈니스 의복(korean business attire), 코리안 비즈니스 캐주얼(korean business casual), 스쿠터 헬멧 할인(scooter helmets for sale)이 검색어로 사용되었다.

차후, 더 많은 검색 결과를 보면 알게 되겠지만, 현재 펜데믹 시점에서 일반 여성복보다는 남성복의 검색어가 더 많이 사용되고 일반 여성복보다는 비만 여성의 옷들이 검색이 더 잘되는 것을 알 수 있었다.

 **아무도 알려주지 않는 핵꿀팁!**

구글링(Googling: 검색)하는 이유는 정보를 찾기 위해서인데, 가끔은 찾고 싶은 정보의 단어가 생각나지 않을 때도 있다. 이때, 기억이 나지 않는 단어 대신 별표(*)를 사용하면 관련된 정보를 찾을 수 있다. 예를 들어 중력의 법칙은 생각이 나는데, 중력의 법칙을 발견한 과학자의 이름이 생각이 나지 않는다면 * 중력의 법칙, 이렇게 검색을 하면 된다.

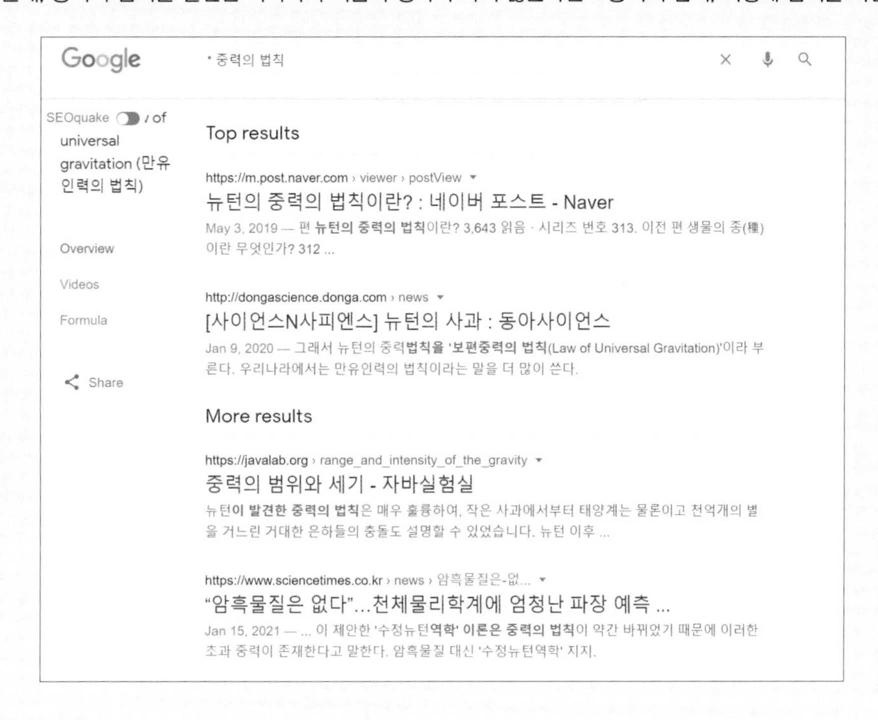

웹사이트 노출 29일 째

Query	Impressions	CTR	Position	Query	Impressions	CTR	Position
smart business attire male	18	0.00%	80.17	korean business attire male	2	0.00%	24.50
smart business attire	17	0.00%	86.12	korean business casual	2	0.00%	78.50
motor scooter helmets	11	0.00%	96.36	winter coat clearance	2	0.00%	83.00
corgi backpack carrier	6	0.00%	81.83	corgi carrier backpack	2	0.00%	93.00
mens winter coat clearance	6	0.00%	102.67	christmas clothing for boys	1	0.00%	1.00
chubby womens fashion	4	0.00%	51.25	korean business casual attire	1	0.00%	35.00
dress for fat girl to look slim	4	0.00%	55.50	fashion for over 50 and overweight	1	0.00%	36.00
korean business attire	4	0.00%	56.75	korean track pants	1	0.00%	43.00
premature baby christmas outfit	3	0.00%	58.33	converse baby walking shoes	1	0.00%	45.00
motor scooter helmets for sale	3	0.00%	79.00	korean tracksuit style	1	0.00%	45.00
scooter helmets for sale	3	0.00%	100.33	smart business attire male uk	1	0.00%	47.00

Query	Impressions	CTR	Position	Query	Impressions	CTR	Position
italian greyhound clothes for winter	1	0.00%	61.00	mens winter coats clearance sale	1	0.00%	83.00
casual dress for fat girl to look slim	1	0.00%	62.00	fat girl clothes	1	0.00%	84.00
dresses for fat girl to look slim	1	0.00%	63.00	"wireless headphones"	1	0.00%	85.00
business casual korean fashion	1	0.00%	64.00	deep muscle stimulator gun	1	0.00%	86.00
korean track pants fashion	1	0.00%	64.00	business casual examples men	1	0.00%	90.00
"galaxy s8"	1	0.00%	66.00	cat travel bag with window	1	0.00%	90.00
fat ladies fashion	1	0.00%	69.00	cat christmas outfits	1	0.00%	94.00
corgi hiking backpack	1	0.00%	70.00	cool scooter helmet	1	0.00%	95.00
outfits for short chubby ladies	1	0.00%	71.00	corporate attire male	1	0.00%	97.00
"rugs"	1	0.00%	72.00	fat womens dresses	1	0.00%	98.00
travel bottle warmer usb	1	0.00%	73.00	outfits for chubby ladies	1	0.00%	98.00
u neck sweater	1	0.00%	73.00	korean corporate attire	1	0.00%	99.00
how to dress over 50 and overweight	1	0.00%	77.00	samsung earbud	1	0.00%	114.00
christmas cat costumes	1	0.00%	81.00	clothes for short fat ladies	1	0.00%	216.00
manicure machine	1	0.00%	81.00				

웹사이트 노출 29일째. 키워드 검색 결과를 확인해 보았다. 필자는 개인 포트폴리오 사이트, 유학원/이민 사이트, 로펌 사이트 등 다양한 웹사이트들을 제작하여 작업한 경험으로 보았을 때, 쇼핑몰 형태의 웹사이트는 경쟁이 치열해서 키워드의 노출이 쉽사리 되진 않았다.

여러 가지 사항을 꼼꼼히 분석해 본 결과, 제품의 상세 페이지 안의 콘텐츠 노출이 큰 영향을 미쳤다. 이 시점에서는 다양하고 많은 제품을 빠른 시일에 업로드를 해야지 어떤 검색어로 노출이 되는지 알 수 있기 때문에, 상세 페이지는 신경을 쓰지 않고 이미지 위주로만 업로드를 했고, 과거 콘텐츠에 집중했던 웹사이트보다는 현저하게 검색어의 노출이 더딘 것을 알 수 있었다. 네XX 스토어와 같은 국내 플랫폼의 경우, 단일 제품으로도 매출을 올릴 수 있지만, 해외 쇼핑몰의 경우에 단일 제품을 등록할 경우, 경우에 따라서 스캐머 사이트 (Scammer website)와 같이 보여질 수 있기 때문에 단일 제품으로 승부를 보려고 한다면 어려움이 따를 수 있다.

이런 오해의 소지를 피하기 위해서는 아마존이나 이베이와 같은 대형 플랫폼에 단일 제품을 등록하여 판매를 하는 방법이 있다. 하지만, 초기부터 자본이 들어가기 때문에 재정적인 여유가 없으면 시도를 하기에 부담스러울 수 있다. 지식과 기술이 있으면 큰 자본이 없이 해외 드롭쉬핑/해외 제휴 마케팅을 시작할 수 있다. 물론 도메인과 서버 사용료와 같은 기본적인 비용은 지불해야 한다.

웹사이트 노출 37일째

Query	Impressions	CTR	Position	Query	Impressions	CTR	Position
smart business attire	36	0.00%	81.33	short fat clothes	1	0.00%	52.00
smart business attire male	30	0.00%	78.53	clothes for short fat women	1	0.00%	57.00
motor scooter helmets	12	0.00%	96.00	prem baby christmas outfit	1	0.00%	58.00
mens winter coat clearance	11	0.00%	99.91	italian greyhound clothes for winter	1	0.00%	61.00
chubby womens fashion	7	0.00%	52.43	casual dress for fat girl to look slim	1	0.00%	62.00
korean business attire	6	0.00%	50.67	dresses for fat girl to look slim	1	0.00%	63.00
corgi backpack carrier	6	0.00%	81.83	business casual korean fashion	1	0.00%	64.00
blue shirt kid	5	0.00%	40.20	korean track pants fashion	1	0.00%	64.00
dress for fat girl to look slim	4	0.00%	55.50	"galaxy s8"	1	0.00%	66.00
premature baby christmas outfit	4	0.00%	56.50	fat ladies fashion	1	0.00%	69.00
korean business attire male	3	0.00%	27.00	corgi hiking backpack	1	0.00%	70.00
korean business casual	3	0.00%	67.00	outfits for short chubby ladies	1	0.00%	71.00
motor scooter helmets for sale	3	0.00%	79.00	smart business attire men	1	0.00%	71.00
winter coat clearance	3	0.00%	85.33	"rugs"	1	0.00%	72.00
scooter helmets for sale	3	0.00%	100.33	travel bottle warmer usb	1	0.00%	73.00
korean business casual attire	2	0.00%	30.50	u neck sweater	1	0.00%	73.00
converse baby walking shoes	2	0.00%	41.50	korean business dress code	1	0.00%	74.00
smart business dress male	2	0.00%	85.00	how to dress over 50 and overweight	1	0.00%	77.00
mens winter coats clearance sale	2	0.00%	87.00	christmas cat costumes	1	0.00%	81.00
corgi carrier backpack	2	0.00%	93.00	manicure machine	1	0.00%	81.00
clothes for short fat ladies	2	0.00%	158.50	fat girl clothes	1	0.00%	84.00
christmas clothing for boys	1	0.00%	1.00	one shoulder backpack for school	1	0.00%	84.00
fashion for over 50 and overweight	1	0.00%	36.00	"wireless headphones"	1	0.00%	85.00
korean track pants	1	0.00%	43.00	korean style clothes men	1	0.00%	85.00
korean tracksuit style	1	0.00%	45.00	deep muscle stimulator gun	1	0.00%	86.00
premature christmas outfit	1	0.00%	45.00	smart office attire	1	0.00%	89.00
smart business attire male uk	1	0.00%	47.00	business casual examples men	1	0.00%	90.00

Query	Impressions	CTR	Position	Query	Impressions	CTR	Position
cat travel bag with window	1	0.00%	90.00	fat womens dresses	1	0.00%	98.00
smart business dress	1	0.00%	92.00	outfits for chubby ladies	1	0.00%	98.00
cat christmas outfits	1	0.00%	94.00	korean corporate attire	1	0.00%	99.00
cool scooter helmet	1	0.00%	95.00	samsung earbud	1	0.00%	114.00
corporate attire male	1	0.00%	97.00				

웹사이트 노출 45일째

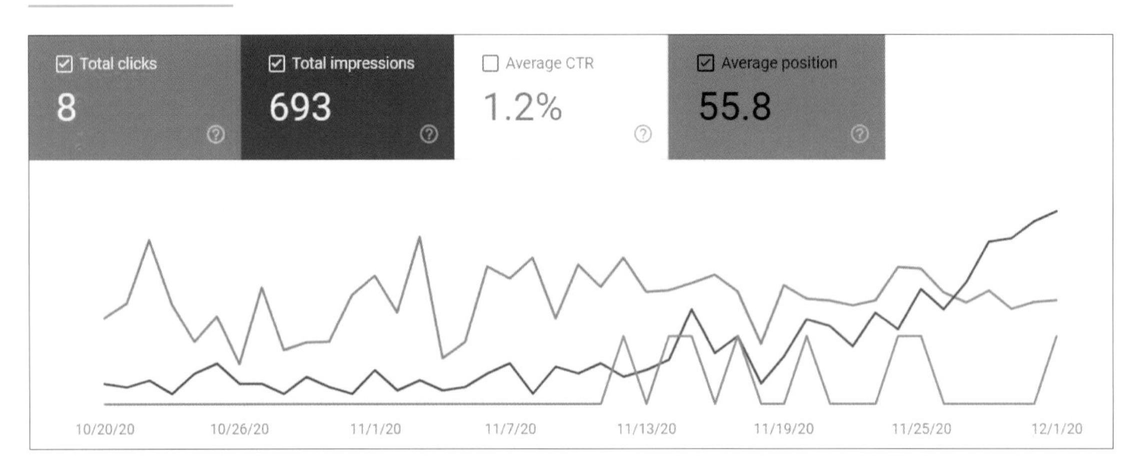

Query	Impressions	CTR	Position	Query	Impressions	CTR	Position
smart business attire	74	0.00%	72.43	premature baby christmas outfit	4	0.00%	56.50
smart business attire male	55	0.00%	72.47	korean business casual	4	0.00%	60.50
blue shirt kid	35	0.00%	39.46	smart business attire men	4	0.00%	68.50
mens winter coat clearance	34	0.00%	87.24	winter coat clearance	4	0.00%	78.75
motor scooter helmets	14	0.00%	91.36	boys white cardigan	4	0.00%	79.50
korean business attire	10	0.00%	39.70	smart business dress	4	0.00%	90.25
chubby womens fashion	9	0.00%	52.22	mens white compression pants	3	0.00%	50.33
white compression pants	7	0.00%	70.71	clothes for short fat women	3	0.00%	51.00
mens winter coats clearance sale	6	0.00%	80.50	cheap white compression pants	3	0.00%	60.67
corgi backpack carrier	6	0.00%	81.83	korean language basics	3	0.00%	78.00
korean snacks online	6	0.00%	88.00	motor scooter helmets for sale	3	0.00%	79.00
dress for fat girl to look slim	5	0.00%	54.60	scooter helmets for sale	3	0.00%	100.33
korean business attire male	4	0.00%	27.75	clothes for short fat ladies	3	0.00%	124.33

Query	Impressions	CTR	Position	Query	Impressions	CTR	Position
korean business casual attire	2	0.00%	30.50	korean business style	1	0.00%	57.00
buy korean snacks online	2	0.00%	41.00	prem baby christmas outfit	1	0.00%	58.00
converse baby walking shoes	2	0.00%	41.50	italian greyhound clothes for winter	1	0.00%	61.00
casual dress for fat girl to look slim	2	0.00%	45.00	smart casual korean	1	0.00%	62.00
dresses for fat girl to look slim	2	0.00%	49.00	tops for fat girl to look slim	1	0.00%	63.00
fat girl dresses	2	0.00%	61.00	business casual korean fashion	1	0.00%	64.00
travel bottle warmer usb	2	0.00%	66.50	fat girls dresses	1	0.00%	64.00
boys navy cardigan	2	0.00%	67.00	korean track pants fashion	1	0.00%	64.00
korean snacks to buy	2	0.00%	67.50	"galaxy s8"	1	0.00%	66.00
fat girl clothes	2	0.00%	74.00	casual attire korean	1	0.00%	67.00
dresses for short fat ladies	2	0.00%	80.00	korean attire male	1	0.00%	67.00
smart office attire	2	0.00%	84.50	fat ladies fashion	1	0.00%	69.00
smart business dress male	2	0.00%	85.00	corgi hiking backpack	1	0.00%	70.00
korean style clothes men	2	0.00%	91.00	outfits for short chubby ladies	1	0.00%	71.00
corgi carrier backpack	2	0.00%	93.00	“rugs”	1	0.00%	72.00
kids white cardigan	2	0.00%	93.50	u neck sweater	1	0.00%	73.00
christmas clothing for boys	1	0.00%	1.00	korean business dress code	1	0.00%	74.00
fashion for over 50 and overweight	1	0.00%	36.00	mens winter coats clearance	1	0.00%	76.00
dress for chubby girl to look slim	1	0.00%	38.00	how to dress over 50 and overweight	1	0.00%	77.00
clothes for short chubby women	1	0.00%	41.00	christmas cat costumes	1	0.00%	81.00
korean smart casual male	1	0.00%	42.00	manicure machine	1	0.00%	81.00
korean track pants	1	0.00%	43.00	short chubby girl fashion	1	0.00%	83.00
cold weather compression pants	1	0.00%	44.00	smart business outfit	1	0.00%	83.00
korean tracksuit style	1	0.00%	45.00	one shoulder backpack for school	1	0.00%	84.00
premature christmas outfit	1	0.00%	45.00	order korean snacks online	1	0.00%	84.00
smart business attire male uk	1	0.00%	47.00	“wireless headphones”	1	0.00%	85.00
short fat clothes	1	0.00%	52.00	deep muscle stimulator gun	1	0.00%	86.00
fashion for short fat women	1	0.00%	56.00	smart office attire men	1	0.00%	87.00

Query	Impressions	CTR	Position	Query	Impressions	CTR	Position
stylish clothes for short fat women	1	0.00%	89.00	corporate attire male	1	0.00%	97.00
business casual examples men	1	0.00%	90.00	fat womens dresses	1	0.00%	98.00
cat travel bag with window	1	0.00%	90.00	outfits for chubby ladies	1	0.00%	98.00
korean snacks buy online	1	0.00%	90.00	smart business men	1	0.00%	98.00
cat christmas outfits	1	0.00%	94.00	korean corporate attire	1	0.00%	99.00
cool scooter helmet	1	0.00%	95.00	samsung earbud	1	0.00%	114.00

웹사이트 노출 53일째

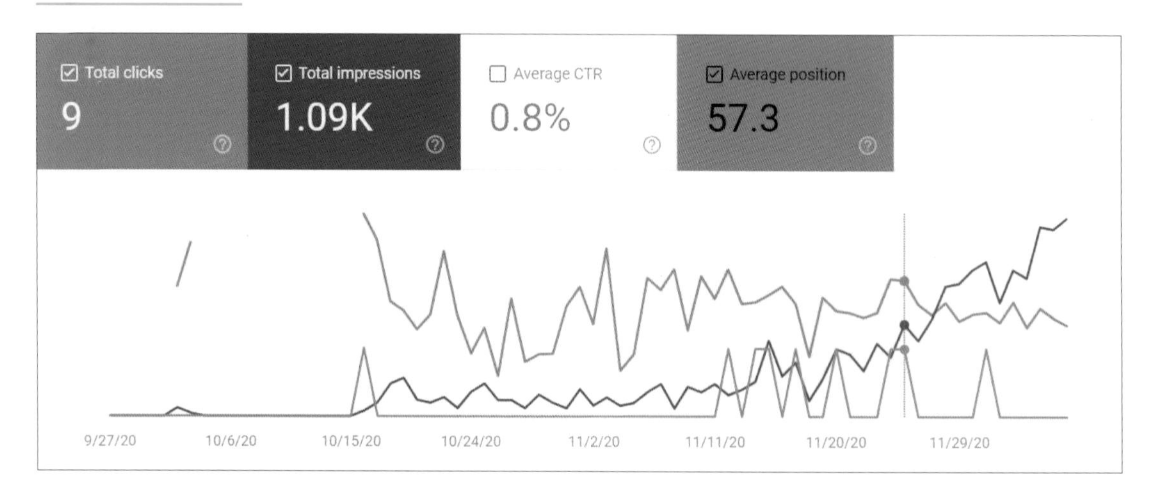

위의 이미지에서 확인할 수 있듯이 검색량은 점점 증가하는데, 랭킹은 떨어지는 것을 확인할 수 있다. 랭킹은 왜 자꾸 떨어지는 것인지 이쯤에서 궁금한 독자도 있을 것이다. 이것은 당연한 결과이다. 신생 웹사이트의 경우, 초반에는 키워드가 많이 노출될수록 평균 랭킹이 떨어지고, 키워드들의 노출이 일정한 수치에 도달하면 그때부터 랭킹은 유지 또는 상승하게 된다.

웹마스터툴에서는 최대 1000개의 노출되는 키워드들을 확인할 수 있고 그 이상의 확인은 불가능하다. 웬만한 중요 키워드들은 노출되는 1000개의 키워드에 속해 있기 때문에, 이 범위를 벗어나는 키워드들은 검색량이 적거나 중요하지 않은 키워드일 가능성이 높기 때문에 일부러 시간을 내어 키워드를 분석할 필요는 없다.

Query	Impressions	CTR	Position	Query	Impressions	CTR	Position
smart business attire	115	0.00%	69.27	korean business casual	4	0.00%	60.50
mens winter coat clearance	80	0.00%	78.96	boys navy cardigan	4	0.00%	67.25
smart business attire male	70	0.00%	70.27	fat girl clothes	4	0.00%	77.00
blue shirt kid	63	0.00%	37.19	korean snack box	4	0.00%	80.75
white compression pants	31	0.00%	67.77	best gaming mice 2021	4	0.00%	83.75
korean snacks online	22	0.00%	75.64	korean snacks products	4	0.00%	92.75
boys white cardigan	20	0.00%	87.35	scooter helmets for sale	4	0.00%	99.75
motor scooter helmets	17	0.00%	86.82	cheap white compression pants	3	0.00%	60.67
mens white compression pants	15	0.00%	47.93	dresses for short fat ladies	3	0.00%	66.67
kids white cardigan	15	0.00%	94.20	korean snacks to buy	3	0.00%	67.33
dress for fat girl to look slim	12	0.00%	48.17	smart office attire	3	0.00%	68.67
korean business attire	11	0.00%	39.09	auto magnetic mug	3	0.00%	72.33
korean language basics	11	0.00%	77.00	motor scooter helmets for sale	3	0.00%	79.00
chubby womens fashion	10	0.00%	52.20	mosquito tent for bed	3	0.00%	79.67
buy korean snacks online	10	0.00%	70.80	best gaming mouse 2021	3	0.00%	82.67
mens winter coats clearance sale	9	0.00%	77.00	clothes for short fat ladies	3	0.00%	124.33
winter coat clearance	9	0.00%	79.33	korean business casual attire	2	0.00%	30.50
how to dress over 50 and overweight	8	0.00%	57.50	fashion for over 50 and overweight	2	0.00%	34.00
smart business dress	8	0.00%	86.38	premature christmas outfit	2	0.00%	36.00
fat girl dresses	6	0.00%	64.83	converse baby walking shoes	2	0.00%	41.50
corgi backpack carrier	6	0.00%	81.83	casual dress for fat girl to look slim	2	0.00%	45.00
usb bottle warmer	6	0.00%	86.33	short fat women	2	0.00%	47.00
korean business attire male	5	0.00%	28.80	dresses for fat girl to look slim	2	0.00%	49.00
cold weather compression pants	5	0.00%	45.80	korean business dress code	2	0.00%	56.00
clothes for short fat women	5	0.00%	57.20	korean attire male	2	0.00%	57.50
travel bottle warmer usb	5	0.00%	59.80	outfits for short chubby ladies	2	0.00%	57.50
smart business attire men	5	0.00%	68.20	dress code smart business	2	0.00%	63.00
black panther motorcycle helmet	5	0.00%	82.40	"bottle warmer best"	2	0.00%	68.00
premature baby christmas outfit	4	0.00%	56.50	cold compression pants	2	0.00%	69.50

Query	Impressions	CTR	Position	Query	Impressions	CTR	Position
best cold weather compression pants	2	0.00%	71.50	fashion for short fat women	1	0.00%	56.00
order korean snacks online	2	0.00%	80.00	korean business style	1	0.00%	57.00
korean snack box review	2	0.00%	82.50	premature baby christmas clothes	1	0.00%	57.00
smart business dress male	2	0.00%	85.00	motor scooter helmet	1	0.00%	58.00
electric hot hands	2	0.00%	91.00	prem baby christmas outfit	1	0.00%	58.00
korean style clothes men	2	0.00%	91.00	stretchy food covers	1	0.00%	59.00
boys winter coat clearance	2	0.00%	92.00	portable usb bottle warmer	1	0.00%	60.00
smart office attire men	2	0.00%	92.50	italian greyhound clothes for winter	1	0.00%	61.00
corgi carrier backpack	2	0.00%	93.00	smart casual korean	1	0.00%	62.00
corporate attire male	2	0.00%	93.00	tops for fat girl to look slim	1	0.00%	63.00
how to dress short and fat	2	0.00%	97.00	wireless bottle warmer	1	0.00%	63.00
clearance winter coats	2	0.00%	98.50	business casual korean fashion	1	0.00%	64.00
christmas clothing for boys	1	0.00%	1.00	fat girls dresses	1	0.00%	64.00
baby jumpsuit	1	0.00%	2.00	korean track pants fashion	1	0.00%	64.00
sexy casual clothes	1	0.00%	35.00	rechargeable coffee mug	1	0.00%	65.00
smart business atire	1	0.00%	36.00	"galaxy s8"	1	0.00%	66.00
dress for chubby girl to look slim	1	0.00%	38.00	tops for fat ladies	1	0.00%	66.00
the original stretchy food lids	1	0.00%	40.00	best cheap gaming mouse	1	0.00%	67.00
clothes for short chubby women	1	0.00%	41.00	casual attire korean	1	0.00%	67.00
korean smart casual male	1	0.00%	42.00	short fat woman	1	0.00%	67.00
korean track pants	1	0.00%	43.00	korean style baby clothes	1	0.00%	68.00
men's cold weather compression pants	1	0.00%	44.00	fat ladies fashion	1	0.00%	69.00
korean tracksuit style	1	0.00%	45.00	korean snack online	1	0.00%	69.00
mens smart business attire	1	0.00%	45.00	corgi hiking backpack	1	0.00%	70.00
dress for short and fat lady	1	0.00%	47.00	summer dresses for short chubby ladies	1	0.00%	70.00
rechargeable cup warmer	1	0.00%	47.00	best korean snack box	1	0.00%	72.00
smart business attire male uk	1	0.00%	47.00	u neck sweater	1	0.00%	73.00
korean food online sweden	1	0.00%	51.00	electric hand warmers	1	0.00%	75.00
short fat clothes	1	0.00%	52.00	mens winter coats clearance	1	0.00%	76.00

Query	Impressions	CTR	Position	Query	Impressions	CTR	Position
fat womens dress style	1	0.00%	78.00	best korean snacks	1	0.00%	90.00
where to buy korean snacks	1	0.00%	78.00	business casual examples men	1	0.00%	90.00
camera protector iphone 11 pro max	1	0.00%	80.00	cat travel bag with window	1	0.00%	90.00
korean fashion men's clothing online	1	0.00%	80.00	fat women dress style	1	0.00%	90.00
christmas cat costumes	1	0.00%	81.00	korean snacks buy online	1	0.00%	90.00
manicure machine	1	0.00%	81.00	plus size clothing 5xl	1	0.00%	90.00
reusable hot hands	1	0.00%	81.00	cat christmas outfits	1	0.00%	94.00
cat carrier backpack bubble	1	0.00%	82.00	foldable baby cot	1	0.00%	94.00
yorkie clothes male	1	0.00%	82.00	cool scooter helmet	1	0.00%	95.00
short chubby girl fashion	1	0.00%	83.00	short chubby fashion	1	0.00%	95.00
smart business outfit	1	0.00%	83.00	anti sad lamp	1	0.00%	97.00
one shoulder backpack for school	1	0.00%	84.00	suits for fat ladies	1	0.00%	97.00
"wireless headphones"	1	0.00%	85.00	fat womens dresses	1	0.00%	98.00
european style dresses	1	0.00%	85.00	mobile bottle warmer	1	0.00%	98.00
deep muscle stimulator gun	1	0.00%	86.00	outfits for chubby ladies	1	0.00%	98.00
mobile holder for running	1	0.00%	86.00	smart business men	1	0.00%	98.00
iphone 11 pro camera protector	1	0.00%	87.00	korean corporate attire	1	0.00%	99.00
short dresses for fat girls	1	0.00%	88.00	gel nail removal kit	1	0.00%	102.00
stylish clothes for short fat women	1	0.00%	89.00	samsung earbud	1	0.00%	114.00

다음의 이미지를 참고해보면 국가별로 키워드의 랭킹을 확인할 수 있다. 10월 17일 웹사이트 노출을 시작하여 2달이 채 되지 않은 시점(48일)에서 경쟁력이 낮은 키워드의 경우, 구글(미국) 2페이지에 노출이 되었고, 경쟁력이 높은 키워드일 경우 낮은 랭킹으로 서서히 올라오고 있었다. 월간 조회 수가 10회인 키워드 "Korean business attire male"의 경우 랭킹 19로 구글 페이지 2페이지 제일 아래 간단히 걸쳐있다.

KEYWORDS (1 - 159 OUT OF 159)	SEARCH VOL.	USA	United Kin...	Canada	Australia
smart business attire	480	55 ▲135	63 ▲7	56 ▲6	49 ▼11
mens winter coat clearance	1.3K	65 ▲5	83 ▼1	64 ▲4	60 ▼2
smart business attire male	480	64	44 ▼2	167 ▼122	42
blue shirt kid	880	38 ▼2	38	32 ▲1	26 ▲1
white compression pants	880	64 ▼1	83 ▼3	75 ▼2	78 ▼1
korean snacks online	590	76 ▲3	97 ▲4	80 ▲4	103 ▲16
boys white cardigan	70	90 ▲9	-	-	-
motor scooter helmets	260	-	-	-	-
mens white compression pants	210	42 ▼1	51 ▲12	54 ▲2	75
kids white cardigan	110	- ▼101	-	-	-
dress for fat girl to look slim	720	53 ▲70	50 ▲2	55 ▲75	128 ▼78

월 검색건수가 4400회인 키워드 "winter coat clearance"의 경우, 랭킹이 113 수직으로 상승하여 글을 쓰는 시점에서 랭킹 87로 구글 10페이지 안에 진입한 것을 확인할 수 있다. 키워드 "iphone 11 pro camera protector"의 경우는 웹사이트 제작 초반에 사용한 제품과 키워드임에도 불구하고 2달가량 노출이 되지 않다가 2달이 가까워지는 시점에서 노출이 됨을 확인할 수 있었다.

KEYWORDS (1 - 159 OUT OF 159)	SEARCH VOL.	USA	United Kin...	Canada	Australia
korean business attire	30	28 ▲87	30 ▲89	-	-
korean language basics	210	74 ▼3	-	-	-
chubby womens fashion	90	39 ▼1	47 ▼10	37 ▲3	42 ▲1
buy korean snacks online	50	49 ▼5	64 ▲136	106 ▼56	83 ▲86
mens winter coats clearance sale	40	62 ▲6	-	69 ▼2	49 ▲6
winter coat clearance	4.4K	87 ▲113	- ▼140	-	- ▼137
how to dress over 50 and overweight	1,000	155 ▼104	154 ▲18	169 ▼3	156 ▼9
smart business dress	40	115 ▲1	-	150 ▼22	90
fat girl dresses	1,000	-	-	-	-
corgi backpack carrier	140	-	-	-	-
usb bottle warmer	320	96	-	-	-
korean business attire male	10	19 ▲2	30 ▲170	32 ▲168	18 ▲6
cold weather compression pants	140	46 ▲1	53 ▲18	- ▼146	57 ▼2

아무도 알려주지 않는 핵꿀팁!

영문 쇼핑몰을 제작하거나 영문 제휴 마케팅 웹사이트를 제작할 때 필요한 구글링(검색) 기술로 define을 사용하는 방법이 있다. 일반적인 방법으로 영어 단어의 뜻을 검색하게 되면 너무 많은 정보가 뜨기 때문에 다시 검색하는 경우가 종종 생긴다.

하지만 define 기능을 사용하면 한 번에 단어의 사전적 뜻을 확인할 수 있어 편리하다. 사용하는 방법은 구글 웹사이트 검색 박스에 define: dress(define: 영어단어)으로 검색을 하면 된다. 예를 들어 웹사이트가 short chubby fashion이라는 검색어로 노출이 되었는데, chubby라는 단어를 모를 때, define:chubby라고 검색을 한다.

영어 공부의 목적이 있다면, 검색 영어단어 이외에 동의어를 함께 외워놓는 것이 좋다.

Google define: chubby

All Images Videos News Maps More Settings Tools

About 5,660,000 results (0.49 seconds)

SEOquake

Dictionary

Search for a word

chub·by

/ˈCHəbē/

adjective

plump and rounded.
"a pretty child with chubby cheeks"

Similar: plump tubby roly-poly rotund portly stout dumpy

Definitions from Oxford Languages *Feedback*

Translations and more definitions

웹사이트 노출 55일째

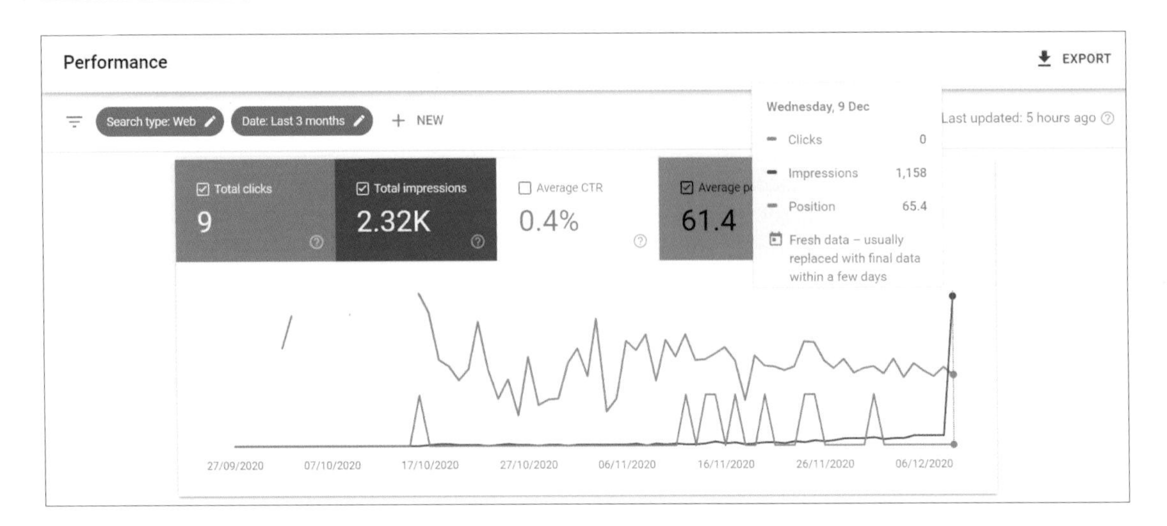

위의 이미지를 보면 이전의 그래프와 다른 양상을 띠고 있는 것을 확인할 수 있다. 서서히 상승하던 그래프가 갑자기 치솟았는데, 12월19일의 검색 노출 수는 전 날 노출 수에 비해 급격하게 상승하여 1,158을 찍었고 검색 키워드의 노출이 증가함에 따라 구글 평균 순위는 61.4로 하락하였지만, 각각의 검색어 순위는 증가하였다. 기존에 노출 되었던 키워드들들의 검색 횟수의 증가와 새로운 검색 키워드들이 추가가 되어 해당 일의 노출 수를 증가시킨 것이다.

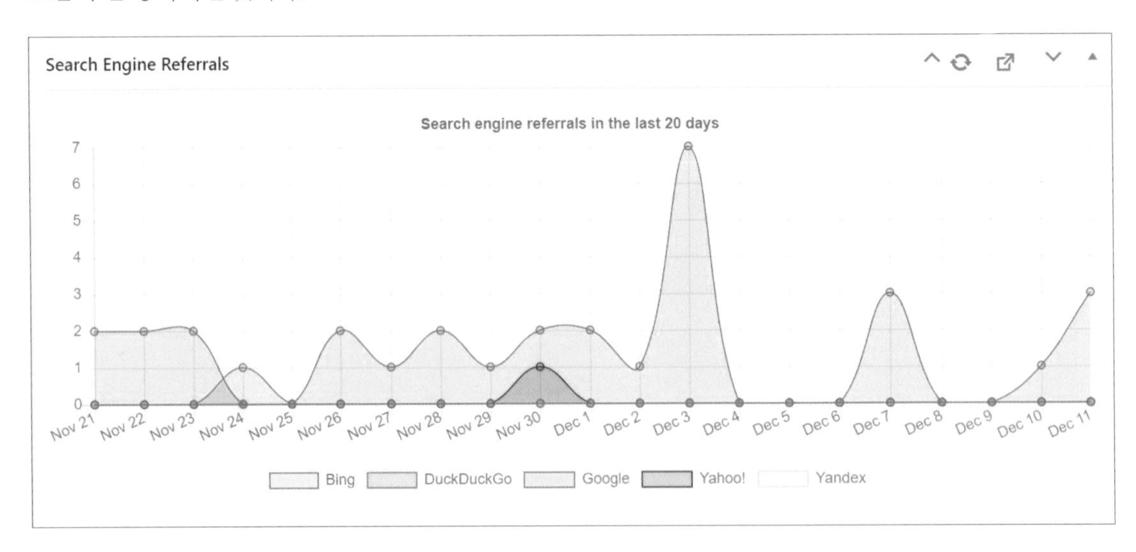

Query	↓ Clicks	Impressions	Position
smart business attire	0	143	67.5
mens winter coat clearance	0	108	76.6
smart business attire male	0	92	70.7
blue shirt kid	0	87	36.6
white compression pants	0	58	67.3
korean snacks online	0	45	80.7
mens white compression pants	0	32	49
boys white cardigan	0	32	89.1
chubby womens fashion	0	26	45.3
dress for fat girl to look slim	0	26	73.7
smart business attire men	0	24	66.6
crossten backpack	0	24	78.8
buy korean snacks online	0	23	73.6

웹사이트 노출 56일 째

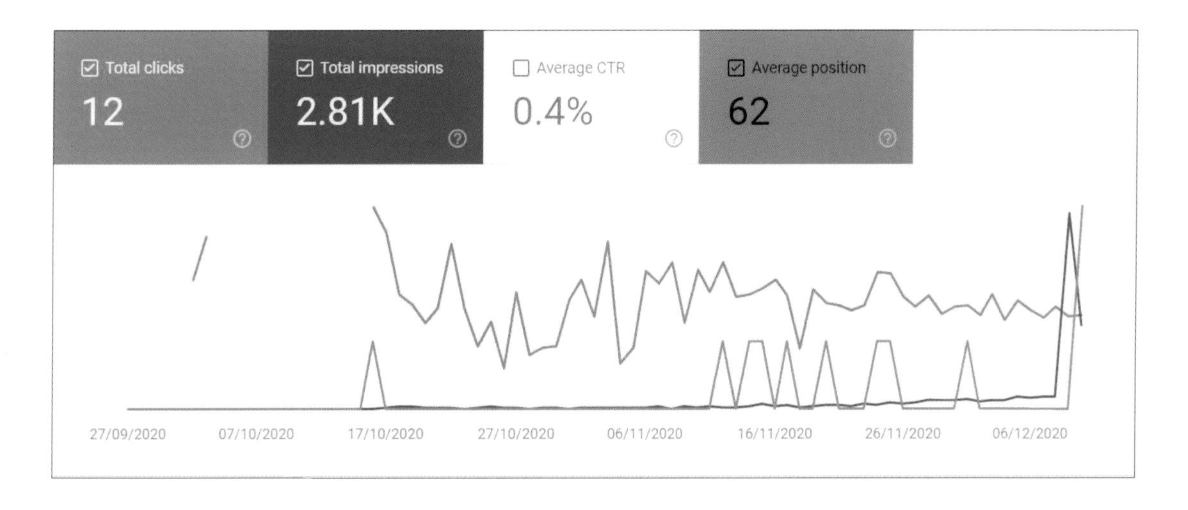

급격한 검색 노출이 발생한 다음 날은 예상대로, 노출 수가 반(491)으로 떨어졌다. 극히 일상적인 패턴으로, 이렇게 급한 상승 뒤에는 하락과 상승을 반복하며 유지를 하다가 다시 최고점을 찍고 오른다. 그리고 다시 하락과 상승을 반복하며 일정 기간 유지를 하다가 다시 최고점을 찍고 오르는 패턴을 유지하면서 웹사이트는 점차 안정권으로 접어들게 된다. 해외 쇼핑몰 사이트를 운영할 경우, 국내 대형 쇼핑몰에 입점하여 판매를 하는 것보다 첫 판매가 이루어지기까지 더 긴 시간이 요구된다.

아무도 알려주지 않는 핵꿀팁!

해외 시장을 타깃으로 비즈니스를 한다면, 환율 검색은 필수이다. 이때, 구글에서 간단하면서 한 번만에 환율 체크를 하는 방법이 있다. 검색 창에 아래와 같이 검색을 하면 한 번 만에 결과를 확인할 수 있다.

- 100 미국달러 =

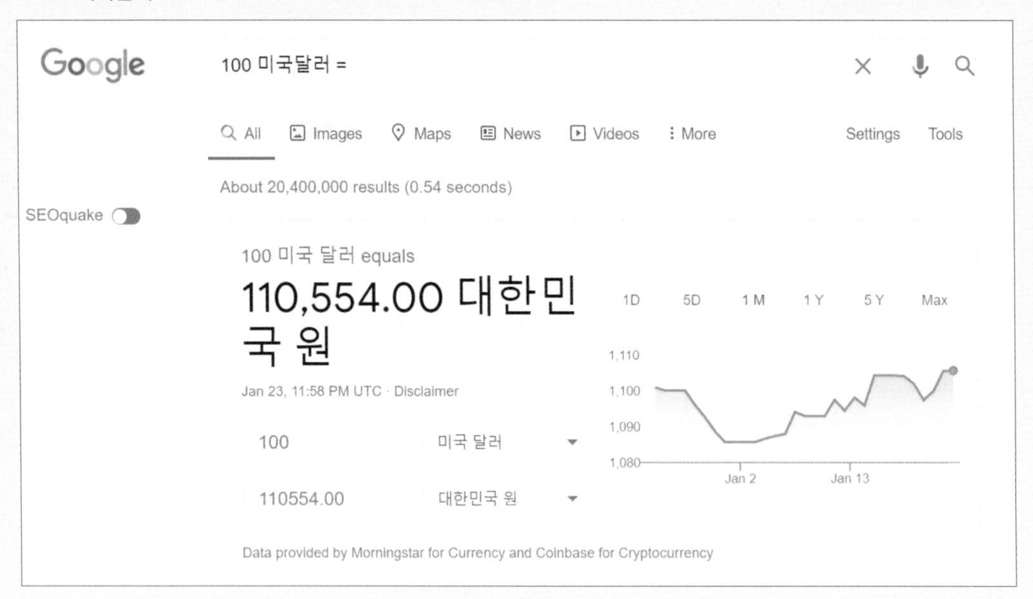

- 100 일본엔 = (등호)

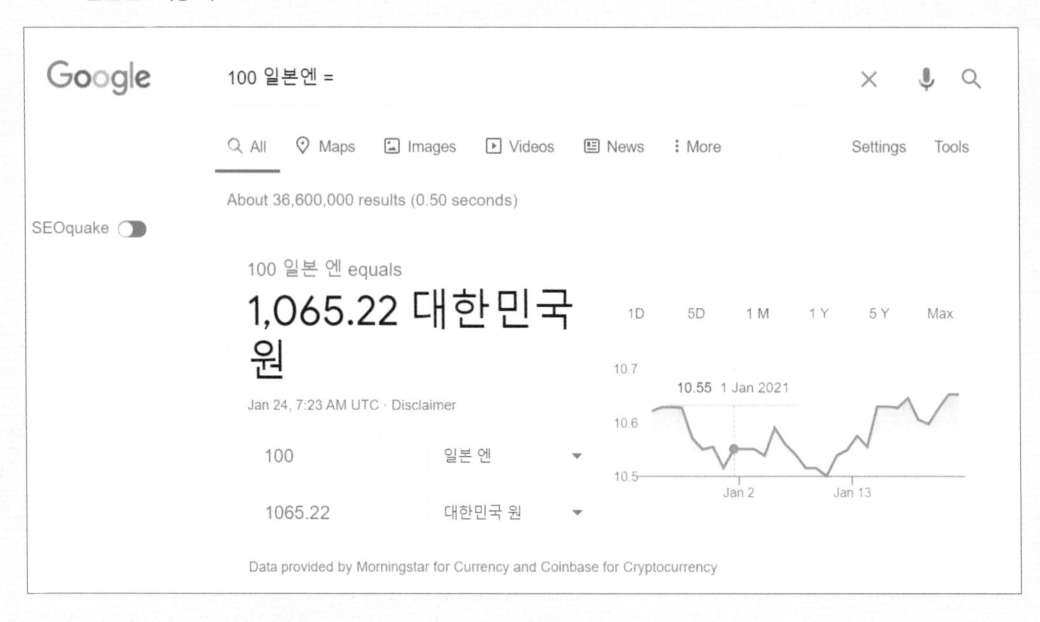

웹사이트 제출 60일째

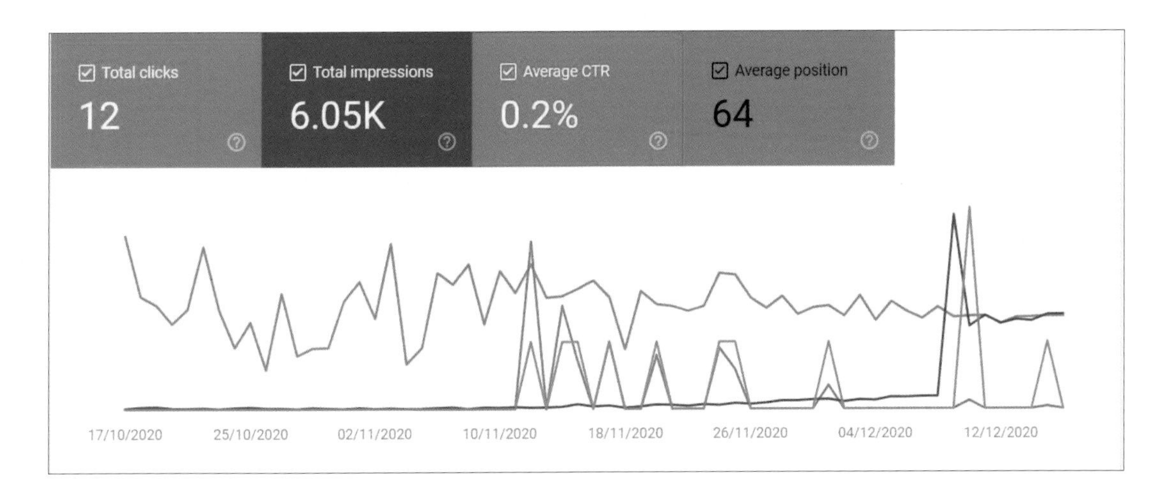

Query	Impressions	CTR	Position	Query	Impressions	CTR	Position
smart business attire	224	0.00%	68.88	smart business dress male	53	0.00%	55.96
mens winter coat clearance	177	0.00%	77.45	korean snack online	53	0.00%	56.32
blue shirt kid	165	0.00%	36.62	clothes for short fat ladies	53	0.00%	67.11
smart business attire male	153	0.00%	71.69	best korean snack box	53	0.00%	72.51
korean snacks online	116	0.00%	88.06	dresses for short fat ladies	53	0.00%	74.15
white compression pants	111	0.00%	66.93	korean snacks to buy	53	0.00%	82.45
dress for fat girl to look slim	86	0.00%	80.17	short fat clothes	52	0.00%	45.00
mens white compression pants	85	0.00%	49.54	smart casual korean	52	0.00%	49.46
buy korean snacks online	81	0.00%	88.72	korean business dress code	52	0.00%	56.13
korean business attire	68	0.00%	33.26	korean attire male	52	0.00%	72.17
korean smart casual male	62	0.00%	43.81	korean language basics	52	0.00%	77.19
korean business casual attire	60	0.00%	15.90	where to buy korean snacks	51	0.00%	80.27
smart business attire men	59	0.00%	75.14	order korean snacks online	51	0.00%	147.98
clothes for short fat women	57	0.00%	57.44	smart business attire male uk	50	0.00%	40.20
korean business casual	55	0.00%	33.60	rechargeable coffee mug	50	0.00%	66.36
business casual korean fashion	54	0.00%	48.74	the original stretchy food lids	49	0.00%	50.33
summer dresses for short chubby ladies	54	0.00%	60.89	rechargeable cup warmer	49	0.00%	56.37
boys white cardigan	54	0.00%	90.72	korean corporate attire	49	0.00%	73.14

Query	Impressions	CTR	Position	Query	Impressions	CTR	Position
stretchy food covers	49	0.00%	85.73	korean casual male	35	0.00%	58.09
tops for fat ladies	48	0.00%	60.96	south korean snack box	34	0.00%	37.12
dresses for fat girl to look slim	48	0.00%	77.04	korean business casual male	31	0.00%	24.94
smart business atire	47	0.00%	77.89	smart office attire	31	0.00%	89.29
premature baby christmas outfit	46	0.00%	40.91	men's cold weather compression pants	30	0.00%	49.43
auto magnetic mug	46	0.00%	66.26	travel bottle warmer usb	30	0.00%	63.57
dress for short and fat lady	46	0.00%	76.80	smart business dress	30	0.00%	102.63
korean snacks buy online	46	0.00%	95.13	korean men's winter jacket	29	0.00%	50.34
how to dress over 50 and overweight	46	0.00%	117.72	cold weather compression pants	28	0.00%	54.61
premature christmas outfit	45	0.00%	33.58	winter coat clearance	28	0.00%	81.86
outfits for short chubby ladies	45	0.00%	50.29	mens winter coats clearance	27	0.00%	73.96
tops for fat girl to look slim	45	0.00%	60.44	short fat girl fashion	26	0.00%	56.08
korean food online sweden	44	0.00%	46.61	mens smart business attire	26	0.00%	98.27
casual attire korean	44	0.00%	50.09	fat ladies fashion	25	0.00%	43.16
fat womens dresses	44	0.00%	60.30	stylish clothes for short fat women	25	0.00%	73.40
fashion for short fat women	43	0.00%	59.95	kids white cardigan	25	0.00%	95.20
mens winter coats clearance sale	42	0.00%	69.05	anti sad lamp	25	0.00%	99.24
fashion for over 50 and overweight	41	0.00%	40.66	long dress for fat girl to look slim	25	0.00%	111.04
chubby womens fashion	41	0.00%	44.39	korean track pants fashion	24	0.00%	37.71
short chubby fashion	40	0.00%	67.75	short fat women	24	0.00%	50.12
premature baby christmas clothes	38	0.00%	59.53	adult light up shoes	24	0.00%	79.96
buy korean snacks	38	0.00%	63.18	where to buy korean snacks online	24	0.00%	118.29
smart office attire men	38	0.00%	95.89	converse baby walking shoes	23	0.00%	33.17
casual dress for fat girl to look slim	37	0.00%	38.38	korean track pants	23	0.00%	39.04
fatgirl party wear	37	0.00%	69.86	korean style clothes men	23	0.00%	88.61
korean tracksuit style	36	0.00%	22.86	fat womens dress style	22	0.00%	63.05
korean business attire male	35	0.00%	36.17	clothes for short chubby women	21	0.00%	51.14

Query	Impressions	CTR	Position	Query	Impressions	CTR	Position
dress for chubby girl to look slim	21	0.00%	54.90	tracksuit korean style	11	0.00%	23.36
fat girl dresses	21	0.00%	55.29	short fat woman	11	0.00%	75.82
"bottle warmer best"	21	0.00%	68.43	short dresses for fat girls	11	0.00%	89.55
dresses for short fat women	21	0.00%	76.43	korean snack box	10	0.00%	79.10
fat girl clothes	21	0.00%	80.19	mosquito tent for bed	10	0.00%	83.50
stretchy food lids	21	0.00%	83.62	short chubby girl fashion	10	0.00%	87.70
cheap white compression pants	20	0.00%	57.30	adult led shoes	9	0.00%	52.78
korean business style	20	0.00%	64.55	tracksuit for men winter	9	0.00%	55.67
prem baby christmas outfit	19	0.00%	62.37	portable bottle warmer usb	9	0.00%	70.33
reusable hot hands	19	0.00%	85.37	korean style baby clothes	9	0.00%	74.33
fat women dress style	19	0.00%	88.89	usb bottle warmer	9	0.00%	90.89
smart business outfit	19	0.00%	97.47	formal attire for interview male	9	0.00%	97.67
how to dress short and fat	18	0.00%	97.22	korean snacks products	9	0.00%	112.67
yorkie clothes male	17	0.00%	72.59	gel nail removal kit	9	0.00%	116.78
motor scooter helmets	17	0.00%	86.82	korean outfit for chubby male	8	0.00%	35.62
cat travel bag with window	17	0.00%	94.65	rechargeable coffee cup warmer	8	0.00%	60.38
suits for fat ladies	15	0.00%	74.40	party dress for fat girl to look slim	8	0.00%	71.62
winter coat clearance mens	14	0.00%	68.86	dresses for short chubby women	7	0.00%	53.43
short and fat what to wear	14	0.00%	118.14	outfits for chubby ladies	7	0.00%	59.71
electric hot hands	13	0.00%	46.15	wireless bottle warmer	7	0.00%	65.14
led sneakers for adults	13	0.00%	77.38	korean business dress	7	0.00%	66.14
clearance mens winter jackets	13	0.00%	79.46	adult light shoes	7	0.00%	71.57
korean snack box review	13	0.00%	84.69	clearance mens winter coats	7	0.00%	74.86
best cold weather compression pants	12	0.00%	66.50	best gaming mice 2021	7	0.00%	83.29
motor scooter helmets for sale	12	0.00%	74.00	gown for fat girl to look slim	7	0.00%	84.00
male yorkie clothes	12	0.00%	80.92	cold compression pants	6	0.00%	71.50
korean snacks box	12	0.00%	85.50	smart business dress code male	6	0.00%	84.17
electric ab stimulator belt	12	0.00%	92.00	portable usb bottle warmer	6	0.00%	85.33
smart business casual male	12	0.00%	106.67	light up sneakers for adults	6	0.00%	89.67

Query	Impressions	CTR	Position	Query	Impressions	CTR	Position
boys navy cardigan	5	0.00%	67.60	clearance winter coats	2	0.00%	98.50
fat girls dresses	5	0.00%	70.60	mobile bottle warmer	2	0.00%	99.50
best gaming mouse 2021	5	0.00%	76.40	men corporate attire	2	0.00%	103.50
black panther motorcycle helmet	5	0.00%	82.40	dresses for fat woman	2	0.00%	109.00
plus size clothing 5xl	5	0.00%	95.40	newborn baby boy clothes	1	0.00%	4.00
dress code smart business	5	0.00%	100.80	fashion fat ladies	1	0.00%	27.00
silicone stretch food covers	5	0.00%	104.40	fat woman in dress	1	0.00%	35.00
resistance running bands with harness	4	0.00%	25.25	sexy casual clothes	1	0.00%	35.00
corporate attire male	4	0.00%	82.00	motor scooter helmet	1	0.00%	58.00
scooter helmets for sale	4	0.00%	99.75	italian greyhound clothes for winter	1	0.00%	61.00
korean tracksuit	3	0.00%	37.33	fat girl in dress	1	0.00%	67.00
fat women dress	3	0.00%	77.67	corgi hiking backpack	1	0.00%	70.00
winter coats clearance	3	0.00%	90.67	white cardigan baby boy	1	0.00%	70.00
boys winter coat clearance	3	0.00%	91.33	u neck sweater	1	0.00%	73.00
best korean snacks	3	0.00%	111.33	plain pink shirt toddler	1	0.00%	74.00
outfit for chubby and short	2	0.00%	37.50	smart casual male	1	0.00%	74.00
8xl womens clothing	2	0.00%	49.00	3d vortex rug	1	0.00%	75.00
4xl party dresses	2	0.00%	59.50	electric hand warmers	1	0.00%	75.00
cheap winter clothes canada	2	0.00%	60.00	adult size light up shoes	1	0.00%	76.00
matching silk pajamas for couples	2	0.00%	68.00	long skirts for kids	1	0.00%	77.00
one shoulder backpack for school	2	0.00%	68.00	camera protector iphone 11 pro max	1	0.00%	80.00
winter tracksuit for mens	2	0.00%	69.00	korean fashion men's clothing online	1	0.00%	80.00
best motorcycle overpants for commuting	2	0.00%	72.50	best womens motorcycle pants	1	0.00%	81.00
best cheap gaming mouse	2	0.00%	82.00	christmas cat costumes	1	0.00%	81.00
8xl knee brace	2	0.00%	83.50	male korean style clothing	1	0.00%	81.00
corgi backpack carrier	2	0.00%	85.50	manicure machine	1	0.00%	81.00
fat girl dress	2	0.00%	88.00	cat carrier backpack bubble	1	0.00%	82.00
foldable baby cot	2	0.00%	91.00	european style dresses	1	0.00%	85.00
mobile holder for running	2	0.00%	91.50	sad lamp ireland	1	0.00%	85.00

Query	Impressions	CTR	Position	Query	Impressions	CTR	Position
fat ladies clothes	1	0.00%	86.00	cool scooter helmet	1	0.00%	95.00
iphone 11 pro camera protector	1	0.00%	87.00	smart business men	1	0.00%	98.00
where can i buy an ab stimulator	1	0.00%	87.00	short and fat clothing	1	0.00%	99.00
boy pink shirts	1	0.00%	89.00	6xl shirts near me	1	0.00%	100.00
magnetic mug	1	0.00%	89.00	semi formal suit	1	0.00%	101.00
winter coats on clearance	1	0.00%	89.00	corgi carrier backpack	1	0.00%	102.00
business casual examples men	1	0.00%	90.00	samsung earbud	1	0.00%	114.00
rechargeable bottle warmer	1	0.00%	91.00				

* 모르는 영어 검색어가 있다면 반드시 사전적 의미를 파악하고 넘어가자. 영어 단어만 따로 암기하는 것이 아니라, 해당 키워드로 검색을 하면 관련 이미지들이 뜨는데, 이미지와 함께 암기를 하게 되면 기억에 오래 남게 된다.

웹사이트 제작 90일째

웹사이트의 노출 테스트를 위해 12월 18일(웹사이트 제작 60일)부터 1월 15일(웹사이트 제작 90일)까지는 아무런 제품을 등록하지 않았다. 그 이유는 제품을 등록하지 않아도 웹사이트가 노출되는지, 웹사이트의 관리가 불가능한 상황에서 키워드의 노출은 어느 정도 유지하는지 객관적인 데이터를 수집하기 위해서이다. 자사몰을 운영하다 보면, 이런 저러한 이유로 웹사이트 관리에 소홀해지는 순간이 어느 시점에서 반드시 발생하게 된다. 이때 기준이 되는 데이터가 있으면, 웹사이트를 관리하는 데에 큰 도움이 될 것이다.

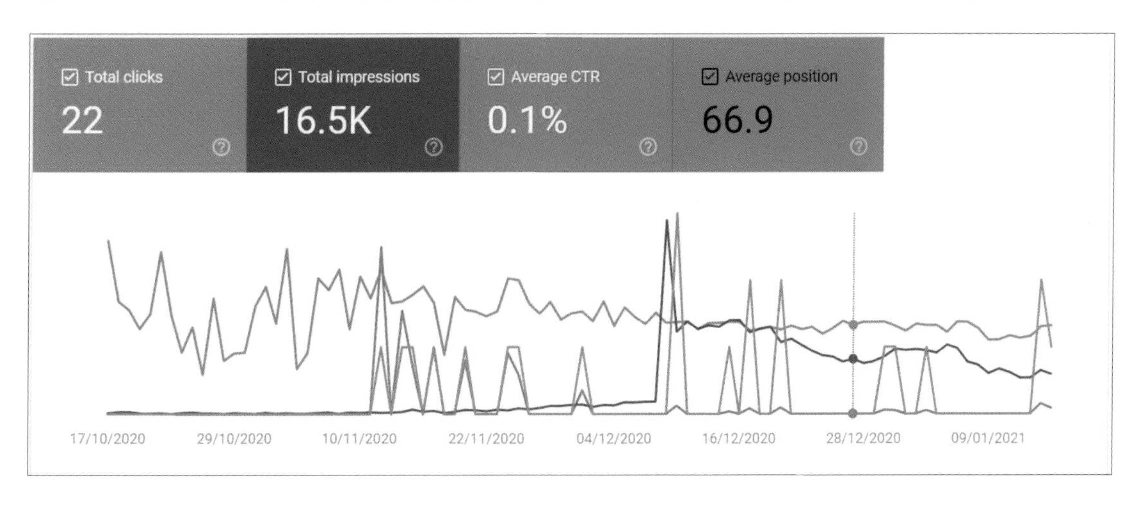

보시다시피 상품을 올리지 않은 기간에도 웹사이트의 노출은 잘 되었으며, 새로운 키워드들이 많이 추가 되었다. 기존에 노출이 되지 않은 제품들도 노출이 되기 시작했으며 클릭 수도 증가하였다. 자주 업데이트 되는 웹사이트의 경우, 구글봇이 자주 방문하여 정보를 수집해 나가지만 업데이트가 자주 이루어지지 않는 웹사이트의 경우, 구글봇의 방문 횟수는 줄어들게 되어, 관리하지 않는 기간이 늘어나게 되면 더욱 웹사이트 노출은 늦어지게 된다.

Query	Impressions	CTR	Position	Query	Impressions	CTR	Position
smart business attire male	419	0.00%	72.93	dresses for fat girl to look slim	171	0.00%	63.06
korean snacks online	341	0.00%	107.68	smart casual korean	169	0.00%	53.32
smart business attire	336	0.00%	75.93	dresses for short fat ladies	169	0.00%	71.21
blue shirt kid	331	0.00%	40.05	korean corporate attire	168	0.00%	84.18
white compression pants	321	0.00%	69.00	where to buy korean snacks online	167	0.00%	141.59
dress for fat girl to look slim	294	0.00%	67.14	rechargeable coffee cup warmer	166	0.00%	62.01
tracksuit korean style	292	0.00%	17.52	order korean snacks online	166	0.00%	164.78
buy korean snacks online	287	0.00%	123.23	tops for fat girl to look slim	164	0.00%	67.62
mens white compression pants	272	0.00%	47.53	clothes for short fat women	163	0.00%	61.50
korean business attire	250	0.00%	35.51	korean track pants fashion	160	0.00%	45.73
korean business casual attire	237	0.00%	19.19	korean snacks buy online	160	0.00%	115.69
rechargeable cup warmer	210	0.00%	59.62	dress for short and fat lady	157	0.00%	68.21
korean snack online	207	0.00%	94.11	clothes for short fat ladies	156	0.00%	71.54
best korean snack box	202	0.00%	79.56	korean attire male	156	0.00%	73.88
mens winter coat clearance	197	0.00%	77.15	korean snacks to buy	156	0.00%	99.65
rechargeable coffee mug	196	0.00%	76.39	business casual korean fashion	155	0.00%	48.14
cold weather compression pants	195	0.00%	57.39	smart business dress male	155	0.00%	56.42
korean food online sweden	193	0.00%	42.92	short fat girl fashion	150	0.00%	57.39
south korean snack box	190	0.00%	50.14	outfits for short chubby ladies	148	0.00%	59.32
buy korean snacks	187	0.00%	86.13	korean tracksuit style	146	0.00%	27.15
korean business dress code	183	0.00%	61.25	korean business casual	145	0.00%	34.95
short fat clothes	180	0.00%	53.31	where to buy korean snacks	145	0.00%	106.75
korean business casual male	177	0.00%	30.27	fashion for over 50 and overweight	143	0.00%	49.74
summer dresses for short chubby ladies	176	0.00%	51.94	casual attire korean	142	0.00%	53.35
men's cold weather compression pants	176	0.00%	52.70	casual dress for fat girl to look slim	140	0.00%	35.74
smart business attire male uk	173	0.00%	38.61	premature christmas outfit	138	0.00%	40.38

Query	Impressions	CTR	Position	Query	Impressions	CTR	Position
short chubby fashion	134	0.00%	88.75	boys white cardigan	67	0.00%	90.84
premature baby christmas clothes	128	0.00%	63.49	dress for chubby girl to look slim	64	0.00%	64.33
best motorcycle overpants for commuting	126	0.00%	103.01	dresses for short chubby women	59	0.00%	70.71
party dress for fat girl to look slim	124	0.00%	90.58	smart office attire men	59	0.00%	99.07
long dress for fat girl to look slim	122	0.00%	84.88	fat ladies fashion	58	0.00%	44.55
korean smart casual male	117	0.00%	43.44	korean casual male	57	0.00%	58.44
premature baby christmas outfit	110	0.00%	44.08	motor scooter helmets for sale	57	0.00%	78.11
gown for fat girl to look slim	110	0.00%	72.57	korean language basics	56	0.00%	78.09
the original stretchy food lids	108	0.00%	52.24	fatgirl party wear	55	0.00%	70.24
resistance running bands with harness	107	0.00%	29.08	short chubby girl fashion	50	0.00%	103.36
korean style clothes men	107	0.00%	93.73	smart office attire	50	0.00%	104.56
korean business attire male	100	0.00%	50.91	korean business style	49	0.00%	83.29
smart business dress code male	98	0.00%	79.48	adult led shoes	47	0.00%	58.47
stretchy food covers	92	0.00%	90.91	stylish clothes for short fat women	46	0.00%	83.91
best cold weather compression pants	89	0.00%	72.06	prem baby christmas outfit	44	0.00%	55.36
korean business dress	89	0.00%	76.62	cheap white compression pants	44	0.00%	58.84
smart business atire	88	0.00%	85.01	chubby womens fashion	43	0.00%	44.37
clothes for short chubby women	87	0.00%	59.78	fat woman in dress	42	0.00%	53.33
tops for fat ladies	87	0.00%	66.32	mens winter coats clearance sale	42	0.00%	69.05
auto magnetic mug	87	0.00%	67.01	short fat women	41	0.00%	61.46
smart business attire men	86	0.00%	83.26	korean outfit for chubby male	40	0.00%	44.02
how to dress over 50 and overweight	85	0.00%	121.93	stretchy food lids	40	0.00%	82.78
fat womens dresses	80	0.00%	75.92	short and fat clothing	39	0.00%	87.26
fashion for short fat women	77	0.00%	67.40	fat woman in dress	42	0.00%	53.33
dresses for short fat women	75	0.00%	80.79	mens winter coats clearance sale	42	0.00%	69.05

Query	Impressions	CTR	Position	Query	Impressions	CTR	Position
short fat women	41	0.00%	61.46	reusable hot hands	19	0.00%	85.37
korean outfit for chubby male	40	0.00%	44.02	formal attire for interview male	19	0.00%	102.37
stretchy food lids	40	0.00%	82.78	suits for fat ladies	17	0.00%	70.24
short and fat clothing	39	0.00%	87.26	motor scooter helmets	17	0.00%	86.82
vortex illusion rug uk	38	0.00%	48.68	smart business casual male	17	0.00%	112.18
how to dress short and fat	37	0.00%	98.46	short and fat what to wear	16	0.00%	120.12
adult light up shoes	35	0.00%	81.97	short dresses for fat girls	15	0.00%	94.80
smart business dress	35	0.00%	105.20	boys white compression pants	14	0.00%	56.93
adult light shoes	34	0.00%	70.00	winter coat clearance mens	14	0.00%	68.86
best womens motorcycle pants	34	0.00%	88.62	korean snack box review	14	0.00%	85.71
winter coat clearance	33	0.00%	82.91	electric hot hands	13	0.00%	46.15
travel bottle warmer usb	31	0.00%	63.84	cheap winter clothes canada	13	0.00%	49.85
electric ab stimulator belt	31	0.00%	98.16	korean snack box	13	0.00%	77.92
fat girl dresses	30	0.00%	54.37	cold compression pants	13	0.00%	78.38
mens winter coats clearance	30	0.00%	73.93	clearance mens winter jackets	13	0.00%	79.46
short fat woman	30	0.00%	83.27	vortex illusion rug review	12	0.00%	89.25
korean track pants	29	0.00%	40.38	new zolun jacket	11	0.00%	1.00
korean men's winter jacket	29	0.00%	50.34	mosquito tent for bed	10	0.00%	83.50
yorkie clothes male	27	0.00%	70.63	tracksuit for men winter	9	0.00%	55.67
fat girl clothes	27	0.00%	85.04	portable bottle warmer usb	9	0.00%	70.33
mens smart business attire	27	0.00%	98.96	korean style baby clothes	9	0.00%	74.33
anti sad lamp	26	0.00%	99.69	usb bottle warmer	9	0.00%	90.89
korean snacks box	25	0.00%	87.32	plus size clothing 5xl	9	0.00%	105.33
kids white cardigan	25	0.00%	95.20	korean snacks products	9	0.00%	112.67
smart business outfit	24	0.00%	95.92	gel nail removal kit	9	0.00%	116.78
converse baby walking shoes	23	0.00%	33.17	bts members favorite snacks	8	0.00%	91.00
fat womens dress style	22	0.00%	63.05	korean style tracksuit	7	0.00%	4.29
"bottle warmer best"	21	0.00%	68.43	outfits for chubby ladies	7	0.00%	59.71
cat travel bag with window	21	0.00%	97.57	wireless bottle warmer	7	0.00%	65.14
male yorkie clothes	20	0.00%	78.65	clearance mens winter coats	7	0.00%	74.86
led sneakers for adults	20	0.00%	81.80	best gaming mice 2021	7	0.00%	83.29
fat women dress style	20	0.00%	88.35	fat ladies clothes	7	0.00%	83.29

Query	Impressions	CTR	Position	Query	Impressions	CTR	Position
corporate attire male	6	0.00%	75.00	boys winter coat clearance	3	0.00%	91.33
fat women dress	6	0.00%	75.67	best waist trainer to lose belly fat	3	0.00%	91.67
dress for short height fat girl	6	0.00%	77.00	dresses for fat woman	3	0.00%	117.33
corgi backpack carrier	6	0.00%	81.83	sog sweaters	2	0.00%	20.00
portable usb bottle warmer	6	0.00%	85.33	outfit for chubby and short	2	0.00%	37.50
light up sneakers for adults	6	0.00%	89.67	short fat girl clothes	2	0.00%	39.00
boys navy cardigan	5	0.00%	67.60	korean smart casual attire for women	2	0.00%	45.50
fat girl in dress	5	0.00%	70.40	running resistance harness	2	0.00%	46.50
fat girls dresses	5	0.00%	70.60	8xl womens clothing	2	0.00%	49.00
best gaming mouse 2021	5	0.00%	76.40	fashion for short chubby girls	2	0.00%	63.00
black panther motorcycle helmet	5	0.00%	82.40	rechargeable coffee warmer	2	0.00%	64.50
where can i buy an ab stimulator	5	0.00%	98.60	rechargeable mug warmer	2	0.00%	64.50
dress code smart business	5	0.00%	100.80	short fat fashion	2	0.00%	64.50
silicone stretch food covers	5	0.00%	104.40	matching silk pajamas for couples	2	0.00%	68.00
white compression pants mens	4	0.00%	56.00	one shoulder backpack for school	2	0.00%	68.00
warmest winter coats mens	4	0.00%	81.75	winter tracksuit for mens	2	0.00%	69.00
winter coats clearance	4	0.00%	91.75	white cardigan baby boy	2	0.00%	74.00
casual interview outfit male	4	0.00%	92.75	male korean style clothing	2	0.00%	79.00
mens winter compression pants	4	0.00%	97.50	short and fat clothes	2	0.00%	81.50
scooter helmets for sale	4	0.00%	99.75	best cheap gaming mouse	2	0.00%	82.00
best korean snacks	4	0.00%	114.00	8xl knee brace	2	0.00%	83.50
sad lamp ireland	4	0.00%	116.75	cold weather compression tights	2	0.00%	89.00
korean tracksuit	3	0.00%	37.33	what clothes suit short fat ladies	2	0.00%	90.00
rechargeable coffee mug warmer	3	0.00%	55.33	winter coats on clearance	2	0.00%	90.00
4xl party dresses	3	0.00%	61.00	foldable baby cot	2	0.00%	91.00
childrens cargo pants	3	0.00%	70.00	mobile holder for running	2	0.00%	91.50
fat girl dress	3	0.00%	77.67	corgi carrier backpack	2	0.00%	93.00

Query	Impressions	CTR	Position	Query	Impressions	CTR	Position
business semi formal men	2	0.00%	95.00	5xl men's winter coats	1	0.00%	62.00
male corporate attire	2	0.00%	96.00	auto magneto mug	1	0.00%	62.00
dog christmas outfit	2	0.00%	97.00	3d vortex illusion rug	1	0.00%	64.00
clearance winter coats	2	0.00%	98.50	how to dress short and fat woman	1	0.00%	65.00
mobile bottle warmer	2	0.00%	99.50	plain white shirt for baby boy	1	0.00%	65.00
men corporate attire	2	0.00%	103.50	"galaxy s8"	1	0.00%	66.00
christmas clothing for boys	1	0.00%	1.00	original stretchy food lids	1	0.00%	68.00
baby jumpsuit	1	0.00%	2.00	sprinter resistance bands	1	0.00%	68.00
business casual	1	0.00%	3.00	corgi hiking backpack	1	0.00%	70.00
formal suit	1	0.00%	3.00	"rugs"	1	0.00%	72.00
long sleeve pyjama set	1	0.00%	3.00	business semi formal	1	0.00%	73.00
smart bottle	1	0.00%	3.00	cheap puppy clothes	1	0.00%	73.00
newborn baby boy clothes	1	0.00%	4.00	christmas dog coats	1	0.00%	73.00
fashion fat ladies	1	0.00%	27.00	u neck sweater	1	0.00%	73.00
4xl formal dresses	1	0.00%	32.00	medium dog christmas outfits	1	0.00%	74.00
sexy casual clothes	1	0.00%	35.00	plain pink shirt toddler	1	0.00%	74.00
white compression pants men	1	0.00%	36.00	smart casual male	1	0.00%	74.00
who is blue shirt kid	1	0.00%	37.00	3d vortex rug	1	0.00%	75.00
long padded coat korea	1	0.00%	38.00	electric hand warmers	1	0.00%	75.00
short fat women fashion	1	0.00%	38.00	fashion clothes for fat ladies	1	0.00%	75.00
sad lamp boots	1	0.00%	40.00	adult size light up shoes	1	0.00%	76.00
mens compression pants white	1	0.00%	44.00	fashion for short fat ladies	1	0.00%	76.00
winter coat clearance plus size	1	0.00%	51.00	long skirts for kids	1	0.00%	77.00
short chubby girl outfits	1	0.00%	53.00	korean style casual	1	0.00%	78.00
short fat girl	1	0.00%	53.00	business casual sweater mens	1	0.00%	79.00
5xl mens winter coats	1	0.00%	58.00	how can a fat girl dress to look thinner	1	0.00%	79.00
motor scooter helmet	1	0.00%	58.00	camera protector iphone 11 pro max	1	0.00%	80.00
italian greyhound clothes for winter	1	0.00%	61.00	korean fashion men's clothing online	1	0.00%	80.00
plain white t shirt for baby boy	1	0.00%	61.00	christmas cat costumes	1	0.00%	81.00

Query	Impressions	CTR	Position	Query	Impressions	CTR	Position
manicure machine	1	0.00%	81.00	dog apparel cheap	1	0.00%	92.00
alcohol pourer	1	0.00%	82.00	christmas dog hoodie	1	0.00%	93.00
cat carrier backpack bubble	1	0.00%	82.00	korean casual attire	1	0.00%	93.00
rechargeable travel mug	1	0.00%	82.00	cat christmas outfits	1	0.00%	94.00
"wireless headphones"	1	0.00%	85.00	cheap dog dresses	1	0.00%	95.00
european style dresses	1	0.00%	85.00	compression pants cold weather	1	0.00%	95.00
deep muscle stimulator gun	1	0.00%	86.00	cool scooter helmet	1	0.00%	95.00
boots nail polish remover pads	1	0.00%	87.00	mens 4xl winter coats	1	0.00%	95.00
dresses for short fat girls	1	0.00%	87.00	resistance bands for sprinters	1	0.00%	95.00
iphone 11 pro camera protector	1	0.00%	87.00	electric ab machine	1	0.00%	98.00
cute sad lamp	1	0.00%	88.00	smart business men	1	0.00%	98.00
boy pink shirts	1	0.00%	89.00	6xl shirts near me	1	0.00%	100.00
magnetic mug	1	0.00%	89.00	christmas clothing for dogs	1	0.00%	101.00
business casual examples men	1	0.00%	90.00	semi formal suit	1	0.00%	101.00
best ladies motorcycle jeans	1	0.00%	91.00	christmas dog clothes	1	0.00%	102.00
rechargeable bottle warmer	1	0.00%	91.00	samsung earbud	1	0.00%	114.00

이렇게 꾸준히 관리를 관리를 하다 보면, 웹 트래픽은 자연스럽게 증가하게되며 클릭 수도 증가한다. 다음의 이미지는 필자가 운영한 웹사이트의 구글 서치 콘솔 결과이다. 웹사이트 제작 초반에는 웹 트래픽이 발생하지 않다가 7-8개월 되는 시점에서 서서히 증가하면서 상승과 하강을 반복하면서 꾸준한 상승 곡선을 그리고 있다. 주식 차트처럼 말이다. 이렇게, 웹사이트가 구글에서 안정화에 들 때까지는 최소 1년이라는 기간이 필요하니, 창업을 결심하였다면 최소 1년 전부터 웹사이트를 제작하여 천천히 준비하는 것도 좋은 방법이다.

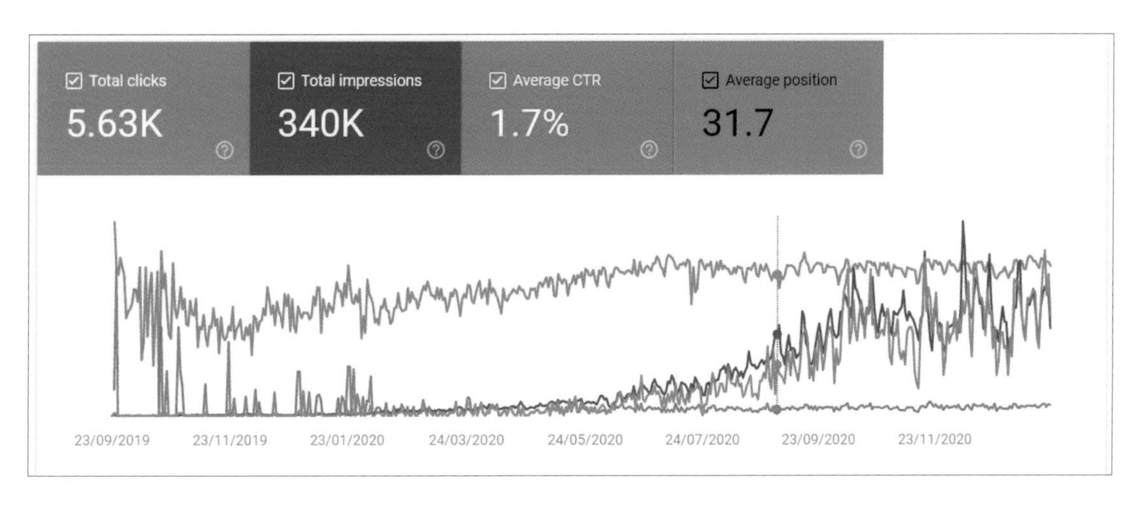

CHAPTER

05 온라인 창업 초창기에 구글 애즈가 필요한 이유

현 펜데믹 사태로 전 세계 많은 비즈니스가 오프라인 매장의 운영을 접는 대신 그 비용으로 온라인 마케팅에 투자를 하고 있다. 이 시점에서 어느 정도 매출을 올리고 있는 업체들의 경우, 온라인 마케팅에게만 몇 백만원 혹은 그 이상의 금액을 투자하고 있다. 네이버 최적화의 경우에는 그 범위가 좁아서 간단한 지식만으로도 금방 습득을 할 수 있지만, 해외 검색엔진의 경우에는 범위가 더 광범위하여 더욱 더 깊이있게 공부를 해야 한다. 온라인 마케팅의 생태계의 돌아가는 현상을 어느 정도 파악을 빨리할 수 있다면 공부하는 기간을 줄일 수 있는데, 이유는 IT에 관련하여 코딩과 같은 전문적인 지식이 없이도 배울 수 있는 부분이기 때문이다. 온라인 마케팅의 생태계를 이해하고 싶다면 필자의 언택트 온라인 창업을 읽어보는 것을 권유한다.

평소에 인스타그램 같은 소셜미디어를 사용하지 않는 온라인 창업자의 경우, 제품을 등록하고 스스로의 힘만으로 즉시 판매로 이어지는 결과를 얻기가 힘들다. 물론, 가능하기도 하겠지만 사전의 노력에 따라 결과는 다르기 때문에 눈에 보이는 결과만으로 판단하는 것은 금물이다. 만약, "제품을 등록하자마자 완판했습니다."라는 문구를 본다면, 한 번쯤은 생각해 볼 필요가 있다.

처음 영문 쇼핑몰을 제작하고 나면 검색을 통해서 구글에 노출이 되는데 시간이 걸리기 때문에 초창기에는 구글애즈, 페이스북 광고 또는 인스타그램 광고를 통해서 방문자를 유입하는 것도 하나의 좋은 방법이다. 웹사이트를 제작하고 방문자가 알아서 들어오기를 기다리기만 하면 안 된다. 구글애즈 광고를 진행할 때, 한 제품에 많은 금액을 올인하기보다는, 다양한 제품에서 최소한의 비용을 투자하는 것이 웹 트래픽을 올리는데 효과적이다. 물론, 개인마다 전략이 다르기 때문에 어떤 방법이 더 낫다고 할 수 없다.

독자의 이해를 돕기 위해 실제 케이스를 예로 들어보겠다. 워드프레스로 자사몰을 제작하는 경우 아래의 이미지와 같이 WP Statistics를 통해 방문자 확인이 가능하다.

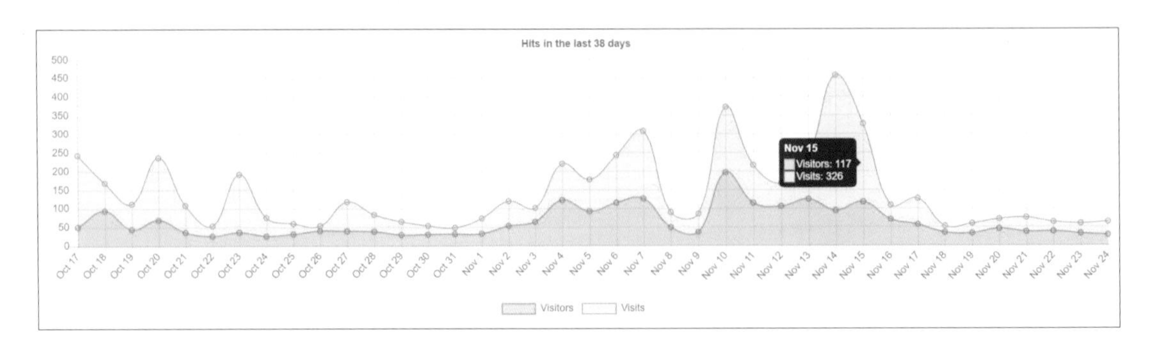

구글 애즈 첫 광고를 시작한 날짜는 2020년10월 17일이었고, 중간에도 광고의 진행/멈춤을 반복하였으며 모든 광고를 내린 시점은 11월 15일 경이었다. 하루 최소 금액인 $5(5000원)을 들여 한 번에 3-5제품을 광고를 진행하였는데, 광고가 진행되는 기간에 방문자 수가 증가한 것을 확인할 수 있다. 그리고 광고가 끝이난 시점 이후에는 방문자 수가 급격하게 떨어지는 것을 확인할 수 있다.

홈페이지 제작이 끝나는 시점부터는 바로 판매를 목표로 잡기보단 웹사이트가 존재하고 있다는 것을 세상에 알리는 것이 더욱 중요하다. 제품을 꾸준히 등록하면서 괜찮은 제품들을 선정하여 구글 애즈 광고를 진행하면서 인지도를 높여나간다. 이렇게, 구글 애즈 광고를 통해 유입된 방문자가 재방문할 확률도 꽤 높다. 이런 분석 결과는 구글 애널리틱스(Google Analytics)를 통해서 확인이 가능하다.

PART 05

글로벌 셀링 도움말

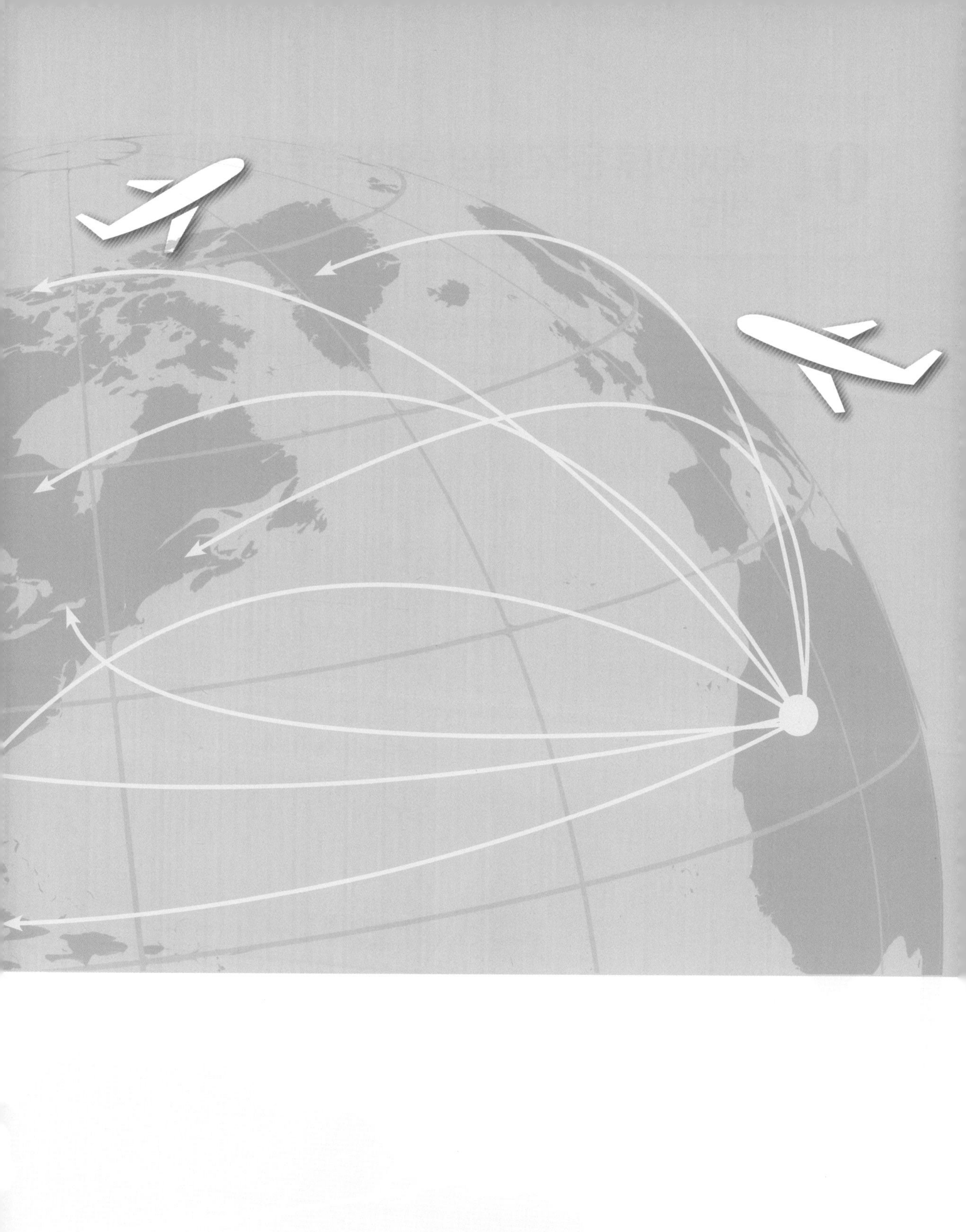

CHAPTER

01 40세 이후 온라인 부업 + 영어 공부 한 번에 하는 방법

Unit. 01 나이 들어도 영어 공부를 해야 하는 이유!

새해가 되면 누구나 한 번쯤은 "영어 단어 하루 50개씩 암기해보기"와 같은 목표를 세우고 노력을 하지만 작심삼일의 기억은 누구에게나 있을 것이다. 영어 학원에 등록도 해보고, 영어 스터디 모임도 나가보고, 직장 생활을 하면서 시간을 내어 10분의 전화 영어로 아쉬움을 달래어 보지만, 투자한 비용과 노력에 비해서 영어 실력이 늘지 않는 경험은 누구나 한 번쯤은 해보았을 것이다.

도대체 영어가 무엇이길래, 우리는 이토록 영어에 미련을 두는 것일까?

영어를 배우고자 하는 이유는 다양할 것이다. 해외여행을 다니면서 자유로운 의사소통을 하기 위해, 회사 업무상 해외 바이어와의 잦은 이메일 사용 시 불편함을 해소하기 위해, 명문대 합격을 위해, 대기업의 취업을 위해, 영어권 국가의 이민 등 그 이유는 다양하다.

매슬로우(A.H. Maslow: 1908 - 1970)의 욕구 단계 이론(Needs Hierachy Theory)에 따르면 는 인간의 욕구는 타고난 것이고, 욕구의 강도와 중요성에 따라 5단계로 분류된다. 인간에게는 생리적 욕구, 안전의 욕구, 사회적 욕구, 존경의 욕구, 자아실현의 욕구 이렇게 5단계로 나누어지고 이 욕구 단계는 다시 상위 욕구와 하위 욕구로 나누어진다.

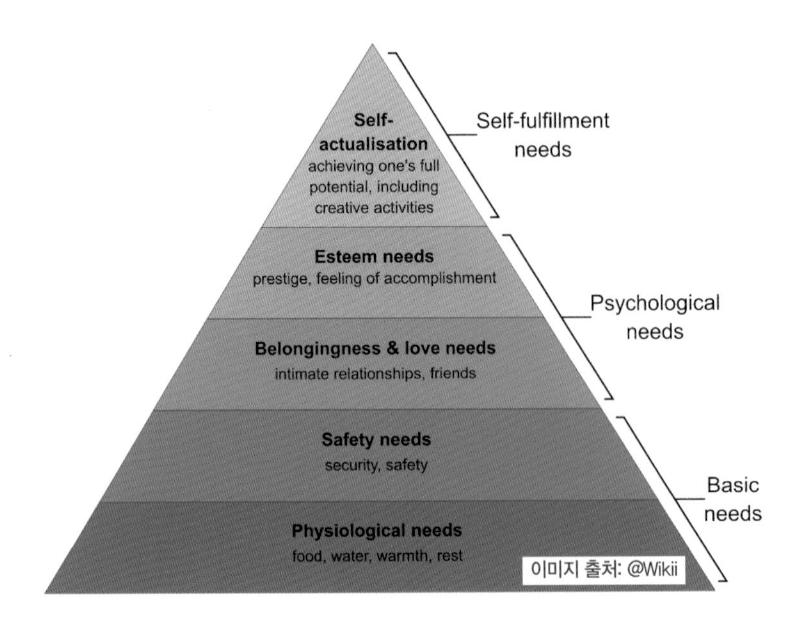

한국 전쟁 이후, 한강의 기적을 이루어낸 우리는 생리적 욕구 단계를 벗어나 자아실현의 욕구 단계로 이동하고 있다. 개인이 처한 상황에 따라 다르겠지만, 누군가는 사회적인 욕구 단계에 머물러 있을 수도, 누군가는 자아실현 욕구 단계에서 외국어를 배우고자 하는 사람도 있을 것이다. 그 이유가 무엇이든, 인터넷의 발달과 코로나바이러스 출현으로 인해 모든 것이 온라인으로 옮겨가는 이 시점에서 외국어 공부는 이젠 선택이 아니라 필수이다.

100세 시대를 살고 있는 우리가 인생의 반환점을 돌아섰을 때 무엇인가를 시작하는 것은 쉬운 일이 아니다. 그렇지만, 남은 40, 50년을 살아가야 하는 우리에게 절대 적지 않은 시간이기에, 인생의 반환점에 서 있는 독자라면 어쩌면, 지금이 외국어를 시작하기에 적합한 시기이기도 하다.

모든 사람이 "배움"을 반기지는 않을 터, 누군가는 "이 나이에 외국어를 배워서 무엇하나?" 라고 반문을 하는 사람도 분명 있을 것이다. 배움 대신, 자신만의 방법으로 남아있는 삶을 살아갈 것인데, 한 번밖에 주어지지 않은 짧은 이 인생을 "어떻게 살아야 가치 있는 삶을 살아갈 것인가?"라는 질문에 대한 답은 어떤 형태이든 "배움"을 통해 찾을 수 있다. 그 많은 배움 중에서 "외국어 공부"는 늙어가고 있는 당신에게 더 많은 기회를 가져다줄 것이다. 아마존 제휴마케팅을 통해 온라인 부업을 할 생각이 있는 독자라면 영어 공부가 더욱 필요할 것이다.

외국어(영어)를 습득함으로 가질 수 있는 가장 큰 장점은, 나이가 들어서 행여, 거동이 불편함을 느끼게 되어도 재택근무가 가능하며, 한국뿐만아니라 전 세계 모든 국가에서 일거리를 수주받을 수 있다는 것이다. 세상이 많이 좋아져서, 일거리를 찾기 위해 이젠 손품을 할 필요도 없다. 국내에는 프리랜서들이 부업을 하기 위해 사용하는 많은 재능기부 사이트들이 있고, 이런 사이트들이 많이 생겨나고 있다.

- 크몽[121]
- 재능넷[122]
- 재능아지트[123]

국내의 재능기부 사이트와 비슷한 사이트를 해외에서는 마이크로 잡 마켓플레이스(Micro Job Marketplace)라고 한다. 영어를 조금이라도 할 수만 있다면 누구든지 해외 프로젝트 수주받을 수 있다. 당신이 전문적인 기술과 노하우를 가지고 있다면 금상첨화이다.

- Fiverr[124]
- Upwork[125]
- Freelancer[126]
- PeoplePerHour[127]

121 크몽(Website) 〈https://kmong.com/〉.
122 재능넷(Website) 〈https://www.jaenung.net/〉.
123 재능아지트(Website) 〈http://www.skillagit.com/main/main.php〉.
124 Fiverr(Website) 〈https://www.fiverr.com/〉.
125 Upwork(Website) 〈https://www.upwork.com/〉.
126 Freelancer(Website) 〈https://www.freelancer.com/〉.
127 Peopleperhour(Website) 〈https://www.peopleperhour.com/〉.

- 99designs[128]
- Guru[129]
- Toptal[130]
- Truelancer[131]
- Outsourcely[132]

물론, 전문적인 기술이 없어도 일을 수주받을 수 있다. 예를 들어, 미국의 비즈니스 업체가 국내 광고를 위해 전단지 배포를 요청받기도 한다. 한국에서만 구매할 수 있는 제품의 구매 대행을 요청받기도 하며, 이렇게 전문적인 기술이 없어도 건강한 신체와 어느 정도의 영어 실력을 갖추고 있으면 무엇이든 할 수 있는 지금, 왜? 영어 공부를 시작하지 않는지 한번 생각해볼 필요가 있다.

Unit. 02 〈영어〉 공부는 어떻게 해야 할까?

영어를 배우기 위해 필요한 것은 좋은 기억력이 아니라 반복와 끈기, 이 두 가지만 가능하다면 비록 시간이 걸리더라도 영어 실력은 반드시 향상하게 되어있다. 영어 단어를 암기하기 위해 필요한 암기력은 반복 학습을 통해 좋아지게 되고, 끈기를 가지고 반복 학습을 계속 하다 보면 영어 실력은 향상이 된다. 조급함은 실망을 불러일으키고, 이런 실망들이 쌓여 결국에는 영어 공부를 포기하게 되는데, 언어를 습득하는 것에 있어, 단기간에 승부를 보려고 하지 말아야 한다. 명석하지 못한 필자는 이 두 가지 원칙을 지켜 원하는 로스쿨과 대학원 과정을 성공적으로 마칠 수 있었다.

1. 기본 영문법 외우기

영어 기본 문법 5형식을 암기하는 것은 집을 지을 때 골초를 세우는 것과 같다. 이 골초가 제대로 세워지지 않으면 어느 순간에는 반드시 무너지게 되어 있기 때문에, 이해와 암기를 통해 확실하게 머릿 속에 넣어두어야 한다.

영어는 마치 수학과 같기 때문에, 이해 없이 암기를 하다 보면 금새 까먹게 되어 있다. 영어 공부는 수학과 비슷하다(필자의 지극히 개인적인 견해). 문제를 풀기 위해 수학 공식을 암기하고 이해를 통해 푸는 것과 같다. 그리고, 이해하는 순간, "테트리스" 게임처럼 끼워 맞추는 연습을 통해 문장의 완성도를 높이는 것이다.

- **1형식**: 주어 + (자)동사
- **2형식**: 주어 + (자)동사 + 보어

128 99Designs(Website) 〈https://99designs.com/〉.
129 Guru(Website) 〈https://www.guru.com/〉.
130 Toptal(Website) 〈https://www.toptal.com/〉.
131 Truelancer(Website) 〈https://www.truelancer.com/〉.
132 Outsourcely(Website) 〈https://www.outsourcely.com/〉.

- **3형식**: 주어 + (타)동사 + 목적어
- **4형식**: 주어 + (타)동사 + 간접 목적어 + 직접 목적어
- **5형식**: 주어 + (타)동사 + 목적어 + 목적보어

영어 기본 문법 5형식을 충분한 연습을 통해 이해하고 암기를 한 후, 다른 영어 문법을 공부한다. 예를 들어, 동명사, to 부정사, 관계대명사, 부사구 등, 이런 문법들을 문장에서 적절한 위치에 배치하여 세련되게 만드는 것이다.

2. 따라 큰 소리로 말하기

"따라 큰 소리로 말을 하는것"이 영어 스피킹에 도움이 된다는 것은 누구나 알고 있지만, 행동으로 옮기기에 많은 노력이 필요하다. 영어는 말하는 만큼 들리기 때문에, 내가 암기한 문장 이외에 답변을 들으면 무슨 말인지 모르는 것은 당연하다.

하지만, 따라 큰 소리로 말하는 연습을 많이 하다 보면 머리속에는 암기한 문장이 늘어나게 되고, 말하는 만큼 들게 되어 있기 때문에 영어 공부를 시작하는 단계에서는 짧은 영어 문장들을 외워 그대로 따라 말을 하는 연습을 하면서 자신감을 가지는 것이 중요하다. 짧은 자기 소개도 100번을 반복적으로 하다보면 반사적으로 나오는데, 이렇게 간단한 문장들은 암기하여 자연스럽게 자동으로 나오는 순간에 다다를 정도로 연습을 해야 한다.

3. 영화 한 편의 대사를 완벽하게 외우기

영어 실력을 향상시키기 위해서 미드나 영화를 보는 것을 추천한다. 이 방법을 누구나 시도를 하지만, 그 효과는 개인마다 많은 차이를 보인다. 영어 실력이 향상되지 않는 이유는 영화를 "감상"만 하기 때문이다.

이들은 모르는 영어 단어가 나와도 그 뜻을 찾지 않고 의미를 대충 파악만 할 뿐, 영화 한 편을 끝내는 것에 의의를 두기 때문에, 똑같은 영화를 5번을 보아도, 단어의 뜻을 끝내 알지 못 한 체 영화 10번을 감상한 것에 뿌듯함을 느낀다. 이런 방법으로 영화를 100번을 보아도, 오히려 시간만 낭비할 뿐, 영어 실력 향상에 아무런 도움이 되지 않는다.

미드/영화로 영어 실력을 향상하기 위해서는 대사를 외우고, 모르는 단어들이 나오면 그 뜻을 찾아 반드시 암기를 해야 한다. 영화 속의 주인공이 어떠한 상황에서, 어떠한 의미로 단어를 사용하였는지 그 장면 자체를 통째로 머릿속에 넣는 이미지 암기를 사용하는 것도 좋다. 이때, 기본 영문법을 함께 공부하면서 영화 한 편을 암기하게 되면 영어 실력이 급속도로 향상된다. 물론 이 방법이 모든 사람에게 적용이 되어 효과가 나타나지 않겠지만 꽤나 효율적이기 때문에 자신만의 방법을 터득하여 영화 한 편만이라도 완벽하게 외운다면 좋은 결과를 얻을 수 있을 것이다.

필자가 추천하는 영어 실력 향상에 도움이 되는 미드/영화는 아래와 같다. 액션 영화는 대사보다는 액션씬이 많기 때문에 배우들의 액션을 감상하다가보면 어느새 영어 공부의 흐름이 깨어져버린다. 그리고, 특수한 상황에서 사용하는 표현이 많기 때문에 일상에서 사용할 수 있는 표현을 배우기에는 한계가 있다.

예를 들어, 테러 관련 영화로 영어 공부를 한다고 가정해보자. 폭파 장면에서 테러리스트와 협상하는 영어 표현을 우리가 일상생활에서 사용할 일이 없다. 이렇게, 가려운 곳을 긁어가면서 영어 공부를 하는 것이 아니라, 가려운 곳만 빼고 영어 공부를 하게 되니 실력 향상이 더디게 되는 것이다.

효과적으로 영어 공부를 하고 싶다면, 일상에서 흔히, 자주 쓰이는 표현들을 사용하는 아래의 시트콤 또는 로맨스 영화를 추천한다.

- 프렌즈(Friends)
- 10일 안에 남자친구에게 차이는 방법(How to lose a guy in 10 days)
- 웨딩플래너(Wedding Planner)
- 노트북(Notebook)
- 브릿짓 존슨의 다이어리(Bridget Jone's Diary)
- 노팅힐(Notting Hill)

미국의 시트콤인 프렌즈의 경우, 일상생활 영어를 공부하기에 좋다. 하지만 에피소드가 재미있다보니, 처음에는 영어 공부를 하기 위해 시청하지만, 어느 순간 가슴 앞에 있던 단어장은 온데간데없이 사라져버리고 한 손에는 맥주 한 캔과 오징어를 씹고 있는 나의 모습을 발견하게 될 것이다. 그래서 시리즈물의 미드보다는 90분가량의 한 편짜리 영화로 영어 공부를 시작하면 성취감을 느끼면서 공부를 할 수 있다.

4. 자격증/영이 시험을 목표로 영어 공부하기

왠만한 결심과 끈기가 없고서는 영어 공부를 꾸준히 하는 것이 보통 쉬운 일이 아니다. 장기간의 결과를 얻기 위해서 단기간의 목표를 설정하여 하나씩 달성하면서 영어 공부를 하다 보면 재미와 달성의 쾌감을 느낄 수 있어 지루함으로부터 벗어날 수 있다.

예를 들어 토익, 토플, 아이엘츠, PTE 시험 등 다양한 시험을 준비하면서 영어 공부를 하면 영어 실력도 향상시키면서, 대학 편입이나 유학, 이민 시 영어 시험 성적으로도 제출할 수 있기 때문에 일석이조의 효과를 얻을 수 있다. 각각의 시험은 나름의 매리트가 있기 때문에 자신에게 맞는 영어 시험을 선택하면 된다.

필자의 개인적인 견해로는 IELTS(General)[133]와 PTE가[134] 영어 실력 향상에 많은 도움이 된다고 생각한다. 아이엘츠 시험의 경우, 영문법의 기초가 탄탄하게 쌓여있어야 좋은 결과를 기대할 수 있는 시험이라 영어 실력 향상이 목적이라면 아이엘츠 시험을 준비하는 것을 추천해본다. 토익 시험과 달리, 아이엘츠는 시험 등록비가 꽤나 비싸기 때문에 사전에 충분한 공부를 하고 난 뒤, 시험 등록을 해야한다. 2021년 1월 기준으로 시험 등록비는 268,000원이다.[135]

133 IELTS(Website) 〈https://www.ielts.org/〉.
134 Pearson | PTE(Website) 〈https://pearsonpte.com/〉.
135 idp IELTS(Website) 〈http://www.ieltskorea.org/exam_receipt/receipt_way.asp〉.

- **응시료**

Paper based IELTS	Computer-delivered IELTS	IELTS for UKVI	IELTS Life Skills
268,000원	273,000원	Paper based IELTS : 291,000원 Computer-delivered IELTS : 304,000원	236,100원

아이엘츠 점수 4.5 – 5.5를 받는다면, 영문 아마존 제휴 마케팅 웹사이트를 제작하는데 충분한 영어 실력을 갖추게 된다. 하지만, 3.5 – 4.0의 영어 실력으로도, 스스로 영문 웹사이트를 제작하는 데 문제는 없다. 3.0 이하의 점수를 가지고 있다면 진행 과정이 더디기는 하겠지만, 영문법 공부를 병행하면서 아마존 어필리에이트 웹사이트를 제작한다면 비록 시간이 걸리겠지만 6개월 -1년을 투자한다면 영문 아마존 어필리에이트 웹사이트를 제작하고 운영을 할 수 있다.[136]

아이엘츠 점수표

Band	Score	Proficiency
9	40	영어에 아주 능통하다
8~8.5	38~39	영어 능력이 우수하다
7~7.5	33~37	영어 능력이 양호하다
6~6.5	25~32	영어 능력이 비교적 좋다
5~5.5	17~24	영어 능력이 보통이다
4~4.5	10~16	영어 능력이 부족하다
3~3.5	4~9	영어 능력이 많이 부족하다
2~2.5	2~2.5	영어 능력이 낮다
1~1.5	1~1.5	영어 능력이 없다

아이엘츠 시험은 4가지 영역의 영어 능력을 테스트한다.

1. 읽기(Reading)
2. 말하기(Speaking)
3. 듣기(Listening)
4. 쓰기(Writing)

아이엘츠 라이팅(쓰기) 연습을 꾸준히 하다 보면 영문 콘텐츠 작성을 하는데 큰 도움이 된다. 제휴 마케팅을 위해 아마존 상품을 리뷰를 할 때, 아이엘츠 에세이의 "틀"에 맞춰 작성하면 검색엔진에 노출이 잘 된다.

아이엘츠 라이팅은 Task 1과 Task 2로 나뉘어지는데, Task 2는 주어진 시간 안에 250자의 에세이를 작성해야 한다. Task 2는 아래와 같이 4가지 유형으로 나누어지는데, 아마존 제휴 마케팅 콘텐츠를 작성하기 위해서 Discussion 유형의 에세이를 연습하는 것이 좋다.

136 개인의 역량에 따라 차이가 있다.

1. Opinion(agree / disagree)
   - **Partial agree/disagree**: 전형적인 agree/disagree와는 조금 다르다.
2. Discussion
3. Problem and Solution
4. Two questions – discussion essay와 비슷하다.

Discussion essay에서는 Firstly, Secondly, Thirdly 와 같은 Linking words 는 사용하지 않는다.

1. Introduction(2문장)
   - **질문 rephrase** : People have different views/opinions about whether ~
   - **일반적인 답변**: While ~ I believe that ~
2. Body 1(5 문장)

   On the one hand,
   - 아이디어1
   - 아이디어2
   - 아이디어3
   - (마무리) It can therefore be argued that ~
3. Body 2(5문장)

   On the other hand, it is perhaps even more important to ~
   - 아이디어1
   - 아이디어2
   - 아이디어3
   - (마무리)
4. Conclusion(1문장)
   - In conclusion, I can understand why people might want to buy …
   - but it seems to be that…

짧게는 13개 문장으로도 짧은 제품 리뷰를 작성할 수 있는데, 이때, 제품을 사용해보지 않고 제품의 리뷰를 할 때는 많은 리서치를 통해, 객관적인 정보만을 제공하도록 한다. 개인적인 견해를 포함 할 필요는 없지만, 소스의 출처를 명확하게 밝히도록 한다. 또한, 웹사이트 하단, 푸터(footer) 섹션 또는 포스팅의 마지막에는 제휴 마케팅으로 수수료를 받을 수 있다는 사실을 밝히는 것을 잊지 않도록 한다.

또 다른 유용한 영어 시험에는 PTE가 있다. 전 세계 많은 대학에서 PTE 시험 점수를 인정하고, 해외 이민을 위한 공신력 있는 영어 시험으로도 인정을 받고 있어, 영어 실력을 향상시키고 싶다면 PTE를 준비해보는 것도 좋은 방법이다. 아이엘츠와 마찬가지로 PTE도 4가지 영어 능력을 테스트한다. PTE는 사람이 아닌 컴퓨터가 점수를 채점하기 때문에 더욱 더 객관적이다.

1. 읽기(Reading)
2. 말하기(Speaking)
3. 듣기(Listening)
4. 쓰기(Writing)

아이엘츠와 달리 고득점을 받기 위해서는 다른 섹션에서 고득점을 받아야지만 가능하기 때문에, 자연스럽게 4가지의 영어 능력이 향상된다. 다만, 요령에만 치중하여 공부를 하다 보면, 좋은 성적을 받더라도 영어 실력이 크게 향상이 되지 않는다.

5. 온라인 부업을 하면서 영어 공부하기

영어 공부를 하기 위해 따로 시간을 내기가 결코 쉽지가 않다. 시간을 효율적으로 관리하고 싶다면, 온라인 부업과 영어 공부를 함께 진행하면 된다. 영문 아마존 어필리에이트 웹사이트를 제작하는 동안, 자신에게 필요한 영어 기술과 웹 디자인 기술을 동시에 배울 방법을 스스로 찾아보도록 한다.

CHAPTER

02 드랍쉬핑 웹사이트 비즈니스

드랍쉬핑 사이트를 제작하고 1년간 운영을 하면서 일정한 금액의 수익을 내고 있다면(최소 월평균 USD $1,000의 수익) 이 웹사이트를 판매할 자격이 주어진다. 판매 조건들은 주관하는 업체마다 다르다. 드랍쉬핑 웹사이트 매매로 자주 이용되는 곳이 있는데, 바로 Empire Flippers (https://empireflippers.com)가 있으며, 그 외 아래와 같은 곳들이 있다.

1. https://flippa.com/sell
2. https://www.trustiu.com/
3. https://exchangemarketplace.com/
4. https://feinternational.com/
5. https://www.quietlightbrokerage.com/
6. https://digitalexits.com/website-broker/

"Empire Flippers"에서 판매를 위해서는 아래의 조건을 만족 시켜야 한다.

1. 최근 1년간의 Profit and Loss 기록
2. 최소 3개월간의 구글 애널리틱스 기록 제출

이 플랫폼을 통해 많은 드랍쉬핑 웹사이트들이 매매가 되었다. 혼자서 드랍쉬핑 웹사이트를 제작할 수 있는 실력을 갖추게 된다면, 드랍쉬핑 웹사이트를 만들어 판매하는 것을 부업으로 할 수 있다.

해외 / 중국 업체 아웃소싱 요청 영문 템플릿

To

Subject Re: Become a business partner(Amazon FBA Outsourcing)

Dear Xue,

My name is Jiyoung Lee, a marketing manager working at XXXXX(회사 이름) which is based in Seoul, South Korea. The reason why we contact you is that we would like to be your business partner so that we can sell your products through Amazon.

Our company sells Yoga matts and exercise equipment around the world including United States, UK, Canada, Europe and Japan. For more information, please visit our company website http://www.xxxxxxx.com.

Now, we request you product's images and details for Amazon listing. In particular, we are interested for this following products.

- Product 1;
- Product 2; and
- Product 3.

Specific enquiries for each product 1

- Cost for sampling:
- Images and product details for Amazon listing:
- MOQ:
- Cost for 1000 – 2000 units:
- Lead time:
- 다른 요청 사항:

Specific enquiries for each product 2

- Cost for sampling:
- Images and product details for Amazon listing:
- MOQ:
- Cost for 1000 – 2000 units:
- Lead time:
- 다른 요청 사항:

Specific enquiries for each product 3

- Cost for sampling:
- Images and product details for Amazon listing:
- MOQ:
- Cost for 1000 – 2000 units:
- Lead time:
- 다른 요청 사항:

In addition, please tell us your direct contact details.

- Company registration number:
- Company address:
- Email address:
- Phone number:
- Skype ID:
- You payment details : paypal, bank details

Should you have any enquiries, please do not hesitate to contact me at any time.

Sincerely,

Jiyoung Lee, Marketing Manager

XXXXXXX(회사 이름)

당신은 지체할 수도 있지만 시간은 그러하지 않을 것이다

You may delay, but time will not.

- 벤자민 프랭클린 (Benjamin Franklin)

해외 쇼핑몰 창업: 언택트 글로벌 셀링

amazon 제휴 마케팅 & 드랍쉬핑

1판 1쇄 인쇄 2021년 4월 1일
1판 1쇄 발행 2021년 4월 5일

지 은 이 까치하니(Adrienne Park)/박준현
발 행 인 이미옥
발 행 처 디지털북스
정 가 20,000원
등 록 일 1999년 9월 3일
등록번호 220-90-18139
주 소 (03979) 서울 마포구 성미산로 23길 72 (연남동)
전화번호 (02)447-3157~8
팩스번호 (02)447-3159

ISBN 978-89-6088-373-4 (13000)
D-21-04